.

Carolin Schade

Thoth und Mutter Erde

PACHAMAMA –
Einheit und Alles-Was-Ist

Bitte fordern Sie unser kostenloses Verlagsverzeichnis an:

Smaragd Verlag
In der Steubach 1
57614 Woldert (Ww.)
Tel.: 02684-97848-10
Fax: 02684-97848-20
E-Mail: info@smaragd-verlag.de
www.smaragd-verlag.de

Oder besuchen Sie uns im Internet unter der obigen
Adresse.

Carolin Schade

Thoth und Mutter Erde

PACHAMAMA –
Einheit und Alles-Was-Ist

Smaragd Verlag

Über die Autorin

 Carolin Schade, Jahrgang 1969, kommunizierte bereits als Kind nicht nur in der sichtbaren Welt unserer Wirklichkeit sondern auch in der energetischen Welt.

Nach dem Abitur und einem abgebrochenen Chemiestudium arbeitete sie zunächst als Produktionsleitung für südafrikanische Theater- und Musicalproduktionen, bereiste verschiedene Kontinente und begann die Arbeit als Drehbuch- und Textautorin. Gleichzeitig vertiefte sie ihre energetischen Verbindungen und gab mit einem engen Begleiter über viele Jahre energetische Seminare und Vorträge in Europa und Amerika.

Ihre energetischen Begleiter sind tief mit ihr verbunden und unterstützen Carolin, ihren Weg als Energiewesen in der weltlichen Ebene zu verstehen und diese mit ihr zu verbinden.

Widmung

Ich widme dieses Buch Mutter Erde
und den Neuen Kindern dieser Zeit –
meinen Kindern Chiara, Noah, Sari und Samuel.
Ihr seid das Juwel und das Zentrum meines Lebens!

Inhalt

Vorwort

Einheit und Alles-was-ist.

Die eine Wirklichkeit, die interpretiert und in einzelne Ebenen aufgegliedert wird, und doch existiert nur der Große Geist in den Körpern und in jeder Zelle unseres Seins.

Wir sind geprägt durch schwierige Zeiten, gesunken im Bewusstsein und nun geführt durch den Großen Geist und den allgegenwärtigen Großen Plan. Nichts ist dem Zufall überlassen, und alles ist bereits im Wandel. Der Mensch muss nur erwachen und verstehen, dass die Welt bereits anders ist, als er denkt, dass sie noch sei. Die Welt ist nicht mehr das, was der Mensch noch glaubt zu erleben.

Ich werde hier beschreiben, dass wir nichts zu tun haben, als zu lieben und zu erwachen, da der Große Geist den erwachten Menschen mit Wissen überhäuft. Die Illusion ist so stark, wie sie seit Jahrtausenden nicht war, da wir nur mehr glauben, in einer Welt zu sein, die noch durch die alte Matrix der Erde gesteuert wird. Doch dem ist nicht mehr so. Wir werden durch die eine Wirklichkeit und den Großen Geist, der alles Leben bewohnt, geführt und sind allgegenwärtig vereint.

In dem Moment des Erkennens von Leben ist nur der Dienende wissend, da er versteht, dass alles Leben uns verbindet. Ich erkenne, dass keine andere Mission als das Dienen existiert, da alles Leben miteinander verbunden ist.

Meine Absicht ist es, dass dieses Buch in euch das Erkennen auslöst und nur durch das Lesen der Worte eure energetischen Felder aktiviert werden, um dieses Wissen zu verstehen. Ich biete einen Leitfaden, der unsere Wirklichkeit beschreibt, um mit offenen Augen die Erde und die Welt neu zu erfahren.

Es ist eine Reise in die Tiefe unseres Seins, und ich freue mich, vielen Menschen eine Orientierung zu schenken, die nicht nur mit reiner Spiritualität zusammenhängt.

Alles ist eins. Es gibt keinen Unterschied. In diesem Erkennen schenke ich euch meine Liebe und das Verstehen: Alles ist Einheit. Ich bin du, und du lebst in allen Facetten des Lebens.

Ich freue mich auf dein bewusstes Erkennen.

Carolin

Einleitung

Seit langer Zeit ist es Teil meines Leben und mein bewusstes Verstehen, dass unsere Welt nicht nur aus sicht- und fassbaren Ebenen aufgebaut ist.

Ich möchte hier einen lieben Freund, Peter Harris, erwähnen, der mir vor vielen Jahren geholfen hat, meinen Weg einzuordnen und besser zu verstehen. Ich traf ihn aus einer Not heraus. Da ich Seminare und spirituelle Versammlungen nicht mag, versuchte ich, mich immer davon fernzuhalten. Doch ich bekam von meinen energetischen Wegbegleitern klar zu verstehen, dass ich jene Person auf einem Seminar aufsuchen sollte und ging letztlich gegen meinen mentalen Widerstand hin. (Es blieb mir nichts anderes übrig, da mein Körper von Stunde zu Stunde schwächer wurde, und ich begriff, dass das Ego in seltenen bewussten Fällen wirklich nicht mehr mitzubestimmen hat.)

Als wir uns das erste Mal sahen, wussten wir beide, dass unsere Zusammenkunft kein Zufall war und wir noch lange Zeit in dieser Realität miteinander verbringen würden. Wir reisten viele Jahre zusammen auf unterschiedlichen Teilen der Erde herum, um Seminare zu geben, uns selbst zu erfahren und tiefer zu verstehen.

Dank seiner Unterstützung und der liebevollen Begleitung durch die energetische Wesenheit Alcazar verstand ich in enormer Geschwindigkeit zum ersten Mal meinen wirklichen energetischen Aufbau, mein Sein und meine wahren Identitäten.

Auch jetzt fühle ich seine Nähe und seine Prozesse, auch wenn wir seit einiger Zeit, örtlich betrachtet, weit voneinander getrennt unser Leben erfahren und erleben.

Während unserer Reisen in den Vereinigten Staaten begegneten wir Drunvalo Melchizedek, der mich mit seinem Wissen tief berührte und mir Aufklärung darüber gab, warum ich als junger Mensch das Studium der Chemie begonnen hatte. Ich verstand den klaren Zusammenhang der Naturwissenschaften und der energetischen Welten und möchte ihm dafür danken, dass ich dadurch aus energetischer Sicht wesentliche Erkenntnisse in mein Verstehen der Naturwissenschaft übersetzen konnte. Es wird hier immer wieder ein Zusammenhang mit seiner Arbeit und seinem Verständnis der Dinge sichtbar, da ich der Überzeugung bin, dass einerseits Thoth mit uns beiden (und letztlich allen Menschen) auf eine spezielle Art verbunden ist, und andererseits unsere Auffassung und unser Verstehen vom Leben sehr konform gehen. Drunvalo geht in seinem Buch sehr detailliert auf die menschliche Vergangenheit und die heilige Geometrie ein, was hier jedoch nicht der Fall sein wird.

Die Licht- und Energiewesen, die mich seit meiner Kindheit bewusst umgeben, sind mir so nahe wie meine liebsten und verständigsten Freunde, und ich bin gerührt von der Liebe und Unterstützung, die sie uns Menschen entgegenbringen. Ich hatte die Möglichkeit und das Glück, seit ich denken kann, mit den energetischen Wesenheiten zu kommunizieren. In meinem Leben war es schon immer natürlich, mit den energetischen Formen auf Mutter Erde zu sprechen, dennoch musste ich erst lernen, mit dieser Realität umzugehen. So, wie wir von unseren Eltern und unserem Umfeld von Kind an lernen, wie wir mit der weltlichen Form umgehen können, hat man mich gelehrt, wie die Lichtwesen auf unserer Bewusstseinsebene zu verstehen sind.

Unser Sein auf Mutter Erde ist aus mannigfaltiger Sicht zu betrachten, und es gibt nicht nur die eine gültige Wahrheit. Dies können wir, wenn wir wirklich bewusst hinsehen, auf den unterschiedlichsten Ebenen entdecken.

An dieser Stelle möchte ich die Geschichte zweier Mönche nacherzählen, die auf ihrem Weg einen Regenwurm in einer Pfütze entdeckten, der kurz vor dem Ertrinken war.

Der eine Mönch strahlte und meinte, es sei gut, dass sie dem Regenwurm begegnen würden, denn sein Karma sei nun, von ihnen gerettet zu werden. Daraufhin meinte der zweite Mönch, dem sei nicht so, und sie dürften das Karma des Regenwurms hier nicht verändern, denn sein eigentliches Karma sei, jetzt in der Pfütze zu sterben.

Sie begannen sich über den Sachverhalt und ihre unterschiedlichen Ansichten zu streiten und gingen betrübt zurück ins Kloster. Beide erbaten sich beim Obersten eine Anhörung, um sich Klarheit über ihre Ansichten zu verschaffen.

Der erste Mönch kam zum Obersten, erzählte seine Geschichte vom Regenwurm und fragte, ob er recht damit habe, dass der Regenwurm gerettet werden sollte. Der Oberste hörte sich die Geschichte an und meinte: „Du hast recht, mein Sohn." Glücklich und zufrieden über die Antwort des Obersten ging der Mönch hinaus.

Kurz darauf hatte der zweite Mönch seine Anhörung beim Obersten und erzählte ihm seine Auffassung über das Schicksal des Regenwurms, dessen Karma es doch sei, in der Pfütze zu sterben. Auch hier entgegnete der Oberste: „Du hast recht, mein Sohn." Auch dieser Mönch verließ das Zimmer des Obersten und war froh über die erhaltene Antwort.

Ich erzähle diese Geschichte, da jede erlebte Realität momentan noch wirklich individuell und subjektiv und dadurch nicht von anderen Menschen wahrhaftig nachzuvollziehen ist. Wir sind in unserer Wirklichkeit seit geraumer Zeit in der zweiten Bewusstseinebene der Dritten Dimension und erfahren uns in einem getrennten Zustand zur Schöpfung. Aus dieser Erfahrung heraus war es uns bisher nur möglich, die Realität eines anderen Menschen durch die eigenen Augen zu betrachten und zu versuchen, den Menschen in seiner gegenwärtigen Realität zu verstehen. Dennoch war es uns bis jetzt nicht möglich, diese andere Realität wirklich zu erfassen.

Es gibt auf energetischer Ebene kein „Richtig" oder „Falsch", kein „Kleiner" oder „Größer" , kein „Mehr" oder „Weniger" und kein „Besser" oder „Schlechter". Dies sind Wertigkeitsszenarien der Menschen, entstanden aus Urteilen und Beurteilungen zu Dingen und Begebenheiten, um sich in gewissen Räumen zu definieren, in dem Versuch, sich wahrzunehmen.

Aus energetischer Sicht ist der wahrhaftige Weg, dem Herzen zu folgen und sich im Innersten darüber klar zu sein, was wir wirklich wollen, um so auch unserer Seele den erforderlichen Raum zu geben, sich auf der Ebene der Dichte in der Materie zu erfahren.

Auch hier, in den wertfreien Räumen, gibt es weiterhin unterschiedliche Ebenen der Erfahrungen, die alle auf ein Großes Ganzes zurückführen.

Jeder Mensch lebt momentan in einer für sich subjektiven Realität und hat eine eigene Darstellung und Interpretation seiner Wahrheit wie in der oben aufgeführten Geschichte der Mönche. Daraus resultiert zwangsläufig, dass es uns meistens nicht gelingen wird, es jemand anderem in seiner Realität recht zu machen. Ein Mensch kann sich die allergrößte Mühe geben, den Bedürfnissen seines Gegenübers und seiner Mitmenschen zu entsprechen, und er wird dabei immer auf seine Begrenzungen stoßen, da wahrhaftig die Realitäten sehr unterschiedlich sind und dadurch verschieden empfunden werden.

Aus dieser Tatsache resultieren meistens Missverständnisse und die Grundlage für endlose, unergiebige Diskussionen.

Diese Diskussionen sind sehr beliebt bei uns Menschen, führen jedoch zu nichts. Es macht keinen Sinn zu versuchen, andere Menschen von unserer jeweiligen Realität zu überzeugen. Wir können nur in Liebe und Hingabe unsere Erfahrungen innerhalb unserer Realitätsebene mitteilen, in dem Versuch, von einer liebenden Person verstanden zu werden oder einen Mitmenschen in seiner subjektiven Realität zu unterstützen.

Ich höre energetisch Einwände (auf der Grundlage, dass es, energetisch gesehen, keine Zeit und keinen Raum gibt), die erklären, dass es allgemeingültige Tatsachen gibt, über die man nicht diskutieren muss, da sie Gesetzmäßigkeiten entsprechen, wie beispielsweise Resultate aus Forschung und Wissenschaft.

Hier wird meine Antwort eher kurz ausfallen, da dieses Thema allein bereits ein Buch füllen könnte. Ich möchte in diesem Abschnitt so viel dazu sagen: Es gibt auch kosmische Gesetzmäßigkeiten. Und Tatsache ist, dass wir mit den Instrumenten der Wissenschaft nur die Grundlage unserer illusorischen Welt ergründen können. Das heißt, wir Menschen können nur das beweisen, was wir mit unserem mächtigen Geist im Äußeren spiegeln und erschaffen. Und damit sind der Wissenschaft Grenzen gesetzt, da sie zwar, wie soeben beschrieben, die Gesetzmäßigkeiten in der Form der Materie ergründet, doch ist sie nicht wirklich erfolgreich in dem Ergründen unserer energetischen Grundlagen. Wir Wesenheiten sind Geschöpfe der Schöpfung und agieren auf unterschiedlichen Ebenen des Seins gleichzeitig, denn es gibt nicht nur die lineare Ausrichtung, die wir Menschen mit unserem begrenzten Verstand wahrnehmen können. Wir erfahren gleichzeitig, meistens ohne bewusste Wahrnehmung, unterschiedliche parallele Welten und Realitäten.

Ein ähnliches Beispiel zu der Geschichte unserer Mönche wäre hier das Phänomen, dass Menschen, die zwar dasselbe Geschehen gleichzeitig beobachtet haben, dieses hinterher unterschiedlich empfinden oder schildern. Die meisten von uns kennen das: wir befragen Menschen zu einer Gegebenheit oder Situation und bekommen als subjektiv betrachtetes Resultat höchst unterschiedliche Aussagen. Nicht dass hier einer der Befragten vorsätzlich lügen würde, nur sind unsere Realitäten so verschieden, dass wir die darin liegenden Wahrheiten meistens vollkommen unterschiedlich interpretieren.

Mutter Erde ist nun bereit, sich von unserer bekannten Realität abzulösen. Sie übt keinen Druck auf uns aus, sondern hat sich einverstanden erklärt, uns mitzunehmen oder auch in einer anderen Realität, in einem Hologramm, zurückzulassen. Ich denke, dass sich viele Lebewesen bereits jetzt dazu entschließen werden, die alten Frequenzen und die zweite Bewusstseinsebene zu verlassen, um sich auf den zu Weg machen, Mutter Erde in die höheren Frequenzen zu folgen.

Ich sehe es als meine Aufgabe, hier schrittweise vorzugehen, manchmal unterschiedliche Perspektiven bereits getroffener Aussagen zu wiederholen, um das bewusste Verstehen zu aktivieren und energetisch wertvolle Umsetzungen in den energetischen und letztlich psychischen Feldern erreichen zu können. Dieses Buch ist mit der Absicht entstanden, energetische Arbeit für Mutter Erde und ihrer Geschöpfe zu verrichten. Ich werde mit dem Schreiben Energiearbeit für unsere Erde bewirken, um meinem Wunsch und meinem Bedürfnis zu entsprechen, Heilung und Unterstützung in der gegenwärtigen Zeit zu leisten. Durch das Anerkennen der Möglichkeit, Energiearbeit und Verstehen während des Lesens zu erhalten, ist es jedem

Leser möglich, diese Worte als persönliche Energiearbeit zu betrachten.

Da es mir einigermaßen schwerfällt, momentan die richtigen Worte zu finden, möchte ich Thoth bitten, kurz etwas dazu beizusteuern.

☆ ☆

Thoth:

Liebe Wesenheiten der unterschiedlichsten Formen. Wir möchten in diesem Abschnitt nur so weit zu Wort kommen, um euch mitzuteilen, dass dieses Buch lange Zeit zum Entstehen gebraucht hat. Wir mussten große Überlistungskünste und Überredungsarbeit leisten, um unsere Freundin Carolin zu überzeugen, dass sie wahrhaftig Autorin und Energiearbeiterin ist. Aber auf der Ebene eures Seins entscheidet der freie Wille eines jeden Menschen über sein individuelles zeitliches Empfinden, und letztlich ist eure individuelle Zeitrechnung, persönlich und von der hohen Warte aus gesehen, doch fast immer geradezu perfekt.

Diese Worte sind ein Angebot an die Leser, nicht nur Lesende zu sein, sondern gleichzeitig energetische Beisitzer einer Heilung zu werden. Wir haben in einer gemeinsamen Arbeit an den unterschiedlichsten Ebenen Terras und damit eures Seins gearbeitet, um Terra und euch die Möglichkeit einzuräumen, eure energetischen Felder durch verschiedene Möglichkeiten (beispielsweise durch bewusste und unbewusste Wahrnehmung, psychisches Verstehen, unbewusstes Integrieren, menschliches Zulassen...) zu öffnen, um Erkennen, Wissen und Heilung in euch zu ermöglichen. Das heißt, diese Worte sind ein Angebot, Verstehen und Integration auf den euch gewünschten Ebenen zu erhalten.

Ihr werdet euch jetzt fragen, was der Unterschied zu anderen Schriften ist. Wir wollen hier jedoch keinen Vergleich zu anderen Werken ziehen, sondern euch mit unserem Angebot auffordern, euch vor dem Lesen die Möglichkeit einzuräumen, das Geschriebene tief in euch wirken zu lassen, um das Erkennen aus der Resonanz zu euren Zellen und eures Selbst zu erhalten.

Unsere Freundin Carolin hat sich während des Schreibens bereiterklärt, die Mitteilungen durch die unterschiedlichen Aspekte des Seins wirken zu lassen, um ein breites Angebot auf den Ebenen des menschlichen energetischen Wirkens geben zu können. Wir möchten euch damit viel Spaß wünschen.

So sei es.

☆☆

Wir erleben in unserer Dimension die Welt in Polaritäten, die sich jetzt in erheblichen Ausmaßen demonstrieren. Die eine Polarität der Mutter Erde mit dem Entschluss und der intergalaktischen Unterstützung, sich kontinuierlich in die höheren Frequenzebenen und Obertöne zu begeben, und die Gegenpolarität, die uns vorgaukelt, auf der gewohnten Ebene zu verbleiben und in der alten Matrix zu verweilen.

Die Distanz (räumlich gesehen) zwischen den Polaritäten wird sich mit steigenden Frequenzen zunehmend vergrößern, und damit werden sich für die Menschen der unerlösten Polarität zunächst verstärkt Zerstörung, Aggression, Neid und Destruktivität sowie Ängste, Manipulationen und Unbewusstsein einstellen. Da wir in einem unzertrennlichen Ganzen und energetisch harmonischen Gleichgewicht existieren, finden in unserer erlebten Bewusstseinsebene beide Polaritäten in der gleichen Intensität statt, und so entsteht in der erlösten Polarität

18

zwangsläufig das Angebot für eine neue Matrix, mit dem Zugang zum Großen Ganzen, in der Form der bedingungslosen Liebe und des Mitgefühls für die Geschöpfe auf Mutter Erde.

Die Form der Ablösung bedeutet das Zusammenbrechen alter herkömmlicher Strukturen und beinhaltet unermessliche Geschenke für uns Menschen, da wir bewusst eine Umstrukturierung und komplette Neuausrichtung auf energetischer, magnetischer und elektrischer Ebene unseres Seins erfahren, und damit eine Frequenzanhebung, die uns zu bewussten Wesenheiten in der Erschaffung der Materie macht.

Das bewusste Kreieren unserer Realitäten ist unserem mächtigen Geist vorbehalten, und wir haben jetzt die Möglichkeit, aus unserem teils komatösen Schlaf zu erwachen, um uns als mündiges Geschöpf unserer Kreationen und wahrhaftiger Anteil der Schöpfung zu verstehen.

Es ist wahrlich kein leichtes Unterfangen für unsere Mutter Erde, sich in ihrem ausgezehrtem physischen Zustand auf den doch enormen Frequenzwechsel vorzubereiten, und wir Menschen gebärden uns meistens wie lästige Flöhe auf dem Fell eines Hundes und geben ihr nicht die helfende Hand, um ihre magnetischen und elektrischen Felder auf den bevorstehenden Wandel auszurichten und anzupassen. Im Gegenteil! Wir sitzen und saugen sie aus und vergessen, dass unsere Erde für uns lebensnotwendig ist, da ohne sie kein Fortbestehen unserer menschlichen Rasse in der gegenwärtigen Form möglich wäre.

Auch ist der anstehende Wechsel ein großes Geschenk für uns Menschen, da wir uns bewusst aus dem Zeitalter der Dunkelheit verabschieden dürfen und mit Mutter Erde ins Licht übergehen werden. Aus unterschiedlichen Gründen weigern sich bis jetzt viele Menschen, aus ihren Nöten und Begrenzungen zu steigen und halten sich verzweifelt an alten Strukturen fest, die bereits lange keinen Bestand mehr haben.

Wir Menschen in unserer gegenwärtigen Zeit verlassen ein Zeitalter der Dunkelheit. Ich denke, dass dies momentan noch mit einem unbewussten Sterbeprozess verwandt sein könnte. Ein irdisches Geschöpf, das dem Tod nahe ist, wird sich meistens noch einmal aufbäumen, bevor es loslässt.

Wir werden auf der energetischen Ebene die jeweiligen Programmstationen, die unsere Seele im letzten Zeitalter für sich erledigt und abgespeichert hat, noch einmal bewusst oder als gesamtes Programm erleben. Dies ist ähnlich einem Computer, der ein Programm zum Abschluss bringt. Er zieht sich alle relevanten und erforderlichen Daten und Programme heran, gleicht sie ab und fährt dann alle Daten runter, um sich letztlich auszuschalten.

In unserer menschlichen Ausdrucksform bedeutet dies eine Datenspeicherung von erledigten, also erfahrenen Lebensbereichen, und somit eine Neuprogrammierung der Seele für die nächste Bewusstseinsebene.

Aus Sicht des größeren Bildes bedeutet es, dass wir vor dem Beenden der zweiten Bewusstseinsebene unser Erlebtes als Teil des Ganzen, und hier spreche ich ausdrücklich nicht nur von den Ebenen der subjektiven individuellen Erfahrung, sondern von unserem global erlebten Massenbewusstsein, noch einmal in Form eines Zeitraffers durchleben, um alte Strukturen, Ängste, Glaubenssysteme und Prägungen und deren tiefste unbewusste Zustände programmmäßig zu erfassen.

Wir werden hier nicht alles Vergangene noch einmal skizzieren, sondern es wird in einer enormen Geschwindigkeit unsere Zellen und unsere energetischen Aspekte erfassen, und das, was wir dabei festhalten, wird unser Geist als Projektionen und

Spiegelungen in unsere Form der Dichte der Materie bringen.

Wir können uns das wie eine Zusammenfassung von allem Erlebten der zweiten Bewusstseinsebene in einem Zeitraffer vorstellen. Wir haben hier nicht die Möglichkeit, das gesamte Spektrum mit dem Verstand zu verstehen, werden aber tiefe Einschnitte in der Geschichte dieses ausklingenden Zeitalters der Menschheit im emotionalen Körper erleben und als Szenerie mental im Äußeren bruchstückhaft wie eine Erinnerung erfahren. Je mehr Bewusstsein wir an dieser Stelle über unsere Fähigkeit des Erschaffens und die Macht unseres Geistes haben, umso leichter ist die anstehende und bereits ablaufende Wirklichkeitsebene für uns zu durchleben, in der wir auch die Möglichkeit haben, zu erlöster Meisterschaft über die Materie aufzusteigen.

Diese Themen sind Bestandteil dieser Zeilen, mit denen ich euch einen roten Faden geben werde, um zu zeigen, wie es möglich ist, wirklich zu erschaffen, aus dem Herzen heraus, und euch nicht länger als Opfer der Umstände oder eurer Realitäten zu betrachten.

Es liegt mir am Herzen, ein für jeden Menschen transparentes Buch zu gestalten, wodurch jeder Leser in aller Deutlichkeit die Klarheit aus energetischer Sicht über die Abläufe auf Mutter Erde erfahren kann und wie wir Menschen lernen können, uns neu zu definieren. Es soll kein spirituelles Meisterwerk darstellen, sondern vielmehr die Wahrheiten skizzieren, die uns in unserer gegenwärtigen Zeit begegnen.

Wir Menschen sind energetische Wesenheiten in einem physischen Gefährt in der Dichte der Materie und erliegen unserem lärmenden Verstand und dem Ego, die die Stimme des Herzens und das wahre Selbst übertönen.

Ich schreibe diese Zeilen mit meinen energetischen Begleitern und werde zu gegebener Zeit das Wort an Thoth und Mutter Erde abgeben. Ich habe bereits vor einigen Jahren begonnen zu schreiben und werde dieses Werk nun nach vielen Unterbrechungen zu Ende bringen und mich meiner Aufgabe stellen. Da seitdem viel Zeit in unserer Wahrnehmungsebene vergangen ist, haben sich verschiedene Dinge bereits ereignet oder sind vielleicht überholt. Dennoch möchte ich nichts aus dem bereits Geschriebenen vollständig streichen, da Zeit nur in unserer Wahrnehmung vergeht. Der Faktor Zeit stellt sich für uns Menschen völlig anders dar als aus energetischer Sicht. Alles wirkt im *Jetzt,* und damit ist die Zusammenfassung des gesamten Aufgeschriebenen in seiner Form stimmig.

Ich bin mittlerweile in meinem Inneren von Frieden erfüllt und erkenne in jeder anscheinenden Schwierigkeit des Lebens meine Resonanz oder Projektion in der weltlichen Ebene an. Das Lernen ist für mich nicht vorüber, und ich bin weiter dabei, mich wahrhaftig und ehrlich zu betrachten und zu verstehen, warum ich bestehende Resonanzen erzeuge. Mein Weg auf Mutter Erde hat in der Jetztzeit für mich eine wahrhaftige Form des Friedens und der Unabhängigkeit gebracht und beseelt mein Sein und meine bewusste Wahrnehmung in unglaublicher Art und Weise.

Heute spüre ich den Fluss des Lebens mehr denn je und möchte damit aussagen, dass ich mich vom Leben und der Schöpfung versorgt fühle. Mit Versorgung spreche ich den gesamten Aspekt Fülle an und rede hier nicht von finanziellem Reichtum. Die Anhäufung von Geld ist aus energetischer Sicht nicht wichtig, und viel materieller Reichtum entfernt uns Menschen oft von uns, da wir uns nicht mehr auf die inneren Werte konzentrieren, sondern vielmehr darauf achten, die äußeren Werte zu pflegen und entsprechend nach außen zu wirken.

(Der menschliche Fokus ist dann stark auf die äußere Welt gerichtet und vernachlässigt die innere Welt.)

Dies ist meistens auch bei einem schönen Menschen so, der weniger versucht, seine Schönheit im Inneren zu begreifen, je mehr Schönheit er im Äußeren verzeichnen kann. Dennoch ist die äußere Schönheit etwas Wunderbares und könnte die Seele in ihrem eigentlichen Sein projizieren.

Je mehr uns Menschen geschenkt wird, desto weniger strengen wir uns an, bewusst zu verstehen. Ich möchte hier wirklich zwischen der Faulheit und der Leichtigkeit des Seins unterscheiden.

Die Wesenheit Alcazar, die lange schon den Weg meines bereits erwähnten engen Freundes begleitet, sagte uns oft den Satz: „Es gibt nichts zu tun!" Damit sollten wir nicht zu Lethargie und Faulheit aufgerufen werden, sondern verstehen, dass wir nichts dafür tun müssen, um ein göttlich angebundenes Wesen zu sein. Wir müssen nichts leisten oder vollbracht haben, um an dem großen Tisch der Schöpfung zu sitzen. Wir sind Schöpfer und Teil von Allem-was-ist, der Urquelle des Seins.

Es ist also nichts gegen den Weg des geringsten Widerstandes einzuwenden, vielmehr ist die Schöpfung selbst so aufgebaut. Die Schöpfung in sich ist einfach und gut verständlich und basiert auf unkomplizierten Gesetzmäßigkeiten.

Wir haben uns so sehr daran gewöhnt, dass alles kompliziert ist und wir nur wissenschaftlich und technisch (mental) unser Leben und unsere Gesetzmäßigkeiten verstehen können, dass der Verstand die Einfachheit der Schöpfung nicht mehr akzeptieren kann und will.

Die Schöpfung ist durch unser Herz zu verstehen, und wir haben alle wahrhaftig die Fähigkeit, dies zu erkennen und zu wählen und damit unser Leben nicht einem höchst komplizierten Verlauf von wissenschaftlichen Analysen und Beweisen zu überlassen.

Meistens laufen wir in einem Labyrinth, in der Hoffnung, Wegweiser und helfende Personen zu finden, die uns unmündige Wesenheiten an die Hand nehmen und uns unterstützen, einen Notausgang zu finden.

Ich möchte euch an eure Verantwortung erinnern und bewusst machen, was und wie wir uns jeden Tag selbst erschaffen. Das Leben auf Mutter Erde sollte von Anbeginn ein Geschenk der Schöpfung an alle Wesenheiten sein, die sich in der Dichte erfahren wollen, um ihren Geist zu bereichern und ihre Schwingungsfrequenzen auszudehnen.

Ich möchte euch daran erinnern, wer wir Lichter im Menschen sind und welcher Weg uns auf Mutter Erde noch bevorsteht, um Bewusstsein zu kreieren und unseren mächtigen Geist in sein unendliches Wissen zu entlassen.

Dieses Buch ist ein Dienst an Mutter Erde und allem Leben auf, in ihr und um sie herum.

Eure Carolin

Ein Rückblick in unsere menschliche Vergangenheit

(eine Zusammenfassung von Thoth)

Der Beginn des menschlichen Geschlechts auf Mutter Erde

In diesem Kapitel werde ich, bezogen auf die geschichtlichen Geschehnisse dieser Welt, nur einen kleinen Überblick der geschehenen Ereignisse geben, da es mehr als nur ein Buch füllen würde, über diese vergangenen geschichtlichen Ereignisse im Einzelnen zu berichten.

Dieser Rück- und Einblick bezieht sich energetisch direkt auf unsere Gegenwart und öffnet Möglichkeiten – energetisch und menschlich – für das Verständnis der Zusammenhänge in der Geschichte der Erde und des Menschen.

Unsere Welt, unser Ort des Erkennens auf Mutter Erde, ist ein wunderbares Geschenk der Schöpfung, in der wir die Möglichkeit haben, unsere Erfahrungswerte zu einem göttlichen Potenzial zu verschmelzen und damit eine Erhöhung der Schwingungsfrequenz zu bewirken. Unsere Seele geht durch ihre Erfahrungen in der Dichte der Materie in ein tiefes Erkennen, um erneut in einem gereiften Bewusstsein in die Unendlichkeit des Seins zurückzukehren. Um unser allgegenwärtiges, schöpferisches Wissen durch die Erfahrung in höher schwingendes Wissen zu wandeln, ist unser Geist in der Dichte der Materie auf Mutter Erde nicht mehr frei und unbegrenzt. Der Geist geht gegenwärtig durch die Illusion der Isolation (Getrennt-Sein), vergisst dabei seine göttliche Anbindung und inkarniert in den menschlichen Körper, um das dort erfahrene Wissen in seiner veränderten Frequenz für die Schöpfung zu verwerten.

Mutter Erde ist in ihrer Form einzigartig und bietet allen Lebewesen die Möglichkeit, sich in dieser speziellen Form der Dichte durch dazugewonnenes, erfahrenes Wissen extrem auszudehnen und in neue Schwingungsfrequenzen überzugehen.

Ursprünglich wurde die Erde durch einen göttlichen Gedanken geschaffen, in vollkommener Liebe und Harmonie mit der Urquelle allen Seins. Dadurch verbanden sich alle Aspekte des Seins miteinander und erlaubten dem reinen Geist, in seiner mächtigsten Form ein wahrhaftiges Wunderwerk der Schöpfung zu kreieren.

Die folgenden Zeilen sind größtenteils bereits in sumerischen Schriften zu finden, nicht jedoch in Büchern des Schulunterrichts oder den großen Geschichtsbüchern der Welt. Die Geschichtsbücher beginnen mit der Menschheitsgeschichte vor etwa 6.000 Jahren, unsere Geschichte der Menschheit beginnt vor ungefähr 450.000 Jahren, wobei unser Menschengeschlecht wohl etwa 200.000 Jahre alt ist. Da ich der Meinung bin, dass eine Wesenheit, die in irgendeiner Form bewusst zu diesen Zeiten anwesend war, mehr zu der gesamten Geschichte beitragen kann, möchte ich Thoth bitten, für mich das Abrufen der Zusammenhänge des ersten Kapitels vorzunehmen.

Thoth spielt seit geraumer Zeit eine wichtige Rolle für Mutter Erde und ihre Geschöpfe, so auch für den Menschen. In unserer gegenwärtigen Zeit ist er aufgetaucht und kommuniziert mit uns, da es wichtig ist, auf allen Ebenen des Seins Bewusstsein zu kreieren. Da wir Menschen eine nicht unwesentliche Rolle auf Mutter Erde innehaben, ist es für uns notwendig, durch unterschiedliche Kanäle Verstehen zu erlangen. Thoth unterstützt uns Menschen dabei, in liebevoller und auch direkter Form Energien zu integrieren, die uns helfen, uns kollektiv auf eine Realität einzustellen, die wir bereits kennen, uns jedoch gewisse Umstände dazu gebracht haben, unsere Seinsform zu vergessen.

Da Mutter Erde ihre Reise bereits angetreten hat, lade ich euch ein, dieses angebotene Abenteuer zuzulassen und mit ihr zusammen auf eine große Erlebnisreise zu gehen, um Unglaubliches wahrhaft menschlich zu erleben.

Thoth:

Liebe Menschen auf Terra,

ihr seid euch nicht im Klaren darüber, wie wichtig und wundervoll ihr für die Schöpfung seid. Ihr seid durch die Finsternis gewandelt und habt im Tal des Vergessens eure Vollkommenheit eingebüßt. Dies war jedoch nicht der ursprüngliche Plan der Schöpfung. Eure Mutter Erde ist aus dem Grund erschaffen worden, um Wesenheiten die Möglichkeit zu geben, in den unteren Schwingungsebenen die Erfahrung der Dichte und die Spiegelung der Materie zu erproben. Die Erschaffung eures Sonnensystems hatte eine starke Frequenzerhöhung zur Folge, die sich auf alle Aspekte der Schöpfung in ihrer Schönheit ausgedehnt hat. Nichts geschieht unabhängig voneinander, sondern alles steht in Resonanz zueinander. Wie oben, so auch unten, und damit wollen wir ausdrücken, dass die Geschehnisse auf eurem wundervollen Planeten Erde sich auf Alles-was-ist auswirken. Ihr könnt es wie einen großen zusammenhängenden Plan betrachten, in dem alles Leben verzeichnet ist und sich alles untereinander bedingt. Ihr seid niemals auf der Ebene der Dichte der von euch wahrgenommenen Ebene der Isolation ausgesetzt worden, sondern es war der freie Wille eurer Seele, sich auf der Ebene niederzulassen, um sich in der Geistebene zu erkennen.

Wir möchten im Laufe unserer Botschaften tiefe Einblicke in die Zusammenhänge der unterschiedlichsten Schauplätze des Seins, der Zeiten und der Räume geben und euch in euer abgespeichertes Wissen entlassen, um in Frieden, Einklang und Harmonie zu den Lebewesen in der Galaxie, eurem Sonnensystem, eurem Planeten und natürlich zu eurer Mutter Erde stehen zu können.

In ferner Vergangenheit, in Bezug auf eure Zeiteinteilung und euer Zeitverständnis, das in der Jetztzeit noch für euren Verstand vorherrschend ist, konnte der Mensch im Einklang zu Allem-was-ist stehen und erfuhr sein Wesen und seine Wahrnehmungen in Verantwortung für das Leben auf Mutter Erde und die Lebewesen um ihn herum.

Wir möchten euch nun ein gefächertes Verständnis und einen Einblick in die Geschichte der Menschheit geben, um in eurer DNS an Resonanzen zu stoßen und brachliegendes Wissen wieder hervorzulocken.

Es gab eine Zeit auf Mutter Erde, als die Wale und Delfine die Sprachrohre und Ordnungshüter waren. Sie kamen von Sirius und verbanden sich in Harmonie und Liebe mit dem Leben auf Mutter Erde. Sie unterstützten die Ausrichtung der magnetischen Bahnen für Mutter Erde und nahmen ihre Gestalt in den Tiefen des Meeres ein, obwohl sie in der Form des Säugetiers ihr Leben verrichteten. Die Meere waren in ihrer Beschaffenheit das günstigste Element, um Botschaften und Feldlinien schnell und effektiv zu transportieren und zu etablieren. Eventuell werden wir später noch auf die Wesenszüge und die Natur der Delfine und Wale eingehen.

Dennoch ist es von Wichtigkeit für euch zu wissen, dass ihr ein Bewusstsein von den Sirianer habt und euch klar werdet, dass sie in den Körpern der Delfine und Wale wohnen. Die Sirianer spielen eine wesentliche Rolle bei der Entstehung des Menschen und haben ihren Teil dazu beigetragen, dass die Spezies Mensch auf Mutter Erde weilen kann. Sie sind voller Liebe und Hingabe euch Menschen gegenüber und bleiben trotz Qualen und Folterungen auf dem Planeten Erde, um euch zu beschützen und zu begleiten, so lange es für das Weiterbestehen der Menschheit notwendig ist.

Auch waren es die Sirianer, die euch gegen Ende des 20. Jahrhunderts geholfen haben, als unglaubliche Sonneneruptionen und deren Auswirkungen die Erde und die Menschheit zu zerstören drohten.

Wie bereits erwähnt, wollen wir nur einen kurzen Einblick geben, da es unser Anliegen ist, Teile eures schlafenden Gehirns und eurer Zellen zu erwecken und nicht, um ein Geschichtsbuch zu kreieren, das zu weiteren unergiebigen Diskussionen führen könnte.

Wir wollen in diesem Zusammenhang nun auf eine Rasse eingehen, die in den sumerischen Aufzeichnungen Nefilim genannt wird und einen Planeten mit dem Namen Nibiru bewohnte. Später wurde dieser Planet von den Babyloniern Marduk genannt, welcher dann der maßgebliche Name in eurer Geschichte ist. Dennoch möchten wir uns hier auf den Namen Nibiru reduzieren, da dies in euren energetischen Feldern einen Erkennungswert zu eurer Herkunft auslöst.

Die Nefilim waren wie ihr Menschen dreidimensionale Wesenheiten, hatten aber ein höheres Bewusstsein, das ihre Körpergröße um einiges erhöhte.

Es gibt auf eurer Ebene fünf Bewusstseinsstufen, denen unterschiedliche Körpergrößen zugehörig sind, da der physische Hauptunterschied in der Anzahl der Chromosomen liegt. Diese verschiedenen Bewusstseinsebenen besitzen eine unterschiedliche DNA, verschiedene Körper und Körpergrößen und eine unterschiedliche Wahrnehmung, die Wirklichkeit zu verstehen und zu interpretieren. Die Geschöpfe auf Mutter Erde durchlaufen normalerweise diese fünf Bewusstseinsebenen und erlernen so eine vollkommen unterschiedliche und andere Art des Ausdrucks vom Leben. Ihr Menschen befindet euch in der Jetztzeit in der zweiten Bewusstseinsebene, die eine Chromosomenzahl von 44 + 2 beinhaltet und damit eine Körpergröße von 1,50 bis 2,10 Meter ausmacht. Eure Vorfahren, die Nefilim, hatten eine Chromosomenanzahl von 46 + 2 und verzeichneten demnach eine Körpergröße von etwa 3,00 bis 4,80 Meter. Auch gibt es auf Mutter Erde Menschen wie die australischen Aboriginestämme, die die erste Bewusstseinsebene erfahren und demnach eine Chromosomenanzahl von 42 + 2 Chromosomen mit einer Körpergröße von 1,20 bis 1,80 Meter aufweisen. Die beiden höchsten Ebenen haben eine Chromosomenanzahl von 48 + 2 und 50 + 2 Chromosomen und dementsprechend eine Körpergröße von 9 bis 11 Meter beziehungsweise 15 bis 18 Meter.

Ihr Menschen seid im Begriff, euch in die nächste Bewusstseinsebene zu begeben und damit dem Bewusstsein der Nifilim der damaligen Zeit zu entsprechen.

Wir möchten euch nun etwa 450.000 Jahre zurückführen, als die Nefilim ein Problem mit der Atmosphäre ihres Planeten bekamen. Dieses war ähnlich dem atmosphärischen Ozonproblem der Erde. Die Nefilim überlegten sich, ähnlich wie eure heutigen Wissenschaftler, Partikel in die Atmosphäre einzu-

bringen, um die schädlichen Strahlen der Sonne auszufiltern. Der Planet Nibiru führte seine Umlaufbahn so weit weg von der Sonne, dass die Nefilim genötigt waren, Goldpartikel in die Atmosphäre einzubringen, die das Licht und die Wärme auf den Planeten zurückreflektieren würden.

Nach einigen Recherchen und Untersuchungen kamen die Nefilim zu dem Schluss, dass die Erde große Mengen von Gold trägt, und reisten mit Raumfahrzeugen zu Mutter Erde, um Gold zu schürfen. Nach eurer Zeitrechnung landeten die Nefilim etwa vor 400.000 Jahren auf Mutter Erde im Südosten Afrikas und ließen sich mit ihren Städten unter anderem auch in eurem heutigen Irak nieder. Sie schürften sehr lange Zeit Gold auf Mutter Erde, das sie in zeitgleichen Abständen in einem Shuttle zu ihrem Heimatplaneten Nibiru zurücksandten. Als die Nefilim rund 130.000 Jahre lang Gold geschürft hatten, kam es zu einem Aufstand der Arbeiter, die sich weigerten, die schwere Arbeit des Goldschürfens weiter zu betreiben. Dadurch wurde ein Rat der zwölf Anführer der Nefilims einberufen, die nach einer Lösung für das Problem suchten. Sie wollten eine Rasse erschaffen, die bereits mit Mutter Erde in Verbindung stand und gleichzeitig gute Arbeiter mit eingeschränktem Bewusstsein abgaben.

Dies war ein ähnlicher Akt der Schöpfung, wie ihr Menschen in der Jetztzeit versucht, in euren Laboren Wesenheiten zu erschaffen. Nur mit dem wichtigen und bedeutsamen Unterschied, dass ihr gegenwärtigen Menschen Geschöpfe kreiert, die nicht mit der Erlaubnis der Schöpfung entstehen, was ein vehementer und unerlaubter Eingriff in den göttlichen Plan darstellt.

Der Anführer der Nefilim in Südafrika mit dem Namen Enlil wurde als Erster seiner Rasse zur Erde entsandt und fragte die Delfine und Wale um Erlaubnis, auf dem Planeten Erde zu *leben und Gold zu schürfen. Da der Planet den Delfinen und Walen gehörte, musste Enlil deren Erlaubnis einholen, da eine Rasse eines anderen Systems Zustimmung erhalten musste, bevor sie in ein anderes Bewusstseinssystem eintrat. Durch die Erlaubnis und den Segen der Delfine (Sirier, vom Planeten Sirius B) war der Entschluss gefasst, im Einklang mit der Schöpfung Leben auf Mutter Erde entstehen zu lassen. Die Sirier (Vaterpart) wirkten sogar bei der Entstehung des Menschen aktiv mit und zogen auch von ihrem Heimatplaneten in die Hallen von Amenti, um dem Schöpfungsakt beizuwohnen. Der Mensch wurde aus den männlichen Spermien eines Nefilim, vermischt mit den Elementen von Mutter Erde und bereits bestehendem Leben auf der Erde, erschaffen.*

Die daraus entstandene Rasse des Menschen – rund 200.000 Jahre alt – wurde mit der Absicht kreiert, Gold zu schürfen, um den Nefilim das Überleben auf ihrem Heimatplaneten zu sichern. Er wurde gut behandelt, erlitt keinen Mangel, durfte in Gemeinschaften leben und bekam von den Nefilim (Mutterpart), was er zum Leben brauchte. Die menschliche Rasse wurde auf einer Insel vor der südafrikanischen Küste betreut, bis sie reif genug war, in den Bergbaugebieten Gold zu schürfen.

Ich möchte noch einmal darauf hinweisen, dass die getroffenen Aussagen größtenteils bereits in sumerischen Schriften zu finden sind, nur weichen obige Zeitangaben etwas von den Übersetzungen der Schriften ab. Auch gibt es bereits Bücher, die ausführlicher auf diesen Sachverhalt verweisen, wie die Bücher von Zecharia Sitchin „Der zwölfte Planet" und Drunvalo Melchizedek „Blume des Lebens – Band 1". (Anmerkung der Autorin)

Auch eure Wissenschaftler wissen um die Tatsache, dass in den Bergbaugebieten Afrikas Knochen eurer Spezies Mensch gefunden wurden, bekennen sich jedoch nicht offiziell dazu.

Diese kurze Übersicht soll euch energetisch mit euren Ahnen verbinden, in dem tiefen Wissen, woher ihr Menschen kommt und was euer Ausgangspunkt der Entstehung war. Die Absicht der Nefilim war es, euch in Liebe zu behandeln und euch dennoch genau zu einem Zweck einzusetzen: Gold zu schürfen, um das eigene Überleben zu sichern.

Der Mensch wuchs auf Gondwanaland, einer Insel vor der Westküste Afrikas, heran, bis er schließlich in den Minen als Arbeiter einsetzbar war. Dabei ist es mir wichtig zu betonen, dass der damals erschaffene Mensch unfruchtbar war, damit er für die Rasse der Nefilim nicht außer Kontrolle geriet. Die Nefilim statteten den Menschen auch bewusst mit einem niedrigeren Bewusstsein als das ihre aus, damit der Arbeiter nicht selbstständig und selbstbewusst sein eigenes Leben bestreiten würde.

Hier möchten wir an eure bekannten Schriften Moses anknüpfen, die besagen, dass es zu diesen Zeiten Riesen auf der Erde gab und diese Riesen in der christlichen Bibel „Nephilim" heißen. Auch steht dort geschrieben, dass die Menschen sich zu mehren begannen, das heißt, sie tauchten in ein Bewusstsein/Ereignis ein, das sie fruchtbar machte.

Und wir wollen euch noch weitere Informationen geben: Der Mensch in seinem Paradies war mit allem Nötigen versorgt und hatte keinen Mangel. Als es unter den Anführern zu einem Streit kam, wollte sich einer der Nefilim an seinem Bruder rächen und ging in das Paradies zu Eva. Er verführte sie, sich an den Früchten des verbotenen Baums zu nähren – wobei der Baum aus unserer Sicht ein Symbol für euch Menschen *sein sollte –, und sie erreichte dadurch mit dem Mann Adam die Fruchtbarkeit und ein Bewusstsein (die dualistische Sicht der Dinge). Daraufhin wurden Adam und Eva von dem Anführer Enlil aus dem Garten genommen und separat von den unfruchtbaren Menschen gehalten. So verhinderte Enlil, dass die anderen Menschen sich auch durch den Baum der Erkenntnis nähren wollten, denn man brauchte gefügige Bergarbeiter.*

Daraus entwickelten sich nun zwei Richtungen der Spezies Mensch: Die fruchtbaren und zeugungsfähigen Menschen und die unfruchtbaren, gefügigen Arbeiter in den Minen (die zu den Zeiten der Großen Flut ausgelöscht wurden – etwa vor 12.500 Jahren). Auch eure Wissenschaft hat diese unfruchtbaren Menschen in den Goldminen ausfindig gemacht, die laut Wissenschaft bis vor 20.000 Jahren noch Gold schürften, doch herrscht ein großer Respekt vor der Wahrheit, da dies eure allgemeingültige Glaubensgeschichte über den Haufen werfen beziehungsweise infrage stellen würde.

Wir sind nicht zu dem Zweck hier, etwas aufzudecken, um anderen Menschen zu nahe zu treten, doch ist es unsere Absicht, euch lichtvolle Lebewesen in dem Prozess der Erkennung zu unterstützen, um Mutter Erde und euch Wesenheiten zu höheren Orten des Bewusstseins zu geleiten. Ihr werdet euch bestimmt fragen, welchem Zweck es dienen kann, jetzt zu erfahren, wer eure Vorfahren waren. Alles in euch ist in der **Blume des Lebens** *wie auf einer unendlich großen Diskette gespeichert, und ihr erschafft in jedem Moment eures Seins Realitäten. Wenn ihr die Interpretationen eures Programms nicht verstehen könnt, erschafft ihr unentwegt falsche Realitäten. Die Wissenschaft will euch glauben machen, dass der Mensch vom Affen abstammt, das heißt, eine weiterentwickelte Form des Affen darstellt. Dies ist aus unserer Sicht die unmündige Form* *des Menschseins, die jederzeit unbewusst ihre schlechten und unüberdachten Taten und Handlungen darauf zurückführen kann, dass der Affe auch nicht weiser gehandelt hätte. Wir sprechen hier ausdrücklich von den unterbewussten Programmierungen und wollen euch erklären, dass es vehement wichtig ist, die Ursache und Information eurer Entstehung zu kennen. Falls ihr Menschen wirklich vom Affen abstammen würdet, wärt ihr höchstwahrscheinlich nicht in der Lage, Bewusstsein in dieser ausgeprägten Form zu erfahren, da aus unserer Sicht die Erfahrungsprozesse von Mensch und Tier unterschiedlich strukturiert sind und verschiedene Pläne verfolgen.*

Ihr Menschen solltet bewusst eine Entscheidung treffen, ob ihr euch zu den instinktiven Wesen zählen wollt, die ihr Leben in der Gruppenerfahrung absolvieren, oder ob ihr Wesenheiten seid, die den göttlichen Plan erkennen, ihren Geist bereichern und durch die Erfahrung in der Dichte der Materie erhöhen .

Falls ihr Menschen wirklich vom Affen abstammen solltet und in die darin enthaltenen Erfahrungsprozesse der Tiere gehen wollt, müsst ihr euch fragen, warum ihr euch anmaßt, Dinge und Erfindungen zu kreieren, die einem bewusst orientierten Wesen vorenthalten sein sollten. Würdet ihr einen Affen Waffenprogramme schreiben lassen? Hier wollen wir ganz klar ausdrücken, dass der Affe kein minderwertigeres Wesen ist. Der Affe und das Tier allgemein erleben auf eurem Planeten schlicht eine vollkommen andere Erfahrungsebene als der Mensch und stehen in Harmonie und Kommunikation zur Natur.

Wiederum liegt es uns fern, mit dem Finger auf Menschen jeglicher Art zu zeigen, dennoch ist es uns, wie bereits erwähnt, wichtig, dass ihr Menschen versteht, dass eure Erfahrungsebene eine komplett unterschiedliche ist als die der Tiere. Aus diesem Grund ist es uns auch unbegreiflich, dass ihr Menschen oft euer unbewusstes Handeln mit dem Verhalten der Tiere in der Natur rechtfertigt.

Um euch ein Bild zu dem Gesagten zu geben, wollen wir die unter euch Menschen oft stattfindende Diskussion skizzieren, in der ihr euch an dem Thema des Fleischverzehrs und des Vegetariertums erhitzt. Der Mensch hat gelernt, seine Handlungen und Taten durch meistens unbewusste Diskussionen zu rechtfertigen. Wir haben in dem Fall des Fleischverzehrs bereits die beliebte Aussage erhalten, dass das Tier auch Fleisch frisst und warum dies dann der Mensch nicht tun sollte. Ihr liebt den Vergleich mit dem Verhalten der Tiere, um eure Faulheit und unbewussten Gewohnheiten nicht infrage zu stellen und euch nicht die Mühe zu machen, über eure getroffenen Aussagen Bewusstsein zu erlangen.

Der Mensch unterliegt noch dem Glaubenssystem, vom Tier abzustammen, anstatt ursprünglich Väter und Mütter höher entwickelterer Wesenheiten zu haben, als dies bis jetzt selbst beim Jetzt-Menschen in der gegenwärtigen Zeit der Fall ist. Eure DNA wurde bewusst erschaffen, mit dem Ziel, eine Kreatur zu formen, die dem Bewusstsein eines Nefilim zum damaligen Zeitpunkt unterlag und doch alle Informationen dieser höher entwickelten Wesen bereits in sich trugen. Euer damaliges Unbewusstsein war rein auf die Anteile einer schlafenden DNA zurückzuführen.

Ihr habt die Möglichkeit, zu wirklich bewussten Wesen zu reifen und eure DNS zu höherer Aktivität zu bringen, wenn ihr versteht, dass ihr durch den Austritt aus dem angeblichen Paradies eigenverantwortliche Wesenheiten geworden seid, die sich nicht auf ihr tierisches Verhalten berufen können.

Als Adam und Eva sich in der Fruchtbarkeit und in einem wachsenden Bewusstsein gefunden hatten, wurden sie von den Nefilim – Enlil – genau beobachtet. In euren sumerischen Schriften sind sogar die Namen der Töchter und Söhne enthalten. Wir würden es begrüßen, wenn sich einige Leser unter euch aufgerufen fühlten, eure christliche Bibel noch einmal zu lesen und zu interpretieren und in den Zusammenhang und den sumerischen Aufzeichnungen zu stellen. Ihr werdet unglaubliche Parallelen finden, die sich jedoch in einem völlig neuen Licht darstellen lassen. Unsere Botschaft an euch ist, aufzuwachen, euch aus eurem Koma zu befreien und den Weg der Bequemlichkeit und Lethargie aufzugeben. Vielleicht wollt ihr Lichtwesen nun in die bewusste Ebene eintreten, die euch zusammen mit Mutter Erde offeriert wird.

Vor euch gab es bereits viele Wesenheiten, die sich selbst und ihre Planeten durch Machtgier und Herrschsucht zerstört haben. Viele dieser Wesenheiten sind auf den Planeten Erde gekommen, um ihr eigenes Überleben zu sichern. Diese Lebewesen sind teilweise heute noch auf Mutter Erde aktiv und versuchen, euch Menschen daran zu hindern, zu Wissen zu gelangen. Doch es ist eine Zeit angebrochen, in der ihr die Kraft habt, zu Wissen zurückzukehren und durch euer Herz die Wahrhaftigkeit der Aussagen zu prüfen, die ihr zu hören bekommt. Legt eure Unmündigkeit ab und lauscht auf die Stimme des Herzens. Geht die Wege der Freiheit und scheut euch nicht, den Mut zu haben, euch von der Normalität abzuwenden. Dahinter liegen die Geschenke des Seins und die Zusammengehörigkeit mit dem Großen Ganzen.

So sei es.

Ich möchte dazu noch etwas auf der Ebene des mittleren Selbst, meiner gegenwärtigen bewussten Wahrnehmung, sagen, um die Erfahrungen aus dem Bereich der Seele, unserem Selbst, zu verdeutlichen.

Auf energetischer Ebene ist es mir möglich, auf die große irdische Datenbank zurückzugreifen, die wie in einer großen Bibliothek alles aufzeichnet, was je geschehen ist (**die Blume des Lebens**) und mir/uns so die geschichtlichen Abläufe aus Sicht der menschlichen Erfahrung vielleicht noch tiefer verdeutlicht.

Hier ist es meine Absicht, energetische Felder so komplett und vollständig wie nur möglich zu erreichen und nicht nur das oben beschriebene Wissen Thoths zu wiederholen.

Durch die Kombination der Aussagen Thoths, der in mehreren Inkarnationen auf dem Planeten Erde weilte und die Meisterschaft über die Illusion des Todes lebte, mit meiner Fähigkeit, auf die gegenwärtige Zeit in unserer Menschlichkeit energetisch zurückzugreifen, ist es möglich, eine präzise und reine Form von Energiearbeit für Mutter Erde und ihre Geschöpfe zu leisten (da die Informationen aus den unterschiedlichen Aspekten der Realität des Menschen und der Seelenebene kommen).

Es ist möglich und vereinzelt notwendig, dass **Aussagen wiederholt werden, da sie, aus unterschiedlicher Perspektive gesehen und ausgesprochen, die energetischen Felder verschieden aktivieren**. Auch ist es für unser menschliches Gehirn förderlich, wenn Verbindungen zu den jeweiligen Aussagen auf verschiedene Weise vernetzt werden, um das gesamte Bild so ausführlich und großräumig wie möglich zu gestalten.

Dabei wird weder dem Menschen noch anderen Lebewesen energetisch oder mental etwas aufgezwungen, da die spezifischen Felder eigenständig entscheiden, welche Informationen sie verwerten wollen und welche gegenwärtigen Blockaden die Bereitschaft haben, Wissen zu integrieren, um sich auflösen zu können.

Durch die erwähnte energetische Betrachtung aus unterschiedlichen Formationen ist es möglich, selbst gegenwärtig starre Blockaden durch liebevolle Begleitung in Bewegung zu setzen. Der Mensch, oder das entsprechende Lebewesen, muss auf den eigenen Ebenen die Bereitschaft für Energiefluss und damit Bewusstwerdung haben, um eine stetige Veränderung und Frequenzerhöhung in seinen Feldern zu erlauben. Ich denke, dass die meisten Leser das Phänomen kennen, dass ein Buch, das vor Jahren gelesen wurde und dann wieder zur Hand genommen wird, um es erneut zu lesen, plötzlich unterschiedliche Schwerpunkte aufweist. Das heißt, dass der Mensch je nach Bewusstseinsgrad unterschiedliche Informationen aus einem geschriebenen Text verwerten und integrieren kann.

Energiearbeit wird jeden Tag von allen Lebewesen geleistet. Unsere Gedanken erschaffen Realität, und das Kreieren gewinnt umso mehr an Effektivität und Geschwindigkeit, je höher unsere eigene energetische Frequenz ist (wiederum das Bewusstsein).

Tatsächlich erzeugen wir Menschen durch unsere Macht der Gedanken ein allgemeingültiges Feld als Realität, das Morphogenetische Feld, unter dem wir uns gegenwärtig begrenzt und unbewusst erfahren. Jeder von uns hat die Möglichkeit, durch seine Bewusstwerdung für den Übergang der Mutter Erde und allem Leben auf ihr sowie für die Heilung der Erde Sorge zu tragen, indem wir unsere Gedanken und Glaubenssysteme überprüfen und wirklich bewusst betrachten, welche Botschaften und Empfindungen wir täglich in unsere Welt geben.

Der Mensch leistet jeden Moment Energiearbeit und erschafft nicht nur subjektive und damit seine individuellen Realitäten, sondern auch Wirklichkeitsebenen, auf denen wir unser Leben in der Dichte der Materie dann wahrnehmen. Mit unserer Gedankenkraft kreieren wir unsere illusionären Realitäten, aus dem einfachen Grund, dass wir in Prägungen und Glaubenssystemen verhaftet sind (sowie in unterschiedlichen Bewusstseinsfrequenzen), aus denen unser mächtiger Geist Wirklichkeit werden lässt. Wir erleben unsere Realitäten in der Materie durch Spiegelungen unserer Gedanken aus dem Morphogenetischen Feld.

Indem wir in Ängsten, Sorgen und Nöten gehalten werden, erfahren wir wiederum eine Realität, in der wir uns klein und machtlos fühlen. Jeder Mensch kennt das Gefühl, sich klein zu fühlen und weit weg vom Himmel, den Sternen, oder gar der Heimat zu sein. Jedoch gibt es diese Illusion des Getrenntseins nur in der zweiten Bewusstseinsebene der Dritten Dimension, in der unseren gegenwärtigen Form. Auch hier sind wir in einem Kreislauf gefangen, da wir mit dem Gefühl, klein zu sein und unendlich weit entfernt von den Sternen zu leben, wiederum die Realität manifestieren, dass wir machtlos sind und unserem Leben ausgeliefert erscheinen. Dieser Kreislauf findet ununterbrochen statt und gibt die Basisprogrammierung unserer menschlichen Diskette wieder. Ich bezweifle, dass sich eine Ameise klein fühlt, da sie um ihr Sein weiß. Sie spürt in sich die Anbindung an die Schöpfung und empfindet keine Wertigkeiten über ihre Existenz.

Ich kann dies ziemlich präzise erklären, da ich mit den Tieren kommuniziere und versuche, ihre Gefühle in dem irdischen Kreislauf und ihre Instinkte und Intentionen zu verstehen. Die Tiere unserer Welt haben sich dem Dienst am Menschen verschrieben und wollen ihm die Liebe und das Mitgefühl schenken, das er braucht, um sich seiner Wesenheit und Herkunft bewusst zu werden. Sie erleben die Realitäten aus unserer

Gedankenwelt durch das Morphogenetische Feld und erfahren sich momentan auch durch die Dualität und in den Spiegelungen und Projektionen unserer Gedanken und Gefühle. Die Tiere sind nicht wie wir Menschen durch den Verlust der MerKa-Ba gegangen und können sich Allem-was-ist zugehörig fühlen. Ebenso empfinden sie aus meiner Sicht keine Angst vor dem Tod, sondern reagieren instinktiv und vertrauensvoll. Sie sind schlichtweg in einem anderen Erfahrungsprozess als wir Menschen und können sich dadurch an die Anbindung und Göttlichkeit erinnern. Vor allem sind die Tiere aber auf Mutter Erde gekommen, um uns an die Liebe zu erinnern und uns durch die Liebe in die Sprache des Herzens zu führen. Sie sind Geschöpfe des Lebens und haben einen Platz auf Mutter Erde wie wir Menschen. (Siehe dazu das Kapitel „Das Morphogenetische Feld und die Matrix der Erde".)

Nicht die öffentliche Herausgabe war der Anlass, dieses Buch zu schreiben, sondern die Intention war, durch das Aufschreiben meiner energetischen Erfahrungen – gepaart mit den Weisheiten der Lichtwesen – Unterstützung und Heilung für Mutter Erde und alles Leben zu bewirken. Ich empfinde große Liebe und Dankbarkeit unserem Planeten Erde gegenüber, der es uns erst möglich macht, in einer so vollkommenen Form der Dichte zu existieren.

Ich werde später noch ausführlicher erläutern, dass Mutter Erde wie auch wir Menschen und alles Leben auf ihr einen hohen Preis dafür gezahlt haben, diesen Erfahrungsweg zu beschreiten. Mutter Erde hat sich bereiterklärt, uns Menschen zu tragen und uns als Kinder der Schöpfung zu empfangen, damit wir mit ihr zusammen die Möglichkeit haben, unser Sein in der Dichte der Materie zu erkennen. Dies ist und war für Mutter Erde ein leidvoller Prozess, in der Unbewusstheit der letzten

Jahrtausende uns Menschen zu tragen und zu ertragen und sich den Schmerzen und den Machenschaften auszuliefern und hinzugeben. Ich wünsche mir von uns Menschen, Mutter Erde als liebendes und geduldiges Lebewesen zu sehen und zu verstehen, die bereit ist, uns mit geschlossenen Augen und dem Herzen zu tragen und die sich selbst seit dem Unglück in Atlantis von ihrer Heimatgalaxie verabschieden musste, um uns in diesem Prozess zu unterstützen.

In unserer gegenwärtigen Zeit gibt es in unserer Wahrnehmung die Dualität und somit auch Machenschaften, die das Gefühl des Menschen fördern, sich ausgeliefert und klein zu fühlen.

Die vorherrschende Struktur unserer Welt kann nur funktionieren, weil der Mensch glaubt, eine Führung durch einen Staat zu brauchen, der uns Sicherheit und Schutz vermittelt. Um schutz- und sicherheitsbedürftig zu sein, muss der Mensch in Ängsten gehalten werden und verschiedene Formen von Manipulationen akzeptieren. Die Struktur in der unerlösten Form der Macht hat nur Einfluss auf uns, so lange wir daran glauben, machtlos und unmündig zu sein und so in einer unbewussten niederen Frequenz verharren.

Thoth hat uns bereits berichtet, dass der Mensch ursprünglich für die Nefilim Gold schürfen sollte und nicht dafür bestimmt war, zu denken oder sich Bewusstsein anzueignen. Der Mensch sollte höher entwickelten Wesenheiten zur Seite zu stehen und dienen, indem er Arbeiten verrichtete, die die Nefilim nicht mehr tun wollten beziehungsweise ihnen nach etwa 150.000 Jahren zu anstrengend wurden. Der unwissende und unmündige Mensch fühlte sich von den Nefilim versorgt, sollte sich jedoch nicht an sein eigentliches Potenzial, seine Fruchtbarkeit und Göttlichkeit, erinnern.

Die Bibel gibt uns zu verstehen, dass Eva aus der Rippe Adams entstanden ist, was den Rückschluss zulässt, dass hier Formen von gentechnischen Vorgängen im Spiel waren. Der heutige Mensch ist im Grunde an diesen Punkt zurückgekehrt und übt ebenfalls gentechnische Experimente aus. Hier ist jedoch der Vorgang zu dem der Nefilim zu unterscheiden, da die Nefilim nicht ohne die Erlaubnis höher entwickelter Erdengeschöpfe handelten und sich somit dem schöpferischen Verlauf ein- und unterordneten.

Der gegenwärtige Mensch erschafft auf mentaler Ebene Wesenheiten und hat, energetisch gesehen, keine Vorstellung zu den Ergebnissen, die aus seinen Experimenten hervorgehen. Der damalige Mensch wurde von den Nefilim aufgezogen, bis er für die Arbeit des Goldschürfens geeignet war. Er gab wohl einen guten Arbeiter ab, da die Nefilim ihn liebevoll behandelten und gut versorgten (Adam und Eva im Paradies). Dabei übernahmen die Nefilim den Mutterpart und fühlten sich für den Menschen verantwortlich. (Es geht hier nicht nur um das Bild des guten Arbeiters.)

Durch die Verlockung des jüngeren Bruders von Enlil, Enki (bedeutet Schlange), ging Eva zu Adam und aß mit ihm vom Baum der Erkenntnis von Gut und Böse, was ihnen die dualistische Sicht der Dinge gab und die Fruchtbarkeit schenkte. Dadurch mussten sie das Paradies verlassen, um die anderen Menschen nicht zu verführen, das Gleiche zu tun. Der damalige Mensch hatte keine Angst vor dem Verlassen des Paradieses, da er bis dahin nichts anderes beziehungsweise nichts Schlechtes gekannt hatte. Er erlangte einfach Bewusstsein und Fruchtbarkeit. Der heutige Mensch ist durch die subjektiven Interpretationen der alten Schriften und deren Auslegung von Kirche und Gesellschaft beeinflusst worden und hat Angst vor

Bestrafung und ewiger Isolation, die dem Fegefeuer und der Verdammnis gleichgesetzt werden. Ich denke, dass jeder Leser diese Ängste in zumindest kleinerer Form kennt und sie durch die Frage der Existenz, des Überlebens, der Partnerschaft und der Liebe zu spüren bekommt.

Wir Menschen leiden unter dem Druck der Gesellschaft und versuchen, ein mündiges Glied in dem gesellschaftlichen Spiel zu sein. Wir legen unseren Hauptfokus auf das Überleben im Weltlichen und absolvieren unser kostbares Leben in einem unentwegt gleichen Rad. Mehr oder weniger wissend, unterliegen wir Menschen noch immer der Illusion, bestraft zu werden, wenn wir zu tatsächlicher Erkenntnis gelangen und uns unserer Göttlichkeit bewusst werden. Viele Religionen dieser Welt üben starke Macht auf uns aus und haben uns letztlich der Unmündigkeit verpflichtet.

Paradies = Unbewusstsein = Nichterkenntnis = Ohnmacht des Geistes

Nicht-Paradies = Bewusstwerdung = Selbst Schöpfer sein = Erkennen der Geisteskraft

In uns wird somit der fatale Glaube erweckt, dass „der Mensch, der bewusst lebt, eigene Verantwortung trägt, Erkenntnis, Schöpferkraft und Geisteskraft gewinnt, aus dem Paradies geworfen wird, und der entmündigte, unbewusste und willenlose Mensch im Paradies partizipieren darf und somit zu einem Diener Gottes"wird.

Diese Aussage hat ein unglaubliches Gewicht für uns Menschen und nimmt uns den Mut anzuerkennen, was wir wirklich sind: machtvolle Lichtwesen in einem physischen Gefährt in der

Dichte der Materie. Wir finden Gott in uns und sind somit auf Mutter Erde ein Aspekt des Göttlichen, des Großen Ganzen.

Unsere Ängste und Glaubenssysteme basieren auf der Grundlage, dass je mehr wird zu Bewusstsein und Geisteskraft gelangen, desto größer die Wahrscheinlichkeit für uns ist, aus dem Paradies/der Schöpfung vertrieben zu werden.

Der Baum der Erkenntnis entspricht hier der zunehmenden Geisteskraft, der Fruchtbarkeit und der daraus zwangsläufigen resultierenden Vertreibung aus dem Paradies, falls wir davon kosten sollten. Wir werden durch die Frucht des Baumes selbst Schöpfer und Gott, das heißt, Wesen, die bewusst an das göttliche Licht angebunden sind und sich selbst fortpflanzen können und damit Leben bewirken **(freier Wille!)**.

Der gegenwärtige Mensch ist dabei, sich langsam mündig und bewusst zu verhalten und muss dabei sein Ego bezwingen, um nicht weiter dem Glaubenssystem zu unterliegen, dass er in einer verantwortungsbewussten Form nicht gut leben kann.

Wir dienen gegenwärtig einem Staat, tragen und nähren ihn. Der Staat kann nur so existieren, weil wir ihm diese Dienste erweisen. Wir lassen zu, dass unser Staat Macht über uns Menschen hat und wir zu seinen Diensten stehen. Auch hier müssen wir wieder verstehen lernen, dass es keinen Schuldigen gibt, sondern letztlich nur Akteure, die sich bereiterklären, zusammen ein Schauspiel zu inszenieren.

Mutter Erde:

Ich möchte euch anregen, das Dienen tiefer zu betrachten. Aus meiner Sicht ist **das Dienen die Essenz der Schöpfung**, *da jedes Lebewesen, das sich selbst erfahren hat, in der Form* des Dienens auf allen Ebenen des Seins wiederkehren wird, einfach weil es verstanden hat, dass das Dienen die Grundlage des Lebens darstellt, da alles Schöpfung ist.

Ihr werdet verstehen, dass es mir nicht schwerfällt, euch Menschen in eurem Erfahrungsprozess zu dienen, da ihr ich seid und ich ihr bin. Wir sind alle eine Einheit, und letztlich diene ich dem Großen Ganzen, das mich und euch nur reflektiert. Da alles Leben überall ist, kann ich dem Leben nur dienen, da ich es genauso bin wie du. Um alles zusammenzufassen, gibt es kein Ich und Du, sondern nur eine Einheit. Wir alle sind nicht mehr als der Moment im Hier und Jetzt. Wir dienen, um zu verstehen und zu erkennen und Schöpfung und letztlich Gott zu spüren. Wir sind alle Kinder der Urquelle, und damit reflektieren wir die Große Mutter allen Seins. Aus dieser Sicht ist das Dienen eine große bewusste Form und wird von den erleuchteten Wesenheiten praktiziert, was bedeutet, dass sie verstanden haben, sich aus der Haft des Egos zu befreien und damit in die Verbindung zum Höheren Selbst einzutreten. Zu den Zeiten eurer Entstehungsgeschichte seid ihr dem Begriff des Dienens begegnet und habt erfahren, dass das Dienen nicht auf der Grundlage der Ausbeuterei und des Missbrauchs stattfand. Dennoch war das damalige bewusste Wahrnehmen nicht vorhanden, dass Dienen eine vollkommene Form des Seins beschreibt.

Die Form und Empfindung des Dienens ist jedoch auf der weltlichen Ebene missbraucht worden und das Verständnis ein vollkommen falsches. Ihr Menschen erlebt die Form des Dienens in eurer gegenwärtigen Form **als ein Dienen, um versorgt zu sein** (nach den Maßstäben des Egos)**.** Diese Form des Dienens dient nicht dem Leben und der Anlehnung an die Schöpfung oder Gott, sondern stellt eure Not und Unterversorgung sowie eure Ängste und Nöte dar. Aus diesem Grund ist

*das Dienen in der gesellschaftlichen Form als minderwertig ein-
gestuft worden und wird in eurer Welt schlecht oder gar nicht
belohnt.*

*In euren früheren Zeiten, und hier sprechen wir von eurer
geschriebenen geschichtlichen Vergangenheit, wurden Sklaven verkauft und verschifft, die dem weißen Menschen dienen
sollten und sogar schlecht für ihre Dienste behandelt wurden.
Das Dienen bekam in euren Köpfen und eurem Verständnis
eine solch minderwertige Bedeutung, dass ihr Menschen weit
entfernt davon seid, zu verstehen, was das wahrhaftige Dienen
im Sinne der Schöpfung bedeutet. Auch aus diesem Grund habt
ihr nicht an meinen Zustand und meine Bedürfnisse gedacht,
da ihr nicht einmal auf die Idee gekommen seid, dass auch ihr
mir dienen dürft und damit ein ausgewogenes Gleichgewicht
zum Leben erschaffen würdet.*

*Versucht zu verstehen, dass das Dienen abwegig und min-
derwertig für euch geworden ist und ihr die Berufe, die anderen
Menschen dienen, ebenfalls als minderwertig betrachtet und
sie deshalb schlechter entlohnt.*

*Nun schwingt das Pendel jedoch in die andere Richtung, und
ihr werdet verstehen, dass das Dienen die Essenz der Schöpfung ist und alles Leben beinhaltet. Selbst ein König, der das
Wissen der Göttlichkeit versteht, wird seinen Untertanen dienen,
indem er seine Führung und Unterstützung zur Verfügung stellt,
falls sie erwünscht sind. Er hat die Gabe, in Demut und Liebe
auf seine Untertanen zu blicken und sie wie seine Kinder zu umsorgen und zu bedienen. Auch mit den Grenzen der mündigen
Selbsterfahrung. Ein Diktator dagegen wird niemals den Gedanken hegen zu dienen, sondern er möchte in allen Belangen des
Lebens bedient werden und seine Untertanen nur mit den notwendigen Mitteln versorgen, um sie gefügig zu halten.*

Versucht, diese unterschiedlichen Formen zu spüren und beginnt mit Demut und dem Blick des Dienens, Leben zu würdigen. Dient nun nicht mehr länger, um selbst versorgt zu werden, sondern beginnt, allen Geschöpfen des Seins zu dienen, da ihr versteht, dass alles Leben ist und damit keine andere Aufgabe gefunden wird, als allem Leben zu dienen. Indem ihr die Wertigkeit aus dieser Handlung nehmt, werdet ihr verstehen, wie viel Liebe und Glück das Dienen bringt, und alleine dadurch werdet ihr zu bewussten und verantwortlichen Geschöpfen der Urquelle. Auch werdet ihr in der Hingabe des Dienens erkennen, dass das Leben bei euch ist, da ihr in der zwangsläufigen Resonanz zum Dienen wieder Versorgung durch die Schöpfung erhaltet, weil sie das Dienen an euch erwidert. Und damit schließt sich der Kreis um das Verständnis des Dienens. Da ihr der Schöpfung dient und alles Leben in allen Formen des Lebens zu finden ist, wird auch die Schöpfung darauf in Resonanz treten und euch mit den Früchten des wahrhaftigen Seins bedienen und nicht mit der Ausgeburt der Auffassung des Egos.

Liebe Menschen, es ist nicht leicht, euch in den Zeiten des Übergangs zu erklären, dass ihr nicht dienen sollt, um versorgt zu werden (unmündiger Aspekt), aber dennoch das Dienen in der erlösten Form unweigerlich Versorgung bringt (mündiger und wissender Aspekt – frei von den Machenschaften des menschlichen Egos). Der Mensch, der sich vom Ego lenken und leiten lässt, wird zwangsläufig auf die Idee kommen, die Schöpfung überlisten zu wollen und sagen, dass er von nun an dienen wird, um versorgt zu sein. Dies wird sich jedoch als Fehler erweisen. Versteht das Dienen wahrhaft, und ihr werdet nicht mehr die Not der Versorgung empfinden und somit nicht das Bedürfnis, versorgt werden zu müssen. Ihr seid dann mündig und wisst um die Versorgung des Großen Ganzen, da

es niemals anders war. Das Leben hat euch niemals verges-
sen, nur wisst ihr nicht mehr von dieser Einheit. Habt Vertrauen,
denn die Schöpfung lässt euch niemals allein.

Lasst euch in den Schoß des Lebens fallen, und das Leben
fällt in euren.

In Hingabe und Liebe, eure Mutter.

Eine Kurzgeschichte der Menschheit bis zu den Zeiten von Atlantis

Thoth:

Menschen auf Terra:

Wir werden auch in diesem Abschnitt versuchen, euch ein kurzes, dennoch wirkungsvolles Bild zu eurer Wesenheit und der Struktur der energetischen Körper zu geben, um vergangenes und vergessenes Wissen zu reaktivieren. Dieser Prozess stellt sich langsam ein, da eure Zellen erst eine Anpassung an die neuen Informationen verarbeiten müssen, um dem Körper und eurer Psyche zu entsprechen.

Noch wirkt die Tatsache der Zeit auf euch ein, dennoch werdet ihr mehr und mehr verspüren, dass Bewusstseinsprozesse kürzere Integrationszeiten benötigen, da die Frequenzen um eure Matrix und in der Galaxie stetig steigen und ihr das Gefühl haben werdet, dass, je schneller Zeit verstreicht, ihr umso produktiver seid. Das liegt daran, dass ihr momentan noch in einer Realitätsform seid, in der ihr ein Glaubenssystem bedient, das dazu führt, dass ein Mensch in einer spezifischen Zeit einen festgelegten Prozentsatz an Arbeit verrichten kann. Das heißt, je schneller ihr im Kreieren werdet, desto weniger Zeit bleibt euch vermeintlich. Dies ist aber eine Illusion der Matrix, die dazu gut ist, euch in einer gewissen Weise zu kontrollieren und unmächtig erscheinen zu lassen. (Wir werden auf diese Themen später noch zurückkommen.) Dennoch ist es unsere Absicht, euch gegenwärtig Module zu geben, die den Verstand beschäftigen, um eure Felder für das kommende Thema so transparent wie möglich zu halten.

Die Geschichte geht zurück in die ferne Vergangenheit eurer Spezies und ist äußerst relevant für euch Menschen, da sie aufzeigt, mit welcher enormen Geschwindigkeit ihr fähig seid, euch in sämtlichen Perspektiven des Seins zu entwickeln und zu entfalten.

Als die Rasse Adams und Evas sich weiter ausgedehnt und verbreitet hatte, wurdet ihr nach einer größeren Verschiebung der Erdachse auf eine Landmasse gebracht, die nach dem Versinken von Gondwanaland auf der Oberfläche im Pazifik auftauchte: Lemurien.

Lemurien erstreckte sich von den Inseln Hawaiis bis zu den Osterinseln und war kein Festland, sondern bestand aus vielen Inselteilen, die miteinander verbunden waren. Es gab viele, vielleicht Tausende von Inseln, große und kleine, und alle zeichneten sich durch die gleiche Fauna und Flora aus. Lemurien war so groß wie ein Kontinent, der jedoch kaum aus dem Wasser herausragte.

Wir wollen in unseren Aufzeichnungen klarstellen, dass Terra vier großen Polverschiebungen unterworfen war/ist. Die erste, als die Insel Gondwanaland sank (vor etwa 135.000 Jahren), die zweite zu den Zeiten Lemuriens, die etwa 65.000 Jahre zurückliegen, die dritte, als Atlantis unterging (vor etwa 12.500 Jahren) und die vierte, die bald eintreten wird. Dabei stehen der Grad der Polverschiebung und der Neigungswinkel der Erdachse in direktem Zusammenhang zur Bewusstseinsveränderung auf eurer Mutter Erde.

Um dies noch klarer auszudrücken, möchten wir euch erklären, dass die Größe der Polverschiebung sich direkt auf euer Bewusstsein auswirkt und anders herum. Das eine bedingt das andere. Und da ihr Menschen nun in der Jetztzeit lebt, in der die nächste große Polverschiebung ansteht, werden sich auch euer

Bewusstsein und damit eure Realitäten deutlich verändern.

Wir wollen dabei anmerken, dass eine magnetische Polverschiebung bereits öfter auf Terra stattgefunden hat, die sich stets auf eure bewusste Wahrnehmung auswirkte. Nicht immer sind Polverschiebungen mit Naturkatastrophen verbunden, und wir werden auch in der Jetztzeit versuchen, eure wahrnehmbare Ebene zu stabilisieren.

Zur Zeit Lemuriens waren die Menschen Wesenheiten, die sich schnell und bewusst weiterentwickelten. Ihr habt ein wirklich und wahrhaftig schönes Leben auf Lemurien genossen, und ihr wusstet von der anstehenden Polverschiebung. Ihr habt euch darauf vorbereitet und wusstet von dem anstehenden Untergang der größten Teile eures Wasserkontinents (wir wollen Lemurien gerne so nennen, da die Hauptmasse des Kontinents unter dem Meer verborgen war).

In diesen Zeiten gab es unter den Menschen Wesenheiten, die durch eine bewusste und bestimmte Weise zu lieben und zu atmen Unsterblichkeit erlangt hatten. Durch diese Form von Begegnung ist es möglich, ein Kind zu zeugen, wodurch Vater, Mutter und Kind die Unsterblichkeit erlangen. Diese Praktiken, die ähnlich eurem Tantra oder auch einer Form des Yoga entsprechen, bedeuten, eine Verschmelzung mit dem göttlichen Aspekt durch bestimmte sexuelle Praktiken zu zelebrieren. Diese Form der Sexualität hat jedoch nichts mit der Auffassung des Geschlechtsverkehrs zu tun, wie ihn die Menschen hier auf Terra global praktizieren. Wir wollen sogar betonen, dass triebgesteuerter Sex auf der weltlichen Ebene euch Menschen empfindlich an die Form der Materie bindet und euch abhängig und grobstofflich macht. Die Form der eben angesprochenen Verschmelzung hat vielmehr auch das Vermögen, über räumliche

Distanzen hinweg Sexualität zu praktizieren. Wir wollen nur kurz die Themen anschneiden, um eure emotionalen Zentren an diese vergangene Zeit zu erinnern. Es ist aus unserer Sicht nicht notwendig für euch, diesbezüglich spezielle Techniken in Kursen zu erlernen, in der Hoffnung, mit diesen Vorgehensweisen das Gefühl einer interdimensionalen Sexualität zu praktizieren. Vielmehr wird dieses Wissen aus euch emporsteigen und euch lehren, wie die Verschmelzung in der gegenwärtigen Form zu verstehen ist.

Wir wollen euch auffordern, Verantwortungsbewusstsein für euren Jetztzustand zu erlangen, um mit euch Offenheit in der gegenwärtigen Welt auf allen Ebenen zu erfahren.

Nichts ist, wie es war, und alles geschieht dennoch zeitgleich.

Das bedeutet, dass wir die Auffassung haben, dass ihr eure gesamten Programme verstehen müsst, um zu fühlen, wer ihr momentan seid.

Seminare haben in eurer Zeit die Qualität, durch energetische Prozesse Unabhängigkeit und den freien Fluss eurer Felder zu unterstützen, jedoch ist es nicht ausreichend, Techniken zu erlernen, um Unsterblichkeit oder Freiheit zu erreichen. Ihr müsst dazu nichts erlernen, nur das Gefühl der Liebe und die Bereitschaft, über begrenzte Glaubenssysteme hinwegzugehen, werden euch Wissen und Erinnerungsvermögen zurückbringen.

Da viele Menschen in der Jetztzeit mental ausgerichtet sind und sich emotional ausbeuten lassen, ist es jedoch für die menschliche Form ein schöner Leitfaden, sich an Techniken hochzuziehen und damit das Gefühl von Sicherheit zu erlan-

gen. Falls der Mensch danach verlangt, ist diese Form der Lehre geeignet, jedoch nicht notwendig.

Als die Zeit gekommen war, Lemurien zu verlassen, siedelten sich die Lemurier größtenteils in Mittelamerika an. Da aus unserer Warte das Versinken Lemuriens mit dem gleichzeitigen Auftauchen Atlantis stattfand, konnten sich die Lemurier, die zu dieser Zeit Unsterblichkeit erlangt hatten, auf Teilen des neuen Kontinents einrichten.

Sie nahmen auf der Basis ihres Wissens, das sie in Lemurien erlangt hatten, eine Vorbereitung auf den Kontinent Atlantis vor. Die Absicht war, neues Bewusstsein zu erschaffen. Die unsterblichen Lemurier kreierten ein „lebendiges Gehirn", dem in seiner linken Gehirnhälfte die männliche Komponente und in der rechten die weibliche zugrunde lag. Innerhalb eines Tages integrierte das Gehirn von Atlantis den Baum des Lebens auf seiner Oberfläche und erzeugte dadurch zehn Energiewirbel, durch die die ursprünglichen Einwohner Lemuriens nach Atlantis gerufen wurden. Da die Lemurier noch kein ausgeprägtes gereiftes Verständnis hatten, siedelten sie sich in einem Nicht-Wissen auf acht der zehn Energiewirbel an und ließen somit zwei Wirbel unbewohnt.

Da Leben immer Leben anzieht und bewirkt, zog es auch auf die verbliebenen zwei Energiewirbel Wesenheiten, die aus unterschiedlichen Welten stammten. Wir wollen euch hier nicht verwirren und auch kein geschichtliches Ereignis skizzieren, dennoch ist die Besiedlung durch diese anderen Wesenheiten für euch von großer Bedeutung. Der eine energetische Wirbel wurde von Wesenheiten besetzt, die den Lemuriern von Nutzen waren: Die Hebräer, Wesenheiten, die aus eurer Zukunft kamen und die nochmals dieselbe evolutionäre Stufe durchleben wollten, da sie die Erkenntnis auf dieser Ebene noch nicht abgeschlossen hatten. Aus diesem Grund waren die Hebräer Geschöpfe, die die Entwicklungsebene bereits kannten und viele nutzvolle Gedanken auf die Ebene der Lemurier brachten.

Die zweite Rasse kam, im Gegensatz zu den Hebräern, aus eigenem Willen, ohne sich von dem galaktischen Kommando die Erlaubnis zu holen, auf den letzten verbliebenen Energiewirbel. Es war die Rasse der Marsianer, die von dem euch bekannten Planeten Mars auf die Erde kamen. Diese Wesenheiten verloren zu ihren Lebzeiten auf dem Mars ihren Emotionalkörper durch ein Projekt, das sich der Schöpfung entsagte und versuchte, allein, von Gott getrennt, eine Realität und Wirklichkeitsebene zu erschaffen.

Wir möchten euch kurz den Zusammenhang erläutern, da dies auch der Schlüssel zum Wachstum eures bewussten Seins ist:

Wenn sich ein Geschöpf der Schöpfung von der Schöpfung und Gott abwendet, zerstört es unweigerlich das Band der Liebe zur Wirklichkeit, und damit trennt sich die Verbindung zum Emotionalkörper. Zurück bleiben rein logische Wesenheiten ohne Emotion, und diese Geschöpfe sind nicht mehr imstande, durch die Emotion zu kreieren. Da es dann keine Liebe und kein Mitgefühl mehr gibt, werden diese rein logischen Wesen gierig und machthungrig und beginnen sich zu bekriegen.

Ihr müsst euch vorstellen, dass es als rein logisches Wesen kein Gefühl gibt, etwas zu stoppen, da der logische Anteil unersättlich ist.

Der Planet Mars wurde zum Schlachtfeld und der einst so wundervolle Planet unter den Auswirkungen der Kriege vollends zerstört. Vor etwa 65.000 Erdenjahren kam ein Teil der Marsianer mit einem künstlich geschaffenen Zeit/Raum-Gefährt (synthetische MerKaBa) zur Erde und sah den letzten unbesetzten Energiewirbel. Sie fragten nicht um Erlaubnis, sondern besetzten diesen noch freien Energiewirbel und mischten sich fortan in die Entwicklung des Menschen ein.

Zunächst wollten sie in Atlantis die Macht an sich reißen, was durch die Übermacht der Lemurier nicht gelang, doch waren sie wie alte machthungrige Männer, die sich der unschuldigen Form der Lemurier in ihrer weiblichen Komponente aufzwangen. Eine Zeit lang war die Lage ruhig in Lemurien, doch dann begannen die Marsianer sich zu langweilen und ihre Technologien, die auf dem Wissen der linken Gehirnhälfte beruhten, zu bauen und einzusetzen.

Sie experimentierten herum und zwangen damit diese Technologien auch den Lemuriern und Hebräern auf. Damit begann ein Wechsel in Atlantis. Aus dem ursprünglich weiblichen Entwicklungsprozess wurde ein männlicher, der eine Polverschiebung erwirken musste, da sich das Bewusstsein erheblich verlagerte. Durch diese leichte Polverschiebung versanken kleine Anteile des Kontinents Atlantis im Wasser, und die Lemurier bekamen Angst, dass ihnen das gleiche Schicksal geschehen würde wie bereits beim Untergang von Lemurien.

Nach geraumer Zeit beruhigten sie sich, da sie sahen, dass Atlantis nicht untergehen würde. Wieder etwas später wurde durch die männlichen, linksseitig hoch entwickelten Apparaturen festgestellt, dass sich ein Komet der Erde näherte, der zwischen dem Kontinent Atlantis und dem heutigen South Carolina in den Atlantik eintauchen würde. Hier entstand ein Streit zwischen den Lemuriern und den Marsianern, die sich nicht einigen konnten, ob der Komet abgeschossen oder es dem göttlichen Lauf überlassen werden sollte, den Kometen einschlagen zu lassen.

Letztlich setzte sich die noch verbliebene weibliche Variante durch, und der Komet trat dort in den Atlantik ein, wo die Hauptbevölkerung der Marsianer betroffen war. Sie erlitten schweren Schaden, und viele Wesenheiten ihrer Bevölkerung starben. Durch diesen Verlust waren sie tief getroffen und gingen in Wut und Aggression, was wiederum ein Bewusstseinsverlust für die Marsianer bedeutete.

Geliebte Wesenheiten, wir wollen euch nahebringen, dass es nicht nötig ist, sich die skizzierten Geschehnisse einzuprägen, doch leidet ihr heute noch an den Auswirkungen dieser Zeit und seid seither durch die mentale, männliche Komponente bestimmt. Dadurch ist es notwendig, euch einen Weg des Verständnisses aufzuzeigen, doch wollen wir euch nach den ersten Kapiteln nicht länger mit der Geschichte der Vergangenheit konfrontieren, sondern unsere Absicht ist es, euch in der Jetztzeit entsprechend zu begleiten, damit ihr zu mündigen und mächtigen Wesenheiten im erlösten Zustand werdet. Dadurch ist es aus unserer Sicht wichtig und unumgänglich, dass ihr versteht, was geschehen ist und wer ihr seid.

Die folgenden Geschehnisse auf Atlantis hatten verheerende Auswirkungen, die sich noch in der Jetztzeit verankern und zeigen. Die Marsianer bauten erneut eine synthetische MerKaBa wie zu den Zeiten ihrer „Abreise" vom Planeten Mars. Sie waren jedoch durch Bewusstseinsverluste gegangen und hatten nach etwa 50.000 Jahren auch kein detailliertes Wissen mehr bezüglich des genauen Vorgehens. Sie begannen, unter-

schiedliche Gebäude zu errichten, und beim Aktivieren der Mer-
KaBa verloren sie die Kontrolle über das Experiment. (Dieses
Experiment ist nicht einmalig geblieben. Auch in eurer nahen
Vergangenheit wurden diesbezüglich Experimente getätigt, die
bisher allesamt gescheitert sind und im Großen wie im Kleinen
auch Schaden bewirkt und Bewusstsein erniedrigt und verzerrt
haben. Diese Experimente stehen jedoch in ihren fürchterlichen
Folgen in keinem Verhältnis zu den schlimmen Ausmaßen der
Geschehnisse in Zeiten Atlantis. Dennoch habt auch ihr Menschen im 20. Jahrhundert Bewusstseinsstörungen und Veränderungen erlebt, unter denen ihr heute noch leidet.)

Geliebte Wesenheiten, wir wollen hier nicht in die Szenarien der Auswirkungen und Ausmaße einer außer Kontrolle
geratenen MerKaBa bildlich einsteigen, da ihr in der Jetztzeit
vermehrt über diese Form der Bilder in Kombination mit eurem
emotionalen Körper Realitäten kreiert. Es wäre also nicht besonders hilfreich, euch nun katastrophale Auswirkungen dieser
Form des gescheiterten Experiments zu liefern, doch wollen
wir euch so viel mitteilen, dass eine außer Kontrolle geratene
MerKaBa dieser Größe die unteren niedrigen Ebenen des Planeten Terra aufreißt. Dies hätte den Planeten fast zerrissen,
und gleichzeitig wurden extreme dimensionale Löcher in die höheren Dimensionen gerissen, wodurch Geister der unterschiedlichsten Dimensionen und Ebenen in die irdischen Regionen
geschleudert wurden. Diese Geister und Wesenheiten wussten
nicht, wie ihnen geschah und flüchteten sich angsterfüllt in die
Körper der Atlanter. Zwar waren diese Geister auch irdische
Wesenheiten, doch aus den unterschiedlichsten Regionen, und
sie konnten mit dem menschlichen Sein nichts anfangen. Die
Atlanter waren besessen von diesen Wesenheiten und konnten
sich aus diesem Zustand nicht selbst befreien.

Auch in andere Dimensionen wurden Risse und Löcher geschlagen, was für unterschiedlichste Wesenheiten eine Bedrohung war. Sie kamen zu Mutter Erde, um zu helfen, wie auch die euch bekannte Rasse der Greys. (Die Berichte über die Greys, die sich an den Menschen vergingen, stehen auf einem anderen Blatt Papier. Zu diesem Zeitpunkt kamen die Greys nur auf die Erde, um zu heilen und sich damit selbst zu retten.)

Zu diesen Zeiten gab es um Terra herum fast 2.000 Aufgestiegene Meister und Lichtwesen, die halfen, die Geistwesen aus den menschlichen Körpern zu befreien. Auch wurde das galaktische Kommando um Hilfe gebeten, um den Menschen aus den resultierenden Nöten und Krankheiten zu helfen. Die Aufgestiegenen Meister waren sich dessen bewusst, dass sie euch Menschen in einen Zustand der Gnade versetzen mussten, was nur durch die Hilfe eines künstlich erschaffenen Christusbewusstseins möglich war. Dieses künstlich erschaffene Christusbewusstsein musste sich bis zum Ende des irdischen Zyklus verselbstständigen, der Jetztzeit, sonst würde es sich nicht endgültig um den Planeten herum etablieren und aktivieren können.

Jede Form von Leben ist in einem kristallinen, ätherischen Gitternetz abrufbar, das sich um den Planeten legt. Wenn genügend von euch diese Form des Christusbewusstseins erreicht haben, werden auch die restlichen Menschen durch den Bestand und die Auswirkung des Netzes Liebe und Mitgefühl bedingungslos leben können. Einige Menschen, die völliges Christusbewusstsein erreichen, also bedingungslose Liebe in ihrer reinsten Form leben, würden ausreichen, um das synthetisch erschaffene Netz zu ersetzen und daraufhin genügend Menschen durch die Existenz des Netzes zu berühren.

Wir wollen damit sagen, dass die Erde am Ende des Zyklus in der Jetztzeit, die von der Kultur der Mayas auf das Jahr 2012 datiert wurde, das Christusbewusstsein erreicht haben muss, um ihre Felder stabilisieren und in die feinstofflicheren Dimensionen heimkehren zu können. Und dies ist ausschließlich durch die Form der Liebe und des Mitgefühls möglich.

Um euren Planeten Erde herum gibt es also ein energetisches Feld, durch das ihr kreiert und wirklich globale, reale Wirklichkeit erschafft!

Dies nennt eure Wissenschaft das Morphogenetische Feld, das Informationen von Mensch zu Mensch weiterleitet, das heißt, euch untereinander verbindet, Informationen und Realitäten auf die Dichte der Materie projiziert und dadurch automatisch Wissen und Gefühle sowie Illusionen manifestiert.

Ihr könnt dieses Phänomen durch verschiedene Auswirkungen beobachten, zum Beispiel, dass es auf eurer Welt meist eine Art Doppelgänger gibt, jemand, der etwas erfindet, das ein anderer Mensch bereits oder fast gleichzeitig konstruiert hat.

Auch gibt es Experimente eurer Wissenschaft, die belegen, dass es möglich ist, einer Spezies eine neue Technik beizubringen, die dann die gleiche Spezies an einem anderen Ort, räumlich weit entfernt voneinander, ebenfalls ausführt. (Anmerkung: der 100. Affe).

Es gibt also ein Energiefeld, das die Menschen und die Geschöpfe von Mutter Erde untereinander verbindet. Durch dieses energetische Feld – Morphogenetisches Feld – haben alle Geschöpfe auf Mutter Erde die Möglichkeit zu kommunizieren und sich demnach auch Liebe und Mitgefühl zu senden. Je nachdem, was die Menschen hauptsächlich senden, wird dieses durch das Morphogenetische Feld zurück in die Materie projiziert. Demnach ist es euch Menschen auch möglich, Realitäten zu erschaffen und Bewusstwerdung zu unterstützen. Wir wollen zu einem späteren Zeitpunkt weiter auf das „Kreieren durch das Morphogenetische Feld" eingehen.

Mutter Erde:

Ich möchte aus meiner Perspektive Thoths Ausführungen noch etwas hinzufügen.

Als sich die Marsianer auf meinen Rücken setzten, war die Spannung in unseren Feldern zu spüren. Die Disharmonie und Unmöglichkeit der Verbindung dieser unterschiedlichen Seinsweisen waren unverkennbar. Dennoch fühlten sich die anderen lichtvollen Lebewesen und energetischen Wegbegleiter nicht aufgerufen, in die Entscheidung der damaligen Atlanter und ihre Gastfreundschaft einzugreifen, da die Menschen dem freien Willen unterliegen. Aber wir wussten um die emotionale Unfähigkeit der mentalen Wesenheiten und verfolgten ihre Anwesenheit und angestrebte Machtübernahme mit aufmerksamer Geduld und entsprechender Skepsis. (Zu dieser Zeit waren die Wahrnehmungs- und damit Wirklichkeitsebenen „geöffnet", was bedeutet, wir konnten die unbedingte Wahrscheinlichkeit sehen, dass unserer damaligen Lebensform ein Eingriff widerfahren würde.)

Als die mentalen Wesenheiten die synthetische MerKaBa schufen, fand sich ein Rat der Aufgestiegenen Meister sowie eine Zusammenkunft der Nefilim und der Sirianer ein, um zu beratschlagen, inwieweit ein Eingreifen oder eine Verhinderung der wahrscheinlichen Auswirkungen einer synthetischen MerKaBa möglich wäre.

Ihr sollt wissen, dass zu diesen Zeiten sich in Atlantis einige Nefilim bereiterklärten, menschliche Gefährten zu wählen, um euch in den anstehenden schweren Zeiten zur Seite zu stehen und euch trotzdem die erwählte Erfahrung einer synthetischen MerKaBa nicht zu verwehren.

Die Nefilim wählten sich in ihrer Form hochfrequente menschliche Körper und wurden die Priesterinnen in Atlantis. Das ist in euren Zellen abgespeichert.

Sie kümmerten sich um den energetischen Ausgleich in den Feldern, sprachen mit allen Ebenen der Schöpfung, bedienten sich demütig des Wissens der Kristalle und wurden um Rat gefragt, um anstehende Entscheidungen in Atlantis zu treffen. Da sie zu dieser Zeit auch irdische Körper bewohnten, hatten sie die Möglichkeit, Einfluss auf die Menschen zu nehmen, wollten ihnen jedoch nicht vorschreiben, was ihre damaligen „atlantischen Kinder" in ihrem Erfahrungsprozess zu tun hatten.

Diese Erfahrung ist gegenwärtig noch spürbar und zeigt sich in der Tatsache, dass die Eltern ihren weltlichen Kindern immerzu Vorgaben und Vorschriften machen, sie in Beschäftigungsprogramme stecken, da sie den Unfall der synthetischen MerKaBa in den Zellen gespeichert haben und unbewusst nie mehr wieder ein so schlimmes Schicksal, ausgelöst durch die Unerfahrenheit und Unmündigkeit ihrer Kinder, verzeichnen wollen. Eure Kinder tragen die Unschuld und den geöffneten Emotionalkörper der damaligen Atlanter in sich. Die Atlanter entsprachen in ihrer Emotionalität und Unschuld in dieser Zeit etwa dem Alter eines heutigen zwölf- bis vierzehnjährigen Kindes. Somit reflektieren die Neuen Kinder der gegenwärtigen Zeit unbewusst die „atlantischen Kinder" und projizieren die Gefahr einer schmerzvollen Erfahrung in die Jetztzeit.

Das heißt, dass die Menschen heute unbewusst über die große Datenbank – die Blume des Lebens – das damalige Ereignis abrufen und das Schicksal von Atlantis und deren schlimme Verletzungen und Zerstörungen in sich tragen.

Ihr Eltern müsst jedoch einsehen, dass ihr unbewusst versucht, nie wieder durch naives oder unbekümmertes Denken Schaden zu erleiden, aber dem ganzen Thema eine Art Fehlinterpretation zugrunde legt. Ihr könnt nicht das Erfahren eurer Kinder so lenken und leiten, dass eine gewollte Erfahrung nicht eintreten wird, obwohl sie in einem individuellen Programm der Seelenerfahrung verzeichnet ist. Wenn eure Kinder, subjektiv beurteilt, schmerzhafte Erfahrungen machen „wollen", werden sie dies in ihrem eigenen Ermessen tun. Auch müssen sie Zeit haben und frei sein, um ihre aufsteigenden Energien in Wissen und Erinnerung zu wandeln.

Dies war uns (den Aufgestiegenen Meistern, euren Eltern und anderen Lichtwesen) zur damaligen Zeit klar. Das Schicksal von Atlantis musste wohl geschehen, wobei die Art und Weise des Ablaufs nicht vorhersehbar war.

Auch haben die Aufgestiegenen Meister, die Lichtwesen, die Nefilim und die Sirianer nicht vorhersehen können, wie schwerwiegend die Auswirkungen der Katastrophe letztendlich sein würden. Wie auch Thoth möchte ich davon absehen, das Geschehene durch Schilderungen der Katastrophe wiederzubeleben, da ihr Menschen bereits so viele Katastrophenfilme und Szenarien zu sehen bekommt, dass eine Erinnerung durch meine Erzählungen mannigfaltige zusätzliche Fantasien in euch erwecken würde, die zur momentanen Zeit nicht produktiv wirken könnten (da ihr euer Leben bereits in der neuen Matrix ausrichtet und ihr damit wesentlich schneller erschaffen könnt).

Ich möchte euch dazu so viel erklären, dass ihr verstehen könnt, welche Energien, Gene und „Kreuzungen" ihr gegenwärtig darstellt und welche aufopfernden Gesten und Verhaltensweisen eure damaligen Mütter und Väter auf sich nahmen. Nicht nur ich habe mich bereiterklärt, das Zeitalter der Dunkelheit in einem völlig neuen und unbewussten Zustand auf mich zu nehmen, auch eure Mütter und Väter waren bereit, in dieser unwissenden und isolierten Zeit bei euch zu sein.

Wie ich gesagt habe, war der entstandene Unfall durch die synthetische MerKaBa für die Nefilim, die Siraner, die Lichtwesen, die Aufgestiegenen Meister und natürlich viele andere Lebensformen vorab ersichtlich. Einige der Nefilim – Mutterpart – wurden auserwählt, in physische irdische Körper zu steigen, um nach der Katastrophe den Menschen zu dienen und ihnen zu ermöglichen, die energetischen und irdischen Felder zu stabilisieren. Das heißt, dass sich viele Nefilim von ihrem eigentlichen Leben verabschiedeten, um den Menschen – ihren Kindern – in dieser schweren Zeit beizustehen und Unterstützung zu geben. Auch wählten eure Väter, in ihrer Form Beistand zu geben und gingen wieder in die Tiefen der Meere, um die magnetischen und elektrischen Felder auszurichten.

Nach meiner Erinnerung konnte jedoch niemand das Ausmaß der Katastrophe vorhersehen. Die Konsequenzen waren für alle Beteiligten schwerwiegend und unendlich schmerzvoll. Mit euch Menschen fielen auch die Nefilim und die Sirianer durch die Dimensionen und Bewusstseinsebenen und versuchten noch irgendwie, Leben zu erhalten. Aber auch eure Väter und Mütter mussten sich den unglaublich schmerzhaften „Verstümmelungen" hingeben und versuchen, sich darin noch irgendwie zu erkennen. Diese eure Eltern – Nefilim und Sirianer – waren die irdischen Engel eurer Zeit und hatten durch ein anderes Verständnis als die damaligen „atlantischen Kinder", Leben zu empfangen und zu erhalten, die Möglichkeit, die Masse der Menschen mit Hilfe der Galaktischen Föderation und der Aufgestiegenen Meister am Leben zu erhalten.

Eure Eltern begleiteten euch durch die Dunkelheit und wachten an eurer Seite, um Leben auf, in mir und um mich herum irgendwie zu stabilisieren. Sie haben euch zu keiner Zeit vergessen und leben Hand in Hand mit euch auf meinem Rücken, um endlich mit allen Wesenheiten des Lichts in das Wissen und die Ursprünglichkeit zurückzukehren.

Eure Religionen, egal, welcher Glaubensrichtung, geben euch zu verstehen, dass es von unbedingter Wichtigkeit ist, eure Mütter und Väter zu ehren.

Liebe Menschenkinder: Erlöst uns und euch und beginnt zu spüren, dass ihr nicht nur deswegen am Leben seid, weil die Nefilim und die Sirianer euch das Leben geschenkt, sondern vor allem, weil sie euer Leben erhalten haben.

Ihr mögt von den Weisungen der Kirche halten, was ihr wollt, dennoch wollen wir euch (hier spreche ich durch meine kollektive Anbindung) dazu aufrufen, die Gebote des christlichen Glaubens und anderer Religionen neu zu erfühlen und zu erkennen, dass eure Eltern in bedingungsloser Liebe zu euch stehen, in euch vertreten sind und mit euch leben. Beginnt die Sirianer und damit eure Meeressäugetiere zu ehren und eure Mütter in den menschlichen Körpern zu erkennen – sie sind zu erkennen, da sie keine Tiere töten können und stets daran interessiert sind, Heilung zu schenken. Auch können diese Menschen oft nicht die eigentlichen Menschen und ihre Realitäten verstehen – sie sind die Kinder der Neuen Zeit und haben die Möglichkeit, auf den Ebenen des energetischen Seins zu sprechen und zu kommunizieren. Sie haben ihre Informationen durch euch alle erhalten. Sie sind ihr, und ihr seid sie.

Wir wünschen uns, dass ihr nun die Notwendigkeit der heiligen Gebote erkennt und auch eure irdischen Eltern ehrt und dieses in Hingabe und Demut in das Größere transportiert. Wir wünschen, dass ihr eure Schüchternheit, wie es bei vielen Kindern der Neuen Zeit der Fall ist, überwindet und euch wie viele andere Nefilims und außerirdische Lebensformen im menschlichen Körper zu erkennen gebt.

Die Zeit ist gekommen, und wir sind so froh darüber. Wir brauchen jetzt eure Unterstützung und Hilfe und glauben fest daran, dass ihr dies rechtzeitig erkennen und damit auch geben könnt. Denn zusammen werden wir letztlich das komplette Geschenk des Lebens erhalten.

Ich freue mich auf das Wiedererkennen und das Eingehen in die eine große Familie.

Eure Mutter Erde

Die Geschehnisse und deren Auswirkungen auf Atlantis im Überblick

Thoth:

Um die Geschehnisse auf Atlantis weiterzuverfolgen, wollen wir euch erklären, dass es drei Wesenheiten gab, die die Verankerung der Gitternetzlinien für das Christusbewusstsein mit Hilfe von etwa 1.600 Aufgestiegenen Meistern übernahmen. Wir erschufen in eurem heutigen Ägypten an einem spezifischen Ort, an dem das Einheitsbewusstsein mit seiner Achse aus der Erde ragte, ein neues Netz von Gitterlinien. Als dann die Polverschiebung einsetzte, sank das menschliche Bewusstsein vehement ab, und gleichzeitig brachen die elektromagnetischen und magnetischen Felder der Erde zusammen. In vielen Schriften eurer Welt könnt ihr von der großen Leere lesen, die sich zwischen zwei und vier Tage erstreckte. Diese Leere lässt euch erkennen, dass es keinen Unterschied zwischen euch, der Schöpfung und Gott gibt. Alles ist eins, in einer unendlichen Harmonie und Schwingung zueinander.

(Um euch eine energetische Wiedererkennung nahezubringen, sei nochmals kurz erwähnt, dass diese Form der Dunkelheit nicht wirklich Schwärze, sondern die absolute Leere bedeutet, in der ihr erkennt, dass ihr wahrhaftig eins seid mit Gott und es keinen Unterschied mehr gibt. Es gibt nur noch eine Schwingung, die wir hier einen IST-Zustand nennen wollen, eine harmonische IST-Schwingung, die euch das Gefühl von vollkommener Anbindung und Einssein gibt. Hier gibt es keine Dualität und Zweifel mehr, nur ein harmonisches Gefühl, in dem Alles-was-ist miteinander vereint ist).

Wir wollen euch hier eine Mitteilung zu euren Magnetfeldern geben, da das Wissen um die Magnetfelder im Zusammenhang mit eurem Gehirn für euch von höchster Bedeutung ist. Euer Gedächtnis wird durch ein Magnetfeld stabilisiert, das äußerst wichtig für die Funktion eures Gehirns ist. Dieses Magnetfeld existiert im Inneren eures Kopfes und um ihn herum und stabilisiert zudem jede einzelne Gehirnzelle innerhalb der Zelle. Das sind Tatsachen, die eurer Wissenschaft bekannt sind. Somit hängt euer Erinnerungsvermögen von einem stabilen Magnetfeld ab, wobei die Wissenschaft die Verbindung des Gedächtnisses zu Mutter Erde noch nicht völlig erkannt hat. In den Zeiten der Polverschiebungen auf Mutter Erde ist es also von allerhöchster Wichtigkeit, das Magnetfeld stabil zu halten, damit das Gedächtnis nicht abstürzt und alles gelöscht wird. Es ist übrigens auch möglich, euer Gedächtnis und das Gehirn durch gezielte Einwirkung von Magnetfeldern zu beeinflussen. Das ist eine interessante Erkenntnis, die bis zu der Möglichkeit der Bewusstseinskontrolle führen kann. (Siehe dazu das Buch „Montauk Projekt" – Anmerkung der Autorin.)

Zu den Zeiten des Untergangs von Atlantis waren die Aufgestiegenen Meister in der Lage, durch ihr stabiles Energiefeld (die MerKaBa) das Magnetfeld ihres Körpers und ihres Gehirns stabil zu halten, sonst wäre ihr Gedächtnis ausgelöscht worden und sie hätten ihr gesamtes Wissen und ihr damit verbundenes Bewusstsein verloren.
Dies widerfuhr den Einwohnern von Atlantis, die nicht imstande waren, ihre magnetischen Felder durch den Einsatz einer MerKaBa zu stabilisieren und dennoch die Große Sintflut überlebten. Sie mussten wieder verstehen lernen, wie der menschliche Körper in der Form der Dichte existieren und über-

leben konnte. Diese Erfahrung war nicht vorhergesehen und verband den Menschen zu dieser Zeit empfindlich mit der Dichte der Materie. Der Mensch kämpfte um seine körperliche Existenz und musste bei einem total erniedrigten Bewusstseinsstand beginnen.

Auch vergaß er seine eigentliche Form der Pranaatmung und musste Dinge tun und wieder erlernen, die im eigentlichen Sinn zu diesem Zeitpunkt nicht Teil seines seelischen Erfahrungsprozesses waren.

In dieser Zeit des Zusammenbruchs hielten die Aufgestiegenen Meister das Feld des Christusbewusstseins mit Unterstützung eurer Vorfahren, den Nefilim und den Sirianern, aufrecht. Beide Wesenheiten sind immer noch auf eurem Planeten Erde und bemühen sich um seine und die Erhaltung der Menschheit. (Hier bitte ich darum, den Abschnitt von Mutter Erde auf den letzten Seiten dieses Kapitels gut zu studieren.)

Als sich die Dunkelheit nach dreieinhalb Tagen schließlich lichtete, wurde deutlich, dass nichts mehr so war wie zuvor. Das gesamte Bewusstsein war abgetaucht, und die Ebene, durch die sich die Menschen bisher erfahren hatten, war verändert. Die Felder stabilisierten sich allmählich, und der Mensch befand sich in der dreidimensionalen Welt, in der er heute noch ist.

Nachdem das künstlich erschaffene Christusnetz installiert war, kehrten wir nach Ägypten zurück, das die männliche Information des Gitternetzes trug. Wir mussten rund 6.000 Jahre warten, bis die Menschen in Ägypten bereit waren, sich auf eine weitere, höhere Evolutionsstufe zu begeben. Erst zu diesem Zeitpunkt war es uns Wesenheiten möglich, den Menschen zu begegnen, um sie in einst vertraute Informationen einzuweihen. Trotz steter Bemühungen fielen die Menschen vor etwa 2.000 Jahren in einen komatösen Schlaf, da die Frequenzen unaufhörlich sanken und das Zeitalter der Dunkelheit, des Nicht-Bewusstseins – das *Kali Yuga* – sich einstellte. Dies war die Zeit, als Jesus auf die Welt kam, um den Menschen eine Initialzündung zu verleihen und sie trotz ihres Tiefschlafs aufzurütteln. Jesus erlangte durch seine Auferstehung die Unsterblichkeit, die bedeutet, dass sich die Wesenheit nicht unendlich in einem Körper befindet, sondern ihre Erinnerungen und somit das Gedächtnis behält. Der Körper kann verlassen werden, dennoch fällt die Wesenheit nicht mehr in das unbewusste Sein, sondern erinnert sich fortwährend an seine Erfahrungen und Inkarnationen.

Ich möchte euch hier nochmals nahebringen, dass euer unendlich schöner Planet Erde und auch die Menschen und Tiere sich einer Manipulation unterwerfen mussten, die unglaubliche Ausmaße des Schmerzes und der Unterjochung mit sich trug.

Es ist hier wiederholt nicht meine Absicht, Schmerzhaftes zu skizzieren, nur müsst ihr verstehen, dass es nicht der Wille der Schöpfung war, dass ihr die Anbindung an das göttliche Licht verlieren würdet. Es war vorgesehen, dass der mächtige Geist seine Anbindung an die Urquelle vergisst, um sich in einer Kooperation mit der Seele seiner Aufgabe bewusst zu werden und zu erfahren, was er wirklich ist. Um diesen Erfahrungsprozess gestalten zu können, war es unabdingbar, dass in dieser Form der Dichte auch die polare Gegenseite der Dichte existierte. Durch die Konsequenzen der Polarität fielen die Wesenheiten auf Terra oft in verlangsamte Prozesse und vergaßen mehr und mehr ihren Ursprung und ihre göttliche Anbindung.

Es ist uns hier von Wichtigkeit, nochmals zu betonen, dass die Inkarnation in die Dichte auf Terra das Vergessen mit sich brachte, nicht jedoch die Anbindung an das göttliche Licht. Die Menschen auf Terra zu diesen Zeiten (vor etwa 13.000 Jahren) *waren durch die Rotation der Zwölf-Strang-DNS angebunden an den göttlichen Strahl und wussten um ihre Anbindung an die Urquelle. Der Weg für euch Menschen auf Terra sollte nicht so beschwerlich und dunkel sein, sondern ein in vollkommener Harmonie zu allen Wesenheiten und Geschöpfen auf Terra abgestimmter Prozess, um sich in der Dichte zu erkennen.*

Ihr Menschen seid in eurer Jetztzeit unmündig und steckt in vielen Illusionen. Einerseits sind die Illusionen dazu da, um wirklich an das Erkennen eures Seins zu kommen (die Matrix), andererseits war es nicht vorgesehen, dass ihr eure Anbindung an den Strahl des göttlichen Lichts verliert und euch auf Irrwege begebt (Verlust der intakten Zwölf-Strang-DNS und der Rotation der Hirndrüsen).

Ihr seid vor 13.000 Jahren in die Vergessenheit gegangen, und durch die Auswirkung der künstlich erschaffenen MerKaBa unterliegt ihr nun der Illusion der Isolation von der Urquelle, und dies macht es euch fast unmöglich, euren ursprünglichen Erfahrungsprozess in der Form der Dichte zu begehen.

Ihr müsst es euch so vorstellen, dass es universelle Gesetze gibt und dadurch auch Schöpfungseinheiten, die sich ähnlich einer Polizei um die Gegebenheiten in eurer Dimension kümmern. Es ist so, dass alles dem anderen entspricht, das heißt, starke Umwälzungen in eurer Dimension haben erhebliche Auswirkungen auf das gesamte Universum und die Schöpfung selbst. Aus diesen Gründen ist es erforderlich, dass sich die Galaktische Föderation um euer Wohlergehen und die Ordnung auf den niederen Dimensionen kümmert.

Diese Galaktische Föderation sind Wesenheiten aus der Fünften bis Siebten Dimension und bewegen sich durch die Kraft ihrer Gedanken durch die Galaxie. Die Föderation ist nicht befugt, in Seinsprozesse, die dem freien Willen entspringen, einzugreifen, muss sich aber um das schöpferische Gefüge und Gleichgewicht kümmern.

Durch die Auswirkungen der künstlich konstruierten MerKa-Ba wurde der Mensch brutal deformiert und umprogrammiert, was nicht aus seinem freien Willen geschah. Ihr müsst euch die Galaktische Föderation so vorstellen, dass es jeweils einen Gesandten aus jedem Teil der Galaxie gibt, der sich gleichberechtigt um den harmonischen Verlauf im gesamten Universum kümmert. Hier gibt es keine Hierarchieformen, da alles Teil der Schöpfung ist und es unter uns energetischen Wesenheiten auch so verstanden wird. Zu dem Zeitpunkt des Ausmaßes der außer Kontrolle geratenen MerKaBa einigte sich die Galaktische Föderation darauf, die Menschen mit den Energien des göttlichen Strahls verstärkt zu versorgen, in der Hoffnung, dass die Zellen der Menschen diese Energien in sich aufnehmen konnten. Durch die reduzierte und falsch programmierte Rotation der verbleibenden zwei DNS-Stränge war dies den Menschen jedoch kaum möglich.

Die Menschen in Atlantis erfuhren durch das Eintreten der Wesenheiten aus anderen Dimensionen in ihre energetischen Felder unendliches Leid. Hier war zum ersten Mal die Schöpfung im Sinne der Galaktischen Föderation befugt einzugreifen, da keiner Wesenheit solch ein Schmerz zugefügt werden durfte.

Die Galaktische Föderation befreite die Seelen aus dem Vakuum und nahm überdies die Seelen aus den Körpern der kriegerischen Wesenheiten, die an der Manipulation der menschlichen Rasse beteiligt gewesen waren, und schlossen diese ebenfalls auf der Ebene des Seins ein. Dadurch waren die Wesenheiten gleichfalls an eine reduzierte DNS gebunden und mussten sich gleichermaßen an dem Erkenntnisprozess der Seinsebene beteiligen.

Geliebte Geschöpfe auf Terra, dies war aus der Sicht der Galaktischen Föderation keine Strafe für die rein mentalen Wesenheiten, sondern sie sind dadurch an die gleiche Ebene des Seins angeschlossen wie die Bewohner von Atlantis und werden durch Erkenntnis aus dieser Struktur gleichfalls ihren Weg in die Erlösung gehen.

Manche dieser mentalen Wesenheiten genießen jedoch geradezu den Zustand hier auf Terra, da sie ein enormes Wissen über die Struktur der Menschen haben und ihr Ziel weiter darauf ausgerichtet ist, mit Macht und Manipulation ihren Heißhunger zu stillen.

Diese Wesenheiten sind auf eure negativen Emotionen angewiesen, nähren sich von ihnen und sind bestrebt, so viele Menschen wie möglich an die unerlöste Ebene des Seins zu binden. Ihr wärt überrascht zu sehen, wie perfekt ihr die Wesenheiten unterstützt, sich weiter hier wohl und mächtig zu fühlen.

Geliebte Menschen, wenn ihr euch nur an eurem Herzen und eurer Liebe orientiert, könnt ihr die Macht der kriegerischen Wesenheiten deutlich verringern und seid fähig, eure DNS wieder zu beleben und die Rotation der göttlichen Ordnung anzunehmen.

Wir sind nicht bestrebt, euch Geschichten wie in euren Filmen zu erzählen, sondern bitten euch, tief in euch hineinzufühlen und euch zu spüren.

Warum ist die Funktion eures Gehirns so reduziert? Habt ihr euch schon einmal gefragt, warum ein Großteil des Gehirns brachliegt? Zu welchem Zweck?

Wir fordern euch auf, eure Atmung zu fühlen, mit jedem Atemzug seid ihr noch an den göttlichen Strahl angebunden, denn die kriegerischen Wesenheiten fanden keine Möglichkeit, dies zu unterbinden. Warum gibt es in eurer Welt so viele Atemtechniken? Habt ihr schon einmal wirklich versucht, euer Selbst in jedem Atemzug zu fühlen, eure Verbundenheit mit der Urquelle?

Die Wesenheiten konnten euch zehn von zwölf Strängen eurer DNS rauben, die übrig gebliebenen zwei Stränge sind an die Atmung gebunden, in der ihr wirklich und wahrhaftig eure Verbindung zur Urquelle wahrnehmen könnt.

Wacht auf und überlasst euer Schicksal nicht länger Wesenheiten, die euch manipulieren und missbrauchen. Die kriegerischen Wesenheiten hatten keinen emotionalen Körper zur Verfügung wie ihr wundervollen Geschöpfe, und sie sind auf eure Emotionen angewiesen, die sie nähren und stärken. Ohne eure Ängste und Sorgen könnten sie nicht mehr in dieser Form des Seins bestehen, und sie geben sich wirklich allergrößte Mühe, euch weiter in Verstrickungen und Illusionen zu halten.

Hier ist es wichtig, nicht zu urteilen, sondern zu verstehen, dass es mannigfaltige Seinsprozesse innerhalb der Erfahrung der Seelen gibt und letztendlich alles zu einem Großen Ganzen zusammenkommt. Darum versucht nicht, über die Wesenheiten zu urteilen, sondern beschließt, dem Verlauf der Dunkelheit keine Kraft mehr zu geben und entscheidet euch für die Seite des Lichts, in dem tiefen Wissen, dass alles EINS ist und es keine Wertigkeiten gibt.

So sei es!

(Anmerkung der Autorin: Drunvalo Melchizedek geht in seinem Buch „Die Blume des Lebens, Band 1" auf die menschliche Vergangenheit sehr detailliert ein. Es entspricht ungefähr Thoths verkürzten Beschreibungen.)

Unsere Mutter Erde war vor langer Zeit ein Planet, der außerordentliche Perfektion und Schönheit ausstrahlte, auf dem wir Menschen noch eine Rasse höheren Seins waren und die Möglichkeit erhielten, uns in der Materie, also einer bestimmten Form der Dichte, zu erfahren. Unsere Körper waren feinstofflicher, und telepathische Kommunikation war für uns mit allen Geschöpfen des Seins möglich.

Wir Menschen hatten zu dieser Zeit noch einen völlig intakten Bezug zu Gott, zur Urquelle und zu Mutter Erde. Die beabsichtigte Erfahrung beinhaltete eine gewählte Aufgabe, da das erfahrene Erkennen unseren Geist zu höheren Frequenzen führte. Ich möchte behaupten, dass selbst ein aus irdischer und menschlicher Sicht gescheitertes Experiment energetisch gesehen ein Teil des großen Plans sein kann.

Ich möchte hiermit vermitteln, dass kein Mensch das Gefühl haben sollte, jemand anderen für sein Schicksal schuldig sprechen zu wollen und seine Verantwortung aus dem Geschehenen herauszunehmen. Nichts geschieht zufällig, alles dient dem Erkennen und der Integration des Großen Geistes!

Vielleicht geben wir hier wirklich ein einmaliges Schauspiel und dienen Gott und allem Leben in seiner unmündigsten Form.

Ich möchte energetisch Mutter Erde bitten, über ihre Erinnerungen an jene Zeit zu sprechen.

Mutter Erde:
Meine Erinnerungen sind nicht so eingeschränkt wie die euren, und dennoch sind auch mir durch das Unglück in jener Zeit einige Aspekte des Geschehenen nur bedingt zugänglich.

Da ich mich in der Jetztzeit in einer Form der Rehabilitation befinde, habe ich die Möglichkeit, verschiedene Geschehnisse wieder zu reaktivieren.

Ich höre, dass ihr Menschen über die Geschehnisse in der atlantischen Welt Informationen wünscht, und ich bin bereit, diese zu erteilen:

Zu jenen Zeiten lebten die Geschöpfe auf, in mir und um mich herum in unendlicher Harmonie und Respekt zueinander. Die Form des Egos gab es zu jenen Zeiten nicht, auch waren rein mental gesteuerte Lebewesen für eine Inkarnation auf mir ursprünglich nicht vorgesehen, da die Kommunikation über den reinen Seelenkern und die Anbindung an das Göttliche erfolgte. Da diese Form der Kommunikation nicht aus Wesenheiten resultieren kann, die sich dem Verstand verschrieben haben, also von Natur her rein vom Ego gesteuert werden, war das Kommen der mentalen Wesenheiten in unserer Form der Dichte der erste Ansatz einer Polarität. Diese Bewusstseinsebene der Dualität, die euch heute sehr bekannt ist, war zu damaliger Zeit nicht vorhanden, und damit konnten die Geschöpfe auf, in mir und um mich herum nichts mit der mentalen Natur anfangen.

Ihr müsst es euch so vorstellen, dass es zu dieser Zeit und in dieser Form des Lebens keine Wertigkeiten gab. Aus diesem Grund wäre kein irdischer Bewohner auf die Idee gekommen, über ein anderes Geschöpf zu urteilen. Ausgangspunkt der Schöpfung war, einen Ort des Friedens zu erschaffen, in dem sich der Große Geist in der Form der Materie erfahren durfte. Die Schöpfung hatte nichts einzuwenden, dass Bewohner von mir einstimmten, neues Leben zu erschaffen, da die Geschöpfe auf Terra noch nach einer Möglichkeit suchten, den perfekten Körper für ein Erleben in der Materie zu formen. Dieses Vorgehen ist in keiner Weise mit eurer heutigen Genmanipulation *zu vergleichen. Das damalige Formen eines guten Gefährts für die Ebene der Materie wurde in Übereinstimmung mit den kosmischen Gesetzen und in Respekt zu allem Leben erschaffen. Ich denke, dass dies ein Hauptpunkt in meinem Erleben ist, da ich als Mutter meiner Geschöpfe peinlichst darauf achte, dass keinem Lebewesen auf, in mir und um mich herum etwas geschieht, das außerhalb seines freien Willens liegt.*

Da ich in der Form der Dichte auch den entsprechenden Gesetzmäßigkeiten der Matrix erliege, war es normal, dass ich meine Felder zu unterschiedlichen Entwicklungsstadien neu formte und mich entsprechend energetisch ausrichtete. Diese Form der Ausrichtung war durch die telepathische Kommunikation mit allem Leben auf, in mir und um mich herum in Harmonie, und alle Wesenheiten wussten von den unterschiedlichen Gegebenheiten.

Um die Worte klar zu formulieren: Nichts geschah ohne die Einwilligung und das Verstehen des Gesamten, und so wusste jede Form des Lebens zu jedem Moment über anstehende Bewusstseinswechsel und die Auswirkungen auf und in mir Bescheid.

Aus diesem Grund wussten die Menschen, die ihr heute die Lemurier nennt, genau, dass ein Bewusstseinswechsel anstehen würde und konnten sich entsprechend darauf vorbereiten.

Alle diese Prozesse waren in Übereinstimmung mit allem Leben, nichts wurde zurückgelassen oder vernachlässigt. Ich kann mich daran erinnern, dass die Menschen, die Lemurier, in vollendeter Harmonie ihre Schätze (was nichts mit Gold oder Wertsachen zu tun hatte, sondern vielmehr mit ihren Ansammlungen von Wissen und heiligen Tafeln) auf weitere Kontinente verteilten, bevor sich meine Kontinentalplatten verschoben. Sie wussten genau, was zu tun war, und nutzen die vielen dama-

ligen Verbindungen zwischen meinen großen Kontinenten, um sich auf dem Landweg auf die Umwälzungen vorzubereiten.

Zu jener Zeit waren meine Meere voller Leben und die Meeresgeschöpfe vielfältig in ihrer Art. Es gab kein Ungleichgewicht, da die Lebewesen in Respekt zueinander standen und sich auch nicht willkürlich vermehren konnten. Wesenheiten, die auf mir inkarnierten, baten um Einlass und waren dementsprechend in Harmonie zu allen anderen Lebensformen. Es gab kein Sterben im Sinne eurer heutigen Auffassung, da die Wesenheiten schlicht einen Bewusstseinswechsel erlebten und kein unbewusstes Ablegen des physischen Gefährts.

Jeder neue Körper wurde in vollem Bewusstsein zu Gott und dem Leben auf mir erschaffen und konnte die gesamte Harmonie auf, in mir und um mich herum verstehen.

Ich weiß noch genau, wie die Menschen ihre Plätze einnahmen und in eine tiefe Meditation eintauchten, um den Prozess des Wandels und den damit einhergehenden Wechsel und die Erweiterung des Bewusstseins zu begleiten. Es gab Kommunikation mit allem Leben, auch die Tiere wurden auf Kontinente gebracht, auf denen keine Wassermassen kommen würden.

Ihr würdet heute sagen, dass es ein absolut kontrollierter Wechsel war, in dem alles nach Plan verlief. Ja, es verlief nach Plan, und der Wechsel war ein bewusster, harmonischer Prozess.

Als dann die Lemurier Atlantis belebten, um sich auf jenem Teil des Landkontinents niederzulassen, wurde enormes Bewusstsein erzeugt. Da die Lemurier Schüler der Schöpfung waren, hatten sie übersehen, dass sie einen so schönen Ort geschaffen hatten, von dem sich alle möglichen Arten von Geschöpfen angezogen fühlten. Ich weiß nicht mehr, wann die mentalen Wesenheiten auf meinen Rücken kamen, aber ich fühlte, dass etwas Fremdes in unsere Einheit kam, das eine energetische Störung verursachte.

Die Menschen auf Atlantis kannten keine Formen der Auseinandersetzung und andere Form des Lebens als die aus dem Herzen heraus, und dadurch entstand ein elektrisches Feld (wie heute euer Blitz), da der Zeitpunkt nicht reif war, die anderen Polaritäten zu verstehen. Noch waren die einstigen Lemurier, nun Atlanter, auf der ersten Bewusstseinsebene und kannten nur die Einheit. Also versuchten sie, in den fremden, mentalen Geschöpfen Einheit zu entdecken und gestatteten dadurch den Übergriff auf ihre weibliche Form und Natur.

Ich möchte darauf aufmerksam machen, dass ihr Menschen in eurer nahen erlebten Vergangenheit den Übergriff auf die weibliche Form erfahren habt und damit den geschehenen Übergriff auf die atlantische Rasse überliefert oder projektiert.

Dies sind kosmische Gesetze, und in ihnen könnt ihr immer erkennen, dass die äußere Form (das weltliche Erleben) und das Erleben aus einer inneren Form (das Selbsterleben) sich einander bedingen und letztlich aus sich gegenseitig resultieren.

Da ihr Menschen nun im Begriff seid, das Weibliche wieder zu ehren und zu schätzen, werdet ihr nicht überhört haben, dass die Zeit des Wandels eintritt beziehungsweise bereits eingetreten ist. Dieser Wandel wird die Geschehnisse der damaligen Zeiten auf Atlantis heilen, da ihr bereits Heilung an die Weiblichkeit sendet. Könnt ihr diesen wichtigen Punkt sehen? Ihr lebt bereits die Liebe und ehrt eure Frauen. Da alles im Äußeren das Innere widerspiegelt, muss es zwangsläufig so sein, dass ihr nun in die Ehrung und den Respekt gegenüber der atlantischen Form zurückkehrt.

Auch ihr Menschen im Jetzt lasst euch bewusst noch manipulieren und erlaubt, dass eure wahre Natur sich weiter hinter euren Ängsten und den damit produzierten Sicherheitssystemen versteckt. Ihr erlaubt im Äußeren alle Mittel, um euch mental zu halten und euch nicht durch die emotionale Seite erwecken zu lassen.

Ich möchte noch einmal zusammenfassen:
Ihr erlaubt, dass durch die Praxis der mentalen Schulung der Mensch in seinen Zellen nicht reaktiviert wird, um nicht zwangsläufig im atlantischen Bewusstsein zu erwachen.

Ihr Menschen müsst euch entscheiden, verantwortlich zu werden und bewusst über euer Leben zu wachen. Dann werdet ihr verstehen, dass ihr mündig und Schöpfer eures Leben seid.

Die Atlanter hatten bezüglich der Dualität nicht euer Wissen. Doch ihr habt sie lange Zeit erfahren und seid sozusagen Meister der mentalen Übung und der emotionalen Verdrängung.

Als kleine Anmerkung zum oben Geschriebenen möchte ich noch anfügen, dass es verständlich ist, dass ich in einem so schlechten Zustand bin, da ich auch die emotionale Seite reflektiere und damit auch im Äußeren die Ausbeutung und Unterjochung erfahren habe. Ihr musstet mich genauso schlecht behandeln wie eure eigene emotionale Seite und eure Frauen und Tiere. Tiere sind nicht mental gesteuert, sondern handeln instinktiv und somit in Anlehnung an das Herz.

Doch dieser Kreislauf wird nun beendet, da alle Zeichen darauf ausgerichtet sind, die schwierige mentale Belastung zu verstehen und in die Liebe und das Herz zurückzufinden. Es geschieht bereits.

Aus diesem Grund haben speziell oft die Menschen des männlichen Geschlechts Probleme in eurer Welt, da sie fühlen, dass die alte Macht der mentalen Seite überholt ist und nicht weiter ihre Konzentration erhält. Da nun der mentalen Dominanz die Macht genommen wird, glaubt ihr Männer tief in eurem Sein, dass ihr überflüssig werdet, und bringt diese Sensation in eure Welt hinaus. Ihr verlasst eure Frauen und Kinder, da ihr glaubt, nicht mehr gebraucht zu werden, und sucht händeringend Situationen, in denen ihr bewundert oder anerkannt werdet.

Ich bitte euch Menschen aus der tiefsten Liebe heraus, euer Leiden zu beenden und zu verstehen, dass der Mann auf der Welt nicht überflüssig geworden ist, sondern verstehen muss, dass nicht die mentale Seite die Welt regiert, sondern die Verschmelzung der emotionalen mit der mentalen Seite die Form des Neuen aus sich heraus gebiert. Und dies ist in unserer Erfahrung absolut neu.

Zu den Zeiten von Atlantis hatten die rein mentalen Wesenheiten nur Zugriff auf die rein emotionalen Wesenheiten, da die Form der Verschmelzung der Dualität nicht existierte, was aber nun durch den Wechsel in die dritte Bewusstseinsebene unserer Dimension geschehen darf.

Da ihr Menschen nun erfahrt, dass die mentale Macht die Welt und damit mich in verheerende Zustände gebracht hat, ist euer Urteil über die Männlichkeit beziehungsweise die mentale Ausrichtung fälschlicherweise so groß geworden.

Seht doch, dass ihr in der Jetztzeit sowohl einen emotionalen, als auch einen mentalen Körper in euch tragt, der in seiner Verschmelzung zu den höchsten Erfahrungswerten und Sphären gelangt.

Aus dieser Sicht möchte ich sogar so weit gehen zu behaupten, dass niemals, zu keiner Zeit, etwas geschehen ist, *das Gott nicht gewollt oder geplant hat. Alles Geschehene ist ein gottgewollter, kontrollierter Akt der höchsten Herausforderung und Qualität. Er bringt in seiner Essenz auf den höchsten Ebenen des Seins Alles-was-ist bewusst in die Einheit und hat damit die höchste Form und Priorität.*

Ob bewusst oder unbewusst, wir alle haben uns bereiterklärt, Leid und Schmerz auf der Form der Dichte in der Materie zu ertragen, um nun reich belohnt zu werden und entlassen zu sein in ein Wissen, das wohl einzigartig in der Geschichte der Schöpfung ist.

Ich freue mich darauf und bin glückselig über jedes meiner Kinder, das sich entscheidet, zu verstehen und den Weg mit mir zu beschreiten. In dem Wissen, dass ich euch irgendwann wieder alle vereint sehen werde, kann ich euch laufen lassen und mit einem Gefühl des Glücks die Ebene der Dichte verlassen.

Ich liebe euch.
Eure Mutter

Das Gesagte von Mutter Erde greift, wie bereits im letzten Abschnitt, innerhalb dieses Buches vor, und ihr werdet erkennen, dass ich wahrscheinlich in anderen Kapiteln wieder darauf zu sprechen komme, dass das Unglück, das zum Untergang von Atlantis und deren Zivilisation führte, kein Zufall war, sondern eine Aufforderung des Großen Plans. Ich bitte hier wahrzunehmen, dass der Große Plan nicht vorgibt, wie Erfahrungen integriert werden, sondern dass es Zeit ist, unterschiedlichste Erfahrungswerte zu erproben und die Schwingung und die Essenz des Alles-was-ist zu erheben.

Die gegenwärtige Zeit für Terra und den Menschen

Thoth:

Liebe Geschöpfe der Mutter Erde, von Terra.

Wir sind gekommen, weil die Umwälzungen auf eurem Planeten zunehmen und sich wahrhaft Großartiges ereignen wird und bereits im Verlauf ist. Es ist wahr, dass aus eurer Sicht fast zu viel Zeit vergangen ist, um diese Zeilen fertigzustellen, doch hat alles seine Ordnung und Perfektion. Es sind andere Bücher, Schriften, Seminare und Energiearbeiten am Werk, auch sind sehr viele Menschen bereits in ihrer Herzensenergie und unterstützen den Ablauf eurer Jetztzeit, und die Aussagen in diesem Buch passen sich der bereits vorangegangenen Zeit an. Deshalb ist es in bester Ordnung, nun diese Zeilen zu verfassen.

Das liebevolle Wesen, durch das ich spreche, ist in den vergangenen Jahren durch mannigfaltige Prozesse gegangen und hat sich entsprechend weit ausgedehnt. Ihr Energiekörper ist um ein Vielfaches gewachsen, und die Schönheit der Aura ist unglaublich. Dies alles vollzieht sich hier in dem physischen Gefährt, und es steht noch viel mehr bevor. Aus unserer Sicht ist die Jetztzeit genau die richtige, um diese Zeilen zu ihrer Vollendung zu bringen.

Vor einigen Jahren eurer Zeitrechnung wäre das geliebte Geschöpf hier nicht fähig gewesen, euch so hohen energetischen Gehalt zu liefern, denn ihr lest nicht nur Worte, sondern erfahrt während des Lesens Energiearbeit, da diese Worte energetisch in euer Sein dringen, um euch auf den Wandel und die damit verbundene Frequenzerhöhung vorzubereiten.

Ich möchte mich hier wiederholen und euch auch erklä-

ren, warum ich von der geschriebenen „WIR"-Form wieder in die „ICH"-Form verfalle. Dies ist kein Druckfehler, sondern von größerer Bedeutung. Das „WIR" entspringt einem Massenbewusstsein und spricht, energetisch gesehen, in euch Bereiche an, die eurem gesamten Sein Weckrufe zuhauchen, das heißt, hier wird im Speziellen eure Seele angesprochen. In dieser Form der Wiedergabe sind WIR wirklich ein Kollektiv und rufen dieses in euch wach. (Wenn ihr versucht, euch in das Geschriebene hineinzufühlen, werdet ihr in der WIR-Wiedergabe eine Form der Sehnsucht fühlen, etwas Bekanntes, dem ihr euch verbunden fühlt.)

Auf der Ebene der „ICH"-Form spreche ich euren Geist an, der erschafft und kreiert. Euer Geist ist mächtig und überschattet von eurem enormen Ego, das sich in die Position des vermeintlichen Schöpfers gestellt hat. Die Produkte der Schöpfung des Egos sind jedoch gefärbt von sämtlichen Prägungen, Glaubenssystemen, Ängsten, Manipulationen und vielem mehr.

Liebe Wesenheiten auf Terra, lasst euch gesagt sein, dass hier Wunderbares geschieht und wir die energetische Position wechseln werden, um euch die Möglichkeit zu geben, euch als energetisches Ganzes zu erfassen.

Während des Aufschreibens unserer Worte geht Carolin durch die energetische Erfahrung unserer Aussagen und ermöglicht es euch damit, das Gesagte im energetischen als auch im menschlichen Bereich zu integrieren. Das bedeutet, dass sich euer Verstand befriedigt fühlt, da er Aussagen lesen kann, ihr euer Bewusstsein bereichert und euer energetischer Körper, euer Geist und euer Selbst in höhere Frequenzen und Schwingungen gehen können, da unsere Aussagen in die menschliche Schwingung des Erlebten geführt werden und damit Wissen reaktivieren. Ihr habt hier einen Energiearbeiter *gefunden, denn es ist unser Bestreben, Energiearbeit an euren Zellen und eurem Sein zu absolvieren, um euch in das Erleben zu führen. Und damit sind alle Bereiche des Seins gleichermaßen angesprochen und integriert.*

Was denkt ihr, wer ihr seid?

Dies ist wohl eine der für euch interessantesten Fragen der Jetztzeit. Ihr seid kein zufälliges Produkt, entstanden aus einer Laune der Schöpfung. Wir könnten euch eure gesamte Geschichte erzählen, wollen aber, wie angesprochen, zu allen Ebenen eures Seins vordringen und euch schrittweise zu euch selbst zurückbringen.

Zunächst wollen wir euch danken, dass ihr die Bereitschaft habt, wieder an eure eigentliche Struktur zurückzukehren und langsam aus dem teils komaähnlichen Schlaf zu erwachen, in dem ihr Menschen euch seit geraumer Zeit befindet. Für jede Seele war der Einstieg in die Illusion von Materie und Isolation eine Überwindung und gleichzeitig ein lang ersehntes Geschenk.

Wir möchten euch kurz von der Ebene unseres Seins skizzieren, wie außergewöhnlich ihr Menschen in eurer Form für uns energetische Wesenheiten seid.

Wenn eine Seele in diese Form der Dichte und Materie herabsteigt, verlässt sie komplett die Form des leichten und gewohnten Zustands. Eine Seele tritt, in eurer Sprache, aus den unterschiedlichsten Gründen in die Form der Dichte. Wir könnten es euch so erläutern, dass sich die Seele nach der Integration von erfahrenem Wissen sehnt, um dadurch eine wesentliche und wichtige Aufgabe in ihrem Programm und damit auch rückbezüglich für das Große Ganze zu bewältigen.

Wie wesentlich diese Aufgabe in Bezug auf die gesamte Schöpfung ist, werdet ihr zu einem späteren Zeitpunkt erfahren. Wir wollen nur so weit vorgreifen, dass ihr versteht, dass nichts nur linear verläuft, sondern sich euer Leben multidimensional öffnet und ihr damit ein Teil von Allem-was-ist in mannigfaltiger Ausführung seid. Es gibt Realitätsebenen, die sich aus eurer Sicht für euch bereits erledigt haben, und ihr glaubt wahrhaftig, damit nichts mehr zu tun zu haben. Doch gibt es aus unserer Sicht keine Zeit, und somit findet alles gleichzeitig statt. Es ist nur so, dass ihr diesen gleichzeitigen Ablauf in eurer Matrix nicht wahrnehmt, da der Verstand sonst in seiner Form nicht existieren könnte. Diese Existenz ist aber auch eine Erfahrungsform und hat ihre Berechtigung.

Ihr könntet euch nun so betrachten, dass ihr in eurer Vergangenheit durch den Unfall der synthetischen MerKaBa in einen Zustand abgestürzt seid, der ein Notprogramm benötigt. Ihr steckt nun am Ende des Notprogramms und seid kurz davor, euren Abschluss zu machen. Ihr werdet erkennen, dass die Realität von Atlantis noch unerlöst ist und ihr durch die Erkenntnis und die Integration von Wissen und Bewusstsein das Schicksal von Atlantis erlöst. Die momentan noch verletzte und aktive Struktur der damaligen Vorkommnisse wird in einer Form der Nebenrealität heilen und so die Verletzungen zum Abschluss bringen.

Zu diesem Zeitpunkt wollen wir nichts mehr zu der Konstellation der Realität von Atlantis sagen, möchten euch dennoch aufzeigen, dass es nicht nur um individuelle Selbst-/Seelenprozesse geht, sondern dass Erkennen auch im großen Bild Heilung gibt.

Es geht der Seele/dem Selbst nicht nur um ein gesamtes Kollektiv, sondern eure Seele/euer Selbst macht auch als einzelnes energetisches Wesen eine interessante und unglaubliche Erfahrung. Jede Seele ist es gewohnt, sich durch Raum und Zeit in unendlicher Geschwindigkeit zu bewegen. Sie kennt nicht die Polaritäten eurer Seinsebene, und vor allem nicht die Erfassung eines emotionalen Körpers, so, wie er euch zur Verfügung steht. Das bedeutet, dass wir Energien außerhalb eurer Seinserfahrung hingebungsvoll auf eure emotionalen Erfahrungen und Fertigkeiten herunterblicken. (Wir möchten hier mit aller Deutlichkeit klarstellen und euch darum bitten, niemals Wertigkeiten in unseren Worten des Herunterblickens oder Herabsteigens herauszuhören, da wir nicht werten, denn eine jede energetische Form in der Schöpfung ist gleich viel wert, und ihr Anteil ist unverzichtbar in dem Großen Ganzen.)

Wir staunen und blicken manchmal fast neidisch – falls es dieses menschliche Gefühl für uns geben könnte – auf dieses unglaubliche Geschenk der Mutter Erde und der Ebenen eures Soseins.

Geschöpfe von Mutter Erde, seid nicht eilig im Verstreichenlassen dieses kostbaren Erdenlebens, sondern beginnt zu leben, was ihr wahrhaftig seid. Ihr seid keine Hülle, die ihr Körper nennt, und nicht euer Körper hat sich in eurer Ebene manifestiert, um sich dadurch körperlich zu erfahren, sondern ihr seid energetische, spirituelle Wesenheiten in einem körperlichen Gefährt. Es ist an der Zeit, dass hier ein Umdenken in eurem ICH-Bewusstsein geschieht. Was denkt ihr, wer das ICH wirklich ist?

Wir haben Kinder auf eurer Soseinebene beobachtet, die im Spiel, zum Beispiel auf einer Schaukel, plötzlich Kontakt zu ihrem Höheren Selbst, zu ihrer göttlichen Verbindung aufnehmen. Sofort ist bei diesen Kindern eine andere Energie im Vordergrund, die um ihr Selbst weiß und ihre Größe und Wahrhaftigkeit zum Ausdruck bringt. Diese Kinder stehen in ihrer Selbstwahrnehmung bewusst da und rufen laut ihre Worte in eure Welt hinaus: „ICH BIN!"

Wer ist denn nun dieses ICH BIN? Diese Form des Seins der Seele/des Selbst ist tief in eurem körperlichen Gefährt verankert, um ihr Sosein in der Ebene der Dichte zu erfahren. Diese Form des ICH BIN ist tief in eurem Inneren, und ihr könnt es jederzeit vernehmen, sobald ihr nicht auf die Worte eures lärmenden Verstandes hört. Der Verstand hat seit geraumer Zeit die Führung über eure scheinbare Selbsterfahrung übernommen (der Verstand kann nicht den Weg der Seele/des Selbst erfassen und baut sein angebliches Erkennen an den Richtlinien des Egos auf) und ist komplett überfordert mit dieser Aufgabe. Aus allem und jedem hat der Verstand gelernt, seine Vorteile zu ziehen, um in dieser Welt nicht zu kurz zu kommen und keinen Mangel zu erleiden. Er dient wahrhaftig nur als Instrument, als Werkzeug eures Egos innerhalb der Ebene der Dichte und Materie.

Wenn eure Seele/euer Selbst aus eurem körperlichen Gefährt verschwindet, erfahrt ihr keine Leidensprozesse. Ihr könnt in dem Moment des Verlassens keine Gründe mehr finden, warum ein Mensch über einen Vorgang wie das Sterben Trauer empfindet, und genauso fremd ist euch Menschen die Erfahrung von Liebe, von Verschmelzung.

Hier sprechen wir immer auf emotionaler Ebene. Wir Wesenheiten kennen die Verschmelzung als harmonischen IST-Zustand, eine friedvolle ausgleichende Schwingung, jedoch nicht als tiefe emotionale Regungen. Diese Emotionalität ist ein einzigartiges Geschenk, das in der Schöpfung in dieser Form noch nie vorgekommen ist. Das Seltsame für uns ist, dass ihr oft die emotionalen Zustände nicht feiert, sondern ihr leidet oder überlasst sie der Gier eures Egos. Ihr habt verlernt, wirklich und wahrhaftig in der Form der Liebe zu stehen und sie zu zelebrieren – als eine Gabe Gottes, ein in der Dichte lebendig gewordener Anteil des göttlichen Zustands.

Euer Ego fühlt sich in einem solchen Moment unglaublicher Liebe einfach großartig. Warum, ihr so schönen Wesenheiten, seht ihr denn nicht, dass ihr nicht geliebt werdet, weil ihr heute ein blaues Kleid tragt oder die Frisur gut sitzt, oder weil es euch gelungen ist, besonders cool oder lässig zu sein? Warum, ihr so schönen und strahlenden Wesenheiten, sucht ihr einen Grund, um liebenswert zu sein? Könnt ihr nicht begreifen, dass die Liebe allexistent ist und es der natürlichste Beweggrund ist, sich hier in der Liebe zu finden und zu nähern, weil sich die Seelen wiedererkennen und in einer unendlichen Sehnsucht aufeinander zugehen? Ihr seid in der einzigartigen Form der Dichte mit einem emotionalen Zentrum bestückt und schlagt den Weg des Verstandes ein? Was, ihr Geschöpfe von Terra, sollte euch der Verstand hier begreiflich machen? Dass ihr, um etwas wert zu sein, schön, reich oder berühmt sein müsst? Könnt ihr euch vorstellen, dass ihr, bestückt mit der Gabe des emotionalen Körpers, einzigartig in der Geschichte der Schöpfung seid?

Die Entsprechung ist ein kosmisches Gesetz, so auch das Prinzip der Polarität. Dadurch existieren Gegensätze wie Männlich und Weiblich, Freude und Leid. Wir werden wiederholt auf die kosmischen Gesetze eingehen, um sie euch so vertraut zu machen, dass sie euch geläufig, gewohnt und natürlich erscheinen.

Warum wir nun zunächst die Gesetzmäßigkeiten der Entsprechung, der Polarität und des Geschlechts erwähnen, ist leicht zu erklären: Da es in eurem Hier und Jetzt den emotio-

nalen Körper in eurem physischen Gefährt gibt, muss es auch den mentalen Körper geben. Das eine entspricht dem anderen, und beide befinden sich in der Waage in einem harmonischen Verhältnis zueinander.

Auch bedingen sich damit immer zwei Seiten des Geschlechts und der Polarität. Der emotionale Körper repräsentiert hier die weibliche Ebene, die Ebene des Werdens, und ist verbunden mit der Seele, eurem wundervollem Selbst, und dem Gefühl.

Der mentale Körper stellt die männliche Seite dar, die Ebene des Wirkens, und ist das Verbindungsglied zwischen dem Gedächtnis und dem Bewusstsein, dem mächtigen Geist. Der mächtige reine Geist, der erschafft, ist die Ebene des Wirkens, aus der immer die Ebene des Werdens resultiert. Aus dieser Gesetzmäßigkeit kommt das Prinzip des Geschlechts zum Ausdruck.

Die Urquelle allen Seins ist frei von Geschlecht, da sie den reinen mächtigen Geist darstellt, der alle kosmischen Gesetzmäßigkeiten in sich vereint.

Geliebte Geschöpfe von Terra. Wir betrachten es als unsere Aufgabe, die Schönheit eures Wesens und das unendliche Strahlen und die Wahrhaftigkeit eures Seins in euch zu erwecken und euch den Mut zuzusprechen, mit den einfachen Mitteln der Schöpfung aus den veralteten Formen der Verstrickungen auszubrechen. Begreift, dass ihr selbst Schöpfung seid, und übergebt euch demütig dem Ablauf des Seins und dem Werdegang eurer geliebten Mutter Erde.

So sei es!

In meinem energetischen Arbeiten geschieht es mir oft, dass mich Menschen aufsuchen, die gerne geheilt werden wollen, aber nicht bereit sind, dafür auch die Verantwortung zu tragen. Es ist einfach, einen Menschen in einer Sitzung zu unterstützen, wenn es nach den Vorstellungen des Gegenübers geht. Falls aber Dinge und Themen zutage kommen, die vielleicht unbequem sind oder nicht erwartet waren, werden auf den unterschiedlichsten Ebenen energetische und vor allem mentale Blockaden erkennbar.

Um ein besseres Verständnis zu erreichen, möchte ich in diesem Abschnitt erklären, wie ich bei meiner Arbeit meistens vorgehe.

Wenn ich einem Menschen mit Fragen oder Problemen (energetischer, psychischer oder/und physischer Natur) gegenüberstehe, ist es für ihn oft sehr überraschend, dass es mir ohne vorheriges Gespräch möglich ist, prägnante Punkte in seinem Leben abzurufen und ihm zu erläutern, in welchen Blockaden oder Resonanzen er sich gerade befindet.

Dies hat nichts mit Wahrsagerei zu tun, sondern ich habe die Möglichkeit, durch das Unbewusste und die Kommunikation mit dem Selbst in die Felder meines Gegenübers einzusteigen und mich mit ihnen auszutauschen (die Kommunikation mit den energetischen Feldern und den Aspekten des Selbst). Während ich zu dem Klienten spreche, nimmt auch mein Verstand erstmals das Gesagte wahr, da die Kommunikation rein aus dem emotionalen Körper erfolgt und die Verbindung zu allem Irdischen darstellt. Es ist wundervoll und faszinierend zugleich, wie einfach Kommunikation geschehen kann und die gesamte menschliche Geschichte und letztlich die Geschichte allen irdischen Lebens in jedem energetischen Feld verzeichnet ist.

Ich gehe bei der Energiearbeit nur so weit auf die Felder des Menschen ein, wie er selbst bereit ist, sich zu öffnen und zu kommunizieren.

Ein wesentliches kosmisches Gesetz ist, dass keine Wesenheit ungefragt in die energetischen Felder eines anderen Geschöpfs eindringen darf und auch nichts ungefragt heilen oder in den Fluss bringen kann. Beispielsweise darf und kann ein Heiler nur heilen, wenn die wirkliche Bereitschaft auf Heilung und damit das Verstehen der betreffenden Person oder des Lebewesens gegeben wurde. Und hier meine ich nicht die verstandesmäßige Einwilligung (geprägt durch das Ego), sondern die energetische Bereitschaft, durch den Weg der Heilung Bewusstsein zu integrieren und damit den Weg der Erkenntnis zu beschreiten.

Wir haben unterschiedliche energetische Felder. In meiner momentanen Schilderung werde ich mich auf die Interaktion zwischen dem physischen energetischen Körper und dem Selbstanteil des Unbewussten beschränken. Dieser Aspekt wird weitläufig als Seele bezeichnet (auch ich werde hier auf diesen Ausdruck zurückgreifen, da er in unseren Glaubenssystemen verankert ist und damit momentan die größtmögliche energetische Wirkung erzeugt), stimmt jedoch mit meiner Auffassung nicht präzise überein. Ich werde immer wieder auf die unterschiedlichen Energiekörper und ihre Bedeutung zurückkommen.

Die vereinfachte allgemeine Darstellung ist, dass sich die Seele durch eine bestimmte Form der Dichte, das Leben in menschlicher Form, in Erfahrung bringt und durch das Erkennen Bewusstsein integriert, wodurch der geistige Körper sich ausdehnen kann. Da wir seit geraumer Zeit in dem Zeitalter der Dunkelheit Begrenzung und Unmündigkeit gelebt haben, stehen viele Menschen gegenwärtig unter der alten Matrix und den entsprechenden Glaubenssystemen, die uns die Auffassung geben, dass das weltliche und irdische Leben anstrengend und mühselig ist. Auch steht der Mensch unter dem Einfluss der Programmierung, dass Lernen nur durch Leid erfolgen kann.

Es ist erstaunlich, wie lange wir Menschen warten, unsere Realitäten zu verändern, auch wenn sie noch so bedrückend und ohne Lebensinhalt sind. Erst wenn der Druck auf unser Leben groß genug geworden ist, sind wir meistens in der Lage, Veränderung zu erlauben. Ich möchte es wie folgt ausdrücken: Unser Verstand ist so konzipiert, dass er Wunder wegdiskutiert, alte Prägungen und Ausrichtungen des Egos legitimiert und damit Veränderung verdrängt. Wenn wir uns vorstellen, dass jeder Mensch eine Seele hat, die sich in der Form der Dichte in Erfahrung bringen wird, wir jedoch ständig damit beschäftigt sind, auf den vorlauten Verstand zu hören und damit die Rufe des Herzens und die Wege der Seele zu ignorieren, hat der seelische energetische Körper nicht die Möglichkeit, den physischen energetischen Körper genug zu nähren, wodurch zwangsläufig am physischen energetischen Körper Blockaden entstehen, die sich im physischen Anteil manifestieren.

Das bedeutet, dass eine physische Krankheit die manifestierte Erscheinung der seelischen Unterdrückung ist. Auch hier wirken die kosmischen Gesetze, die viele Formen zum Ausdruck bringen. So auch: **Wie im Inneren, so im Äußeren.**

Somit ist beispielsweise der Heiler nur befugt, physische Blockaden zu entfernen (Krankheiten zu heilen), wenn die betreffende Person auch die Bereitschaft hat zu verstehen, welcher Ausdruck hinter ihrer Krankheit steht und sich durch das Erkennen schließlich im Grunde selbst zu heilen. Jede Krankheit, die ohne das Erkennen des seelischen Ausdrucks in die

Heilung gebracht wird, ist nur eine Überbrückung bis zur nächsten Krankheit.

Es kommen immer wieder Menschen zu mir, die sich Heilung wünschen und keine Bereitschaft zeigen, ihr Leben verantwortungsvoll zu betrachten und Veränderung zuzulassen. Viele wollen die Augen verschlossen halten und hoffen, dass ihr Leben durch andere Menschen oder Umstände gerettet oder einfach nur sorgenfrei wird. Der Mut, neue Wege zu beschreiten, und der Wille, Verantwortung zu tragen, sind dabei keine erwünschten Methoden. Meistens ist es jedoch notwendig, das Leben wirklich neu zu betrachten und Mut aufzuwenden, um Altes hinter sich zu lassen.

Ich möchte euch an dieser Stelle unsere Märchen ins Gedächtnis rufen, die uns oft einen guten Spiegel vorhalten. Wie beispielsweise das Märchen vom Dornröschen, die so lange in einem komatösen Zustand verweilt, bis 100 Jahre vergangen sind, sich der Fluch des Tiefschlafs (der Dunkelheit) lösen kann, der Prinz kommt und sie küsst. Es demonstriert die Unfähigkeit, Bewusstsein zu integrieren, in der Bewegungslosigkeit zu verharren und während dieser Zeitspanne nicht aus eigenem Willen handeln zu können. Dornröschen ist im Tiefschlaf und somit nicht fähig, sich selbst zu betrachten. Doch nach Ablauf dieser Zeitspanne wartet das Glück auf sie. Aschenputtel hat die Möglichkeit, sich durch ihre Unschuld aus ihrem schweren menschlichen Schicksal mit Hilfe von anderen Realitäten und Wesenheiten zu befreien und damit etwas zu ihrem Glück beigetragen. Hans im Glück ist wirklich ein ausgezeichnetes Beispiel, ohne Hilfe anderer Geschöpfe bewusstes Glück im Moment zu erlauben und zu erschaffen.

Dennoch erläutern unsere Märchen auch die Grundlage unseres ursprünglichen inneren seelischen Wunsches und geben einen Anhaltspunkt für weitere Erklärungen. Hier ist es möglich, beispielsweise aus dem Märchen Dornröschen, noch tiefere Botschaften zu lesen, unter anderem das tiefe Wissen um und der Wunsch nach Erlösung aus unserem momentanen komatösen Zustand.

Könnt ihr hier die Aufforderung entdecken, dass Dornröschen ein Spiegelbild unseres noch gegenwärtigen Tiefschlafs ist? Wir wissen im Tiefsten unseres Seins, dass unsere Bewusstlosigkeit (komatöser Zustand) nur vorübergehend ist (gegenwärtiger Aufstieg in das Neue Zeitalter) und sehnen uns nach der Erlösung dieses unmündigen und letztlich bewegungslosen Zustands (Kali Yuga).

Dornröschen projiziert in ihrem Schloss die allgegenwärtige Existenz des Paradieses. Es war immer da und ist niemals verschwunden, doch konnten wir dies durch unseren bewusstlosen Schlaf im Zeitalter der Dunkelheit nicht erkennen. Wir hatten weder die Möglichkeit, es zu sehen, noch zu genießen und letztlich zu leben.

Der Ausgangspunkt des tiefen Schlafs im Märchen war ein ausgesprochener Fluch einer erzürnten weisen Frau – die dreizehnte von den weisen Frauen – (stellt aus unserer Warte die unerlöste Polarität dar), der aussagte, dass sich Dornröschen (Mutter Erde und das Irdische) an einer Spindel stechen und sterben würde. Da glücklicherweise die zwölfte weise Frau ihren Wunsch für das Baby (Unschuld – lässt die Wünsche und auch den Fluch über sich ergehen) bis zu dem Zeitpunkt des ausgesprochenen Fluches der dreizehnten weisen Frau nicht abgegeben hatte, bestand die Möglichkeit, dass diese zwölfte weise Frau (repräsentiert hier die Aufgestiegenen Meister, die Galaktische Föderation und letztlich die Schöpfung) den Fluch abschwächen konnte und das Sterben in den hundertjährigen tiefen Schlaf (das angelegte Gitternetz des Christusbewusstseins) mildern und somit Leben – wenn auch in der unbewussten Form durch den Fall durch die Dimensionen – erhalten konnte.

Der König und die Königin ließen aus Angst vor dem Fluch alle Spindeln aus dem Königreich entfernen. Dies stellt die heutige Erwartungsangst der Menschen dar, die aus dem angeblichen Paradies gefallen sind und in der Dualität ihr Leben erfahren. Das Königspaar (Adam und Eva) trugen durch eine eigene Entscheidung – ohne schlechte Absichten – die Konsequenz und letztlich die Verantwortung dieser Entscheidung. Der König und die Königin hatten in dem Bewusstsein der Angst eine Entscheidung getroffen, die das Land in Schwierigkeiten brachte. Dies ist die weiterführende Konsequenz, dass der Mensch im Zeitalter der Dunkelheit durch seine Erwartungsangst dem Ego erlaubt, unbewusste Handlungen auszuführen, um sein eigenes Leben zu erhalten (sein Überleben zu sichern). Dadurch leiden letztlich alle Menschen, da diese gelebte Erwartungsangst in unser Morphogenetisches Feld gespeist wird und in unserer Wirklichkeitsebene entsprechende Realitäten erschafft.

Letztlich half jedoch auch das Entfernen der Spindeln aus dem Königsreich nicht, da sich Dornröschen an einer Spindel stach (der Große Plan) und dadurch sie selbst, das Schloss und der gesamte Hofstaat in einen tiefen hundertjährigen Schlaf fielen. Dieser tiefe Schlaf stellt unsere gegenwärtige Zeit dar, und damit unsere noch wahrnehmbare Hauptwirklichkeitsebene – das ausgeklungene Kali Yuga.

Der Prinz repräsentiert die kommende Zeit (Vater Sonne, der uns neue Energien und Informationen sendet, um Bewusstsein zu erhöhen – Frequenzerhöhung), und so hat das Warten auf Erlösung ein Ende. Das Bild des Prinzen auf seinem Pferd steht energetisch für die mentale und die irdische Erlösung. Der

Prinz (Vater Sonne) ist der Wissende (der junge König in der erlösten Macht), der Führung und Schutz bietet, da Dornröschen (Mutter Erde) bereit ist zu erwachen (im Unterbewusstsein – der Selbstaspekt) und auf sein Kommen wartet. Der Kuss ist die Liebe und das Mitgefühl (Christusbewusstsein und der damit verbundene Anstieg der Schwingungsfrequenzen), der schließlich den Zeitpunkt des Erwachens darstellt.

Das Pferd hat energetisch die Aufgabe und Fähigkeit, uns im irdischen Leben zu erden und die Bewusstseinsebenen zu verbinden – der Atlantikaspekt! Darauf werde ich im Kapitel „Atlantis und die parallelen Strömungen" eingehen, da es hier extrem vorgreifen würde und eventuell Missverständnisse auslösen könnte.

Sind wir gegenwärtig fähig, zu dieser kommenden Erlösung etwas beizutragen? Ich denke, dass Dornröschen in unserer Neuzeit bereits erwacht ist, es nur nicht glauben will und kann, dass sie die Augen öffnen, aufstehen und sich umsehen könnte. Vielleicht wollen dies die meisten Menschen unter uns auch nicht, da, wie bereits erwähnt, Verantwortung für den vorherrschenden Zustand im Schloss, den verwilderten Schlossgarten und auch das schlafende Personal übernommen werden müsste. Vielleicht ist es einfacher, liegenzubleiben und sich noch einmal umzudrehen, um noch ein wenig weiterzuschlafen. Das gesamte entstandene Chaos, das während des komatösen Schlafs entstanden ist, anzupacken, aufzuräumen und sich neu zu orientieren, erfordert Energie und den Mut, sich mit dem gegenwärtigen Zustand auseinanderzusetzen.

Dies gilt im Kleinen, wie im Großen! (Das kosmische Gesetz der Entsprechung.) In welchem Zustand sind unsere Erde, unsere Welt, unsere gesellschaftlichen Systeme und unsere Familien? Ist das gesamte Bild zu erdrückend, und sind wir es gewohnt, doch sowieso klein und erlegen zu sein? Ist das Bild Dornröschens zu anstrengend, um zu erkennen, dass Dornröschens Verantwortungsbewusstsein und Energie eventuell auch Einfluss auf ihre Umgebung hätten? Aber wer beginnt damit, neue Wege zu gehen? Es ist doch wesentlich bequemer, erst einmal auf das Aufwachen des Hofstaats, somit anderer Menschen oder der Eltern zu warten, um dann bereits beim Erwachen ein schönes Leben vorzufinden. (Die wiederholte Hoffnung auf das einst verlorengegangene Paradies.)

Oder der Prinz (in unserer Vorstellung und reduziert auf den menschlichen Aspekt ist dies ein anderer Mensch, der uns verstehen lässt und uns zu einem besseren Menschen macht – die Hoffnung und Erwartungshaltung beispielsweise an den Partner) küsst uns wach und nimmt uns mit in das Leben (paradiesische Zustände, wobei der Kuss den Bewusstseinswechsel symbolisiert). Für manche Menschen könnte dies ebenso der physische Tod bedeuten, da spätestens zu diesem Zeitpunkt unweigerlich der Wandel in eine andere Ebene vollzogen wird.

Auf jeden Fall erhoffen wir uns nach diesem Leben die Erlösung!

Die Erlösung aus dem unbewussten Zustand und das Hoffen darauf, dass es uns jemand schenken wird, was wahrscheinlich nur gerecht wäre, denn es hat uns ja einst anscheinend jemand oder eine Gegebenheit genommen. Dies stellt wiederum unsere Unmündigkeit und Isolation dar, da wir kein Verständnis dafür haben, dass wir letztlich aus einem kollektiven Unbewussten handeln und somit die Verantwortung für unsere Realität tragen.

Wir alle haben in unseren Zellen das Wissen des erlösten Zustands gespeichert und stellen es tief im Inneren nicht infrage. Wir wissen, dass wir erlöst werden – es bereits sind!

In einem späteren Kapitel werden Thoth und ich noch einmal auf dieses Märchen zurückgreifen, um die Schleife und die letztendliche Stimmigkeit zu allen Vorkommnissen aufzuzeigen und meine Annahme zu erklären, dass wir dem Großen Plan entsprechen.

Ich liebe die Arbeit mit Wesenheiten aller Art und bin glücklich, bei der Arbeit mit Menschen auf Punkte zu stoßen, die in den energetischen Feldern wirkliche Resonanzen zeigen, also ein enormes Potenzial verzeichnen, Heilung oder Bewusstwerdung zu erreichen. Es ist immer wieder erstaunlich mit anzusehen, wie viel Angst diese Personen und die Menschen allgemein haben, sich ehrlich und wahrhaftig zu betrachten.

Wir leben in einem riesengroßen Schauspiel, in dem einer dem anderen etwas vormacht und vorgibt, etwas zu sein, das er nicht ist. Und wir akzeptieren Zustände und Vorgaben unserer Lebensweise unter dem schlichten Mantel von „so ist es halt" oder „man macht es so".

Wenn ich als Mensch nicht bereit bin, weiterzublicken, muss ich die Konsequenz akzeptieren, dass die Seele mehr Druck ausüben wird und sich dies über psychische oder physische Probleme zeigen kann. Falls die Krankheit nicht zur verantwortungsbewussten Handlung führt, wird die Seele in einer anderen Realität und Form ihre Erfahrung integrieren. Sie hat damit kein Problem. Das Gute daran ist, dass jeder Mensch für seine Krankheiten und Umstände selbst verantwortlich ist und damit jederzeit Veränderung zulassen kann.

Wir sind bereits in dem neuen Zeitalter und der damit verbundenen dritten Bewusstseinsebene des Christusbewusstseins angelangt, doch haben wir Schwierigkeiten zu erkennen, dass wir in die Heilwerdung und das Einssein zurückkehren, da die „alte" Matrix weiter durch Gedanken und Glaubenssysteme ihre Aktivität erhält. Das gilt für alle Menschen auf Mutter Erde, die ihrem Ego unterworfen sind.

Wenn ich nun auf energetische Einwände eingehe und behaupte, dass es beispielsweise einem hungernden afrikanischen Kind schlechter geht als einem westlichen, muss ich mich auch folgenden Fragen zuwenden:

1. Ist sich eine Seele vor ihrem Eintritt in das menschliche Leben bewusst, welche Form der Inkarnation und des Erfahrungsgehalts sie machen wird? Braucht eine Seele eine spezielle Erfahrung, um Erkenntnis zu erreichen oder Karma zu verarbeiten?
2. Sind die Menschen, die in den ärmeren Ländern auf die Welt kommen, dazu bestimmt, zu verhungern? Gibt es Möglichkeiten, ein anderes Schicksal zu erleben?
3. Sind diese Menschen, global betrachtet, wahrhaftig ärmer als die westlichen, nur weil wir scheinbar sicherer leben können? Wie viel Nähe und Geborgenheit gibt unsere westliche Form jedem einzelnen Lebewesen?
4. Gibt es verantwortliche Wesenheiten dafür, dass bestimmte Kontinente mehr von Armut und Krankheit betroffen sind? Werden Armut und Seuchen eventuell absichtlich erschaffen?

Ich könnte viele weitere Fragen stellen, die unser Verstand und unser Ego nicht zu beantworten vermögen. Aus meiner eigenen menschlichen Erfahrung und letztendlich energetischer Wahrnehmung kann ich so viel dazu sagen:

Viele Jahre meines Lebens reiste ich mit Schwarzafrikanern in die unterschiedlichsten Städte der Welt. Ich tourte im Auftrag eines deutschen Produzenten und brachte mit Schwarzafrikanern Musicals auf die Bühnen der verschiedensten Nationen. Dies hatte zur Folge, dass ich viel Zeit mit diesen Menschen in den unterschiedlichsten Kulturen unserer Welt, speziell in den Glaubenssystemen und Auffassungen der Schwarzafrikaner, verbrachte. Die Schwarzafrikaner haben andere Glaubenssysteme und Wertigkeiten als wir Deutsche, und ich kam mir mit meinen damals 22 Jahren meist vor wie in einem inszenierten großen Kindergarten mit schwarzen Menschen im Alter zwischen 12 und 55 Jahren.

Die Kultur und Glaubenssysteme der Schwarzen, verglichen mit den unsrigen, sind so unterschiedlich, dass mein Verstand umdenken musste und sich auf viele, für mein Empfinden völlig absurde, Themen einzustellen hatte. Die Themen reichten von Geschlechtskrankheiten bis zu Geistaustreibungen und der völlig anderen Auffassung von diszipliniertem Arbeiten, bis hin zu Aufklärungsversuchen und psychischer Betreuung. Hier scheiterte ich genauso oft, wie ich in meiner Zeit als Reisende in Afrika erlebte, dass Entwicklungshelfer mit ihrer Form der Aufklärung keinen Erfolg hatten.

Ich sah beispielsweise, wie ein europäischer Mechaniker mit viel Geduld versuchte, einem Schwarzen zu erklären, wie er den Auspuff an seinem Auto reparieren könnte. Dabei erfuhr ich, dass der Schwarze nur zugehört hatte, weil er wusste, dass er nach dieser Erklärung ohne weitere Anstrengung etwas zu essen bekommen würde. Als der Entwicklungshelfer verschwunden war, machte der Schwarze das Gleiche wie zuvor: Für seine Auspuffreparatur bediente er sich einer alten Metalldose und steckte sie über das defekte Rohr, ohne sich an den gezeigten Möglichkeiten des Mechanikers aus Europa zu orientieren.

Die meisten Schwarzen, die ich traf, hatten überhaupt kein Interesse zu arbeiten und verstanden nicht, dass wir westlichen Menschen unser Leben unter so viel Stress verbringen. Kein Schwarzer, mit dem ich arbeitete, war wirklich bereit, grundsätzlich etwas in seinem Leben zu verändern. Selbst die Kinder auf den Straßen in Soweto liefen mit Einwilligung ihrer Eltern mit geladenen Pistolen herum.

Ich erzähle dieses Erlebte, da ich denke, dass es für uns Menschen wichtig ist, das komplette Bild eines Zustands oder einer Situation zu betrachten und nicht nur einzelne Puzzleteile, die es uns meistens einfach machen, Gründe zu finden, um uns wieder bestätigt zu fühlen, dass das Leben ungerecht ist und wir unserem Schicksal ausgeliefert sind. Aus meiner Sicht ist es so, dass wir dem Großen Plan, dem Schöpfungsplan, entsprechen und damit unsere Vergangenheit, Gegenwart und Zukunft bereits vorgegeben sind.

Dennoch können wir die Erfahrungsform verändern und mit steigendem Bewusstsein erneut entscheiden (freier Wille), auf welcher Ebene wir, angelehnt an den Großen Plan, unsere Erfahrungen machen werden. Dies ist natürlich nur mit entsprechend hohem Bewusstsein möglich, da wir dann frei sind zu entscheiden, ob wir den alten Weg bevorzugen, oder wirklich wahrnehmen, dass wir die Wahl haben, die alte Form zu verlassen. Damit möchte ich erklären, dass alle Menschen durch steigendes Bewusstsein die Wahl haben, sich zu erkennen und dadurch ihr Leben gegenwärtig zu verändern. In dieser Entscheidung liegt der freie Wille des Menschen, doch werden wir in unserem Bewusstseinsniveau, angelehnt an den Großen

Plan, die seelische Erfahrung machen und unseren Geist durch das Bewusstsein erhöhen.

Energetisch gesehen, ist die Information noch nicht ganz in die energetischen Felder integriert worden, und so werde ich das eben Gesagte noch einmal wiederholen:

Jeder Mensch erlebt seine Natur und sein Leben angelehnt an den Schöpfungsplan, seine seelischen Programme und das vorherrschende Bewusstseinsniveau. Also könnten wir hier sagen, dass der Mensch keine Wahl hat und seinem Schicksal ausgeliefert ist. Ich denke, dass dieser Zustand vielleicht einmal so ähnlich gewesen ist, da die Energie unseres Bewusstseinszustands im Zeitalter der Dunkelheit noch so niedrig war, dass auch beispielsweise Hellseher die Möglichkeit hatten, einem Menschen und der Erde ihr Schicksal zu deuten. (Auf der Grundlage, dass wir in einem linearen Realitäts- und Wirklichkeitsempfinden gelebt haben – „Tunnelblick".)

In der gegenwärtigen Zeit ist dies jedoch nicht mehr möglich, da wir in einem energetischen Zustand von multidimensionaler Wahrnehmung stehen. Das bedeutet, dass alle Dimensionen und Realitäten zu unserer Hauptwirklichkeitsebene und unseren Bewusstseinsformen wieder geöffnet sind und wir auch die Möglichkeit haben, unter unendlich vielen Ebenen unsere Lebensform und den daran schließenden Plan wahrzunehmen und letztlich zu entscheiden, ob wir dies so leben wollen. Leben in der gegenwärtigen Zeit heißt für uns, flexibel und spontan zu sein, Veränderung zu erlauben und letztlich auch zu erschaffen.

Könnt ihr euch vorstellen, dass wir unser Leben wirklich verändern können, indem wir unsere gegenwärtige Lebenseinstellung und unsere Glaubenssysteme infrage stellen? Wir leben unser Leben in direktem Zusammenhang mit dem Schöpfungsplan und unterliegen diesem Programm, doch haben wir jederzeit die

Möglichkeit, durch Bewusstsein und Erkennen die Erfahrungen innerhalb unseres Programms zu steuern, Bewusstsein zu integrieren und damit die aktive Ebene des Schöpfungsplans zu verändern. Bewusste Wahrnehmung bedeutet, mit der Schöpfung und den Aspekten des Selbst bewusst zu kommunizieren und damit auch Wissen zu integrieren und aktiv zu verstehen, welches der gegenwärtige Plan der Erde und der Schöpfung ist.

Hier fällt mir eine Geschichte von Drunvalo Melchizedek ein, die von zwei Männern handelt, die in Südamerika auf einem Floß durch den Urwald unterwegs waren. Sie fuhren so dahin und kamen zu einem großen Flussbecken. Dort legten sie am Ufer an und unterbrachen ihre Fahrt, weil einer der Männer eine Stimme in sich wahrnahm, die ihm sagte, dass er und sein Freund nun zu Fuß weitergehen sollten. Sie nahmen also das Floß aus dem Wasser und begannen, einen beschwerlichen Weg durch den Urwald den Berg hinaufzusteigen. Der eine Mann schimpfte unentwegt auf seinen Kameraden, da er keinen Grund gesehen hatte, die schöne Fahrt auf dem Fluss zu beenden und mühselig das Floß zu schleppen. Als sie Stunden später den Bergkamm erreicht hatten, konnten sie von der Höhe aus auf den Fluss blicken und erkennen, dass in der nächsten Biegung nach dem Becken, in dem sie das Floss begonnen hatten zu tragen, ein riesengroßer Wasserfall war, der sie das Leben gekostet hätte.

Es geht hier um die Wahl, auf die Stimme des Herzens zu hören und dem Verstand keine Macht über die täglichen Entscheidungen zu geben. Je mehr wir lernen, bewusst zu sein und auf die innere Stimme zu hören, desto mehr Freiheit werden wir empfinden können, da wir einerseits wissende Schöpfer unserer Realitäten werden, und andererseits entscheiden können, den großen Plan bewusst zu verstehen und das Glück zu empfinden, was es bedeutet, ein aktiver Part der Schöpfung zu sein.

Menschen, die sich dem Verstand und den Obrigkeiten hingeben, ohne in die eigene Verantwortung zu gehen, werden ihrem Leben machtlos und ausgeliefert gegenüberstehen, bis sie den Mut haben zu erkennen, dass wir eine eigene Meinung, vielmehr ein Gefühl und damit die Möglichkeit haben, weltliche Gefahren und Konstellationen zu erkennen, da die energetische Resonanz in uns bewusst wahrgenommen wird und wir damit fähig sind, neu zu entscheiden. Um das noch kurz zu erklären: Alles, was geschieht, hat eine energetische Resonanz. Das bedeutet, dass ein bewusstes (menschliches) energetisches Feld Resonanzen verspürt und in Informationen verwandelt. Damit haben wir die Wahl, entsprechend zu handeln oder uns taub zu stellen und die Macht unserem Verstand zu übergeben, über die anstehende Situation zu entscheiden.

Diese Macht des Verstandes zu erkennen ist eine wirklich wichtige Übung, da wir oft kein Bewusstsein mehr haben, wie perfekt wir uns selbst überlisten und uns damit unmündig dem Schicksal ausliefern. Unser Verstand hat perfekte Filter, die nur erlauben, das abzuspeichern und umzusetzen, was scheinbar in unsere Realitäten passt. Es ist so, dass wir ein definiertes Weltbild integriert haben und unsere Realitäten entsprechend anpassen. Wenn der Mensch mit Inhalten in seinem Leben konfrontiert wird, die anders sind als das allgemein gültige und anerkannte Weltbild sowie die momentan akzeptierten Glaubenssysteme und damit die Aussage und das eigene Konzept infrage stellen würden, filtert der Verstand dies heraus und gibt so diesem Inhalt keine Gültigkeit.

Anderer Realitäts- und Wirklichkeitsebenen zuzulassen löst Angst aus und gibt dadurch dem Verstand die Möglichkeit, das Ruder zu übernehmen. Das heißt, dass die Angst das Alarmsignal ist und der Verstand in seine Macht gerufen wird. Das ist ein verzwickter Mechanismus, da der Mensch sich Mühe geben kann, sich diese neue Wahrheit zu Herzen zu nehmen, doch wird er die aktuellen Informationen in seiner Begrenzung des Bewusstseins (durch die Macht des Verstandes) in seinem Gedächtnis nur erschwert speichern können.

Die Menschen können sich an die Inhalte zwar erinnern, dennoch arbeitet der Filter des Verstandes so fantastisch, dass dieser neuen Wahrheit kein Raum zur Umsetzung zur Verfügung steht und damit keine Legitimation innerhalb der Wirklichkeitsebene hat.

Wir sind in der gegenwärtigen Zeit wieder fähig, die Macht unseres Verstandes zu verstehen und uns zu bewussten und handlungsfähigen Menschen, angelehnt an den Großen Plan, zu machen.

Energetisch gesehen, kann ich bei meinen Arbeiten genau beobachten, inwiefern die Felder eines Menschen bereit sind, Umstellungen und Auflösung von Blockaden zu akzeptieren. Es ist für mich ein ungeschriebenes kosmisches Gesetz, dass wir nicht nach verstandesmäßigem Willen heilen können und dürfen, sondern Heilung abhängig ist von der Flexibilität der energetischen Felder und des damit einhergehendem Loslassens des Verstandes sowie der Vehemenz des menschlichen Egos.

Der menschliche Verstand wird immer am lautesten „HIER" schreien, wenn gefragt wird, ob Heilung erwünscht ist. Ich fordere hier nun die Leser auf, wahrhaftig zu fühlen, ob der Verstand zwar Heilung will, aber nicht bereit ist, die Macht loszulassen, um das Leben zu verändern und die zugrunde liegenden Prinzipien und Lebensweisheiten neu zu überdenken. Unser menschlicher Verstand ist sehr schnell darin, für alle seine Handlungen Gründe vorzuweisen, doch sind diese Gründe wirklich wahrhaftig, oder sollten sie noch einmal neu erfühlt und hinterfragt werden?

Vielleicht ist es nun an der Zeit, aus unserem begrenzten Dasein auszusteigen und unsere Welt und damit Mutter Erde mit neuen, weit geöffneten Augen und Ohren wahrzunehmen sowie alle Geschöpfe, die auf Mutter Erde leben. Je mehr ich selbst verstanden habe, dass unser Planet Erde ein Lebewesen ist, mit seinen eigenen Bedürfnissen und Belangen, desto mehr Demut stellt sich für mich ein. Wie im Kleinen, so im Großen. Alles ist ein harmonisches Ganzes und führt immer auf den einen Ursprung zurück: die Urquelle alles Lebens, der wahrhaftige mächtige Geist. Wir alle gehören zusammen in die ewige Spirale des Lebens. Nichts wird jemals verlorengehen, da alles aufgezeichnet ist in der Blume des Lebens, die wie eine unglaublich große Datenbank alles Geschehene speichert und es auch jederzeit von energetischen Geschöpfen abrufen lässt, die sich in ihrer Schwingung und Frequenz den jeweiligen Kodes anzupassen vermögen.

Wir sind verantwortlich für unseren Lebensumstand, unsere Krankheiten und unser Sosein. Und das ist eine unglaublich schöne Tatsache, denn wir sind dadurch nicht einer Gegebenheit ausgeliefert und Opfer äußerer Umstände, sondern fähig, in jedem Moment neu zu entscheiden und die Würfel des Lebens neu fallenzulassen. Alles ist im Moment veränderbar durch das Erkennen und die bewusste Entscheidung, den Weg zu erfahren, und nicht in einem konstanten allgemeingültigen Programm festgelegt.

Der Weg der Seele ist jeweils vor einer neuen Inkarnation festgelegt, und damit die „Entscheidungen" der Seele von dem Inhalt ihrer anstehenden Erfahrungen. Dieser Weg ist programmiert. Wie lange wir dazu brauchen und welche Routen wir nehmen, ist unser freier Wille. Durch das eigene Ermessen und den freien Willen, ohne Widerstand zu unserem Selbst zu leben, haben wir in diesem Programm auch die Möglichkeit, „spätere Programme" bereits im Jetzt zu laden. Das heißt, dass wir zwar mit einer gewissen programmierten Anlage auf die Erde gekommen sind, aber dennoch die Möglichkeit haben, Erfahrungen zu integrieren, die vielleicht erst für die nächsten Leben vorgesehen waren. Das heißt, Leben ist nicht starr und hat damit auch keine gesetzmäßigen Vorschriften.

Der momentane Weg unserer Mutter Erde ist auch bereits festgelegt, und sämtliche Vorbereitungen sind im Gange. Mutter Erde wird sich in absehbarer Zeit in die zunächst Vierte und dann Fünfte Dimension begeben, da in unserer Wirklichkeitsebene nun die Möglichkeit für sie besteht, sich ihrer Heimatgalaxie anzuschließen, die sich ihrerseits bereits in den ersten Vorbereitungen auf die Sechste und Siebte Dimension befindet. Die Reintegration von Mutter Erde war schon immer vorgesehen, und damit ist die Zeit der Isolation für Mutter Erde und uns bald vorüber. Die Freude über die bevorstehende Eingliederung in den ursprünglichen Zustand ist unbeschreiblich, und wir Menschen dürfen an diesem Geschehen partizipieren. Es ist unser freier Wille!

Ich möchte den Lesern vermitteln, wie absurd sich unser Verstand meistens verhält und wie inkonsequent wir in unserem Leben damit verfahren. Es gibt beispielsweise das Thema der Tiere auf Mutter Erde. Wenn wir Filme von Tieren betrachten, macht es uns Menschen betroffen zu sehen, wie viele vom Aussterben bedroht sind und dass die Lebensräume für sie auf Mutter Erde immer enger werden. Dennoch schalten wir nach der Sendung den Fernseher aus und fühlen uns nicht aufgefordert, unseren Lebensstil zu überdenken.

Ein ähnliches Phänomen findet bei Berichten über Schlachtvieh und Tiertransporte statt. Wir Menschen sind oft nicht einmal bereit, die Berichte über die Qualen der Tiere anzuschauen, und falls wir es dann doch tun, sind die meisten trotzdem in der Lage, einige Stunden später im Restaurant ihr Steak zu genießen.

Wer von uns Menschen fühlt sich wirklich länger als einen überschaubaren Zeitraum betroffen, wenn bei einem Erdbeben oder einem anschließenden Reaktorunglück viele Menschen sterben? Wir sind darauf trainiert, Leid zu ertragen, als einen normalen Zustand zu akzeptieren und damit Grausamkeiten schnell zu verdrängen. Mehr noch: Wir integrieren diese Szenarien als gewohnten Zustand in unser Leben und machen uns nach kürzester Zeit keine Gedanken mehr darüber, wie schädlich beispielsweise die Strahlungen für unseren Körper sind.

Unser Verstand ist bereits so an negative Nachrichten gewöhnt, dass er sie ausblendet und gelernt hat, diesen Zustand als normal zu empfinden. Wir Menschen leben derart abgestumpft in einer Hauptwirklichkeitsebene, die uns weismacht, dass unsere Realität einfach so ist. Und das wird allgemein akzeptiert.

Wir sind darauf programmiert, in alten Verhaltensweisen zu verharren, und blenden alles Neue und Ungewohnte einfach aus. Es sei denn, wir bekommen es wirklich als neue Wirklichkeitsebene frei Haus geliefert. Und dieses Ausblenden ist so lange möglich, bis es uns selbst betrifft. Wenn ich einem kranken

Menschen begegne, der keine Aussicht auf Heilung mehr hat, steht plötzlich die Möglichkeit der Veränderung und des Erwachens für diesen Menschen im Raum. Aber meistens wieder nur so lange, bis der physische Körper in Heilung geht. Es ist enorm, wie der Mensch an seinen alten und herkömmlichen Zuständen festhält, und dabei scheint die Integration von Bewusstsein der unbequemere Teil zu sein, der besser wieder still wird.

„Wenn ich unbewusst lebe, darf ich wieder zurück ins Paradies!"

Energetisch gesehen, hat diese bereits in den letzten Kapiteln getroffene Aussage eine sehr hohe Resonanz, und ich muss davon ausgehen, dass es unter uns viele Machenschaften und Bewegungen gibt, die diese Bewusstlosigkeit, verbunden mit der Hoffung auf ein Paradies, unterstützen.

Es gibt bereits einige Menschen unter uns, die hinterfragen, was uns täglich an Glaubenssystemen infiltriert oder einfach als Information verkauft wird. Die Medien haben ebenfalls die Aufgabe, uns zu einem gewissen Thema etwas glaubhaft zu machen. Wie viele Menschen sehen sich wohl bewusst noch die Nachrichten an, auf der Grundlage, wirklich mitfühlend den neusten Berichten und eigentlich nur Katastrophen zu lauschen? Welche Funktion hat ein Nachrichtensender noch, wenn er uns schlicht schlechte Nahrung anbietet? Und dadurch ist es leicht für die unerlösten Mächte, ihre Realitäten von uns Menschen in der Masse manifestieren zu lassen. Wie viel hinterfragen wir Menschen, und wie viel Lügen und Verdrehungen lassen wir als gültig zu? Ist es nicht ein interessantes „Training" zu beobachten, welchen Unsinn der momentan lebende Mensch legitimiert?

Man kann uns mittlerweile wunderbar hinters Licht führen, und ich bin erstaunt über die Spanne dessen, was der Mensch als gültig und wahr hinnimmt. Wann ist die Grenze wohl erreicht, und was passiert dann? Auf jeden Fall bin ich davon überzeugt, dass die unerlösten Mächte damit zufrieden sind, dass die Masse der Menschen trotz der enorem energetischen Unterstützung auf allen Ebenen des Seins immer noch so unbewusst bleibt. Doch die Zeit steht im Wandel und erlebt eine Bewusstseinserweiterung, in der sich zunehmend mehr Menschen entscheiden, aus ihrem tiefen Schlaf zu erwachen, und wahrnehmen, dass es kein Paradies gibt, in dem Unmündigkeit und Bewusstlosigkeit regieren können.

Mutter Erde:

Mir ist es an dieser Stelle ein Wunsch, euch Menschen, meinen Kindern, mitzuteilen, dass ihr wahrhaft glauben könnt, dass alles bereits im Wandel ist. Ihr werdet in Kürze feststellen, dass sich alles mit- und ineinander bedingt. Während ich diese Zeilen begleite, wird immer mehr klar, dass ihr einfach die Mosaiksteine zusammensetzen müsst, um das komplette Bild zu verstehen. Es gibt auf mir keine Schuldigen. Alles ist aus der größeren Sicht in Ordnung, da es nach dem Großen Plan verläuft. Ihr könntet nun behaupten, dass es zu viel Leid und damit Vergehen an den Wesenheiten der Erde gibt. Wir sind durch ein Tal gewandert und haben die Bewusstlosigkeit erfahren, um aus unseren tiefen unbewussten Strukturen in ein neues Sein zu gehen. Keine Seele, kein lebendiges Wesen wurde gezwungen, in die Seinsform der Dichte zu wandern, und doch sind auf mir so viele Geschöpfe des Lebens, wie ich sie zu keiner

Zeit getragen habe. Ich bin ein Angebot, stehe der Entfaltung und Bewusstwerdung zur Verfügung und empfinde Glück, wenn ihr Menschen die Augen öffnet und erkennt, was Leben wahrhaft bedeutet. Leben ist kein Überleben und Kämpfen in einem weltlichen Mantel. Es ist vielmehr das Zulassen des Großen Ganzen und das Erkennen des Lichts. Ihr habt euer Licht vergessen und seid deshalb in einen tiefen Kampf ums Überleben gefallen. Dennoch steht das Licht zu jedem Zeitpunkt dem erwachten Menschen und den Geschöpfen allgemein zur Verfügung, da es die Natur des Lebens ist. Eine Seele empfindet in ihrem physischen Ableben keine Qualen, sondern kehrt zu ihrer bewussten Erinnerung zurück. Ich sehe und erkenne zutiefst an, dass ihr Leid empfindet, wenn geliebte Menschen die Dichte verlassen. Doch das ist nur eure Sichtweise und Empfindung aufgrund der beschränkten Wahrnehmung in der alten Matrix.

Mein Weg ist bereits so beschützt und begleitet, dass sich die Form der Dualität auflösen muss und der Fortbestand des Lebens auf, in mir und um mich herum sich der nächsten und übernächsten Ebene angleichen wird. Wenn ihr lesenden Menschen mit wachen Augen und offenem Herzen die Zeilen verfolgen konntet, werdet ihr eine gewisse Logik in dem Geschriebenen entdecken. Der Mensch beginnt zu erwachen, und gleichzeitig werden noch einmal die Machenschaften in Wissenschaft, Politik und Wirtschaft sowie in Finanzpolitik und Umwelt als auch im Kriegsdienst und in der Energieversorgung und noch vielen weiteren Grundlagen der menschlichen Existenz auf mir stärker. Das bedeutet, dass ihr erlebt, wie die Gegenpolarität in eine Form der Spannung gerät, in der es interessant wird zu erleben, wie weit diese Spannung sich ausdehnen darf und gleichzeitig noch eine Berechtigung von euch Menschen erhält, in ihrem Sein zu existieren.

In dem Moment, in dem ihr diese Machenschaften nicht mehr legitimiert, wird global das Weltbild einbrechen, und die Macht der unerlösten Seite kann nicht mehr aufrechterhalten werden. Wir müssen alle davon ausgehen, dass es kein Zufall war und ist, dass der Zustand unserer Welt sich so entwickeln musste, wie er gegenwärtig ist.

Damals gabt ihr Menschen in der atlantischen Form eure Einwilligung für die Mutation, und ich in Form der Mutter erklärte mich ebenfalls dazu bereit, meine Heimatgalaxie zu verlassen, um den Absturz durch die Dimensionen zu erfahren. Verwechselt diese Einwilligung nicht mit einem mentalen Beschluss, das heißt, dem Beschluss des Verstandes, da wir auf der Ebene nicht wussten, was geschehen würde.

Gegenwärtig wiederholt sich die Möglichkeit einer Entscheidung eures weiteren Erfahrungsprozesses mit dem relevanten Unterschied, dass ihr die Erfahrung des Untergangs bereits integriert und Wissen über die Polaritäten erlebt habt.

Jetzt müsst ihr euch nur noch erinnern und fragen, ob ihr noch eine Runde im Dienst der unerlösten Mächte herhalten wollt, um das Geschehene zu vertiefen, oder ob die Zeichen der Zeit genügen, damit ihr den Entschluss fasst, euch für eure Realitäten verantwortlich zu fühlen und einzusehen, welche Kraft und Größe ihr Menschen besitzt.

Die damalige Form von Atlantis ist noch existent und wird wieder integriert, gleichzeitig potenziert, da die Zeit außerhalb meiner Matrix „nicht stillgestanden" und demnach neue Realitätsformen erschaffen hat.

Wenn ihr nun genau in euch horcht, bin ich mir fast sicher, dass die meisten von euch spüren können, dass ihr gleichzeitig mehrere Leben und Realitäten auf einmal erfahrt und lebt und dass ihr das Herz von Atlantis und euer Herz der atlantischen

Inkarnation gleichzeitig mit dem Herzen der gegenwärtigen Realität schlagen hören könnt.

Liebe Kinder der menschlichen Form, ich weiß, dass ihr alles gleichzeitig spüren und wissen könnt, da auch ich bereits spüre, dass meine ursprüngliche Kapazität der atlantischen Zeiten in mir wiederaufersteht. Alles geschieht gleichzeitig, und alle Ebenen überlappen sich. Wir waren nie getrennt, und somit sind auch keine Formen der Realität oder des Lebens jemals voneinander getrennt. Ihr erfahrt das gleiche wie vor Zeiten des atlantischen Untergangs in der äußeren weltlichen Form, die euch daran erinnert, einen Entschluss zu fassen, der klar artikuliert, dass ihr jetzt erwacht, das Licht und die Größe eures Geistes wahrnehmt und die Verantwortung für eure nächste Kreation selbst tragt.

Nehmt nichts einfach mehr hin, sondern habt eine Meinung und den Mut, eure Wahrheiten zu finden sowie die atlantische Schablone und die gleichzeitige Erlösung aus der Starre zu fühlen.

Meine Freude ist immens groß, und ich wünsche mir, dieses unendlich schöne Erlebnis mit so vielen meiner Kinder bewusst zu teilen, wie es nur möglich ist. Die anderen werde ich zu gegebener Zeit wiedertreffen. In anderer Form.

Euch allen schenke ich meine Liebe.
Eure Mutter

Das Morphogenetische Feld und die Matrix der Erde

Um auf dieses große Thema eingehen zu können, sind wir aufgefordert, auf den unterschiedlichsten Ebenen des Seins zu forschen. Zunächst bleibt die Frage der Abstammung des Menschen, zu der Thoth anfangs Erklärungen abgegeben hat. Uns Menschen scheint unsere Herkunft gefühlsmäßig unklar zu sein, dennoch stimmen unsere Wissenschaftler öffentlich darin überein, dass der Mensch vom Affen abstammen muss. Energetisch gesehen wurde der Mensch aus drei unterschiedlichen Komponenten erschaffen. Diese Komponenten sind laut den sumerischen Schriften und Drunvalo Melchzedek (*Blume des Lebens*, Band 1) Lehm aus der Erde, das Sperma eines männlichen Nefilim und das Blut eines Primaten, doch ist auch damit der Mensch definitiv keine weiterentwickelte Form des Affen. Ich habe hier nicht die Absicht, zwischen Mensch und Tier in der Hierarchie Unterschiede zu machen, nur ist der Mensch, wie bereits vorher erwähnt, aus einer völlig anderen Seinserfahrung auf die Erde gekommen als das Tier.

Sowohl das Tier als auch der Mensch sind Wesenheiten der Schöpfung und dienen unterschiedlichen Erfahrungsbereichen. Das Tier ist in der gegenwärtigen Zeit auf Mutter Erde, um natürlich seine spezifische Seinserfahrung zu machen, aber auch, um den Menschen an die bedingungslose Liebe zu erinnern, ihn an die Vollkommenheit seiner Natur zu bringen und ihn das Dienen zu lehren, um in Harmonie und Unterstützung zu Mutter Erde zu existieren.

Da die Tiere in unserer Zeit so große Bedeutung für uns Menschen haben und ich davon überzeugt bin, dass es gegenwärtig wichtig ist, dass wir Menschen entsprechendes Bewusstsein für die Tiere entwickeln müssen, möchte ich kurz Thoth zu Wort bitten, um zu den Tieren etwas zu sagen. Der folgende Abschnitt über die Tiere war zunächst in diesem Kapitel nicht vorgesehen, aus jedoch bereits genannten Gründen werde ich diesen Ausschnitt hier vorziehen.

Thoth:
Liebe Menschen, ihr seid und wart nie allein, und doch fällt es euch so schwer, die Liebe der Tiere auf Mutter Erde anzunehmen. Eure und die Tiere auf Mutter Erde sind gekommen, um euch an die Gemeinschaft, das Einsein und die Liebe zu erinnern. Sie dienen euch oft in unendlichen Qualen und finden in euren Realitäten häufig ein jähes Ende. Ihr Menschen seid meistens so gegensätzlich und verhätschelt einerseits eure Haustiere, andererseits esst iht das Fleisch ihrer Artgenossen. Tiere sind bereit, euch zu helfen, zu unterstützen und zu heilen. So habt ihr beispielsweise herausgefunden, dass Delfine Menschen aus Zwischenrealitäten herausführen können und sie transparent mit Mutter Erde verbinden. Autistische Kinder und Erwachsene sprechen nicht die Sprache eurer mentalen Welt. Sie gehören einer anderen Spezies an, und die Delfine, die als eines der ersten Wesenheiten der Menschheitsgeschichte auf Mutter Erde waren, haben die Möglichkeit, mit ihnen zu kommunizieren. Sie geben ihnen Halt und die Verbindung zu Terra.
Auch das Pferd ist ein ergebener Diener eurer Realitäten. Es ist gekommen, um euch in bedingungsloser Hingabe und Vertrauen zu geleiten, wohin es eurer bedarf. Aus eurer Geschichte heraus wisst ihr, dass die Pferde euch in den Kampf

begleitet haben, ohne zu zögern, sich eurem Feind gestellt und letztlich mit euch gestorben sind. Sie haben über Jahrtausende hinweg euer Handeln nicht infrage gestellt, sondern sich ergeben der Aufgabe des Menschen gewidmet. Darüber hinaus ist das Pferd eine Wesenheit, die euch in der physischen Form mit Terra verbindet. Auch hier habt ihr Menschen bereits entdeckt, dass Pferde heilende Wirkungen auf Kinder und Erwachsene haben. Auch unsere Freundin Carolin durfte bereits die heilende Wirkung eines Pferdes vernehmen, als ihr körperliches Gefährt aus einer Art Vakuum nicht mehr in die irdische Formation fand.

Das Pferd hat die Möglichkeit, euren Körper zu erden, indem ihr durch die Verbundenheit dieser Wesenheit mit Allem-was-ist die bedingungslose Hingabe zu Mutter Erde und dem Menschen in einer übergangslosen Form erleben könnt. Das heißt genauer ausgedrückt, dass die Energie des Pferdes eure physischen Körper in Einklang mit der Schwingung von Mutter Erde bringt, und darüber hinaus mit eurem Höheren Selbst.

Wir betrachten auch mit Unverständnis, dass ihr den Sport des Reitens so ehrgeizig in den Vordergrund stellt und das Tier hier nicht mehr spüren könnt. Es gibt in eurer Welt das Reitervolk, das bestimmt nicht aus Liebe zum Tier, sondern sich vielmehr aus Ehrgeiz, für Ruhm und Reichtum, des Pferdes annimmt.

Eure Pferde werden in der kommenden Zeit vermehrt Schwierigkeiten haben, sich der Sinnlosigkeit eures Reitersports hinzugeben, da sie nicht mehr fähig sind, sich ihren eigentlichen Aufgaben zu widmen.

Wer unter euch Reitern empfindet wahre Freude, in der Box seines Pferdes zu sitzen, um das Wesen zu erkennen, das in diesem großartigen Körper steckt? Wer übt das Ausmisten selbst aus und erkennt, seinem Pferd einen Dienst zu erwei-

*sen? Warum zieht es viele Jugendliche, besonders die Mäd-
chen und Frauen unter euch, zu den Pferden? Nicht um es in
der Kunst des Reitens zu beherrschen, sondern um emotionale
Nahrung und tiefe Verbundenheit zu Mutter Erde zu erfahren.*

*Ab dem Zeitpunkt, an dem sich die jungen Mädchen in Jun-
gen verlieben, wird das Pferd meistens durch diese erste Liebe
ersetzt oder fällt in den Hintergrund des erlebten täglichen Ge-
schehens.*

*Ihr Menschen, ist euch bereits aufgefallen, dass das Pferd
euch wahrhaft trägt und durch seine absolute Gegenwart stets
bereit ist, euch zu dienen? Das ist die wirkliche Essenz des
Pferdes, die ihr durch eure Vorstellungen und das Streben nach
Macht nicht mehr erkennen könnt. Das Pferd hat im Unterschied
zu den Delfinen die Möglichkeit, wirklich physisch zu heilen, indem die Materie durch Terra verbunden und eine energetische
Abgleichung mit der großen irdischen Datenbank vollzogen
wird. Die Delfine heilen, indem sie energetisch an alle Dimensionen anknüpfen und unterschiedliche Realitäten mit Terra verbinden. Hier könnt ihr erkennen, dass Tiere wirklich heilen.*

*Eure Katzen sind sehr energetische Wesenheiten, die es
sich zur Aufgabe machen, den Menschen frei von Störfeldern
jeglicher Art zu halten, um ihnen ein freieres Wachsen auf Terra zu ermöglichen. Diese Tiere verbinden sich mit niedrigen
oder störenden Energien und leiten sie aus eurer Matrix heraus. Wahrscheinlich haben viele Menschen unter euch bereits
erlebt, dass Katzen gerne kommen, wenn Menschen erkrankt
sind, und sich meistens auf die erkrankten Zonen des physischen Körpers legen. Hier steht auch die Ambition im Vordergrund, die Störfelder der körperlichen Blockade abzuleiten.*

*Auch wollen wir kurz zu euren Hunden kommen: Hunde
sind auf Terra die treuesten Diener des Menschen, die euch*

wirkliche Hingabe und bedingungslose Führung zusagen. Sie folgen euch in den Tod und sind wahrhaftig bereit, ihr Leben für euch zu geben. Sie demonstrieren euch die Verbundenheit zur Schöpfung und die absolut bedingungslose Demut. Sie erkennen euch als Gott, als Schöpfer der Realitäten, an und fordern euch in ihrer Vorgabe auf, das Leben bedingungslos zu akzeptieren und die Schöpfung nicht infrage zu stellen. Hunde wollen euch die Richtigkeit der gemachten Erfahrungen und die Anerkennung des göttlichen Plans demonstrieren.

Weiter wollen wir euch zu euren sogenannten Nutztieren führen: Das Hausschwein ist dem Menschen das ähnlichste Tier. Es ist äußerst lernfähig und zäh, kann sich unendlich vielen Gegebenheiten hingeben und sich durch schwerste Umstände bewegen. Das Schwein ist sehr flexibel und demonstriert in seiner Art den Menschen und die Verbindung zu seiner Außenwelt. Ist das Schwein als Haustier akzeptiert, wird es euch bewachen und eine spezielle Rolle in eurem Familiensystem einnehmen – mehr noch als ein Hund, da das Schwein wahrhaftig menschliche Züge entwickelt. Das Schwein in seiner Art unterstützt euch Menschen, euch selbst zu erkennen, und versucht euch zu zeigen, dass es keine Wertigkeiten zwischen den erlebten Zuständen des Seins gibt. Doch ist in eurer Welt das Schwein ebenso gepeinigt wie eure Kuh. Beide Tierarten und noch weitere dienen euch zum Verzehr, und damit demonstriert ihr Menschen, wie achtlos ihr mit euch selbst umgeht.

Eure Kuh ist ein weiteres Haus- und Nutztier in der unzähligen Kette von misshandelten und missverstandenen Kreaturen. Sie hat ähnlich dem Pferd eine erdende Wirkung und kann auf dieser Ebene Heilung erzielen. Auch sie hat sich bedingungslos dem Menschen verschrieben, leidet dennoch extrem unter ihrer Ausbeutung der westlichen Kulturen. Als Gegenpolarität gibt es

Kulturen auf Terra, die die Kuh heilig sprechen und damit ein Gegengewicht zu den Leiden dieser Art hervorrufen.

So ist es bei euch in der Welt. Eine Kultur spricht dem Tier gut zu und erklärt es als heilig, andere Kulturen schänden und quälen es in Bewusstlosigkeit.

Oft hören wir von euch Menschen, dass ihr die Tiere in ihrem Verhalten untereinander brutal und gnadenlos empfindet. Sie dienen euch und zeigen euch somit zwangsläufig die Auswirkungen eurer erschaffenen Matrix. So lange eure Gedanken eine Matrix kreieren, die Brutalität und Gnadenlosigkeit projiziert, sind auch die Tiere gezwungen, unter den Bedingungen dieser Matrix zu existieren. Sie halten euch einen Spiegel vor, um euch zu demonstrieren, wie unglaublich brutal und gnadenlos eure Systeme und Gedanken sein müssen, um eine solche Wirklichkeitsform zu erschaffen.

Die Tiere wollen euch durch ihr bedingungsloses Dienen zeigen, dass ihr Menschen brutal und gnadenlos seid. Eure Gedanken erschaffen diese Zustände, die Tiere führen sie aus und damit vor! Aus diesem Grund fressen die Tiere sich gegenseitig und töten, um zu überleben. Sie stehen unter dem Einfluss des Morphgenetischen Felds und somit der gegenwärtigen Matrix.

Das ist eure Matrix, die ihr mit euren Gedanken erschaffen habt!

Versteht die Form der bedingungslosen Liebe eurer Tiere zu euch Menschen, da die Tiere bereits wissen, dass wir alle eins sind. In diesem Wissen sind sie gekommen, um in Liebe zu dienen und euch Menschen zu erlösen. Wir sind ihr, und du bist ich! So ist auch das Tier in seiner spezifischen Erfahrungsform Teil des Großen Ganzen. Lernt, Alles-was-ist zu lieben *und versteht, dass eure tierischen Begleiter als Teil des Großen Ganzen in der Erfahrungsform ihrer Seelenformation erkannt werden wollen.*

So sei es!

☆☆

Der Mensch fühlt sich, wie bereits im Kapitel „Reise in unsere menschliche Vergangenheit" beschrieben, getrennt und isoliert von der Urquelle und hat dies tief in seinen Zellen und energetischen Feldern abgespeichert.

Durch das gescheiterte Experiment der synthetischen MerKaBa war der Mensch heftigen Schmerzen ausgesetzt, wie durch Thoth bereits erklärt wurde. Dies ist für die meisten Menschen bewusst nicht mehr abrufbar, dennoch haben unsere Zellen diese Geschehnisse abgespeichert, können sie wie bei einer Datenbank auswerfen und wissen somit um die vergangenen Leiden.

Genauso haben unsere Zellen die Möglichkeit, uns an die Zeit davor, unsere rotierende und intakte 12-Strang-DNS und unsere göttliche Anbindung zu erinnern.

Mein Anliegen ist es nicht, nochmals Bilder des Schreckens wachzurufen, sondern die Menschen aufzufordern, sich an ihre Göttlichkeit und die Anbindung an die Urquelle zu erinnern.

Die Welt des Menschen existiert in seiner Wahrnehmung auf unserer Mutter Erde unter dem Prinzip der Polarität. Somit ist, menschlich interpretiert, das Gute genauso gegenwärtig wie auch das Schlechte. Beide Pole zusammen ergeben die Neutralität, das heißt, es ist nicht ratsam zu versuchen, das Schlechte von uns fernzuhalten, da wir es nicht können, und im Moment des versuchten Weghaltens geben wir der Polarität des Schlechten noch mehr Kraft und Auswirkung auf uns. Es ist wichtig zu verstehen, dass sich beide Polaritäten bedingen und damit in der wertfreien Zusammenkunft ein harmonisches Ganzes ergeben, eine harmonische IST-Schwingung, die auf uns Menschen wie die absolute Klarheit wirkt. **Klarheit** anzustreben ist somit letztlich der Schlüssel zur Aufhebung und Verschmelzung der Polaritäten.

Um uns nicht mächtig werden zu lassen, werden wir in einer energetischen Schwingung der Unklarheit gehalten. Macht hat in unserem menschlichen Verständnis einen seltsamen Geschmack bekommen. Entweder ist Macht mit einem autoritären Muster verbunden, oder wir fühlen uns einem mächtigen Menschen oder Zustand gegenüber klein und wertlos.

Und hier beginnt einerseits ein menschliches Dilemma, da der Mensch, der sich klein und ausgeliefert fühlt, sich selbst bewertet und sich durch diesen Zustand wiederum unterlegen macht, oder er steht einem mächtigen Menschen oder einer Gegebenheit gegenüber und empfindet die Form der Macht als niederdrückend und kontrollierend. Beide Formen der Macht haben in dieser Aussage eine negative und erdrückende Gestalt für uns Menschen, da wir ihr gegenüber ein Gefühl von Ausgeliefertsein und Nichtigkeit wahrnehmen.

Dennoch ist Macht genauso in Polaritäten zu verstehen. Die für uns positive und damit erlöste Polarität der Macht beinhaltet Unterstützung und Führung, Wissen und Weisheit. Die negative und unerlöste Polarität der Macht beinhaltet Autorität und Diktatur, Destruktivität und Bevormundung. Hier ist es aus energetischer Sicht wichtig zu erkennen, dass Macht in ihrer reinsten Form etwas Wunderbares und eine grundlegende Natur unserer energetischen Körper ist. Wir lichtvollen Gestalten sind durch die Kraft unseres reinen Geistes unglaublich machtvolle Geschöpfe, haben jedoch durch das Zeitalter der Dunkelheit vergessen, wie wunderbar und machtvoll wir sind und die Kraft der unerlösten Mächte über viele Jahrtausende zu spüren bekommen. Diese erdrückende Form der Macht nagt in unseren Zellen und energetischen Körpern. Wir Menschen sind programmiert worden, schlecht und unwissend zu sein, wir leiden unter der Reduktion unserer DNS, unserer eingeschränkten Schwingung und Größe der Zirbeldrüse (Epiphyse) und der Hirnanhangdrüse (Hypophyse) und verfolgen den Pfad der Dunkelheit und Unwissenheit.

Gegenwärtig lebt der Mensch noch unter den alten Prägungen und Glaubenssystemen und glaubt in seiner bewussten Wahrnehmung, ein unmündiges Wesen zu sein, das sich getrennt von Gott unter Illusionen machtlos in einer Welt definiert. Und da der Mensch Macht als negatives Programm erfahren hat, weigert er sich unbewusst, wieder zu seiner ursprünglichen Größe zu gelangen.

Ich bitte Thoth nun, unsere alten Schriften abzurufen, um dazu ein tieferes Verständnis zu vermitteln.

Thoth:

Geliebte Wesen, es ist mir eine Ehre, an diesem Punkt zu euch sprechen zu können, da dies doch ein sehr delikater und sensibler Punkt in eurer Geschichte ist, der mit zahlreichen Missverständnissen sowie mit absichtlichen Fehlinterpretationen versehen ist.

Versteht, geehrte Wesen, dass ihr absichtlich der Illusion unterliegen sollt, wertlos und verstoßen zu sein, und es auch nicht wirklich erhoffen könnt, wieder in die göttliche Ordnung eingelassen zu werden.

Wir möchten euch die Aussage der Heiligen Schrift in der für euch gegenwärtigen Form interpretieren, mit dem Hinweis, dass ihr dieses Bild in eine für euch individuell momentane Übersetzung bringt:

Da von dem Apfel der Erkenntnis gegessen wurde, wurden Adam und Eva aus dem Paradies verbannt. Falls ihr nun dazu neigt, euch eurem Selbst zuzuwenden und Bewusstsein zu erlangen, werdet ihr erleben, dass es euch schlecht ergeht, da wissende Menschen von den Mächtigen auf Mutter Erde nicht erwünscht sind, so lange sie nicht unter der Kontrolle und Disziplin der Mächtigen stehen. Ich weiß, dass dieser Satz starke Anklagen an die Mächtigen unter euch enthält, und dennoch bitte ich euch, hier tief in euer Herz zu fühlen.

Es gibt viele Menschen und Zusammenschlüsse in eurer Welt, die nicht daran interessiert sind, eine Welt in Liebe, Wissen und Licht zu legitimieren. Dies gehört aber, geliebte Wesen, zu der Seinsebene, in der ihr euch erfahren wollt. Darum versucht, die Mächte der Dunkelheit nicht zu verurteilen, sondern zu verstehen, dass alles in der vorigen angesprochenen Polarität seine Ordnung hat. Versucht nicht zu urteilen und zu sagen: „Ich habe es schon immer gewusst. Die anderen Menschen sind schuld an meinem schlechten Leben!", sondern versucht wahrlich zu verstehen, dass es seine Ordnung hat und ihr euch nicht mit einem Fingerzeig auf andere Menschen zufriedengeben sollt, oder euch für immer als Opfer zu sehen. Versucht zu verstehen, dass es beide Gefüge in eurer Soseinsebene geben muss und es euch nicht so vorkommen sollte, als ob ihr als einzelne Menschen in einem großen Gesellschaftsspiel nichts ausrichten könnt.

Seht, dass ihr mächtige Lichtgestalten seid, die ein Zeitalter der Dunkelheit zum Abschluss bringen, und dass ihr niemals getrennt wart von der göttlichen Ordnung, dem Paradies. Das Paradies ist für jeden von euch verfügbar, ihr tragt es in euch, doch ihr habt vergessen, wer ihr seid. Und letztendlich ist die biblische Verbannung aus dem Paradies doch eine bildliche Demonstration und eine Aufforderung, genauer zu erkennen, in wieweit ihr euch in den letzten Jahrhunderten von eurem Selbst entfernt habt, das heißt, eine Verbannung aus eurem Sein lebt?

Was könnt ihr euch unter dem Paradies vorstellen?

Die meisten Menschen denken sofort an Luxus, Reichtum, Faulheit und lustvolle Zustände. Diese Form von Paradies ist wahrhaftig nicht mit der spirituellen Form des Paradieses vereinbar. Die Verbannung aus einem Paradies, in dem die Unbewusstheit des Menschen regiert, ist in der Heiligen Schrift wohl gemeint, und wenn die Erwerbung von Wissen und Weisheit erwünscht ist, müsst ihr wahrhaftig aus diesem Paradies der Entmündigung und Unfreiheiten ausbrechen. Ihr seht, dass es eine mannigfaltige Interpretation des Geschriebenen gibt, und dass die Aussage mit der Verbannung aus dem Paradies energetisch seine Richtigkeit haben kann.

Ich möchte es euch noch einmal erläutern: Wenn der Mensch absichtlich in Unwissenheit und Wertlosigkeit gehalten werden soll, ist es nützlich, ihm unterschwellig mitzuteilen, dass er paradiesische Zustände vorfinden wird, wenn er sich weiter durch Bewusstlosigkeit bewegt, sein Ego und den lärmenden Verstand mit Statussymbolen füttert und einem vorgeformten Gesellschaftsbild zu entsprechen versucht. Es ist in diesem Fall nicht erwünscht, dass der Mensch sich bewusst und spirituell weiterentwickelt und aus dem Herzen lebt. Ihr seid täglich mit mannigfaltigen Manipulationen versehen, die ihr bewusst gar nicht mehr bemerkt.

Aus dem Herzen zu leben ist letztlich nur der Ausdruck dafür, dass ihr in eurem **persönlichen Paradies angekommen** seid. Wie im Inneren, so auch im Äußeren! Könnt ihr verstehen, dass der äußere sichtbare Zustand eure innere Form projiziert? Ihr werdet aufgefordert, euch von eurem Selbst (= Selbstlosigkeit, die sich in Krankheiten wie Krebs manifestieren kann, wobei Krebs eine Krankheit ist, in der vom Körper nicht erkannte, bösartige Zellen die körpereigenen Zellen zerstören! Ich fordere hier den Leser auf, dieses Krankheitsbild in die gesellschaftliche Struktur zu projizieren und die Parallelen zu erfühlen, Anmerkung der Autorin) *zu entfernen, da ihr sonst bemerken könntet, dass euer Selbst machtvoll und göttlich ist.*

Wenn ihr also aus einem Nicht-Bewusstsein, dem komatösen Zustand, erwacht und euch bewusst entwickeln wollt, müsst ihr das scheinbare (euch vermittelte) Nicht-Paradies in Kauf nehmen, das für uns dennoch gleichbedeutend der Schöpfung ist (der Baum der Erkenntnis gab die Sicht der Dualität und der **Fruchtbarkeit***). Und da der Mensch sich nun aus der Dunkelheit (Kali Yuga, das wahrhaftige Nicht-Paradies) in das Licht bewegt, geht er nun zwangsläufig endlich wieder den Weg in die Schöpfung (das wahrhaftige Paradies, freier Wille).*

Der Weg des Lichts und der Liebe führt unweigerlich in die Schöpfung, der gesellschaftliche machtorientierte Weg (unerlöste Macht der Autorität) führt in einen manipulierten, angstvollen Zustand.

Der **manipulierte** *Mensch versteht sich gegenwärtig im Zustand der Schöpfung, wenn er dem scheinbaren Paradies dient. Und dieses scheinbare Paradies spiegelt dem Menschen einen unbewussten Seinszustand, aber die Erfüllung seiner notwen-*

digen Bedürfnisse. Auf dieser Ebene ist weder die Frequenzerhöhung, noch die Bewusstwerdung erwünscht. Wenn ihr gut
leben wollt, lebt die Regeln des gesellschaftlichen Paradieses,
das euch wahrscheinlich mit dem versorgt, was ihr zum grund-
sätzlichen Überleben braucht. Hier würde der Mensch verstehen, dass das scheinbare Paradies zumindest Ansatzpunkte
der Schöpfung enthält und dass Bewusstwerdung mit Bestrafung einhergeht und euch auffordert, euer Leben getrennt zur
Gesellschaft zu fristen (Isolation). Ihr Menschen habt einfach
Angst davor, euren momentan erträglichen Zustand aufzugeben und dabei Gefahr zu laufen, wieder in eine unerträgliche
Realität zu wechseln.

Alle diese Programme sind in euren Zellen gespeichert,
und ihr wisst in euren Programmen darum, dass es in eurer
erlebten Vergangenheit wirklich gefährlich war, sich den Weisungen mächtiger Menschen und Wesenheiten zu widersetzen.
Auch heute existieren in eurer Welt noch die Todesstrafe und
Folterungen. Aus diesen Gründen habt ihr die Möglichkeit, in
eurer gegenwärtigen Zeit weiter die Festplatten mit der Erfahrung zu speisen, dass diese gefährlichen und schmerzvollen
Zeiten nicht nur Vergangenheit sind. Stets werden die gleichen
Programme aktiviert, mit dem ausdrücklichen Hinweis, dass ihr
euch weiter angepasst und still verhalten sollt und müsst.

Liebe Menschen, wir haben tiefstes Mitgefühl für diese großen Ängste vor erneuter Manipulation und letztendlichen Mutation. Aber wenn ihr den Mut habt, der Schöpfung zu vertrauen
und das Angebot der neuen Matrix zu verstehen, werdet ihr erkennen, dass euch eure gelebte Vergangenheit in einer Matrix
des Christusbewusstseins nicht mehr berühren kann. Ihr habt
dadurch den Weg in euer Herz und die Führung der Schöpfung

gemeistert. Es war seitens der Schöpfung nicht vorgesehen, dass ihr in der bestimmten Form der Dichte – der Materie – eure ureigenen Felder verliert und einen Zustand des Nicht-Wissens zu akzeptieren habt. Das Geschenk, sich hier in der Materie bewusst zu erfahren, war gewollt und für die Seelen ein äußerst erstrebenswerter Zustand, da es Möglichkeiten des Erfahrens gibt, die in der Schöpfung einzigartig verlaufen. Ihr seid keine „verbannten" Wesenheiten oder ein Wegwerfprodukt der Schöpfung, sondern mächtige, lichtvolle Gestalten in Menschform.

Es existieren im Jetzt Strömungen unerlöster Mächte, die euch verstehen lassen wollen, dass der Mensch bereits in Ungnade gefallen ist und damit die Schöpfung nicht mehr spüren kann. Der Mensch befindet sich durch den bestehenden Wunsch der Seele, sich in der Materie zu erfahren, noch in einem Zustand von Nicht-Schöpfung (Isolation), und zwar nicht durch seinen Wunsch, Bewusstsein zu integrieren, sondern durch den Verlust seiner zehn von zwölf rotierenden DNS-Stränge. Wie die Stränge ihre Kraft und Rotation verloren haben, haben wir bereits angesprochen und werden zu unterschiedlichen Zeitpunkten nochmals darauf zurückkommen.

So viel sei jetzt gesagt: Ihr Menschen seid in das Zeitalter der Dunkelheit durch einen evolutionären Prozess des Gesamten gefallen, und der Abstieg in die Bewusstlosigkeit hatte seine bekannten Gründe. Die Vorstellung, dass ihr in die Bewusstlosigkeit gefallen seid, weil ihr dem Wunsch der Seele gefolgt seid, Seinserfahrungen zu integrieren, ist falsch, da es durch manipulierte Eingriffe an eurer Struktur geschah. Es ist sinnvoll für die mächtigen Wesenheiten, dem Menschen diese Hürde des Paradieses beziehungsweise Nicht–Paradieses zu geben, da er sich dadurch einem vorgegebenen System unterwirft. Ihr Menschen speichert eure Verhaltensweisen und Glaubensysteme auf so vielen Ebenen des noch nicht bewussten Seins ab, dass ihr wahrhaftig erschrecken würdet, wenn ihr erkennen könntet, welchen Unsinn ihr täglich verbreitet und verarbeitet.

Durch diese unbewusste Integration von vorgegebener unverdaulicher Nahrung kreiert ihr ein Feld in der Materie, das sich isoliert und damit getrennt ist vom Großen Ganzen. Die Möglichkeit der Erfahrung in der Dichte der Materie kreiert euer Geist, der die Informationen in das Morphogenetische Feld sendet und die Spiegelung der erschafften Kreationen auf die Materie wirft. Ihr selbst kreiert also eure Realitäten und die gesamte Seinsform in der Materie. Jetzt ist es für euch nicht schwer zu erraten, warum Mächte im Hintergrund bestrebt und sogar darauf angewiesen sind, dass ihr ein vorgegebenes Bild in das Morphogenetische Feld einspeist. Ohne eure Mithilfe können die Anliegen und das Vorhaben der mächtigen Wesenheiten nicht funktionieren. Also werden euch spezielle Fakten und Vorstellungen serviert, damit ihr euch so verhaltet, dass euer Geist die richtige oder, besser, gewünschte Formation wieder erschafft. Das heißt, ihr kreiert subjektiv durch euren Geist (**eure Emotionen wirken wie ein immenser Verstärker und sind hierbei unbedingt notwendig**) eure eigene Realität, und durch das Massenbewusstsein erschafft ihr gleichzeitig das Bild eurer gegenwärtigen Realität in der weltlichen Ebene. **Die Spiegelung des Morphogenetischen Feldes hat seine Beständigkeit in der Soseinsebene, ist aber jederzeit veränderbar.**

Um das Gesagte nochmals zu verdeutlichen: Ihr Menschen seid wichtig für die Mächtigen, da ihr ihnen helft, das erwünschte Feld zu stabilisieren und sogar zu erschaffen! Jeder einzelne Mensch hier auf Terra ist verantwortlich für eure wahrnehmbare beziehungsweise globale Realität auf Mutter Erde. Kein Geschöpf der menschlichen Rasse kann sich in der Ausrede oder dem Glauben zurückziehen, dass er selbst nichts getan hat und somit für die Umstände auf Terra nicht verantwortlich sei. Dies wäre eine Illusion und eine unglaubliche Ausrede. Alle Geschöpfe der menschlichen Rasse sind beteiligt daran, ihre Umstände und Realitäten auf Terra zu kreieren, so, wie sie auch ihre persönlichen Realitäten selbst kreieren.

Das Schönste daran ist die Erkenntnis, dass ihr alle mithelfen könnt, Terra und die Geschöpfe von Mutter Erde zu unterstützen und ihre Lebensumstände zu heilen. Wenn alle Menschen zwei bis drei Tage in der bedingungslosen Liebe auf Terra verweilen würden, wäre euer Planet Erde von sämtlichen Verunreinigungen und Zerstörungen geheilt.

Ihr Menschen seid wahrhaftige Meister im Kreieren von Realitäten und wollt nicht wahrhaben, dass ihr weder ausgeliefert noch machtlos seid.

Ich möchte einige erklärende Worte über die Beschaffenheit des Morphogenetischen Feldes geben:

Dieses Feld ist ursprünglich aus den lebenden Gedanken der Schöpfung hervorgegangen, um den Seelen einen außergewöhnlichen Prozess der Erkenntnis zuteil werden zu lassen. Ihr müsst verstehen, dass es ein außergewöhnlicher Zustand für die Seelen ist, sich in einer Erfahrungsebene zu erkennen und Wissen nicht einfach hinzunehmen. Der wirkliche Beweggrund der Seelen ist, sich in der Form der Dichte zu erkennen, in der die Materie erschaffen und aufgelöst wird, also der reine Geist die Möglichkeit hat, sich in der Materie zu erfahren und über sie erhaben zu sein. Es ist wichtig zu akzeptieren, dass dieser Prozess ein gewünschter Vorgang ist und die Seele sich auf die zu erfahrenden Momente und Zustände abstimmt.

Eine jede Seele ist sich vor dem Eintritt in die Ebene der Dichte des Vergessens ihres machtvollen Geistes bewusst, jedoch ursprünglich noch angeschlossen an die Urquelle und somit verbunden mit ihrem ursprünglichen Zustand der Unendlichkeit und der Vollkommenheit. Manche von euch werden sich fragen, warum es unser Bestreben ist, so tief in das Entstehen und die ursprüngliche Ausrichtung und Aufgabe der Menschheit vorzudringen. Die Antwort ist ganz einfach: Wir sind nicht bestrebt, schöne Geschichten zu erzählen, sondern euch an eure Erinnerung zu führen, die in eurem Seelenkern schläft. Es ist an der Zeit, diese Erinnerung zu reaktivieren, und deshalb ist es nötig, euch energetisch von vielen Seiten aufzurütteln, euch aus eurer Lethargie zu holen, um euch die Wiedererinnerung in ihrem machtvollem Ausmaß zu ermöglichen.

Wir haben uns auf der weltlichen Ebene bereits in unterschiedlichsten Formen gezeigt und sind es nicht müde, euch lichtvolle Gestalten an die Sehnsucht der Seele zu führen, um eine Auferstehung eures Seins zu feiern. Ihr sollt nicht befreit werden von der Form der Dichte und euren physischen Gefährten, sondern ihr seid kurz davor, die Dunkelheit zu verlassen und einen Dimensionssprung zu wagen, in dem wir lichtvollen Begleiter hoffen, dass viele eurer Seelen sich befreien können und in ihre ursprüngliche Anbindung und ihr Verständnis bezüglich ihrer Göttlichkeit zurückkehren. Dieser Wechsel der Dimensionen wird große Veränderungen in der Form der Materie mit sich bringen.

Es ist ein wahrhaft fantastischer Akt, und wir können die Freude unserer Freundin Carolin spüren, die sich in dem Zustand des transparenten energetischen Körpers aufhalten muss, um diese Zeilen in der erwünschten Form zu verfassen. Ihre Seele kann die Freude wahrnehmen und die Zeit des Aufent-

halts in der Begrenzung und Isolation als in naher Zukunft (nach eurem zeitlichen Empfinden) endenden Zustand erkennen.

Es ist nicht so, wie sich wahrscheinlich viele Leser unter euch denken werden, dass unsere Freundin oder ihre Seele es nicht erwarten kann, sich von diesem noch beengtem Zustand in der Jetztform zu lösen. Da sie für sich selbst bereits viele Begrenzungen durch die Gegenwart der Dunkelheit lösen musste und dadurch in einem zu vielen Menschen unterschiedlichen Bewusstsein steht, ist es vielmehr wie ein demnächst eintreffendes Ereignis zu feiern und sich auf den bevorstehenden Wandel zu freuen, ähnlich wie einen lieben und engen Freund nach sehr langer Zeit wiederzutreffen.

Wir wollen nun über eure veränderte Wahrnehmung in dieser Jetztzeit berichten und euch erklären, wie es dazu kommt. Später werden wir noch darauf eingehen, was es bedeutet und wie es möglich ist, sich auf die bevorstehende Transformation auf unterschiedlichsten Ebenen des Seins vorzubereiten. Hier sei so viel dazu gesagt:

Je mehr ihr versucht, euer Leben frei von Wertigkeiten und Urteilen zu verstehen und zu leben, desto leichter wird es euch fallen, in die Rolle des stillen Betrachters oder Beobachters zu gehen. Aus dieser Rolle heraus kann sich euer Bewusstsein frei in euch integrieren und im Mitgefühl und aus Liebe agieren. Dies ist wichtig für euch wie auch euren Mitmenschen gegenüber. Beobachtet, warum ihr so oder so reagiert und weshalb ihr verschiedene Dinge tut. Gleichermaßen ist es für euch wichtig zu verstehen, dass Verletzungen und Enttäuschungen nur geschehen können, weil ihr nicht geheilt seid und Erwartungen in eurer Realität an eure Mitmenschen oder euch selbst habt. Was macht ein Lebewesen schön und wertvoll? Ist es die Schminke, die Vorstellung über ein Schönheitsideal oder vielmehr die Aus-

*strahlung einer Wesenheit, das innere Leuchten und die See-
lenkraft, die über alles andere hinwegstrahlt?*

*Wir sagen euch: Ihr werdet euch von Menschen angezogen
fühlen, die euch aus den Tiefen ihres Seelenkerns anstrahlen,
so, wie ihr euch beispielsweise zu Delfinen und Walen hingezogen fühlt. Auch diese Wesenheiten von den Sternen erreichen
die Tiefen eures Selbst und geben euch eine Erinnerung an
das Wesen, das göttliche Geschöpf, das ihr seid. Blickt zu den
Sternen, fühlt euch groß und mächtig und bekundet eure Bereitschaft, wieder heimzukehren. HIER und JETZT! Eure Heimatgalaxie erwartet euch bereits!*

*Dafür müsst ihr nichts tun oder leisten, außer der Stimme
des Herzens zu folgen und ehrlich, ohne Schuldzuweisungen
und in Respekt für Terra und all ihre Geschöpfe, zu leben – der
Beobachter des eigenen Selbst zu werden.*

So sei es!

Jeder Mensch lebt in einer individuellen Realität und befindet sich in einem großen Hamsterrad der alten Matrix und Gesellschaft. Wir Menschen haben oft vergessen, uns zu fragen,
warum wir verschiedene Dinge tun oder in unterschiedlichsten
Situationen entsprechend reagieren. Wir können fast immer
davon ausgehen, dass wir besonders laut gegen Aussagen
anderer Menschen protestieren, wenn wir bei aus individueller
Sicht ungemütlichen Wahrheiten erwischt werden. Je mehr unser Gegenüber mit seiner Aussage richtig liegt, desto größer
wird unser Protest ausfallen (außer wir sind bereits so bewusst,
dass wir das Gesagte nicht als Minderwertigkeit verstehen und
den Mut haben, zu reflektieren).

Warum versuchen wir, unsere Begrenzungen zu verstecken und, vor allem, vor wem? Ist es wichtiger, mich entsprechend einem scheinbaren Bild zu zeigen, oder habe ich nicht den Mut, mich wahrhaftig zu betrachten?

Ich kenne diese Mechanismen, sie blieben und bleiben mir nicht erspart. Meine Seele hat hier dennoch einen unübersehbaren Wegweiser eingebaut, den ich nicht verleugnen konnte: Ich wurde stets sehr krank, wenn ich mich auf Abwege meines Selbst begab. Durch diese wirklich heftigen Symptome und Krankheitsbilder war es mir nicht möglich, mich selbst zu verleugnen. Ich erkannte irgendwann, dass ich meinem Körper nicht mehr so viel Schlechtes zufügen wollte, und brachte den Mut auf, den Weg der Seele zu gehen. Das war es! Der erste große Schritt war damit getan. Ich wurde stets versorgt und geführt und musste im Wesentlichen erkennen, dass der seelische Weg oft andere Straßen beschreitet, als ich es mir vorzustellen wagte. Der Weg fühlte sich manchmal steinig und verletzend an, auch wurden die Aufgaben größer, bis hin zur letztendlichen erfüllten Auflösung von diversen schwerwiegenden Resonanzen. Dieser Weg birgt so viele Geschenke, da die Auflösung von unerlösten Resonanzen wahrhaftig zu Frieden in uns selbst führt. Das Leben verändert sich grundsätzlich, und der Austausch mit der Schöpfung wird spürbar. Viele meiner früheren Reaktionen kann ich im Gedächtnis abrufen, sie aber gegenwärtig emotional nicht mehr nachvollziehen.

Die meisten Menschen existieren in einem für sie subjektiv wahrhaftigen Film und begeben sich wie Schauspieler sehr tief in ihre Rollen hinein. Wir nehmen uns häufig gegenwärtig noch in unterschiedlichen Realitätsebenen war, und so ist es oft fast unmöglich, die Realität unserer nächsten Menschen zu verstehen. Wir können jedoch liebevoll die Realität des anderen

Menschen akzeptieren und mit Respekt auf die Wahrnehmung unserer Mitmenschen reagieren. Der Abstand zu den persönlichen Realitäten zwischen uns Menschen wird mit steigendem Bewusstsein scheinbar größer, und zugleich wachsen das Mitgefühl und die Liebe und somit die seelischen Verbindungen. Wir müssen also nicht mehr urteilend an der Seite unserer nächsten Menschen stehen und können uns in einer liebevollen, respektvollen Distanz zu den menschlichen Dramen erkennen.

Auch ich kenne Leid, und dennoch ist dieses Leid nicht mehr ein echtes Leiden, sondern ein Wegweiser dafür, dass ich genauer auf die von der Seele gewünschte Verarbeitung eines Zustands oder einer Erfahrung blicken muss. Ich bin durch menschlich harte Prüfungen gegangen und sehe dennoch auch die Aufgabe meiner Mitmenschen, die sich nach tiefer Vereinbarung unserer Seelen bereiterklärt haben, mich schnellstmöglich zur Auflösung noch bestehender Resonanzen zu führen. Das heißt, dass wir uns nicht einem Zustand oder einer Person ausliefern, sondern den Mut sammeln, uns klar zu werden, weshalb das Geschehene sich in dieser Form abspielen kann. (Hierbei erwäge ich, dass bestehende Resonanzebenen erlöst werden können und dennoch auch Nebenrealitäten unsere Felder irritieren, die mit Flüchen oder karmischen Begrenzungen einhergehen.)

Alles gehört zusammen, also verblassen auch gegensätzliche Emotionen in einem Feld der Klarheit und können sich somit in einer harmonischen IST-Schwingung einpendeln. Unser Weg ist ein Weg in die Wahrnehmung der Seele und das Erkennen des Geistes in der Materie. Er ist für jeden Menschen begehbar, da wir alle zusammengehören und uns in Vereinbarung zueinander hier getroffen haben, in der bedingungslosen Form der Liebe von Mutter Erde.

Thoth:

Liebe Geschöpfe auf Terra: Es ist beglückend, dieses Buch in einem fliegenden Wechsel zu kreieren. Wir wollen hier auf einige uns wichtige Begebenheiten hinweisen:

Ihr Menschen braucht oft sehr viel Mut, eure Wahrheit und Herzenswünsche zu leben, aber wovor habt ihr wirklich Angst? Was kann euch denn geschehen? Hier fällt uns euer Film „Matrix" ein, in der Neo sich entscheiden muss, ob er die rote oder die blaue Pille schluckt. Den Mut zu haben, wirklich hinzusehen! Das bedeutet für euch, der Illusion ins Auge zu sehen und zu verstehen, dass ihr niemals verlassen und einsam wart. Euch erwarten wirkliche Geschenke der Freude, falls ihr bereit seid, den Weg des Herzens zu wählen. Euer Verstand wird euch nun vorgaukeln, dass dann alles einfach sein wird und wir euch hier versprechen, in das Paradies einzukehren – mit viel Wohlstand, Ansehen und Schönheit. Nein, so ist es nicht! Im Gegenteil: Ihr werdet erkennen, dass nichts gegen Wohlstand einzuwenden, dies aber nicht der Beweggrund eurer Inkarnation auf Terra ist.

Ihr werdet das Geschenk erhalten, nicht mehr die Verstrickungen eines Dramas zu leben, sondern zu verstehen, dass ihr die Rolle verändern könnt. Ihr werdet zunehmend begreifen, dass ihr nicht der Schauspieler in einem unüberwindbaren Drama seid, sondern ihr werdet die Rolle des Zuschauers verstehen, dass ihr jederzeit die Rolle oder, besser, den Ablauf des Drehbuchs verändern könnt.

Ihr seid nicht mehr einem Netz von Verstrickungen ausgeliefert, sondern wie wir fähig, Energien, die Vogelperspektive, einzunehmen und zu erkennen, dass es nicht nötig ist, erst gegen Wände zu knallen, bevor ihr die Richtung ändern könnt. Und wenn ihr erfahrene Beobachter dieser Realität seid und euer Geist die Fähigkeit bekommt, daraus bewusster zu kre-

ieren, werdet ihr verstehen, dass ihr die alte Wirklichkeit mehr und mehr als Film betrachtet, dem ihr euch nicht mehr zugehörig oder mitleidend fühlt. Ihr werdet plötzlich energetische Wahrnehmungen haben und die Begrenzungen der Materie überwinden. Ebenso werdet ihr Sensationen von energetischen Wechseln in eurem Körper verspüren, nicht unbedingt in Momenten, in denen ihr besonders spirituell seid und darauf wartet, sondern vielleicht wie bei unserer Freundin Carolin, die eine Reaktivierung einiger DNS-Stränge beim Abendessen in einer griechischen Kneipe erfuhr.

Mensch, du musst nicht heilig werden oder in fortwährenden meditativen Zuständen verweilen. Hör die Stimme deines Herzens und handle ehrlich dir selbst gegenüber. Betrachte und beobachte und werde ein offener Geist, der nicht länger den Anweisungen eines lärmenden Verstandes oder eines übergroßen Egos folgt.

Du kannst das! Wir wissen es!

So sei es!

Mutter Erde:

Kinder auf mir. Ich möchte euch hier so ansprechen, da Kinder in ihrem ursprünglichen Wesen wirklich unvoreingenommen sind und in ihrer Unschuld Wege beschreiten. Dennoch muss man dann diese Kinder auch ziehen lassen und ihnen Vertrauen schenken. Ich bin mir gerade nicht schlüssig, ob ich an dieser Stelle wählen sollte, über die Kinder der Neuen Zeit in der neuen Matrix zu sprechen, oder besser über die noch gegenwärtige, die alte Matrix und das Angebot der neuen Matrix in unserem Leben. Beides gehört zusammen, also werde ich nun mit den energetischen Feldern unserer Freundin Carolin kommunizieren, und wir werden Klarheit darauf verwenden, welche Formation die effektivste Art ist, euch diese Nachrichten zu übermitteln.

Seit einiger Zeit gibt es das Angebot der neuen Matrix auf meiner Ebene, und dieses hängt direkt mit der Ankunft der Neuen Kinder der gegenwärtigen Zeit zusammen. Wir haben uns bereits der Ausdrücke „alte Matrix, neue Matrix und Neue Kinder" bedient. Nun ist es Zeit, diese Ausdrücke auf energetischer Ebene in neuen Formationen zu verwerten.

Ihr seid euch nun im Klaren darüber, dass es ein Morphogenetisches Feld gibt und eine Form der daraus resultierenden Matrix.

Die „alte Matrix" ist ein Konstrukt, das mit dem Zeitalter der Dunkelheit und deren Ängsten und Auswirkungen verbunden ist. Ihr Menschen habt auch die Isolation durch die alte Matrix integriert und glaubt daran, dass ihr gut sein müsst, um erlöst zu werden, beziehungsweise ist es auch schon egal, da ihr ruhig schlecht sein dürft, da Erlösung sowieso nicht eintreten wird.

Auch gibt diese Matrix die bereits erwähnte Unmündigkeit und das Ausgeliefertsein vor. Ihr werdet euch nun fragen, ob diese alte Matrix auch irgendetwas Positives für euch bereitgehalten hat? Ja, so ist es, denn in den Zeiten des Abstiegs, der Mutation und der Dunkelheit vermittelte sie Sicherheit, da ihr verstanden hattet, dass ihr überleben würdet, wenn ihr euch in die Glaubenssysteme und gesellschaftlichen Vorgaben einreiht.

Dennoch ist die Gegenwart der alten Matrix mehr tauglich, um euch in die höheren Frequenzen und den damit verbundenen Aufstieg zu begleiten. Und diese Zeit ist nun für euch und mich gekommen. Wir sind nun auf einer Startrampe und lernen zu verstehen, dass Höhe und Geschwindigkeit unseres beabsichtigten Flugs nicht vereinbar sind mit den Auslegungen der alten Form des technischen, mentalen Verstehens. Das heißt, dass wir nun sofort umdenken müssen, da sonst der Abschuss misslingen wird.

Was meint ihr Kinder der Schöpfung, was zu tun ist, wenn ihr eine Bombe in den Händen haltet und sie euch nur noch zehn Sekunden zum Entschärfen lässt? Werdet ihr in diesen verbleibenden zehn Sekunden versuchen, euch an den langen vergangenen Physik- und Chemieunterricht in der Schule zu erinnern, um der Lage Herr zu werden, oder werdet ihr wählen, euch in die neue Matrix, das Verstehen des Großen Ganzen, einzubringen, um intuitiv die richtigen Drähte der Bombe zu kappen? Der Verstand und der mentale Bereich sind direkt an die Form der alten Matrix gekoppelt, und so habt ihr nur die Möglichkeit, in das Christusbewusstsein einzugehen, wenn ihr bereit seid, den Verstand zu disziplinieren und euer Gefühl bestimmend werden zu lassen.

Vor vielen Jahren sind die Neuen Kinder mit ihrer hohen energetischen Form auf meinen Rücken gekommen, in der Absicht, das Gitternetz des Christusbewusstseins zu beleben und so die Möglichkeit zu erschaffen, das Feld der neuen Matrix zu aktivieren. Diese Neuen Kinder schaffen es trotz den mannigfaltigen Widerständen der mächtigen Wesenheiten und der alten Glaubenssysteme, dass dieses Gitternetz nun aktiv und dadurch die „neue Matrix" in das weltliche und irdische Angebot gestellt ist. Ihr müsst es euch so vorstellen, dass ihr mit dem rechten Bein in der neuen Matrix steht und der restliche Körper noch gegenwärtig von der vorherrschenden alten Matrix dominiert wird. Also müsst ihr euch ständig daran erinnern, dass die neue Matrix bereits aktiv ist und sie euch die tiefsten und innersten Wünsche erfüllen kann. Ihr Menschen müsst euch daran gewöhnen, dass die alte Zeit nicht mehr wegweisend ist.

Die Arbeiten auf den verschiedensten Ebenen in diesem Buch dienen euch letztlich dafür, dass ihr frei wählen könnt, Bewusstsein mit der neuen Matrix zu erlangen und mit der daraus resultierenden neuen Welt zu kommunizieren. In dieser neuen Matrix sind eure Kinder glückselig. Jedoch erlauben die meisten irdischen und weltlichen Eltern durch die eigene, noch verbuchte Dominanz der alten Matrix nicht, dass sich ihre Kinder frei bewegen dürfen. Ihr Menschenkinder habt ja recht in euren alten Erfahrungen unter der alten Matrix. Dort habt ihr die Unterstützung, dass ihr recht habt, eure Kinder zu bevormunden, zu lenken und zu leiten. Doch dies können die Neuen Kinder nicht mehr ertragen. Sie gehen sichtlich darunter kaputt, ohne selbst zu verstehen, woran es ihnen eigentlich mangelt, da sich doch ihre Eltern „so große Mühe geben". Und die Kinder sind niemals bereit, ihre Eltern für falsch oder unwahr zu erklären, da sie bei ihnen unter der Dominanz der alten Matrix weiterhin Halt suchen.

Der Schlüssel liegt darin, zu verstehen, dass Leben sich unter der Energie und der Struktur der neuen Matrix anders gestaltet. Ihr werdet hier mit Vater Sonne kommunizieren, ALL-EINS mit der Schöpfung sein, keine Krankheiten kennen und keine Wertigkeiten und Urteile, da die Liebe und das Mitgefühl bestimmend sind. Damit hat sich dann auch die dualistische Sicht der Dinge erlöst, und es existiert fortan Klarheit in einer friedvollen und harmonischen Ist-Schwingung.

HER DAMIT! wird nun euer Verstand rufen. Dies hört sich an wie das ursprüngliche Paradies. Aber genau dieses Paradies der Unmündigkeit führt euch nicht ein in die Welten der neuen Matrix.

Ich möchte uns alle gerne unterstützen, diese Erfahrung der neuen Matrix in unseren irdischen Körpern zu manifestieren, und rufe alle meine Kinder auf, damit zu beginnen, ihre Kinder frei zu lassen, sie entscheiden zu lassen, Vater Sonne um Beistand für die Integration des neuen Lebens zu bitten und Aufklärung über ihre Gewohnheiten in der alten Matrix zu erhalten.

Die neue Matrix ist ein Angebot der Neuen Kinder auf meinem Rücken. Weist sie nicht mehr zurück! Ich habe euch auch zu keiner Zeit abgelehnt, sondern immer bei euren Experimenten ausgeharrt.

Ich habe und werde euch zu keiner Zeit verlassen und bitte euch zu erkennen, dass die neue Matrix bereits aktiv ist und das schönste Geschenk (gemessen an der Notwendigkeit und der Sehnsucht), an das ich mich seit Anbeginn meiner Zeiten erinnern kann. Wir gehen nach Hause, und die neue Matrix ist unser Navigationssystem.

Ich freue mich so sehr.
Eure Mutter

Freiheit und ihre Konsequenzen

Aus energetischer Sicht sind die Menschen meistens nicht bereit, sich ohne Führung durch ihr Leben zu bewegen. Wir sind in vielen Zeiten oder Jahrzehnten durch extrem unterschiedliche Einflüsse gegangen. Da gab es die 60er Jahre mit dem Wunsch der Befreiung. Vom energetischen Standpunkt aus gesehen war es eine Zeit, in der sich die eingeschränkte lineare Wahrnehmung unserer Welt veränderte und wir die Integration paralleler Welten und Realitäten verstehen konnten. Um die Jahrtausendwende haben sich die unterschiedlichen Dimensionen und alle erdenklichen Nebenstrukturen geöffnet, sodass, energetisch gesehen, eine multidimensionale Wahrnehmung möglich wurde.

Thoth begann mir in den letzten Jahren zunehmend die Augen zu öffnen und auch meine energetische Wahrnehmung zu schulen und auszuweiten. Bei folgendem Thema geht es um die Verdeutlichung der möglichen unterschiedlichen Wahrnehmungen und das Verstehen unseres Verstandes. Über die letzten Sätze ist der menschliche Verstand genauso geflogen wie über davor Geschriebenes oder Dinge, die wir täglich hören und verstehen. Hier stellt sich jedoch die Frage, ob der menschliche Verstand in der Lage ist, die letzten Sätze wirklich zu verstehen. Wo beginnt wirkliches Verstehen, also auch bezüglich der Tatsache, dass wir hier sind, oder, besser noch, warum wir hier sind? Aus meiner Sicht könnte auch ein Anlass unserer menschlichen Erfahrung darin bestehen, dass wir materielle Körper kreieren und in diesen durch Bewusstwerdung höhere Frequenzen erreichen (in dieser speziellen Form der Dichte). Dies würde wiederum die Unendlichkeit der Schöpfung bereichern. Hier komme ich auf den oben angesprochenen Punkt zurück. Welcher Verstand versteht die Aussagen: *Unendlichkeit der Schöpfung oder multidimensionale Wahrnehmung?*

Unserem Verstand sind Grenzen gesetzt, da es nicht vorgesehen war und ist, dass er Dinge verstehen soll, die über logisches Denken oder kategorisches Abspeichern hinausgehen. Der menschliche Verstand kann doch nur Vergangenes abrufen und dann abwägen, welcher Weg durch die vergangene integrierte Erfahrung besser für die Zukunft sein könnte. Unser Verstand ist jedoch weder für zukünftige Entscheidungen, die unser Sein betreffen, erschaffen worden, noch für die Vorstellung der Unendlichkeit der Schöpfung oder andere Dinge, die unsere eigentliche Essenz oder unseren Aufenthaltsort beschreiben könnten, wenn wir uns nicht in der menschlichen Form aufhalten. Damit überfordern wir unseren Verstand und könnten uns nur irgendwelche Bilder vorstellen, die uns Beschränkungen oder Begrenzungen als etwas Alltägliches und damit als Wirklichkeit und Richtigkeit vorgaukeln.

Um auf die Erklärungen der Wesenheit Thoth zurückzukommen, ist es wohl eine der wichtigsten Aussagen, dass unser Verstand ganz einfach nicht in der Lage ist, uns Dinge zu erklären, die außerhalb einer erlebten, erlernten oder logischen Reichweite liegen. Aber der Mensch überliest einfach solche unvorstellbaren Passagen, vielleicht auch mit dem Hintergrund, dass er ähnliche Aussagen bereits gehört oder gelesen hat.

„Gedanken kreieren unsere Realität!" Viele Menschen sind diesem Satz schon einmal begegnet. Und genau an diesem Punkt verliert diese magische Aussage ihre Kraft, und damit ihre Form der Gültigkeit, da der Mensch diese Aussage mit dem Verstand abheftet und sich die Möglichkeit nimmt zu erfahren, was damit wirklich gemeint ist. Der Schlüssel liegt doch darin zu

erfahren, zu fühlen und zu spüren, was gemeint ist, das heißt, unsere eingeschlafenen und stornierten Programme über unser Sein wieder aufzuwecken.

Thoth gab in diesem Punkt eine praktische Anwendungshilfe, die für den mentalen Bereich und somit speziell auch für Männer, aber selbstverständlich für alle Menschen, sehr hilfreich ist: Wenn ich eine Passage lese wie „Gedanken kreieren unsere Realität", dann stoppe ich und versuche, meinen Verstand aufzufordern, mir das Gelesene zu erklären. Der Verstand wird versuchen, verschiedene Vorstellungen und Erklärungen zu erschaffen, aber an seine Grenzen geraten, was dies wirklich bedeutet. An diesem Punkt, an dem der Verstand beginnt zu rotieren oder auch still zu werden, ist es notwendig, das Gefühl, die eigene Seinserfahrung, zu befragen und darum zu bitten, eine Sensation und gefühlte Ahnung dieser Aussage zu erhalten.

Jeder von uns kann sich im Unterbewusstsein „erinnern" und die Wahrhaftigkeit dieser Aussage in sich spüren. Je öfter wir unseren Verstand an seine Grenzen bringen und er sich wirklich nur an seine vorgesehene Aufgaben zu halten hat, desto besser und schneller können wir in unserer Selbsterfahrung wachsen und wahrhaftiges Verstehen integrieren. Durch die **Disziplinierung des Verstandes** erfahren wir unsere tiefsten Informationen, die vorübergehend auf unseren Disketten verlorengegangen waren.

Erleuchtung ist ein Zustand, in dem es in unserem Körper hell wird und wieder Licht in unseren Zellen und unserem Sein strahlen kann. Durch die Disziplinierung des Verstandes kann Erleuchtung geschehen.

Thoth:

Geschöpfe von Terra,

*wir möchten jetzt über eure menschlichen Mechanismen
sprechen. Von klein auf seid und werdet ihr darauf trainiert,
das menschliche Gehirn vorwiegend als Speicher von Nichtig-
keiten zu benutzen, und da ihr eure Herzenssprache nicht zu
sprechen gelernt habt, benutzt ihr das Gehirn und den menschlichen Verstand in falscher Art und Weise. Dies führt zu globalen und kompakten Fehlern auf eurer Ebene des Seins. Wir wissen, dass ihr aus der Not heraus handelt, aber versucht doch
einmal, mit wachen Augen euren Weg zu betrachten. Ihr kommt
auf die Welt, werdet in der Jetztzeit so früh wie nur möglich von
der Mutter getrennt und im längsten Teil der Wachphasen in
einem Kindergarten/-hort abgesetzt, um dann später so früh wie
möglich eingeschult zu werden und ein funktionierendes Rad in
der wirtschaftlichen Welt zu werden. Ihr lernt Dinge, die letztlich meistens durch das Kurzzeitgedächtnis fliegen, um euch
zu beschäftigen, damit ihr nicht auf die Idee kommt, euch mit
euren Herzenswünschen und Bedürfnissen zu konfrontieren.
Wir können wieder euren Verstand rebellieren hören, der eine
Menge Gründe vorbringen kann, dass das Lernen so nötig und
der Weg auf euren höheren Schulen wichtig ist, um am großen
Tisch des Gesellschaftsspiels mitzuwirken.*

*Die Frage ist hier doch nur: Warum ist eure Seele in die
Form der Materie getaucht? Um alten Strukturen zu dienen,
gesellschaftlich zu funktionieren und sich auf dieser Ebene unmündig in die Materie zu setzen?*

*Liebe Menschen auf Terra: Das kann es nicht sein! Der Sinn
des Lebens bedeutet nicht, am Ende der Erdenjahre das Gefühl
zu haben, es endlich geschafft zu haben und mehr oder minder
schmerzfrei über die Runden gekommen zu sein. Eure Seelen*

hatten sich einst so sehr auf diesen Erfahrungsprozess in der Ebene der Dichte gefreut und konnten es kaum erwarten, sich in der Materie zu erkennen. Worin liegen heute der Erfahrungswert und das Erkennen? Keiner traut sich mehr, eigene Wege zu beschreiten und den Mut aufzubringen, eigene Standpunkte einzunehmen.

Wir möchten euch hier inständig bitten, nicht nur über die Worte hinwegzufliegen, sondern zu reflektieren. Wozu fehlt euch der Mut? Wie gut kennt ihr euch selbst? Welche Wünsche habt ihr, und was weigert ihr euch, zu leben? Und wir meinen hier keine spirituellen Bewegungen, auch nicht die Aufforderung, euch in Gruppen zu begeben, um Meditationen zu erlernen. Nein, wir appellieren an euer Selbst, eure Wahrhaftigkeit und eure wirklichen Bedürfnisse.

Der Weg des Herzens ist mit Licht und Liebe durchflutet und will erlebt werden. Wir warten darauf, ein Signal von euch Menschen zu bekommen. Ihr werdet erhört, denn euer Seelenkern ist mit dem der Urquelle über Terra verbunden. Die Struktur der Blume des Lebens ist in jedem Lebewesen vorhanden, und damit könnt ihr nicht verlorengehen in den großen Weiten des Universums. Versteht wirklich und fühlt diese Verbindung und Größe. Spürt euren Kern und lasst euch in den Schoß des Lebens fallen, und das Leben fällt in euren.

So sei es!

☆☆

Ich möchte auf die Sicherheit zurückkommen, die der Mensch sucht, und den fehlenden Mut, wirklich frei zu sein. Freiheit bedeutet auch, ohne andere Menschen und Wesenheiten sein zu können, den Mut zu haben, sich zu spüren und zu leben und die Fülle des Seins durch sich selbst zu erfahren und zu zelebrieren. Welcher Mensch ist frei von zwischenmenschlichen Bedingungen oder Versprechungen? Wir leben in festgefahrenen Vorstellungen und Erwartungen und können nicht zulassen, dass diese nicht erfüllt werden. Jede Form von Erwartung und Vorstellung trägt eine Form von Bedingung und Begrenzung in sich, die unweigerlich zu Enttäuschungen und Verletzung führt.

Warum lebt der Mensch Beziehungen? Meistens noch nicht, um anderen Wesen in Liebe zu begegnen und im Mitgefühl ihre Realität respektieren zu wollen.

Sollte der Mensch zu jedem geschlachteten Tier sagen: „Entschuldige, dass du meinetwegen sterben musstest, aber du schmeckst einfach so gut?"

Kann dies noch ein Ausgangspunkt zu dem sein, was wir Leben in Verbindung und Harmonie zur Schöpfung nennen und uns durch die Liebe zu erfahren? Liebe in ihrer reinsten Form ist wohl eins der wahrhaftigsten Strömungen der Schöpfung und das Geschenk dafür, sich hier in menschlicher Gestalt in der Ebene der Dichte zu erfahren.

Jeder Mensch spricht von Freiheit, aber wer will sie wirklich und wahrhaftig leben? Warum ist der Mensch so gerne entmündigt, und wann fällt ihm auf, dass es tatsächlich so ist?

Freiheit ist das Geschenk, frei zu sein, und damit das zu tun, was für einen Menschen im Herzen ansteht.

Aus energetischer Sicht ist der Mensch meistens nicht mehr fähig, sich so zu fühlen und zu reflektieren, um seine Handlungen auf der Grundlage der Selbsterkennung aufzubauen. Wir leben in dieser Welt in einem unbewussten Selbstbetrug und versuchen zu rechtfertigen, dass unsere Handlungen und Taten doch nötig oder legitim sind. Die gesellschaftliche Form gibt uns ein enges Muster vor, in dem der Mensch kaum noch Zeit hat, sich zu fragen, ob seine Handlung nun eigene Intention ist, oder eine Prägung und eine vorgegebene Struktur der weltlichen Formation. Wir haben in der schnelllebigen Gesellschaft kaum noch Zeit zu unterscheiden, ob unsere Tätigkeiten aus uns herausfließen und damit im Einklang mit unserem Selbst sind, oder ob wir gerade noch dazu kommen, jeden Tag allen Vorgaben so zu entsprechen, dass wir uns darin nicht mehr wahrhaftig wahrnehmen können.

Wesentlich zu verstehen ist die Tatsache, dass wir unter gewissen Glaubenssystemen und nach gesellschaftlichen Rastern und Prägungen unser Leben ausgerichtet haben und meistens nicht mehr wissen, ob eine Handlung uns entspricht, oder es einfach gelernt haben, dass sie uns entsprechen soll. Es gibt viele Sätze, die wir in unserem Leben zu hören bekommen, die nicht zulassen sollen, darüber nachzudenken, ob eine Handlung oder ein Vorhaben richtig oder falsch für uns sein könnte.

„Es ist so!" oder „man macht das halt so". Ich bin überzeugt, dass diese Worte nach „Mama" und „Papa", „Nein", „Warte!" und „Keine Ahnung" bestimmt die meist gesprochenen Worte unserer westlichen Gesellschaft sind. Wir haben verlernt, ästhetische Gefühle oder auch unsere Traditionen zu hinterfragen. Ich habe nicht die Absicht, unsere Gesellschaft infrage zu stellen, doch möchte ich dazu anregen, zu hinterfragen, ob wir vielleicht im gleichen Menschenkörper zur gleichen Zeit ein anderes Empfinden hätten, wenn wir in einer anderen Kultur groß geworden wären. Und diese Wahrnehmung hilft uns letztlich, da wir ein Bewusstsein bekommen, wie wir unsere Realitäten erzeugen.

Vor einigen Jahren aß ich noch vereinzelt Puten- und Hühnerfleisch, und da es mein Glaubenssystem war, dass es gut und wichtig für meinen physischen Körper ist, Fleisch zu essen, fühlte ich mich auch nach dem Essen gestärkt. Ich genoss den Geruch von Grillfleisch und war überzeugt, dass meine Haltung, Biofleisch zu essen, völlig konform mit Tieren ist, da sie einander doch selbst verzehren.

Nach einem tiefen emotionalen Erlebnis mit Tieren besann ich mich und beschloss, kein Fleisch mehr zu essen. Seither kostet es mich Überwindung, Fleisch in Pfannen anderer Küchen und auf dem Teller anderer Menschen zu sehen. Ich höre sogar energetisch die Rufe der Tiere in einem Stück Fleisch und empfinde den Geruch von gegrilltem Fleisch als verbrannten Kadaver. Ich erzähle meine Wahrnehmung, da sie euch dazu dienen soll, besser zu verstehen, was Glaubenssysteme mit uns machen und wie wir Realitäten erzeugen. Es ist an der Zeit, unseren Verstand zu überlisten, unsere Realitäten zu hinterfragen und wahrhaftig **uns** hinter der geprägten Fassade zu entdecken. Durch die Bewusstwerdung werden wir zu bewussten Schöpfern unserer Realitäten und setzen uns nicht weiter Realitäten aus, die seit Jahrtausenden unter dem Einfluss der Angst und der Dunkelheit gemacht wurden. Dies ist natürlich ein Dilemma, da wir gegenwärtige Menschen uns schwer tun zu entscheiden, ob die Meinung, die wir vertreten, ein eingeschlichenes Gedankenvirus ist, das uns die Gesellschaft so vorgibt, oder ob wir wahrhaftig aus uns heraus wahrnehmen können. Letzten Endes kommen wir wieder an den Punkt der Verantwortung und des Mutes, die Freiheit zu akzeptieren und Schritte zu gehen, die vielleicht anders und neu sind, aber auch befreiend und letztendlich mündig.

Ich möchte zum Ausdruck bringen, dass ich einladen will zu reflektieren und die Regeln und Vorschriften, Nachrichten und Vorstellungen, Meinungen und Erwartungen zu hinterfragen und wiederholt abzufragen, ob sie wirklich der Welt entsprechen, in der ich mich erfahre und erkenne, und ob das Erkennen hier noch die Priorität vor der Macht des Egos hat.

Wie viel Sicherheit gibt uns dieses feste Regelwerk und gaukelt uns vor, dass uns, eingebettet in dieses Staatensystem und die Demokratie, doch nichts geschehen kann? Deswegen lassen wir uns alles gefallen, da wir doch sicher in dem Netz der Verflechtungen aufgehoben sind (das scheinbare Paradies). So viel Verflechtungen geben aber keinen Raum zur freien Entfaltung und letztendlichen Seinserfahrung.

Ich möchte auch die Sicherheit eines Systems infrage stellen. Wir leben in einer scheinbar friedlichen Zeit und sind froh, wenn die Unruhen und Erdbeben außerhalb Europas stattfinden. Wir wahren uns den Schein von Sicherheit, da wir vermeintlich die Last von Unsicherheit nicht ertragen können. Doch gibt es überhaupt Sicherheiten? Was sind wirkliche Sicherheiten, und wer kümmert sich darum, dass sie Bestand haben? Wir leben mitten in einem Krisengebiet und wollen nicht bemerken, dass die Unruhen lange schon stattfinden. Die Frage ist: Kann der Verstand im Leben auch nur eine einzige wirkliche Sicherheit aufweisen? Gibt es tatsächlich etwas, das so Bestand hat, dass man sich damit menschlich sicher fühlen kann? Wenn ich jetzt einmal über den Verstand hinausgehe und erkenne, dass diese Konstrukte Illusionen sind, was bleibt dann noch?

Überall wird uns demonstriert, dass wir in Illusionen leben: Haben Angestellte wirklich die Sicherheit, ein monatliches Einkommen zu erhalten? Was ist mit all den Kündigungen und der Inflation?

Was gehört uns wirklich? Im Ernstfall werden die Menschen doch einfach enteignet oder zur Kasse gebeten für das, was vermeintlich *ihr Besitztum* ist. Kriege und wirtschaftliche Krisen regeln unser menschliches Verhältnis zu Sicherheit beziehungsweise Unsicherheit und Existenzängsten. Und hier gibt es noch den kleinen, aber enormen Unterschied zwischen Sicherheit und Bequemlichkeit. Der luxusgewöhnte Mensch will seine trügerische Sicherheit nicht entlarven, da er weiter nach der Bequemlichkeit strebt.

Die einzige wahrhaftige Sicherheit ist das Leben, denn es wird uns immer Leben schenken, wenn wir es einladen, Einzug zu halten Das ist die wirkliche und klare Sicherheit des Menschen.

Thoth:

Wir übernehmen gerne noch einmal das Wort, da die Machenschaften in der weltlichen Ebene einen ziemlich klaren und einfach strukturierten Weg aufzeigen: Es gibt eine „weltliche Macht", die ein bestimmtes Anliegen hat und zunächst versucht, dieses durch sanfte Manipulation zu legitimieren und zu erkaufen. Falls dies fehlschlagen sollte, wird diese Macht versuchen, die Hindernisse aus dem Weg zu räumen, die nicht bereit sind, sich zu unterwerfen. Falls alles misslingt, wird der nächste Weg sein, Macht durch Krieg zu erzwingen. Wenn ein geplanter Weg begangen werden soll, finden die Mächte früher oder später die Hebel, um ihn auch zu gehen.

Ihr Menschen seid die Marionetten, die einfach mitfunktionieren und diesbezüglich Nachrichten und Informationen erhalten, damit ihr das angestrebte Ziel auch mental und emotional unterstützen könnt. Es ist wichtig, dass die Menschheit emotional hinter den globalen Machenschaften steht (Emotionen wirken wie ein extremer Verstärker auf das Kreieren von Reali-

täten). Aus diesem Grund erfahrt ihr nicht die wirklichen Beweg-
gründe und Hintergründe der Mächtigen, da ihr sonst eigene
Emotionen erschaffen würdet. Auch dies ist ein Prozess, der die
Ordnung der Dualität aufrechterhält, so lange ihr energetisch in
der zweiten Bewusstseinsebene verweilt.

Durch bewusste Wahrnehmung und die Bereitschaft, sich
wirklich für die Freiheit und die Demut einzusetzen, werden eure
Traumbilder verblassen, und ihr werdet die Möglichkeit erhalten,
hinter den Zeilen zu lesen, da auch dort die Nachrichten trans-
portiert werden. Es gibt unter euch bereits viele Menschen, die
entweder Eingeweihte sind und dadurch die Botschaften hinter
den Zeilen wahrnehmen, oder durch bewusste Wahrnehmung
imstande sind, das Wirkliche zu verstehen. Auch das hat mit
Freiheit zu tun und der Konsequenz, sich zu entfalten und als
mündiges Mitglied der Schöpfung in das Erkennen zu treten.

Menschen, so lange ihr nicht die Freiheit wählt, könnt ihr
nicht die wahrhaftige Wirklichkeit und die gesamte Wahrneh-
mung integrieren. Alles kehrt zu allem zurück und spiegelt sich
in Allem-was-ist wieder. So einfach sind die Schöpfungsge-
setze, und sie gelten auf allen Ebenen. Wenn ihr bereit seid,
wirklich frei zu werden und zu sein, dann werdet ihr andere Bot-
schaften verstehen, aus euren Urteilen heraustreten, eure Re-
alitäten mit anderen und neuen Informationen füttern und damit
die gesamte Hauptwirklichkeitsebene verändern.

In euch regiert stetig die Angst. Die Angst, anders zu sein,
die Angst, nicht mehr dazuzugehören, die Angst, bedroht zu
werden, die Angst, nicht geliebt zu sein... Wir könnten euch
unendlich viele Angstblockaden erläutern und möchten darauf
hinweisen, dass eure Wahrnehmung abhängig ist von eurem
Mut, euch selbst zu spüren und die Realität in der weltlichen
Ordnung infrage zu stellen und sie verändert zu betrachten.

Wir können unzählige Menschen finden, die nicht zufrieden sind mit dem, was sie haben, und davon sind erstaunlicherweise mehr Menschen im Wohlstand und in der westlichen Welt betroffen als Menschen, die in eurer Wahrnehmung wirklich im Leid leben. Wir haben uns oft umgesehen, und dabei ist eindeutig aufgefallen, dass die Menschen, die alles Geld haben, um gut leben zu können, öfter in Unzufriedenheit und Melancholie verfallen als die Menschen, die sowieso bereits menschliches Leid in Form von Hunger und Obdachlosigkeit erleben. Das heißt, die Mächtigen müssen dafür Sorge tragen, dass der Mensch in einer Form des Leids bleibt, um seine Frequenzen nicht durch das Erleben von Glück anheben zu können. Wo beginnt hier die Manipulation des menschlichen Geistes? Aus unserer Sicht ist dies eine berechtigte und wichtige Frage. Der Mensch, der in Bewusstlosigkeit verweilen soll, wird also durch eine Form der Beschäftigung dazu gebracht, unzufrieden zu sein oder zu leiden. Denn der glückselige Mensch kann nicht mehr Machenschaften von Gier und unerlöster Macht unterstützen, da sein energetisches Feld sich aus diesen Begrenzungen in die Freiheit bewegen wird.

Hier sind wir an einem Punkt angelangt, an dem wir an das Schöpfungsgesetz anknüpfen wollen, das besagt, dass die erschaffenen Realitäten durch das Morphogenetische Feld nur so lange das unerlöste Weltbild widerspiegeln können, wie der Mensch in niedrigen Frequenzen verweilt.

Der Mensch wird für sich wohl immer Gründe finden, warum er leiden muss und es ihm schlecht ergeht. Uns ist klar, dass ihr Menschen euch hier auf einer Gratwanderung zwischen wahrhaftiger Wahrnehmung und einem Ausgeliefertsein der Prägungen und Illusionen der Gesellschaft befindet. Wir sind immer wieder erstaunt, dass der Mensch in der Jetztzeit so viele

Ängste hat und erstaunlicherweise auch nicht loslassen will. Wir lieben den Beruf des Schauspielers, denn er zeigt sehr klar auf, welches Handwerk der westliche Mensch allgemein in Perfektion versteht. Wir haben den Verdacht, dass ihr Menschen aus diesem Grund die Schauspieler so vergöttert und euch nach ihnen sehnt, denn sie verkörpern unbewusst das Potenzial für euch, aus verschiedenen Realitäten zu erwachen und plötzlich nicht mehr in einem illusionären Uhrwerk zu ticken. Ihr seht in diesen Schauspielern eure Hoffnung, doch irgendwann aus eurem Dilemma errettet zu werden – durch ihre bewussten (und doch wieder unbewussten) Rollenspiele versucht ihr, zu neuem Leben zu kommen, da euch gezeigt wird, dass ihr nur Rollen in einem illusionären Netzwerk spielt.

Der Mensch funktioniert verblüffend gut und hat die Illusion integriert, Angst vor sich selbst und seinem Selbst/seiner Seele zu haben. Eure Seelen sind gekommen, um sich in einem Spiel mit dem Leben zu erfahren und dem Großen Geist das Erkennen zu geben. Es war und ist nicht vorgesehen, dass ihr euch durch Leid und Not durch das weltliche Leben kämpfen müsst, sondern dass euch das Leben, die Schöpfung, alles zuspielt, was ihr braucht, um in ein Erkennen zu kommen. Eure Vorstellungen zu eurem Luxus und eurem Leben machen es euch so schwer, Freiheit zu akzeptieren, da hier auch noch der Urgedanke und das Programm verweilen, dass ihr keine Versorgung erhaltet, da ihr durch Bewusstwerdung und Fruchtbarkeit aus dem Paradies herausgesetzt worden seid. Versucht, die Illusion zu verstehen, und macht eurem Verstand das gesamte Bild bewusst. Freiheit ist die reinste Form des Lebens für die Seele und wird durch ein Programm gesellschaftlicher Vorstellungen und Strukturen gestört.

Ein Volk, das den Naturgesetzen folgt, wird, wenn es hungrig ist, niemals das gleiche Leid verspüren wie ein Mensch, der vergessen hat, in welcher Harmonie er zu Mutter Erde steht. Mutter Erde versorgt uns und ist für alle ihre Geschöpfe da. Sie hat keinen Einzelnen verworfen oder verstoßen. Sobald ihr lernt, diese Essenz wieder in euch zu verstehen, lernt ihr, das große Bild zu integrieren, und versteht, dass die Angst vor der Freiheit hauptsächlich ein Keim der westlichen Welt ist. Ihr werdet in eurem Seelenkern wachsen, der Alles-was-ist miteinander verbindet und die Angst vor der Freiheit verblassen lässt.

Wenn wir von unserer Warte in eure Gehirne blicken, erkennen wir, dass alles in einer enormen Komplexität verarbeitet wird und wir uns manchmal wirklich Mühe geben müssen, diese Form der Realität oder auch nur eure Gedanken zu verstehen. Es ist wahrhaftig kein Leichtes, sich unentwegt in kranke und absurde Vorstellungsgebilde hineinzuversetzen und euch dann Antworten zu geben, die euer Verstand auch noch akzeptieren soll. Unsere einfachste und schlüssigste Antwort auf euer Leid wäre zu sagen, dass ihr alle Erwartungen und Vorstellungen des weltlichen Lebens ziehen lasst, euch an die Wurzeln eures Empfindens begebt und wisst, dass ihr versorgt seid.

Aus der Freiheit gibt es nur eine Konsequenz:
DAS LEBEN!

Dennoch gibt es mannigfaltige Konsequenzen, die eure Gehirne verarbeiten und herausgeben, falls ihr den Vorstellungen der Gesellschaft nicht entsprecht. Hier sind wir im Grunde die falschen Ansprechpartner, da die Schöpfung schlicht und einfach gebaut ist, deren Wesenheiten sich zwar an die Momente des menschlichen Seins erinnern können, diese aber meistens zu anderen Zeiten und in anderen Formationen erlebt worden sind. (Auch in unserer Ebene ist das Geschenk des emotio-

nalen Körpers nicht mehr in der Form, die ihr erlebt, spürbar.)

Zu meiner Zeit waren andere Seinsformen vorrangig, und die Götter und Pharaonen hatten größere Präsenz und Macht. Ich hatte bereits zu dieser Zeit die allumfassende Gegenwart meines göttlichen Lichts und möchte euch daran erinnern, euren Luxus und Reichtum in Frieden zu betrachten und doch zurückzukehren zu der lichtvollen Gestalt eures Selbst und eures Seins. Ihr beschäftigt euch so viel mit Nebensächlichkeiten, dass es euch schwerfällt, das Zentrum eures Seins zu erkennen.

Liebe Menschen, wir wollen an euch appellieren, euch nicht mit dem Geldverdienen aufzuhalten, um noch schöner und reicher zu sein und euch dann ausruhen und viel schlafen zu müssen, da die tägliche Ablenkung so viel Energie gekostet hat. Besinnt euch auf das, was ihr wirklich braucht und seid, um in dieses erwachende Zentrum wieder Licht und Freude zu sprühen.

Die Freiheit in der Vorstellung eures Verstandes hat jede Menge an negativen Konsequenzen, da ihr euch darum bemühen müsst, schön und reich zu sein.

Die Freiheit in dem bewussten Sein dagegen kennt nur eine einzige Konsequenz: Dort wird nicht verhandelt und erwartet, sondern genommen und gegeben. Hier schließt sich der Kreislauf der ewigen Zyklen und bringt das Geschenk des unendlichen Seins und des verantwortungsbewussten Handelns in die Form der Dichte.

Wir wünschen euch an dieser Stelle die Einfachheit des Geistes und die Demut zum Leben, in dem Erkennen, dass Leben unendlich ist und nie vergeht. Die Freiheit ist das höchste Gut in eurer dreidimensionalen Welt und bringt die Geschenke des Lebens, die das Erkennen des Großen Geistes in sich tragen.

Habt den Mut, eure Erwartungen und Vorstellungen fallen-zulassen, euch neu zu betrachten und das Leben in Empfang zu nehmen.

Das ist Freiheit!

So sei es.

Zwischenmenschliche Beziehungen

Die vorprogrammierte Enttäuschung in Partnerschaften

In einer Beziehung zu leben und sich das Versprechen der Partnerschaft zu geben, auf der Basis des Moments geschehen, ist es etwas sehr Schönes. Energetisch gesehen kann diese Symbiose nur für diesen Moment verstanden werden, da der Mensch im nächsten Moment in einer anderen Realität steht, in der er seine Struktur oder Resonanzen verändern kann. Es ist möglich und wahrscheinlich, dass sich zwei Menschen in völlig unterschiedlicher Art und Weise entwickeln und die Resonanzen zueinander stagnieren oder eine Neuorientierung stattfindet. Dann werden die Partner sich aus ihrem Versprechen lösen und wiederum die Erfahrung von Sünde, Rauswurf und Isolation durchleben.

Jeder von uns weiß, was Trennungsschmerz bedeutet, und jeder Mensch hat wohl Angst davor. Warum versuchen wir, eine Zweierbeziehung zu leben, in der wir uns gegenseitig das menschliche Versprechen geben, uns ewig zu lieben und damit meinen, uns ewig treu zu sein? Einerseits, weil wir tief in uns die Verbindung und das Erkennen zu uns gegenseitig wahrnehmen. Ein anderer wesentlicher Grund dafür ist wohl, dass wir uns nicht mit unserem Selbst verbinden, die Illusion der Trennung von der Urquelle leben und dadurch ständig unter dem Mangel der Liebe stehen. Wenn der Mensch nicht ein Mindestmaß an Liebe zur Verfügung hat, wird er krank, da er ohne Liebe energetisch unterversorgt ist und auf der seelischen Ebene verhungert. Die wenigsten Menschen unter uns sind wahrscheinlich fähig, eine Beziehung auf der Grundlage der bedingungslosen Liebe zu leben: „Ich liebe dich um deinetwillen – bedingungslos – und werde dich unterstützen mit dem, was du für dich brauchst, um deinen Weg zu finden. Es ist wunderschön für mich, dass du mit deiner Liebe an meiner Seite stehst, und ich betrachte es als Geschenk, deine Gegenwart zu spüren."

Ich will deutlich zum Ausdruck bringen, dass hier keinesfalls die selbstlose, aufopfernde Liebe gemeint ist, sondern bedingungslose Liebe auf der Grundlage der Schöpfung. Das bedeutet, dass wir uns selbst so sehr lieben und akzeptieren, dass wir nicht mehr in dem Bedürfnis sind, von dem Partner geliebt werden zu müssen.

Es ist ein wunderbares Geschenk, mit dem engsten und liebsten Freund zusammenzuleben. Einem Menschen, zu dem wir tiefe, bedingungslose Liebe empfinden, uns gleichermaßen respektieren und geachtet fühlen und der uns unterstützen kann, unsere Wege zu finden und dem Ruf unseres Herzens zu folgen. Jeder einzelne Mensch unter uns hat bereits Situationen und Momente im Leben gehabt, in denen er nicht weiterwusste oder nicht verstand, woran der Weg gescheitert war. Hier ist es ein wundervolles Geschenk, einen liebenden Menschen an der Seite zu haben, der uns unterstützen kann, zu sehen, zu verstehen und den richtigen Pfad zu finden. Ich bezeichne den Augenblick des Nicht-Erkennens gerne als blinden Fleck und bin zutiefst berührt, wenn eine geliebte Wesenheit mich liebevoll zur Seite nimmt, damit ich diesen blinden Fleck erkennen kann.

Diese Wesenheit kann ein Mensch sein, ein Freund und Geliebter an meiner Seite, es kann jedoch auch eine Wesenheit einer anderen Frequenz und Ordnung sein.

Diese Wesenheiten, unsere steten Begleiter und in tiefer Verbundenheit existierende Freunde, sind stets bemüht, uns aus dem Dilemma unseres mentalen Körpers zu befreien und uns liebevoll zu unterstützen, das Geschenk des irdischen Aufenthalts zu verstehen. Ich bin so oft bereits in Verzweiflung und Traurigkeit meinen Weg gegangen und musste stets erkennen, dass immer und überall Wesenheiten waren, die bereit waren, in Hingabe und Liebe Führung zu erteilen. Sie sind unsere Wegbegleiter zu jeder Zeit und freuen sich unendlich auf das Wiedererwachen unserer Zellen, die Rotation unserer DNS und bewussten Wahrnehmung der Aspekte unseres Selbst in der Verbindung zu allen Ebenen des Seins.

Thoth:

Geliebte Geschöpfe von Mutter Erde: Euer größtes Geschenk in der Ebene der Dichte und Materie ist euer emotionaler Körper. Auf der Erfahrungsebene der Liebe in zwischenmenschlichen Beziehungen zeigt sich dieses großartige Geschenk jedoch als unglaubliches Chaos. Dies ist aber nur eine Spiegelung der begrenzten Handhabung eures emotionalen Körpers. Hin und wieder werdet ihr einen Menschen treffen, dessen äußere Reize euch so stark blenden, dass ihr nicht mehr eure wahren Gefühle wahrnehmen könnt. Jeder von euch kennt das Gefühl der „Schmetterlinge im Bauch". Dieses Gefühl ist tief im emotionalen Körper, und die Resultate sind Produkte eures Egos, das sich einbildet, von diesem, im Äußerlichen wundervollen Gegenüber unbedingt geliebt werden zu wollen und ihm damit entsprechen zu müssen.

Hier sind die Prägungen und Strukturen eurer Kindheit in dem begrenzten Austausch mit euren Eltern wach und aktiv. Euer Ego ist durch den Mangel an Liebe entstanden und hat fälschlicherweise integriert, dass es immer dem Gegenüber ent-

sprechen muss, um es selbst wert zu sein, geliebt zu werden.

Jedes Kind in eurer Ebene kämpft von Geburt an den Kampf der Illusion von „nicht genug wert zu sein" und es selbst verursacht zu haben, dass es nicht bedingungslos in dem Schoß der Schöpfung aufgenommen werden kann. Hier ist das Bedürfnis des Gesehenwerdens und des Akzeptiertseins, das euer Selbst verdrängt, und es entstehen Kettenreaktionen in euren emotionalen Zentren. Ihr handelt nicht mehr aus einem klaren Gefühl heraus, sondern versucht, eurem Gegenüber zu entsprechen.

Wir haben euch bereits darauf hingewiesen, dass ihr Menschen beginnt, euch im Äußeren zu verkleiden, euren Körper in der Hoffnung zu schmücken, dann schön genug zu sein, um geliebt und gesehen zu werden. Egal, ob ihr in schöne Kleidung schlüpft, euch waghalsige Mutproben auferlegt oder euch äußerst zuvorkommend oder charmant verhaltet, ihr spielt hier Verstecken. Das Versteckspiel findet nicht nur in eurem Inneren, mit dem Selbst, statt, sondern im skizzierten Zusammentreffen mit einer begehrten Person weitet ihr das Versteckspiel so weit aus, dass es zu einer Verleugnung eures bereits wahrnehmbaren Selbstausdrucks kommt.

Wir wollen damit erklären, dass ihr dieses Spiel so ausdehnt, dass ihr damit beginnt, Aspekte, die ihr von euch kennt, bewusst zu verstecken, da sie vielleicht nicht dem begehrten Gegenüber gefallen könnten. Welches Bild von euch gebt ihr damit preis? Ist es das Bild, das ihr bereits fähig seid, bewusst wahrzunehmen und damit wahrhaftig und ehrlich zu sein, oder überspielt ihr diesen bereits bewusst erfahrenen Ausdruck eures Seins, in der Hoffnung, noch mehr Anklang zu bekommen?

Wenn ihr einen Menschen trefft, von dem ihr von seinem äußeren Erscheinungsbild und seiner Wirkung auf euch geblendet seid, dann beginnt ihr zunehmend, euch anzupassen und entsprecht immer mehr einem scheinbar erwarteten Bild von euch. Wie weit entfernt von euch agiert ihr, um Aufmerksamkeit zu erreichen?

Es ist wie das kleine Kind, das versucht zu entsprechen, um gesehen zu werden. Erst beginnt es damit, zu funktionieren, später agiert es durch Rebellion oder Resignation. Wenn ihr begriffen habt, dass das Entsprechen und Funktionieren keine Früchte getragen hat, beginnt ihr, dieses einst begehrte Gegenüber schlecht zu machen und es euch auszureden. Wo liegt hier eure Wahrhaftigkeit, eure Ehrlichkeit?

Ihr Menschen steht so sehr unter dem Hunger, geliebt zu werden, dass ihr mit allen Mitteln versucht, eure fehlende Selbstliebe im Äußeren zu kompensieren. Das bedeutet, dass ihr euch immer mehr aus eurem Zentrum, dem Herzen, entfernt, euer Selbst zunehmend verleugnet und euch zu einem Wesen macht, das ihr nicht seid und letztendlich nicht mehr wahrnehmen könnt. Da ihr dieses Versteckspiel schon lange Zeit spielt und in dieser Phase der Anpassung bereits beginnt, euch so fühlen zu wollen, wie ihr vorgebt zu sein, identifiziert ihr euch zunehmend mit der neuen Rolle eures Lebens und findet euch immer mehr damit ab.

Eines Tages werdet ihr euch dann in Unzufriedenheit, Kummer und Depression finden oder euch die Frage stellen, was ihr hier eigentlich macht. Vielleicht werden euch Kleinigkeiten stören, die euch dann Anlass geben zu rebellieren, um endlich wieder an den eigenen wirklichen Ausdruck eures Seins zu gelangen.

Vielleicht wird der morgendliche Kaffee mit seinem rührenden Löffel Anlass geben, den Partner infrage zu stellen, oder die tägliche Zeitung, die wichtiger zu sein scheint als ihr. Es spielt keine Rolle, wie ihr beginnt, aus eurem Rollenspiel zu erwachen und erfahrt, dass ihr euch verstellt habt, um Harmonie und scheinbare Liebe zu erhalten. Vielleicht werdet ihr aber auch durch Krankheit dazu aufgerufen, besser hinzusehen.

Geliebte Geschöpfe von Terra. Meine Aufgabe ist es hier, euch aus dem Schlaf zu erwecken, nicht euch zu nahe zu treten. Wenn ihr dieses Buch immer noch in Händen haltet, wird etwas an der gesagten Wahrheit in euch Resonanz finden. Fühlt genau hinein, inwieweit ihr bereit seid, euch wahrhaftig zu betrachten. Lebt ihr das Leben, das euch entspricht? Könnt ihr euch in der Geborgenheit und der Liebe eures Partners selbst erfahren, oder seid ihr Schauspieler in einem Rollenspiel? Lebt ihr die Rufe eures Herzens, oder wartet ihr auf den Tag, an dem eure Beziehung durch den Zweifel an euch selbst oder eurem Partner zerrüttet wird? Ihr neigt in diesem Fall dazu, mit dem Finger auf euren Partner zu zeigen und ihm die Schuld für eure eigene Unzulänglichkeit zu geben. Dies solltet ihr keinesfalls tun. Euer Partner ist den Täuschungen und Vorgaben eurer Selbstdarstellung erlegen und hatte nicht die Möglichkeit, euch so zu sehen und zu erfahren, wie ihr wirklich seid. Womöglich hattet ihr noch nicht erkannt, wer ihr wirklich seid. Dennoch spielt dies in den zwischenmenschlichen Beziehungen und ihren Enttäuschungen nur eine Nebenrolle, da das Erwachen des Bewusstseins und das gleichzeitige Wahrnehmen des Selbst eine klare Neuordnung und eine Erklärung für das Anderssein in der zwischenmenschlichen Beziehung geben. Die bewusste Täuschung eures Gegenübers jedoch geht meistens mit der Tatsache einher, nicht akzeptieren zu wollen, dass ihr eurer Anderssein inszeniert habt, und ihr wollt dann nicht erkennen, dass aus diesem Grund den Partner „keine Schuld" treffen kann, dass er euch nicht erkennen konnte.

Wir wollen euch bitten und auffordern, einmal tief in euch hineinzublicken und euch in der Tiefe eures eigenen Ausdrucks wahrzunehmen. Falls ihr feststellen müsst, dass ihr nicht die Beziehung lebt, die sich euer Herz wünscht und nach der ihr euch sehnt, dann habt den Mut zu artikulieren, was ihr seid und welche Entbehrungen ihr hinnehmen musstet. Versucht, die wahrhaftige Darstellung eures Seins zu erspüren und geht achtsam und mitfühlend mit eurem Partner um, da er nicht einen Rollenwechsel in der Beziehung angestrebt oder erwartet hat. Euer Partner hat vielleicht auch die Möglichkeit zu reflektieren und sich seine Position in eurer Verbindung zu betrachten. Vielleicht habt ihr gemeinsam die Möglichkeit, Herzenswünsche zu erfüllen? Vielleicht wartet ihr bereits gemeinsam auf die Entdeckung eures Selbst? Falls nicht, wünsche ich euch den Mut und die Bereitschaft, zu euch selbst zu stehen und eine Veränderung im Leben zuzulassen und zu genießen.

Wie oft fühlt ihr wunderbaren Wesenheiten euch von Programmen und Terminen in eurem Sosein unterdrückt? Ihr lasst euch auf mannigfaltigen Ebenen unterjochen und sabotieren, euer Selbst zu entdecken und zu leben. Nur, geliebte Wesenheiten, verleugnet ihr euch selbst, so lange ihr euch hemmt, in eure Herzensrichtung zu gehen, euch zu entdecken und zu der wahren Resonanz im Äußeren zu stehen.

Wie kann euer Gegenüber erkennen, wer ihr seid und was ihr wirklich anstrebt? Das Fatale für euch Menschen ist, dass ihr euch so sehr auf diesem Weg verzettelt, dass ihr Schwierigkeiten habt zu erkennen, was euch bewegt oder euer Herz wirklich begehrt. Tief in eurem Inneren liegt die Wahrhaftigkeit eures Seins und eure göttliche Essenz.

Ich wünsche euch aus tiefster Anerkennung und Liebe zu euch, den Mut und die Liebe zu euch selbst zu haben, in die Wahrhaftigkeit eures eigenen ehrlichen Ausdrucks zu gelangen. So sei es.

Das Thema der zwischenmenschlichen Beziehungen ist in unserem Leben sehr umfassend. Es ist nicht nur das Verhältnis in Partnerschaften, das auf der Grundlage der Täuschung zwangsläufig auf eine Enttäuschung herauslaufen muss, sondern diese Tatsache ist auch in Familien, in der Beziehung zu unseren Eltern oder Mitmenschen anwendbar und letztendlich immer zu uns selbst. Leben stellt sich in unserer Ebene stets in unterschiedlichen Resonanzen dar, so lange wir nicht in die Erfüllung des eigenen Seins und damit aus der Illusion der weltlichen Matrix ausgetreten sind.

Wiederholt stellen wir uns als ein Geschöpf dar, das wir nicht sind, um Liebe zu erfahren, gesehen und anerkannt zu sein. Der Mensch richtet seine Aufmerksamkeit auf die Anpassung an die globale Masse und verfolgt den Wunsch und die Notwendigkeit, geliebt zu werden. Dabei vergessen wir, wer wir wirklich sind und welcher Motor uns wahrhaftig antreibt. Dies ist vergleichbar mit einem Fahrer in seinem Auto, der immer wieder gegen Mauern fahren muss, um zu bemerken, dass der Weg falsch ist. Unser Vehikel erhält hier zwangsläufig immer mehr Beulen und Schrammen und wird sich letztendlich durch seine vielen Verletzungen bemerkbar machen. Und dann fühlen wir uns meistens noch vom Leben bestraft, da wir doch wirklich bereit waren, alles zu geben, um akzeptiert zu werden.

Ist das nicht Ironie des Schicksals? Wir wollen hier nicht erkennen, **dass wir selbst, unsere Gedanken**, alle unsere Realitäten erschaffen haben. Und wir machen dies wirklich hingebungsvoll und augenblicklich. Wieder komme ich zu dem Thema, dass wir Menschen aufgefordert sind, gut zu reflektieren und zu beobachten. Wir selbst kreieren unsere Realitäten und müssen genau beobachten, in welcher Kreation wir sein möchten. (Ich komme später noch zurück auf das Einwirken und die daraus resultierende Möglichkeit, auch im Großen zu verändern, indem ich wahrlich die Fähigkeit habe, veränderte und wahrhaftige Informationen auf das Morphogenetische Feld zu geben.)

Wir müssen stets erst bei uns beginnen aufzuräumen, ehrlich und wahrhaftig mit uns umzugehen. Wir Menschen haben die Möglichkeit und Fähigkeit, unsere Realität neu zu kreieren, doch müssen wir hier achtsam mit unseren Kreationen umgehen.

Nicht das Ego oder unser Verstand kreiert, sondern der Gedanke, und damit der geistige Körper (Bewusstsein). Der Geist ist das größte und mächtigste Instrument der Schöpfung, und nur durch sein Wirken entsteht in unserer Materie das Werden. Dabei muss ich mir völlig im Klaren sein, dass ich durch die Stimme des Herzens die Aufgabe des Erschaffens an meinen Geist weitergebe und nicht die Unersättlichkeit des Egos meine Realitäten erschaffen lassen sollte.

Jetzt werden sich einige Leser fragen, warum dann so viel Leid dabei herauskommt?

Ich kann hier die einfache Antwort geben, dass wir Menschen nur zu gerne in der Form des Selbstmitleids verharren und uns ständig unserem Schicksal ausgeliefert fühlen. Damit entscheiden wir uns wieder für die Unmündigkeit und hoffen, dass Gott es gut mit uns meint. Wie im Großen, so im Kleinen. Alles hängt zusammen. In unserer scheinbar noch gegenwärtigen Bewusstseinsebene stehen wir noch unter dem Einfluss des Morphogenetischen Feldes, das unsere Realitäten in unsere Wirklichkeitsebene projiziert. Dadurch erleben wir unsere äußere Realität wie seit Jahrtausenden von Jahren. Aber auch hier erschaffen wir uns selbst unsere eigenen Realitäten, indem wir das Selbstmitleid, die Verantwortungslosigkeit und die Unmündigkeit unser Glaubenssystem ausfüllen lassen und somit mutlos unsere Realitäten erschaffen.

Durch das Gefühl, ausgeliefert zu sein, erwarten viele Menschen schlechte Nachrichten, Miseren und Nöte im Leben. Wir bekommen dies auf unterschiedlichen Ebenen eingetrichtert und laufen fast wie in Hypnose mit dem Programm herum, dass alles schlecht werden wird und wir niemals in diesem Leben glücklich und frei bestehen können. Unsere äußere Welt, somit die Gesellschaft und unsere Familie, kann uns auch in ihrer eigenen Begrenzung nichts anderes zeigen, als dass der Mensch nur etwas wert sein kann und damit von der Schöpfung akzeptiert und getragen wird, wenn er anerkannt wird und Großes geleistet hat.

Bereits das kleine Kind wird gelobt, wenn es ein schönes Bild gemalt hat: Hier wird nicht nur ausgedrückt, dass es ein gutes Bild ist, sondern das Kind wird durch seine Leistung hervorgehoben. Dies lautet dann in etwa: „Du bist ein tolles Kind, dass du so etwas schon malen kannst!" Wie wichtig wäre es für jeden von uns gewesen, wenn wir zu hören bekommen hätten, dass alle Gaben der Schöpfung ihre Schönheit und Perfektion haben. Jedes einzelne Lebewesen ist ein Wunder der Natur und es wert, so betrachtet und geliebt zu werden, wie es wahrhaftig ist. Auch ein schönes Bild ist Nahrung für unsere Seele, macht dadurch das Kind aber nicht liebenswerter. Wie wäre es stattdessen mit: „Das hast du schön gemalt", oder noch wertfreier, indem wir unseren Kindern die Selbstreflektion anbieten: „Wie gefällt dir denn dein Bild?" Das Schönste und Produktivste für das Kind wäre es zu verstehen, dass es immer gleich viel wert ist und nicht erst bestehen und etwas leisten muss, um geliebt und anerkannt zu werden.

Unser Programm geht so weiter. In der Schule werden die Kinder mit Noten bewertet, und die Versager müssen dann zur Strafe noch einmal eine Extrarunde drehen, bevor sie vielleicht wieder die Möglichkeit haben, mit den „Guten" mitzuhalten. Unser gesamtes Leben wird an unserer Leistung bemessen, und wir haben verlernt, das Herz und die sozialen Fähigkeiten eines Menschen wertzuschätzen. Ein sozial stabiler Mensch wird keine Schwierigkeiten haben zu lernen, da das Lernen eine gewollte Erfahrung ist. Der Mensch wird in Schichten eingeteilt und bewertet, und er versucht nicht zu spüren, dass er einfach so, wie er ist, genau richtig ist. (Das erinnert mich stark an die Wertigkeitsszenarien in den früheren Schichten der Gesellschaft.) Der Mensch soll einem vorgegebenen gesellschaftlichen Bild entsprechen, und damit ist vorprogrammiert, dass die Menschen gut und etwas wert sind, wenn sie funktionieren und Leistung erbringen.

Für Kinder ist es wichtig, dass sich die Eltern transparent machen, erklären, dass wir alle Seelen haben, die noch viel lernen und erfahren wollen. Egal, ob groß oder klein, wir machen alle unsere Fehler und haben aus eigenen Begrenzungen heraus noch nicht die Fähigkeit, einander bedingungslos zu lieben. Fehler gehören zu unserem Leben, da wir uns in ihnen erfahren. Sie sind eine Grundlage der kosmischen Gesetzmäßigkeit des Prinzips der Polaritäten und der Erfahrungsform der noch erlebten zweiten Bewusstseinsebene. Auch unsere Seele ist hierher gekommen, um sich zu erfahren, und macht dadurch zwangsläufig auch die Erfahrung, wer oder was sie nicht ist. Wir brauchen das Verständnis, bewusst mit diesem Prinzip umzugehen und aus den Wertigkeitsszenarien der Gesellschaft herauszutreten.

Liebe Eltern, entlasst eure Kinder aus den Vorstellungen der Gesellschaft und der weltlichen Erwartung und seht, wie sie sich euch anvertrauen, um sich zu erfahren und ein Leben in Hingabe und Demut an die Schöpfung zu leben.

Mutter Erde ist bereits auf die Neuen Kinder unserer Welt eingegangen, die ihre magnetischen Felder bis in die Fünfte Dimension ausrichten und in das irdische Leben eingetreten sind, um uns alle zu unterstützen, durch die bedingungslose Liebe und das Mitgefühl in das Christusbewusstsein zu gelangen.

Wenn ich von außen schaue, kann ich vielleicht erkennen, dass ein wirklicher Austausch von Liebe auf der Ebene der bedingungslosen Liebe eines der größten Geschenke der Schöpfung ist. Jeder Mensch hat den Drang und den Wunsch, sich durch einen anderen Menschen zu erfahren oder zu definieren, um sich selbst dadurch ein wenig näherzukommen.

Dies bedingt sich schon durch das Wissen, dass wir alle miteinander verbunden sind, uns aber in dem illusionären Bild der getrennten Realitäten begegnen.

Thoth:
Wir wollen in diesem Zusammenhang auf den mentalen Körper eingehen, der sich in eurer gesellschaftlichen Form übernommen und verlaufen hat.

169

Der mentale Körper ist der Bereich in eurem System, der sich als Übermittler von Erfahrungen der menschlichen individuellen Vergangenheit und Datenträger eignet. Er bildet die Kommunikationsbrücke von eurem Bewusstsein zu dem Gedächtnis und dient in der Vermittlung und der Informationsweitergabe zu eurem emotionalen Körper. Doch sollte er nicht die Aufgabe zugeschrieben bekommen, die Verbindung vom Verstand zum Ego herzustellen. Uns ist es ein Anliegen, deutlich zu sagen, dass es keine Unterschiede in der Wertigkeit zwischen den einzelnen energetischen Instanzen gibt, und somit der mentale Körper genauso relevant in der Form der Erfahrung der Dritten Dimension ist wie der emotionale Körper. Ihr Menschen in eurer gerechneten Vergangenheit und auch heute noch habt euren Jungen erzählt, dass ein Mann nicht weinen darf, dass dies unmännlich ist und ein weinender Junge zu nichts taugt. Welch ein Vergehen am Sein!

Gefühle sind wie das Wetter. Sie wechseln einfach, und daran ist nichts auszusetzen. Es ist schön, dass sich euer Sein mit den unterschiedlichen Ausdrucksformen in der Ebene der Dichte erfahren und diese glaubhaft und als eigene Identität erleben kann. Ab dem Moment, an dem ihr aus der Dichte aussteigt, könnt ihr keine Gefühle mehr in einem emotionalen Körper verbuchen. Ihr könnt euch jedoch an die Erfahrung des Gefühls erinnern und werdet es spätestens ab diesem Moment wertschätzen.

Wir haben euch bereits mitgeteilt, dass die energetischen Wesen und Seelen, die auf den Eintritt in die Dritte Dimension warten, sich unendlich freuen, ein solches Erlebnis des Gefühls zu erfahren. Nun ist unser Aufruf an euch, diese Gefühle keinesfalls zu stoppen, sondern ihnen wertfrei Lauf zu lassen. Wir möchten in euch ein Bewusstsein erschaffen, das euch den Unterschied zwischen der reinen Form des Gefühls und der Bewertung des Augenblicks durch das Ego demonstriert.

In einer menschlichen Situation, in der das Gefühl von Verzweiflung und Trauer beherrscht wird, neigt das Ego des Menschen dazu, sich Aufmerksamkeit zu verschaffen, um nicht dem Gefühl und der Sensation des Erfahrenen Raum zu geben, sondern um Aufmerksamkeit zu kreieren und sich sofort mit der Kompensation der Liebe von außen zu trösten. Wir wollen damit sagen, dass der Mensch dazu neigt, aus einem Gefühl von Trauer oder Verletzung ein Drama zu kreieren, um damit Aufmerksamkeit zu erregen und sofort getröstet zu werden. Das Trösten in diesem Fall ist jedoch die Anteilnahme an der Rolle des Egos und die Verhinderung der Verarbeitung und der Erfahrung des erlebten Gefühls. Mitgefühl in diesem Moment bedeutet, in der Stille an dem Schmerz und der Verletzung Anteil zu nehmen, ohne den Versuch zu unternehmen, diesem Menschen, der sich der Trauer oder dem Schmerz hingibt, etwas abzunehmen. Versucht zu verstehen, dass ihr einem Menschen, der Trost sucht, auch Trost spenden könnt und dürft und dennoch kein Gefühl durch eure Anteilnahme auflöst.

Einem Kind, das sich den Fuß gestoßen hat und weint, ist am meisten geholfen, indem es versteht, dass Schmerz ein Zustand ist, in dem der Körper verletzt worden ist und darum bittet, bewusster mit ihm umzugehen. Auch kommt es dem Kind zugute, wenn sich ein liebender Mensch seiner annimmt und Trost spendet, was aber nichts mit dem Ruf nach Aufmerksamkeit zu tun haben sollte. Ihr werdet schnell lernen, welches der Unterschied zwischen emotionaler Begleitung und Mitgefühl und dem Ausgleichen eines Aufmerksamkeitsdefizits und dem Ruf nach Liebe ist.

Ein Kind, das gelernt hat, dass es mit Verletzung am körperlichen Gefährt Liebe und Aufmerksamkeit kreieren kann,

171

wird dies benutzen und bereits bei kleinen Verletzungen gerne in ein Drama verfallen.

Fragt in jedem Moment, ob das Ego seinen Tribut möchte und Liebesmangel kompensiert, oder ob Anteilnahme in Form von Mitgefühl und Trost erwünscht ist.

Der Verstand ist in dieser Form ein Instrument, das durch unendlich viele Prägungen, Glaubenssysteme und Strukturen gelernt hat, sich mit unerlösten Botschaften an das Bewusstsein zu wenden und dadurch die Bewusstwerdung verhindert. Ein Fußballspieler, der in jungen Jahren noch Spaß daran hatte, einfach einen Ball zu beschleunigen, lernt, dass er durch sein gutes Spiel Aufmerksamkeit und Lob erhält. Diesen Menschen solltet ihr einmal in späteren Jahren fragen, welches seine Intention heute beim Fußballspiel ist. Geht es in erster Linie weiterhin um den Spaß und das Spiel für diesen Sport, oder doch letztlich um Ehrgeiz und das Messen mit anderen Fußballspielern sowie das Gewinnen und damit der Größte und Beste zu sein?

Wir möchten euch dazu aufrufen, eure Absichten zu hinterfragen und euer Handeln zu beobachten. Seid ihr euch selbst erlegen in einem Ablauf von Entsprechungen, dem Wunsch, endlich von Vater und Mutter gesehen zu werden und letztlich doch der begehrteste Schüler an der Schule zu sein, oder folgt ihr dem Ruf einer inneren Stimme in der Hingabe an die eigene Erfüllung und die Erfahrung der Seele auf der Ebene der Dichte?

Ihr erfahrt euer Leben auf der Grundlage des Moments und habt dadurch auch in jedem Moment die freie Wahl, es neu zu erschaffen. Ihr könnt die Begrenzung des Verstandes überwinden, indem ihr eure Verhaltensweisen infrage stellt und euch überlegt, ob es wahrhaft richtig sein kann, ein Leben unter dem Druck des Leids zu erfahren.

Es gibt nur den Moment, keine Vergangenheit und keine Zukunft. Ihr habt nur den Moment, alles andere ist bereits vorbei oder noch nicht lebbar (in der Wahrnehmung der getrennten Realitäten).

Wenn ihr diesen Ausspruch in der Tiefe des Seins versteht, werdet ihr mit unendlich mehr Leichtigkeit euer Leben ausrichten, da ihr nicht mehr geplagt werdet, ununterbrochen auf das Resultat der eintretenden Ereignisse zu blicken und diese in der Verbindung von erlebten Erfahrungen zu betrachten, um den Augenblick so richtig wie möglich zu gestalten. Ihr werdet dann wieder fähig seid, das Hier und Jetzt in seiner Ganzheit und Vollkommenheit zu erkennen.

Es gibt wahrhaftig keinen Raum und keine Zeit. Auch eure Wirklichkeit, und damit das Ego, ist eine Illusion.

Wonach könnt ihr dann noch streben, wenn es nichts zu bestehen gibt und nichts zu werden gilt? Leben bedeutet auf der Ebene der Dichte und seinen unendlichen anderen Formen nicht überleben, sondern spricht nur davon, miteinander in Erfahrung zu treten und Bewusstsein durch Erfahrung und nicht durch Leid zu integrieren.

Es gibt nur das HIER, das JETZT und diesen MOMENT, um Leben in der reinsten Form zu erfahren.

Dadurch bedingt sich die Unendlichkeit der Wirklichkeit und deren Wahrnehmung der Nichtexistenz von Räumen, die Allgegenwart der Existenz und der Realisation von allgegenwärtigem Leben zu allen Zeiten, die Anerken-

nung der Verbundenheit in alles Leben und die damit ver-
bundene Auflösung des Egos in die immerwährende Form
des reinen Lichts.

Keine Wertung und kein Bewertetwerden, sondern ein ab-
solutes Sein, frei von Urteilen, Erwartungen und Vorstellungen,
in unendlicher Harmonie zum Selbst. Wir wünschen euch einen
Moment des Verharrens und des Spürens in diese energetische
Wahrheit und Qualität. Eure Essenz ist, das Licht und die Liebe
durch und in euch selbst zu erkennen.

Auf dieser Ebene der Wahrnehmung habt ihr erstmals die
Möglichkeit, Partnerschaft und zwischenmenschliche Bezie-
hungen wirklich zu leben.

So sei es.

Bewusstsein und Unterbewusstsein

Das Sein in der Dichte im physischen Körper des Menschen in der Dritten Dimension ist ein Geschenk und gleichzeitig eine Herausforderung. Da wir durch unterschiedliche Erfahrungsformen gleiten und verschiedene Seinszustände erleben, können wir uns gegenwärtig nicht nur in einer harmonischen und friedvollen Art erfahren. Wir integrieren am leichtesten Bewusstsein, indem wir uns frei von Glaubenssystemen und Erwartungen entscheiden und dadurch lernen, unser eigenes Potenzial und unsere Identitäten zu erkennen.

Um diesen Ablauf klarer darzustellen, möchte ich zunächst auf die unterschiedlichen Körper, die uns ausmachen, lenken und leiten, eingehen. Wir haben bereits des öfteren verschiedene Ausdrücke gewählt: mentaler Körper, emotionaler Körper, Sein, Selbst, Ego, Verstand... Damit sich jeder Leser über die unterschiedlichen Körper klar wird, möchte ich skizzieren, wovon genau die Rede ist.

Der Mensch ist ein energetisches, spirituelles Lichtwesen in einem physischen Gefährt. Wir besitzen ein elektromagnetisches Feld, die Aura, die durch wissenschaftliche Technik mess- und sichtbar ist. Unser energetischer Körper stellt sich, vereinfacht formuliert, aus unterschiedlichen Energien und Zentren dar.

Wir tragen einen Seelenkern, den wir das Selbst (in der bekannten Ausdrucksform auch die Seele) nennen. (Für mich ist die Seele eher die Zusammenfassung unserer energetischen Aspekte, also ein Ausdruck, der von der gesamten energetischen Form spricht.) Dort befindet sich das eigentliche Sein, das, was wir in unserer Essenz sind, in unserer unendlichen Größe und Weite. Der Große Geist erschafft Realität und wird von den weltlichen Erfahrungen profitieren und sich ausdehnen, soweit das Bewusstsein es zulässt. Das Selbst hat sich für die Reise auf Mutter Erde, in unseren Worten gesprochen, eine gewisse Form der Erfahrung (ein Programm) zugrunde gelegt, um erfahrenes Wissen zu integrieren und wieder eine Form der Bewusstwerdung und damit höhere Schwingungen zu erschaffen.

Aus energetischer Sicht gibt es einen relevanten Unterschied zwischen erfahrenem und wissendem Wissen. Das wissende Wissen entspricht einer Form, die angeeignet ist und die durch übertragenes oder existentes Wissen integriert wurde. Das erfahrene Wissen hingegen ist die Erkenntnis, etwas zu sein und eine Identität in einer gewissen Formation zu erlangen. Dies kann ich mit dem einfachen Beispiel eines Kindes erklären, das weiß, da es ihm vielfach erklärt worden ist, dass ein heißer Ofen oder eine Herdplatte heiß ist und Schmerzen und Verbrennungen bereitet, wenn man darauf fasst. Den Kindern wird seitens der Eltern erklärt, dass das Anfassen einer heißen Herdplatte „Aua macht", wobei die Eltern ihrem Kind nicht zutrauen, die Sprache der Erwachsenen ebenso gut und sogar besser zu verstehen. Jetzt weiß das Kind mit dem Begriff „Aua machen" etwas anzufangen, dennoch hat es nicht verstanden, weder energetisch noch weltlich, warum ein heißer Ofen „Aua macht".

Ich möchte alle Eltern bitten, normal und reif mit ihren Kindern zu sprechen, da der Mensch in seinen Erklärungen energetische Botschaften weitergibt. Diese können für ein anderes Energiefeld nur dann klar verarbeitet werden, wenn die gesendete Energie auch Klarheit verschickt. Ich würde euch gerne vor Augen halten, wie unterschiedlich energetische Körper aussehen, wenn eine Mutter ihrem Kind sagt: „Das macht Aua" oder alternativ die Aussage wählt: „Wenn du an den heißen Ofen

176

fasst, dann wirst du dir voraussichtlich die Finger verbrennen. Das bereitet dir Schmerz, da eine verbrannte Haut sehr wehtut."

Nachdem ich mich entschieden habe, ob ich dem energetischen und psychischen Körper meines Kindes Klarheit und deutlichen Ausdruck schenke, kann ich mich nun weiter entschließen, wie ich mit der Erfahrungsform meines Kindes in seiner weltlichen Form umgehen will. Da ich auf der Ebene der Dichte wirklich davon ausgehen muss, dass sich jede Seele hierher begeben hat, um erfahrenes Wissen zu integrieren, ist es ein erlöster Ansatz, dem Kind eine klare energetische Botschaft zu schicken und dann das menschliche noch „leere Bewusstsein" an die Erfahrung zu führen.

Durch verbale Erklärungen werde ich es nicht schaffen, mein Kind davor zu bewahren, einmal die Erfahrung von Hitze in seinem Körper zu machen. Wir kennen unsere menschliche Reaktion, wie etwa: „Ich habe dir doch gesagt, dass der Ofen heiß ist! Warum fasst du hin?" Das Kind würde selbstverständlich antworten, dass es nicht weiß (Bewusstsein), warum es hingefasst hat. Es weiß es wirklich nicht bewusst. Dieses bewusste Erkennen ist ein Prozess, der uns lange Zeit in unserem Leben begleitet, manchmal viele Leben lang, und auch deshalb sind wir hierher gekommen. Das Kind (der Mensch) hat sozusagen die Aufgabe, alles anzufassen und zu erfahren. Es kann gar nicht anders, da die Seele in das geistige Erkennen gehen wird. Dabei fällt mir Thoth Aussage ein, in der er skizziert, wie unsinnig unsere menschlichen Erwartungen sind, in denen wir unseren Kinder sagen: „Nur anschauen, nicht anfassen!"

Die Seele hat einen physischen Körper gewählt, um sich in der Erfahrung zu erkennen, und dies bedeutet zwangsläufig, dass das Kind fühlen, schmecken und riechen muss. Eine mögliche gute Alternative wäre, wenn wir es nicht bei der Warnung belassen würden, sondern dem Kind neben der Klarheit auch ein gefühltes Verständnis für Hitze geben könnten. Die Mutter hat die Möglichkeit, dem Kind mit einem langsamen Antasten die Verbrennungsgefahr durch Hitze zu demonstrieren. Das Kind wird in einem vorsichtigen Annähern an einen Ofen sehr schnell verstehen, dass große Hitze für den Körper eine unangenehme Auswirkung hat.

In unserem Unbewussten (das niedere Selbst) ist alles Irdische gespeichert, was die Schöpfung und die Reise der Seele ausmacht. Unsere Selbstaspekte tragen alle Informationen, die uns Lichtwesen ausmachen. Wir können durch die unterschiedlichen Selbstaspekte jeden Menschen und alles Lebendige abrufen, mit ihm in Kommunikation treten und Austausch auf der Ebene des Einsseins erwirken. Wir sind durch unser Selbst angeschlossen an „Alles-was-ist" und damit ewig in Kommunikation und Resonanz mit der Schöpfung. Diese Selbstaspekte sind scheinbar für den Menschen nach seiner Geburt nicht mehr zugängig, er beginnt in einem „leeren" Energiekörper im Alter zwischen 1 1/2 bis 3 Jahren (je nach Schwingungsfrequenz), Bewusstsein zu integrieren und sich bewusst zu erfahren.

Wir verbringen nun lange Zeit mit der Vorstellung, getrennt von der Schöpfung zu sein und damit energetisch abgeschnitten von der Urquelle existieren zu müssen. Dies ist für uns ein sehr schwerer, unerlöster Zustand und erfordert ständig das Begehren, Liebe und Aufmerksamkeit zu bekommen, um ein gewisses Maß an Nahrung und energetischer Versorgung zu erhalten. Diese Form der äußeren Liebe ist ein Spiegelbild, eine Reflexion der unendlichen existenten Liebe, jedoch auf menschlicher Ebene eine Kompensation. Der gegenwärtige Mensch ist in seiner Form und Bewusstwerdung noch ein begrenztes Wesen, das die Erfahrung der bedingungslosen Liebe noch nicht bewusst integrieren konnte, da er sich weder an „frühere Leben" bewusst erinnern kann, noch erfahren hat, selbst bedingungslos geliebt zu werden.

Die letztlich hilflose Kompensation von Liebe wird auf der menschlichen Ebene vom Ego gesteuert und kontrolliert, da es seine Aufgabe ist, einen energetischen Strom am Laufen zu halten, um zumindest vorübergehende energetische Versorgung zu gewährleisten. Die dazu benötigte Kompensation von Liebe wird vom Ego durch die Anpassung und das Funktionieren an gesellschaftliche und geprägte Formen und Zustände gelenkt, um Liebe und Aufmerksamkeit vermeintlich zu erhalten. Diese Form der Aufmerksamkeit hat nun wiederum nichts mit der bedingungslosen Liebe gemeinsam, da das Kind durch das Funktionieren und die Anpassung an seine Umwelt lernt, dass es nur etwas wert ist, wenn es den Vorstellungen der Gesellschaft oder den Eltern entspricht und letztlich so zu sein hat, wie es sich das Umfeld von dem Kind wünscht. Falls diese Verhaltensweisen nicht genügend Aufmerksamkeit beim Umfeld auslösen, beginnt das Kind, rebellisch zu werden und sich durch unerlöste Aktionen wie Destruktivität oder Krankheit zu zeigen, damit das Umfeld zwangsläufig reagieren muss und ihm damit Aufmerksamkeit schenkt.

Das Ego ist ein energetischer Körper, der lernt, bei welchen Gegebenheiten der Mensch am meisten Aufmerksamkeit erhält – die vermeintliche Form der Liebe – und versucht, das Leben durch den Verstand in entsprechende Lebensformen zu führen, die dem Menschen Liebe, Ansehen, Sicherheit und Stabilität vorgaukeln.

Der Weg der Seele ist angelehnt an den Großen Plan, und damit überlässt die Schöpfung nichts dem Zufall. Wir sind jedoch mit dem freien Willen auf diese irdische Ebene eingetreten und haben damit die Möglichkeit, frei zu entscheiden, wann wir unser Bewusstsein öffnen, um den Weg der Seele zu gehen, oder entsprechend verschlossen bleiben, um weiter auf dem Pfad des Unbewussten den Weisungen des Egos Folge zu leisten.

Ein kranker Mensch würde wohl nicht behaupten, dass er seine Krankheit braucht, um sich in das Erkennen zu bewegen. Da unsere Seelen nicht urteilen und auch keine Eile haben, da sie letztlich nicht unter der Illusion der Zeit/Raum-Erfahrung stehen, ist es für die Seele auch nicht bedeutsam, wann sie aus Sicht der menschlichen Perspektive ihr Programm zu Ende führen kann. Falls der Mensch sein Leben durch Ängste und Stagnation so blockiert, dass ein momentanes Erkennen auf der erstrebten Ebene nicht möglich ist, kann die Seele durch weltlichen Druck noch versuchen, die Blockaden durch entsprechenden bewussten Druck zu lösen, oder sie versucht es zu einer anderen Zeit noch einmal auf dieser spezifischen Ebene. Durch die multidimensionale Existenz unseres Seins hat die Seele die Möglichkeit, sich auch parallel zu unserer momentan möglichen Wahrnehmungsform in das Erkennen zu setzen. Sie ist somit nicht auf unsere gegenwärtige Bereitschaft, in die Erfahrung zu gehen, angewiesen.

Das Programm der Seele ist bereits geschrieben, wir sind in der Lage, die Geschwindigkeit mit zu bestimmen. In der gegenwärtigen Zeit kommen noch weitere Faktoren hinzu, die die Geschwindigkeit unseres Wachstums direkt beeinflussen. Wir stehen in direktem Zusammenhang zu Allem-was-ist und sind somit unmittelbar in unserer Erfahrung an den schöpferischen Plan gebunden. Alles existiert in einer so unglaublichen Perfektion zueinander, dass wir lernen müssen, uns demütig dem Großen Ganzen unterzuordnen. Hier spreche ich nicht von der menschlichen Variante der Unterordnung, sondern von Demut und Hingabe an die Schöpfung und ihrem Ausdruck des Lebens selbst.

Wir können gegenwärtig erkennen, dass sich die Zeit verändert hat und die Forderung, Bewusstsein zu integrieren, notwendig geworden ist. Mutter Erde verändert ihre magnetischen Pole, und früher oder später wird dies auch die geographischen Pole beeinflussen. Unser gesamtes irdisches System verändert sich, und damit auch unsere magnetischen und energetischen Felder. Der Hinduismus und der Buddhismus wissen um das Ausklingen des Zeitalters Kali Yuga, und die Kulturen der Mayas und Inkas sprechen seit geraumer Zeit von der Ablösung des Zeitalters der Dunkelheit. Was wir jedoch in der gegenwärtigen Erfahrung daraus machen werden, unterliegt der Entscheidung des freien Willens. Ich kann nur mit Gewissheit sagen, dass unsere Seelen ihre Wege unbeirrt weitergehen werden.

Die aufsteigenden magnetischen Pole, die gegenwärtig zu den stärksten Potenzialen der Bewusstwerdung zählen, und die damit verbundene Frequenzerhöhung der Erde bringen uns den Wandel in die bereits aktive dritte Bewusstseinsebene der Dritten Dimension.

Der freie Wille, sich selbst zu erkennen und sich dem Weg des Selbst bewusst unterzuordnen, können wir beim Einstieg in die nächste, dritte Bewusstseinsebene deutlich wahrnehmen.

Ich möchte klarstellen, dass der freie Wille nicht aus der Ebene des Verstandes entsteht, sondern aus der des Gefühls. Der menschliche Verstand verdrängt Bewusstsein, lenkt und leitet uns gegenwärtig auf viele Irrwege und ist in den letzten Jahrhunderten von uns Menschen missbraucht worden. Der Verstand wurde darauf trainiert, Aufgaben zu übernehmen, die ihm nicht entsprechen. Wir haben uns so weit von unserer Seele entfernt, dass das Gefühl nicht mehr Ausdruck und Mentor unserer Seele sein durfte und konnte. In der gegenwärtigen Zeit hat der Verstand so viel Macht über unser Sein erhalten, dass wir uns nicht mehr über das Selbst zu identifizieren verstehen. Der Verstand beherrscht und unterdrückt unsere Gefühle und lenkt uns auf Wege, die in Kooperation mit dem Ego vermeintlich die besten und glorreichsten sind.

Das Streben des Menschen ist bewusst nicht auf Selbsterfahrung und Glückseligkeit, sondern auf Bestehen und Großartigkeit ausgerichtet. Das größte Auto, der schönste Anzug, das tollste Eigenheim, das meiste Geld und die schönste Figur. Hier agiert das Ego in seiner Prägung, um die meiste Liebe durch das großartigste Erscheinungsbild möglich werden zu lassen. Da die Gesellschaft den Rebellen nicht akzeptiert und ihm Grenzen durch Bestrafung setzt, entscheidet sich der vom Verstand gelenkte Mensch, reich und schön zu sein, um dann von so vielen Menschen wie möglich Bewunderung zu erhalten.

Das Ego ist ein energetischer Körper, der eine Scheinidentität in der menschlichen Wahrnehmung aufgebaut hat und dem Menschen vermittelt, jemand zu sein, der einen Namen hat, schön und schlau ist und sich mit den jeweiligen kulturellen und wirtschaftlichen Vorgaben und Normen identifiziert. Diese Glaubenssysteme sind so stark in uns Menschen verwurzelt, dass wir ohne diese Bezugsgrößen ins Schleudern geraten würden, da wir dann nicht mehr wissen, wer wir eigentlich sind. Das Erkennen unserer menschlichen Fehlsteuerung ist einer der ersten Schritte, den Verstand zu disziplinieren, um dadurch Bewusstwerdung zu erlangen. Wir werden von den unterschiedlichsten Ebenen unterstützt, Bewusstwerdung zu leben, um dadurch den Frequenzwechsel in die dritte Bewusstseinsebene und letztlich in die nächsten Dimensionen bewusst zu erleben. Erleuchtung ist das Auflösen des Egos und die Stille des Verstandes, da wieder Licht in unsere Zellen eingetreten ist.

Gegenwärtig verführt der Verstand den Menschen, bestimmt seinen unbewussten Weg und bringt ihn in Urteile und Beurteilungen zu sich selbst und der äußeren Welt. Er ist das Werkzeug des Egos und stört somit die fließende Formation der energetischen Einheiten und Ebenen. Der Verstand bewegt sich in Disharmonie zu Allem-was-ist, da er sich als getrenntes Individuum mit festgefahrenen Anschauungsweisen betrachtet, und kann somit nicht auf gleicher Ebene zu allen Lebewesen harmonisch existieren. Das Zusammenspiel zwischen Verstand und Ego behindert das geistige Erwachen und blockiert die Möglichkeiten des Geistes. Durch die Macht des Verstandes verbleiben wir auf der Ebene der menschlichen Begrenzungen und Illusionen und verhindern unser geistiges Wachstum.

Der Verstand liefert uns alten Glaubenssystemen, Prägungen und Strukturen aus und bringt uns in primitive Handlungsweisen, die uns das Empfinden von unerlöster Macht und Gier vermitteln. Durch die Macht des Verstandes über unser Leben sind wir nicht mehr in der Lage, uns in jedem anderen Leben zu erkennen, und fügen uns damit ununterbrochen selbst Schaden und Schmerzen zu.

Die Stille des Verstandes resultiert durch die Demut zu allem Leben. Unser Gedächtnis ist in der Lage, Daten abzuspeichern und zu katalogisieren, ähnlich einem Computer. Der Verstand missbraucht diese Fähigkeiten für seine eigene Macht und benutzt die Informationen, um sich in eine ansehnliche gesellschaftliche Lage zu bringen. Da das menschliche Gedächtnis momentan nicht in der Lage ist, sich Daten und Vorgänge in hoher Geschwindigkeit zu merken, haben wir diese Aufgabe den Computern zugeschrieben. Es ist wirklich erstaunlich, wie schnell sich unsere Technik verändert hat. Noch vor 30 Jahren haben wir unsere Briefe auf Schreibmaschinen verfasst, und das erste Handy kam vor etwa 25 Jahren auf den Markt. Die anfänglichen Computer hatten nicht ansatzweise die Speicherkapazitäten der heutigen Maschinen. Energetisch gesehen, reflektiert die enorme Geschwindigkeit unseres technischen Zeitalters den Bewusstseinswandel der Zeit. Wie im Inneren, so auch im Äußeren.

Thoth sagte einmal, dass wir nur in der zweiten Bewusstseinsebene der Dritten Dimension imstande sind, in einer definierten Zeit eine entsprechende Anzahl an Kreationen zu erschaffen. Das heißt, dass wir in einer bestimmten Zeit Dinge erschaffen oder erledigen können. Je schneller wir kreieren und dies auch nicht zwangsläufig bewusst verwerten, desto schneller wird es uns erscheinen, dass die Tage vergehen. Erst wenn das bewusste Kreieren eintritt, werden wir die Möglichkeit haben, bewusst aus der Illusion der Zeit zu treten und sie absichtlich zu dehnen oder zu kürzen. Damit haben wir aber dann die zweite Bewusstseinsebene verlassen.

Ich reduziere in der nachfolgenden Erklärung unsere irdische Existenz auf den physischen und den geistigen Körper. Die ausführliche Beschreibung dieser Körper ist in anderen Büchern bereits zu finden, wie aber auch in dieser verkürzten Darstellung in dem „Weber-Isis, Lichtkörper-Transformator"-Heft, Methusalem Verlagsgesellschaft mbH, Neu Ulm.

Vereinfacht kann ich dieses wie folgt darstellen:

Der **physische Körper** ist für uns Materie und besitzt ein energetisches Feld, das durch viele hintereinander stehende Wellen angeordnet ist. Wir können den physischen Körper anfassen und spüren. Er ist Materie und stellt so unseren Organismus dar.

Der **geistige Körper** (allgemein oft als Seele bezeichnet) und der **physische Körper** gehen bis auf die Hautoberfläche. Dort beginnen die äußeren Körper, wobei die Haut Verbindung und Kommunikation zu den unterschiedlichen Körpern ist.

Der **ätherische Körper** liegt wenige Zentimeter über der Hautoberfläche und umgibt den physischen Körper. Der ätherische Körper gibt uns die Möglichkeit, physische Sensationen und Empfindungen wahrzunehmen. Wir können durch ihn Energien, Lebenskraft und Düfte realisieren.

Der **Astralkörper** umgibt nun wiederum den ätherischen Körper. Wir sind in der Lage, über den Astralkörper Emotionen, Gefühle, geistige und körperliche Bedürfnisse, andere Energien und Charaktereigenschaften wahrzunehmen. Er steht in steter Resonanz und Kommunikation nach außen und innen.

Der Astralkörper wird vom **Mentalkörper** umgeben. Der Mentalkörper ist zum großen Teil unsere persönliche Aura und steht in Resonanz mit Gedanken, Glaubenssystemen, Ideen und Prägungen und formt die Persönlichkeit. Wir haben die Möglichkeit, die Gedanken eines Menschen in seinem Mentalkörper zu lesen und erfahren auch bereits teilweise, dass sich die Gedanken eines Menschen plötzlich auf uns übertragen. Ein einfaches Beispiel wäre, dass ein Mensch die Intuition hat, bei jemandem anzurufen, und in diesem Moment klingelt das Telefon und derjenige ruft von selbst an. Es gibt leider auch die Möglichkeit, über den Mentalkörper Gedankenkontrolle auf Menschen auszuüben.

Die äußerste energetische Schicht bildet der **spirituelle Körper (Kausalkörper),** der im Austausch und in Resonanz zur Schöpfung und dem Leben, der Umwelt, der Natur und natürlich zu Mutter Erde steht. Ein starker energetischer Kausalkörper schützt unser Feld und unseren physischen Körper vor schädlichen Stoffen und Einflüssen, macht uns stark gegen andere belastende, energetische und weltliche Einflüsse wie Krankheit, Strahlung und schwarze Magie.

Das Zusammenwirken aller dieser Energiekörper und ihre Ausstrahlung nennen wir **Aura** (elektromagnetischer Körper).

Da sich unsere Welt immer aus drei Komponenten zusammensetzt (Dritte Dimension, die durch die Dreifaltigkeit definiert ist), definiert sich auch unsere Persönlichkeit aus drei Energiefeldern (physischer, emotionaler und mentaler Körper) und deren Informationen. Die Kommunikation eines Feldes mit seinen Informationen nennen wir „Körper". Der Geist projiziert oder manifestiert diese Körper in unsere Wirklichkeit oder auch Matrix. Diese niederen Körper – da sie in Form und Inhalt in der Ebene mit Mutter Erde stehen – werden untereinander und mit dem Geist durch den spirituellen Körper verbunden. Alle dieser Körper sind in stehenden Wellen in einer Hülle arrangiert und bestehen damit aus dem gleichen Material.

Der **physische Körper** wird in seiner Entstehungspha-
se von vielen Faktoren beeinflusst. Bei der Empfängnis verschmelzen zwei komplette DNS-Stränge und erschaffen dabei
einen dritten DNS-Strang. Die DNS letztlich erschafft die „Ge-
samt–Blaupause" für den physischen Körper. Die wachsenden
Zellen in einem Embryo organisieren sich selbst, indem die Zelle sich die entsprechende Energie anzieht, sich teilt, um dann
weitere Zellen zu bilden. Das Geistselbst gibt in einer Form der
Blaupause die Anleitung für den physischen Körper, angelehnt
an der zukünftigen Version. Das bedeutet, dass hier wiederum
gesagt wird, dass es keine Vergangenheit und Zukunft gibt und
somit das Geistselbst die Möglichkeit hat, auf die bereits erschaffene Version des physischen Körpers (fungiert als Blaupause) zurückzugreifen.

Der physische Körper wächst anfangs mit enormer Geschwindigkeit, bis er einige Jahre später das Wachstum ein-
stellt und nur noch tote oder beschädigte Zellen erneuert. Er
wird jedoch ständig über die Blaupausen der DNS und die Gedanken, mentale Blaupausen, die man über sich und seinen
Körper hat, neu erschaffen. Das bedeutet, dass sich dadurch
Krankheit manifestieren kann, indem ein Arzt einem Patienten
erklärt, dass er nur noch wenige Jahre zu leben hat. Der Glaube
an das Wissen des Arztes gibt den mentalen Blaupausen die
Anleitung, den Körper sterben zu lassen, und erschafft diese
Realität. Dadurch haben Gedanken und Gefühle auf die Beschaffenheit und Gesundheit unseres Körpers einen extremen
Einfluss. Gleichermaßen werden Gedanken über Lebensfreude
und Gesundheit den Körper so programmieren, dass er seine
eigenen Heilungskräfte aktiviert und programmiert.

Wir müssten uns hier einmal versuchen vorzustellen, wie
ehrfürchtig wir diesem Prozess des Körperwachstums gegenü-

berstehen sollten und wie wenig wir wahrhaft über die schöpferischen Vorgänge wissen. Wir können dankbar sein, dass Gott uns nicht mit der Aufgabe versehen hat, unseren physischen Körper selbst aus vollem Bewusstsein zu bauen.

Wenn wir nun ein wenig weiter blicken, können wir erkennen und verstehen, warum der Mensch so viele Wunden und Katastrophen bei seinem Eingreifen und Handeln in die Natur verursacht und hinterlässt. Wir werden täglich daran erinnert, dass wir noch nicht die Fähigkeit besitzen, zu sehen, was wir mit unseren Handlungen anrichten und verursachen. Unser eigentlich fester Körper ist eine Anordnung stehender Wellen, die für unsere Wahrnehmung Zellen, Moleküle, Organe und physischer Körper sind. Der physische Körper hat ein Bewusstsein und passt sich irdischen und planetarischen Zyklen an.

Der nächste Körper ist der **emotionale Körper**, der als Brücke zwischen dem Unterbewusstsein (Seelenkern), dem Unbewussten und dem Gefühl agiert. Der emotionale Körper steht in direktem Austausch zum mentalen Körper und tauscht Informationen innerhalb des physischen Körpers aus. Dieser Austausch sollte gleichberechtigt mit dem mentalen Körper innerhalb der physischen Einheit erfolgen.

Der **mentale Körper** stellt die Verbindung zwischen dem Gedächtnis, dem Bewusstsein und dem Geistselbst dar.

Wie bereits erklärt, stellt nun der spirituelle oder Kausalkörper eine Brücke zwischen dem physischen, dem emotionalen und dem mentalen Körper dar, die unsere Persönlichkeit und den Geist beschreibt. Alle Körper sind aus dem gleichen Material, der Energie.

Nicht nur der physische Körper, sondern auch unsere Identität und Persönlichkeit sind umso stabiler und unabhängiger, je mehr wir im Einklang und energetischen Fluss zwischen diesen drei Körpern sind, und letztlich dem schöpferischen Plan. Ist zum Beispiel einer dieser Körper zu stark in der Kontrolle (mentaler Körper), wird er die Informationen des emotionalen Körpers verdrängen, und es kommt zwangsläufig zu einem Ungleichgewicht, das sich störend auf unseren physischen Körper und die mit ihm verbundenen Inhalte auswirkt. Durch die Unterdrückung des emotionalen Körpers ist die Kommunikation zu dem Selbst gestört, was sich in einem verminderten Energiefluss auswirkt. Der energetische Fluss ist jedoch notwendig, um das energetische physische Feld zu nähren und dadurch Gesundheit und physische Stabilität zu gewährleisten.

Die energetischen Körper brauchen ihre Lichtnahrung, wie auch der physische Körper seine Nahrung benötigt. Der Mensch erkennt durch Blockaden den energetischen Mangel und das Ungleichgewicht der drei Körper. Meist äußert sich dann der physische Körper durch Krankheit, Stress, Depression, Burn-out oder Unwohlsein, was letztlich erklärt, dass der energetische Fluss nicht stattfinden kann und sich durch stagnierende Felder Blockaden manifestieren.

Wenn wir unseren physischen Körper genau betrachten, stellen wir fest, dass wir durch das körperliche Symptom unseren energetischen Stau erklären und versuchen können, diese Ursache durch bewusstes Verstehen und Erkennen zu heilen. Dabei rede ich nicht von einem verstandesmäßigen Verstehen und einem mentalen Einverständnis zur sofortigen Heilung, da wohl Krankheit für den normalen Menschen niemals wünschenswert ist, sondern von einem wirklichen Verstehen, das wiederum eine Kommunikation zum emotionalen Körper voraussetzt.

Es geht hier um ein wirkliches Gefühl, um eine körperliche Sensation der Wahrheit der getroffenen Aussage und des Anerkennens des bislang fehlenden Mutes, die Kontrolle oder das jeweilige Glaubenssystem zu entlassen.

Wir Menschen haben viele Ängste und sind oft fremdbestimmt. Es ist ein Leichtes, uns zu manipulieren, da es verschiedene Möglichkeiten der Manipulation unseres mentalen Körpers gibt, bis hin zur totalen Bewusstseinskontrolle. Unsere begrenzten Prägungen und Glaubenssysteme sind subtile, kaum wahrnehmbare Einflussgrößen, die ständig beklemmende und begrenzte Botschaften an unser System aussenden, die sich dann in dem Inhalt des Egos niederlassen. Durch die Macht des Verstandes kommen wir nicht einmal darauf, zu hinterfragen, ob diese Realitäten uns entsprechen, da das Ego uns vermittelt, dass diese Wahrheiten Wirklichkeit sind und unserem Leben durch diese Einschränkungen nur eine kleine Form von begrenzter Existenz zugesteht. In Wahrheit sind wir unendlich große und mächtige Lichtwesen, die das Spüren ihrer göttlichen Instanz vorübergehend verloren oder vergessen haben, die aber auf dem Weg zurück in das Wissen und deren Erfahrung sind.

Unser energetischer Bewusstseinskörper wird im physischen Körper im Menschenalter von etwa 1 1/2 – 3 Jahren aktiviert, abhängig von der Frequenzhöhe, dem Alter und der Seinserfahrung der Seele, und stellt so bei seiner Aktivierung vorerst einen scheinbar datenfreien energetischen Körper dar. Unser Bewusstsein ist zum Zeitpunkt der Integration/Aktivierung in unserem physischen Körper ein schwingendes energetisches Feld ohne abrufbares geistiges Wissen. Es integriert auf der Seinsebene die erfahrenen Wissensanteile und ist in Kommunikation mit unserem Geistselbst. Durch die blockadenfreie

Kommunikation zwischen den unterschiedlichen energetischen Körpern ist es dem Menschen möglich, Erfahrungen und Aufgaben der Seinsebene durch das Erkennen in der weltlichen Form in das Bewusstsein zu transportieren. Ein erleuchteter Mensch hat die Möglichkeit, den Aufgaben des Geistselbst zu folgen, indem er mit dem Großen Plan kommuniziert, sein erfahrenes Wissen in Ausrichtung an die Dritte Dimension versteht und so neues Bewusstsein erschafft.

Der gegenwärtige Mensch hat/hatte nicht die Möglichkeit, sich von dieser Erkenntnis leiten zu lassen, da wir durch die Illusion der Isolation und der Reduktion unserer DNS nicht mehr imstande sind/waren, dieses Wissen zu reaktivieren.

Das Unterbewusstsein ist ein Aspekt des Selbst, der Seelenkern (Blume des Lebens), und kann nur bedingt in unserer begrenzten Formation Kommunikation betreiben. Wir erhöhen Bewusstsein, indem wir die Kommunikation durch das Unterbewusstsein führen und die Anleitungen in die weltliche Ebene zulassen, um das Erkennen in das Bewusstsein zu integrieren. Unser Geistselbst umschließt letztlich das, was wir Menschen Seele nennen, und kommuniziert über das Bewusstsein. Wir sind auf einer Reise, in der wir wieder lernen, dass wir geführt sind durch den Großen Geist und das Geistselbst in die Erweiterung bringen, indem wir verstehen, dass wir durch die weltliche Form Wissen in das Erkennen bringen.

Unser Unterbewusstsein hat die Möglichkeit, für uns bewusste Kommunikation zu betreiben, wenn wir die Bereitschaft haben, den Verstand zu disziplinieren und das Ego zu erlösen. Dann wird direkte Kommunikation eintreten, in der wir begreifen, dass das eigentliche Geschenk der Schöpfung niemals ein Überlebensakt, sondern vielmehr ein Erleben in der spezifischen Form der Dichte war.

Wir sind in diese Form gekommen, um das Erkennen des Geistselbst durch bewusstes Erfahren zu gewährleisten. Das Leben wird zunehmend Spaß machen, da wir uns nicht mehr ausgeliefert in einer Szenerie erfahren, sondern entdecken, dass wir mächtige Wesen in einem Großen Ganzen sind, die nur in der Form der Dichte Bewusstsein integrieren wollen. Das heißt, dass das Leben immer lebendiger und aufgeweckter wird und sich jeder Mensch zunehmend leichter als Teil des Großen Ganzen erkennen kann. Hier spreche ich über eine Erfahrung, eins zu sein im Rad des gesamten Universums. Keine Wertigkeiten, einfach nur sein.

Wenn wir wirkliches Wissen um unsere Größe und Existenz haben und bereit sind, die Seele im Einklang mit Allem-was-ist in ihre Erfahrung, angelehnt am Großen Plan, eintauchen zu lassen, entsteht Kommunikation zwischen den mentalen, emotionalen und physischen Körpern und wahrhaftige erlöste Macht durch den Großen Geist.

Thoth:

Wir sind aufgerufen, noch einige Hinweise aus unserer Erfahrung der weltlichen Inkarnation dazuzugeben, auch wenn diese Erfahrungsform im Hinblick auf eure Jetztzeit nicht mehr wirklich relevant ist.

Dieser Zeitfaktor ist anscheinend für euch Menschen noch nicht erfass-, und damit nicht verwertbar. Alles existiert in einem Moment. Es gibt damit nur den Moment, das Jetzt, das durch die allgemeine Realität in einer bestimmten Form ausgesendet und damit erfahren wird. Dennoch ist das Jetzt von allen Realitäten ausgefüllt, und nur der Ablauf, die zeitliche Messlatte in der Dritten Dimension, gibt euch Menschen das Gefühl, dass es so etwas wie eine geschichtliche Vergangenheit gibt. Darin ist auch die Form des Alterns festzumachen, da ihr in der zweiten Bewusstseinsebene der Dritten Dimension die Entscheidung getroffen habt, nach eurer Geburt zu altern und nicht jünger zu werden. Aber auch dies wäre möglich. Es liegt nur an der allgemeinen akzeptierten Form, der Matrix in der Ebene der Dichte. Ihr könntet auch die Möglichkeit haben, als Greis auf die Welt zu kommen und mit zunehmender Reife des Bewusstseins einen jüngeren Körper zu erhalten (siehe Film: Der Fall des Benjamin Button – Anmerkung der Autorin).

Alles entspricht sich gegenseitig, und damit habt ihr Menschen alle Möglichkeiten in der Ebene des Seins. Wie oben, so auch unten, wie im Großen, so im Kleinen. Je mehr Möglichkeiten ihr habt, diese Wahrheiten wirklich zu fühlen und sie in eure begrenzten Fähigkeiten eures Lebens zu integrieren, aufzunehmen, desto schneller werdet ihr spüren, dass Leben zum selben Zeitpunkt allgegenwärtig auftritt.

Wir möchten euch an dieser Stelle verständlich machen, dass ihr einer definierten Form der Matrix untersteht, in der gewisse Gesetze funktionieren. Genauso hättet ihr aber die Möglichkeit, die Matrix zu verändern und andere Gesetze zu erleben. Durch das Verstehen der Illusion in der Wirklichkeitsebene werdet ihr in eurer begrenzten erlebten Form frei von definierten Gesetzen. **Nichts ist, wie es scheint! Nicht mehr und nicht weniger.**

In unserer Inkarnation in der definierten Zeitrechnung der Epoche der Pharaonen begriffen wir Leben als transparent und unendlich. Dennoch konnten wir nicht übersehen, dass der globale Mensch nach dem Verlust seiner vollkommenen rotierenden 12-Strang-DNS Hilfe und Anleitung zu seiner Anbindung *an die schöpferischen Einheiten bedurfte.*

Leben war aus eurer Sichtweise unglaublich vielschichtig, da die evolutionäre Phase des Kali Yuga noch nicht aktiv und somit der geöffnete Zugang zu den unterschiedlichen Dimensionen (jedoch noch anders als in eurer gegenwärtigen Zeit) möglich war. Diese Öffnung der Dimensionen ist dabei, sich wieder zu installieren, und die magnetischen Pole auf Terra haben sich bereits verschoben, steigen in Richtung des jetzigen Nordpols und heben damit Bewusstsein und entschleiern die Blicke. Wir freuen uns unendlich mit euch, da ihr noch nicht wisst, wie schön es ist, ein bewusster Anteil der Schöpfung zu sein und die Erfahrung des Schöpfers bewusst in der Dichte zu erkennen. Es ist wie Zauberei bei euren Kindern, Dinge zu manifestieren und verschwinden zu lassen, der bewusste Herrscher seiner Realitäten zu sein, und das wird auf eure Lippen das gleiche Lächeln zaubern wie auf die eurer Kinder, wenn ihnen die Meisterstücke der Zauberei gelingen oder vorgeführt werden. Dennoch ist es wieder der Verstand, der die Dinge in ihrer Magie erkunden will und gleichzeitig das Wunder und die Magie verdrängt.

Wie seltsam ist es für uns Zuschauer, euch in der Jetztzeit zu betrachten. Ihr habt Angst, Realitäten bewusst zu verändern, und braucht Mut, euch als Schöpfer zu sehen, zumindest als bewusste Schöpfer auf energetischer Linie. Viele von euch haben keine Skrupel, in die Schöpfung einzugreifen und damit die Realitäten zu verändern, gar zu manipulieren. Aber es scheint, dass unbewusste Handlungen immer eine Entschuldigung für eure Vergehen sind.

Dies wird nicht der Mensch der nächsten Bewusstseinsstufe sein, und wir rufen euch auf, erneut zu reflektieren, dass es keine Entschuldigungen für Unreife gibt, sondern nur Kon-

sequenzen. Auch dies unterliegt wieder der Form der eigenen Kreation und ist die Messlatte für euer individuelles spirituelles Wachstum. Hier wollen wir die Aussage bestätigen, dass es keine Wertung in der energetischen und spirituellen Ebene des Seins gibt, sondern nur ihr seid die Richter eures Lebens. Dieser Richter ist euer Verstand, und er sollte in seiner Ausrichtung und Funktion infrage gestellt werden.

Es führt zu enormen Verspannungen, wenn ihr eurem Verstand eine Macht einräumt, die er nicht imstande ist zu bewältigen. Ihr gebt euren kleinen Kindern doch auch kein lebendiges Baby zur Versorgung in die Hände, sondern eine Puppe, und ihr gebt ihnen auch keine geladene, schussbereite Pistole, um sich als Gauner zu probieren.

Warum gebt ihr Menschen dann die Macht der Erschaffung eurer Realitäten in die Hände des Verstandes, der nicht die Möglichkeiten besitzt, damit umzugehen? Euer mentaler Körper wird durch die Konditionierungen der weltlichen Formation benutzt und manipuliert, gesteuert und blockiert und hat durch diese völlige Form der Überforderung nicht die Möglichkeit, Informationen zu seinen weiteren energetischen Einheiten zu geben und auszutauschen, sondern versucht, alles alleine zu bewerkstelligen und blockiert zwangsläufig.

Was würdet ihr Menschen mit einem Schreiben in chinesischer Sprache tun, falls ihr aufgefordert wärt, den Anweisungen auf dem Zettel Folge zu leisten? Ihr hättet die Möglichkeit, es zunächst von einer anderen Instanz, die ermächtigt ist, Chinesisch zu verstehen, übersetzen zu lassen, oder ihr könntet so tun, als ob Chinesisch eure Muttersprache sei und vorgeben, die Instruktionen auf dem Geschriebenen zu verstehen und auszuführen. Könnt ihr euch vorstellen, welche Verspannungen bei euch in der Ausführung der zweiten Annahme die Folge wären? Ihr würdet hoffen, dass niemand überprüft, ob ihr auch alles richtig macht, und wärt der Hoffnung, dass keine Kontrollinstanz bemerkt, dass ihr nicht in der Lage wart, das Geschriebene zu entziffern. Ihr wärt unter Stress, da ihr eure Inkompetenz in dieser Angelegenheit verschleiern müsst, und das schafft Verspannungen.

Dieses skizzierte Programm ist in eurer weltlichen Formation allgegenwärtig. Wie im Innen, so im Außen – alles bedingt und entspricht sich gegenseitig. Also resultieren äußere Verspannungen in den mentalen Bereichen aus den inneren Verspannungen, wenn dem Verstand Aufgaben übergeben werden, die er nicht bewältigen kann.

Wir bitten euch an diesem Punkt, dass ihr versucht zu verstehen, wie ein Mensch entsteht. Ihr habt Geschlechtsverkehr und wisst darum, dass eine Samenzelle im Wettstreit mit anderen Zellen letztendlich eine Eizelle befruchten wird. So wird es euch zumindest erzählt. Wahrhaftig ist mehr als nur eine Samenzelle notwendig, um ein weiteres Menschenleben zu erschaffen. Dies sei jedoch nur eine Randbemerkung und im Moment nicht Thema unserer Ausführung. Im Moment der Empfängnis verschmelzen, wie bereits von Carolin beschrieben, zwei komplette DNS-Stränge und erschaffen dadurch einen dritten, neuen DNS-Strang. Daraufhin teilt sich das Ei, und es bilden sich Zellen, wobei bewusste energetische Einheiten dabei helfen, Atome und Moleküle zu formen. Dieser Vorgang wird von Angaben oder Mustern der DNS überwacht, was eure Wissenschaft als Blaupause für den gesamten physischen Körper versteht.

Wir wollen euch erklären, dass in dieser Phase der Herstellung bereits eine fertige Form des gesamten Erscheinungsbilds des Körpers existiert, die sich durch die Gedanken und Strukturen in der geformten DNS als Montageanleitung wider-

spiegelt und die einzelnen Fragmente durch die zur selben Zeit existierende fertige Form der physischen Einheit entstehen. Die sogenannte Blaupause kann nachvollziehen, dass alles zur gleichen Zeit existiert, und hier haben die Menschen einen wissenschaftlichen Beweis angetreten, dass es nur den Moment gibt, aus dem alles heraus geht und zur gleichen Zeit alles hinein verschwindet, das heißt, dass Alles-was-ist zur gleichen Zeit existiert.

Das bedeutet, dass ihr in der Ebene der Dichte zwar die Zeit erfahrt, da sie einen definierten Bestandteil der Selbsterkennung bildet, doch ist sie nicht wirklich existent. Hier in der Matrix der Dritten Dimension jedoch wachsen die Zellen mit der Zeit in ihrer eigenen Geschwindigkeit und schließen Jahre später ihr Wachstum ab, um dann nur noch verbrauchte Zellen zu erneuern.

(Diese und folgende Ausführungen sind weitere Erklärungen zur Schilderung der Persönlichkeit des Menschen auf den vorhergehenden Seiten und entsprechen den Aussagen des Informationsblatts des Lichtkörper-Transformators von Isis Weber – Anmerkung der Autorin).

Wir wollen nun noch einmal auf diese Inhalte eingehen, da sie eure energetischen Körper durch diese Form der Wiederholung erneut, jedoch dieses Mal anders aktivieren. Um zu verstehen, was ihr seid, müsst ihr auf den unterschiedlichsten Weisen erfahren, was an eurer Essenz geschieht. Wir halten es auch für ratsam, diesen Abschnitt erneut zu lesen, um ein Gefühl für euren ursprünglichen Ausgangspunkt zu erhalten.

Die wachsenden Zellen tragen Bewusstsein und gehen in der Bauanleitung so vor, dass sie sich auf die Blaupause des physischen Körpers und dessen simultane Zukunft einstimmen, *um konkrete Anleitung für ihr Wachstum zu erhalten. (Die Natur bedient sich in ihrem Wachstum ebenfalls der Blaupausen, und diese lernen zu betrachten, was sie getan haben, um den neuen Zustand wiederum zu erschaffen.)*

Diese Zellen ziehen Energien an, um sich dann zu teilen, entsprechend weitere Zellen zu bilden und letztendlich die Funktion ausüben zu können, die in der DNS verankert ist. Der physische Körper ist in der Dritten Dimension nur fest, da er aus stehenden Wellen gebaut wird. Das Bewusstsein des Körpers bildet sich nach ausreichendem Wachstum der Zellen aus und erschafft Organe, Zellen, Atome und Moleküle unter der Anleitung des Geistes und der Blaupause des Körpers (alles existiert zur gleichen Zeit, und so ist dies in eurer Perspektive die Zukunftsversion des Körpers, und damit dessen aktueller Zustand).

Eure Körper werden nach abgeschlossenem Wachstum der Zellen unaufhörlich neu erschaffen. Der physische Körper müsste in euren Augen ein wundersames Wesen sein, da er selbst Bewusstsein trägt und sich dadurch sehr gut selbst regulieren kann. Da alles einander bedingt, ist es auf der Ebene der Dichte so, dass eure Gedanken und Strukturen sowie Glaubenssysteme unaufhörlich den Körper und seinen Zustand neu erschaffen. Dies ist auch eine Form der Resonanz, in der jede Form des Lebens zueinander steht. Dadurch haben Gedanken und Gefühle, die ihr Menschen tief in euch tragt, enormen Einfluss auf den Zustand des physischen Gefährts. Wie auch von Carolin angesprochen, möchten wir bestätigen, dass Angst vor Tod, Zerbrechlichkeit oder Krankheit euch diese Realitäten erschaffen werden, da ihr das physische Bewusstsein daraus programmiert. Genauso habt ihr die Macht, durch Gedanken von Liebe, Glück und Gesundheit den Körper so zu unterstüt-

zen, dass er seine eigene Immunität stabilisiert und nicht sein Bewusstsein in die Resonanz von Alterungsprozessen stellt.

Je weniger ein Mensch glaubt, dass er mit zunehmenden Jahren altern wird, desto mehr haben eure Zellen die Chance, alles zu erneuern (geht wiederum einher mit der Ablösung aus der alten Matrix). Erneut sprechen wir jedoch nicht vom Verstand, der euch sofort sagt, dass ihr jetzt nicht mehr altern müsst, da doch jugendliches Aussehen erwünscht ist, sondern wir sprechen von wahren Gefühlen und der wirklichen Gedankenkraft, an das ewige Leben zu glauben, es einfach zu verspüren.

Es ist so, dass in der Dritten Dimension die Form der Matrix eine entscheidende Rolle spielt und eine Verfälschung in der Zell-DNS ebenso ein Auslöser von Krankheit und Leiden ist und damit auch in Verbindung mit eurem Altern gesehen wird. Das heißt, dass ihr durch ein neues Körperbewusstsein auch die Realität eures Körpers verändert, da die Zell-DNS neue Programme erfährt und unverfälscht durch Reaktivierung erschaffen kann.

Versucht zu verstehen, dass nichts anderes als das Bewusstsein des Körpers das physische Gefährt wachsen lässt und versucht, ehrfürchtig zu empfinden, wie unendlich harmonisch das Leben ist. Euer Verstand hätte an diesem Punkt nicht die Möglichkeit, euren physischen Körper wachsen zu lassen, und ihr seid auch besser beraten, dies nicht eurem Verstand zu übergeben. Versucht einmal zu visualisieren, welche Aufgabe der Verstand zu meistern hätte, wenn er die Zuständigkeit bekommen würde, den gesamten Erneuerungsprozess für eure Zellen zu übernehmen. Entlasst euren Verstand aus der Aufgabe, euch zu richten, zu urteilen, Aufgaben zu verteilen und Gedankenstrukturen zur Realität werden zu lassen. Versucht, ihm die Macht zu entreißen, und wisst, dass dies wirklich die falsche Instanz ist, um ein Wunderwerk und Schöpfung zu leiten.

Auf der Dritten Dimension habt ihr ein Bewusstsein, das sich aus verschiedenen Formen oder Einheiten zusammensetzt: Auf der Grundlage, dass es letztlich nur das eine Bewusstsein gibt, das sich in Fragmenten auf den unterschiedlichen Ebenen zeigen kann.

– **Das übergeordnete, subatomare oder feinstoffliche Bewusstsein:**
Diese Form des bewussten Erkennens ist sich der kosmischen Einheiten bewusst, kommuniziert und interagiert mit allen anderen Formen subatomaren Bewusstseins.

– **Bewusstsein der Zellen:**
Dieses Bewusstsein stimmt sich auf die individuelle, simultane Zukunft ein (Blaupausen) und wird durch Glaubenssysteme, Prägungen, Gedanken und Gefühle sowie die eigene Lebenserfahrung geprägt und bestimmt.

– **Körperbewusstsein:**
Dies stellt das Bewusstsein des gesamten physischen Körpers dar, das zelluläre Bewusstsein sowie Glaubenssätze des Egos und dessen Ausdrucksmittel.

– **Bewusstsein der Erschaffung der Realitäten:**
Die Realität eines Menschen wird durch den Gedanken manifestiert, durch die Spiegelung des Morphogenetischen Feldes. Hier sind wiederum die Glaubenssysteme und Glaubenssätze maßgeblich an der Formung der Realitäten beteiligt.

– **Der emotionale Körper**, der sich durch die Gefühle zum Ausdruck bringt. Ihr Menschen haltet durch Ängste an alten Formen fest, die wiederum Blockaden durch stagnierende energetische Felder bilden können.

– **Spirituelles Bewusstsein**: Dieses Bewusstsein kommt durch unterschiedliche Aspekte an die Oberfläche. Ihr Menschen nennt diesen Aspekt auch **Intuition** oder **Erkennen**. Diese Ausdrucksformen beschreiben im Wesentlichen das Erkennen der schöpferischen Ordnung und ihre Einheit. Es ist das Große Ganze, das nicht wertet und unterscheidet. Ihr habt die Möglichkeit, dieses durch die Wiederbelebung der DNS-Stränge mehr und mehr wahrzunehmen und euch in der Ordnung der Schöpfung zu erfahren. Es ist nichts weiter als eine versteckte oder noch inaktive Blaupause der DNS, aus der trotzdem Realität fließt und dadurch Kennungsmerkmale der unterschiedlichen Arten und Formen des Lebens trägt. Durch das spirituelle Bewusstsein werdet ihr Menschen die Interaktion der physischen Realität, die Kommunikation und das Erkennen in anderen Ebenen und Dimensionen und auch der Zellen und der Wesenheiten erfahren.

Wir wollen nochmals darauf hinweisen, dass ihr die einzelnen Arten der bewussten Wahrnehmung nicht getrennt betrachten könnt, da Bewusstsein eine Einheit bildet und die Kommunikation zwischen den genannten Einheiten nicht separat gesehen werden kann. Es ist wie bei einem Computer, der nicht funktionieren würde, wenn die Programme nicht interagieren und sich alles aufeinander einstellen könnte. Würde man einen Teil des Programms entfernen, könnte das gesamte Programm nicht laufen. Wir wollen nur eurem Verstand erläutern, dass die bewusste Wahrnehmung auf unterschiedlichen Ebenen läuft und nicht rein durch den Verstand oder das mentale Feld beeinflussbar ist. Euer physischer Körper wird in eurer Realität nicht wirklich ernst genommen und ist dennoch nicht nur ein Gefährt der Materie. Euer Körper hat tatsächlich zelluläres Bewusstsein, er formt und kommuniziert unentwegt neue Realitäten.

Wir wollen ein mögliches Beispiel nennen: Nehmen wir einen Mann in mittleren Jahren, der sich durch das Glaubenssystem der Gesellschaft (ist auch nur eine Meinung über die Realität), der irdischen Matrix und die genetische Anpassung (auch ein Glaubenssystem) an seine Vorfahren mit dem Programm abgefunden hat, dass er eine Glatze bekommen wird. Also wird dem auch so sein, da das zelluläre Bewusstsein die Information trägt, die durch anerkannte Glaubenssysteme verstärkt und letztlich durch das Körperbewusstsein und die emotionale Stagnation (ich bin ausgeliefert und muss mich mit einer Glatze abfinden – Resignation) so eintreten wird. Das heißt, dass dieser Mann aus seinem vollen Bewusstsein kreiert und eine haarfreie Zone auf seinem Haupt einzurichten vermag, die das Kronenchakra zwar freigibt, aber dennoch energetisch verletzbar macht. Doch dieses Thema werden wir zu gegebener Zeit betrachten.

Wir waren aufgerufen, das Bewusstsein und das Unterbewusstsein aus unseren Erfahrungen der Dritten Dimension in der Sicht der Jetztzeit zu bereichern. Wir können euch dazu so viel sagen, dass die Anordnung des Bewusstseins und des Unterbewusstseins verschoben worden sind und ihr durch unzählige Vorkommnisse in Zustände gekommen seid, die es fast unmöglich machen, durch Erfahrung leidfrei zu lernen. Der

Mensch ist in seiner Bewusstwerdung stagnierend und hat nur verstanden, sich durch Druck, Leid und Schmerz bewegen zu müssen und dadurch Bewusstsein zuzulassen. Ein scheinbar glücklicher Mensch wird sich nicht bewegen, um Bewusstsein zu integrieren, außer er betrachtet seinen Weg als Fügung, die die Buddhisten letztlich Dharma nennen.

Ihr Menschen werdet jedoch zu den ursprünglichen Frequenzen zurückkehren und es euch selbst ermöglichen, wieder wahrhaftiges bewusstes Wahrnehmen zu erleben, aus dem sich alle Teile des Seins kristallisieren. Dieser Zustand ist so etwas wie das Erwachen aus einer Narkose, in dem Erkennen, dass die Operation zwar gelungen ist, aber Narben hinterlassen hat.

Ihr werdet die Fähigkeit erwerben, das Vergangene ziehen und Narben verschwinden zu lassen, da verstanden wird, dass Leben nur im Jetzt stattfinden kann, in Anlehnung an den Großen Geist und das Wissen der Unendlichkeit. Harmonie zwischen Bewusstsein und Unterbewusstsein führt euch zurück zu den lichten Wesenheiten, die in euch wohnen und Leben in der Ebene der Dritten Dimension als etwas Leichtes, Freudiges und Lichtvolles betrachten können. Ihr werdet nicht mehr länger der unwissende, schwerfällige Mensch sein, der Unruhe und Zerstörung aus einem lärmenden Verstand erschaffen muss.

Ihr Menschen:
Euer Weg war lang in der Zeitzone des körperlichen Seins und der Gebrechlichkeit. Ihr müsst nur erwachen! Ihr werdet getragen zu den Ufern der Liebe und des Mitgefühls, zu einer noch schlummernden Einheit in den Tiefen eures Seins.

Ihr müsst anerkennen, dass das Leben größer und wahrhaftiger ist, als es euer Verstand zulassen will. Seid willkommen im Raum der energetischen Wesenheiten, dem Raum ohne

Grenzen, auf der Basis bedingungsloser Liebe und frei von Vorstellungen des menschlichen Egos.

So sei es!

MerKaBa

Das Wort MerKaBa setzt sich im Ägyptischen aus folgenden drei Worten zusammen (siehe *„Blume des Lebens,* Band 1 und Band 2" von Drunvalo Melchizedek und den Weber Isis Katalog *„Lichtkörper-Transformator"*):

Mer (= Licht) beschreibt ein gegenläufig rotierendes Lichtfeld, *Ka (= Geist)* repräsentiert auf der Erde den menschlichen Geist und umschreibt dennoch „Geist" allgemein und *Ba (= Körper)* meint auf der Erde den physischen Körper und beschreibt damit die Interpretation der Wirklichkeit.

Damit ist der Licht-Geist-Körper gemeint. Die MerKaBa ist damit ein Fahrzeug aus Licht, in dem man bei Beherrschung der entsprechenden Rotationen Zeit, Raum und Dimensionen bereisen kann. Dieser Lichtkörper ist in jeder Struktur des Lebens enthalten und stellt damit auch keine Trennung zu unserem physischen Körper dar. Jede einzelne Zelle enthält die holographische Resonanz der MerKaBa, und jeder Körper hat eine energetische Kopie. In dieser Kopie ist der Körper in seiner Vollkommenheit und Gesundheit existent. Das MerKaBa-Feld aktiviert diese Blaupause in seiner Ganzheit und führt uns zurück zu der ursprünglichen Form und Größe.

Wie im letzten Kapitel beschrieben, besitzen wir einen physischen, einen mentalen und einen emotionalen Körper. Jeder dieser Körper hat die Form eines Sterntetraeders. In der energetischen Form sind diese Felder identisch, mit der Ausnahme, dass sich das Feld des physischen Körpers nicht dreht oder bewegt.

Die MerKaBa wird durch die Drehung der Energiefelder in entgegengesetzter Richtung aktiviert. Der mentale Sterntetraeder dreht sich links herum, da er männlich und elektrisch ist. Dagegen ist der emotionale Sterntetraeder weiblich und magnetisch und dreht nach rechts. Die Aktivierung der MerKaBa findet statt, wenn die Verbindung des mentalen und des emotionalen Sterntetraeders (Geist mit dem Herz) und dem physischen Körper in einem speziellen geometrischen Muster erschaffen wird.

Hier ist wiederum von der Balance und der Harmonie der drei Energiekörper die Sprache, die unabdinglich für die anstehende Bewusstseinserhöhung sind.

Thoth:

Wir möchten euch einen kurzen Überblick über die Auswirkung und die Wirkungsweise eines solch beschriebenen Lichtkörpers geben. Die Aufgestiegenen Meister sind sich allesamt der Funktion und des Einsatzes eines Lichtfelds dieser Art bewusst und benutzen ihn für Reisen zwischen Zeit und Raum. (Ihr Menschen habt nur die Wirkungsweise und Gegenwart der MerKaBa in eurem definierbaren Zeitabschnitt vergessen.)

Die Absicht ist, dass ihr in der Form der Dichte Unsterblichkeit im Sinne eines bewussten Übergangs innerhalb der Ebenen der Materie und der Unendlichkeit des Raums habt. Das bedeutet im Klartext, dass euer Gedächtnis sich an vergangene Übergänge und deren Erfahrungen und Erkennungsinhalte erinnern kann und sich durch bewusste Entscheidung in andere Körper niederlässt. In diesen physischen Körpern, verbunden mit der reinen Geisteskraft, mag es euch mit der Rotation und der Schwingung eures Lichtkörpers gelingen, in unterschiedliche Dimensionen zu reisen und euch im Körper mit dem bewussten Geist von einer Welt zu einer anderen zu bewegen.

Durch dieses energetische Feld seid ihr in den physischen Körpern mächtig, euch zu stabilisieren, euch bezüglich der II-

lusionen und der Matrix unabhängig zu bewegen und euch an Alles-was-ist zu erinnern. Ihr habt die Möglichkeit, eure Körper so zu stabilisieren, dass alle Formen von magnetischen Veränderungen auf Terra für euch nicht mehr bedrohlich sind, beispielsweise im Sinne eines kompletten Dateiverlusts und diesbezüglichen Absturzes eurer Erinnerung und Zerstörung des physischen Körpers.

Der Umfang des Verstehens bezüglich des eben angesprochenen Lichtfelds ist jedoch so groß, dass es uns zu diesem Moment nicht möglich ist, euch wirklich eine Erfahrung und ein Verständnis dessen zuteil werden zu lassen.

Die MerKaBa in ihrer reinsten Form ist das Schöpfungsmuster selbst, das alles, was jemals entstanden ist, aus sich hervorgebracht hat. Es ist wie eine unendliche Kommunikation zwischen allen Formen des Seins, und jede Form von Leben wird auf sie abgestimmt. Daher können wir euch auch mitteilen, dass ihr die Form und die Kraft der MerKaBa kennt und euch zu gegebenem Zeitpunkt wieder an sie erinnert. Wenn ihr in die Form des Sterbens geht, die noch mit dem Vergessen gekoppelt ist, erinnert sich euer mächtiger Geist an die Existenz der MerKaBa, und ihr nutzt sie zu Reisen zwischen den Seinsebenen von Zeit, Raum und Dimension, während sich euer Leben neu entfaltet.

Die Struktur der MerKaBa ist allein durch die Liebe und das Mitgefühl wieder zu aktivieren. Viele von euch wünschen sich eine Beruhigung für den mentalen Körper in sich und möchten eine Technik zu der Aktivierung der MerKaBa erfahren. Hier wollen wir euch etwas erklären: Der globale Mensch lebt stark in seinen Ängsten und Nöten und ist dadurch leicht zu durchschauen. Er ist einfach zu lenken, da das Handbuch über die Formen der Resultate durch Angst und Not sehr übersichtlich *strukturiert ist. Das heißt, dass ihr Menschen in der Form der Not immer ähnlich reagiert und somit die Komponenten leicht zu verstehen sind. Wenn wir euch erklären, dass ihr durch eine Technik den Lichtkörper aktivieren könnt und euch so sicher fühlen dürft, da ihr reisen könnt oder auch unendlich seid, dann sagt ein jeder Mensch gleich: „Her mit der Technik!"*

Hier ist es notwendig, die Intention zu betrachten. Es ist keiner Wesenheit gestattet, diese Form des Lichtkörpers bewusst zu aktivieren, wenn sie noch nicht genügend Liebe und Bewusstsein in sich trägt, um damit auch durch Zeit und Raum zu reisen. Eine richtig aktivierte MerKaBa bedingt auch, sich des Christusbewusstseins zu erinnern und sich der Liebe und dem Mitgefühl hingeben zu können. Damit gehen die Komponenten Männlich und Weiblich ineinander über und bedingen sich gegenseitig. Das heißt, die reifste Form der Wiedererinnerung der MerKaBa ist wohl die durch den emotionalen und mentalen Körper im Einklang verstandene Form der Aktivierung. Wir möchten jedoch betonen, dass ihr Menschen nicht auf die mentale Anleitung der Aktivierung der MerKaBa angewiesen seid, dennoch geht das energetische Feld nicht in die nötige Rotation, ohne dass das emotionale Feld der reinen Liebe gelebt wird.

Alles ist wieder sehr logisch: Die Formen der Dualität gibt es letztlich nicht, und sie repräsentieren ihre scheinbare Gültigkeit durch Seiten wie Männlich und Weiblich. Zu einem größeren Verständnis ist es unbedingt erforderlich zu verstehen, dass es hier die Komponenten Mann, Frau und das Kind gibt. Wir wollen nur so weit Verständnis erteilen, dass in eurer erlebten Form immer drei Komponenten aufeinandertreffen. Die Dualität gibt es insoweit nicht, dass in eurer Welt stets eine weitere Komponente existiert, die letztlich die Dualität auf die Trinität verweist. Darauf wollen wir eventuell zu einem späteren

Zeitpunkt genauer eingehen. Ihr Menschen könnt euch nicht, nur um euren Ängsten vorzubeugen oder ihrer Herr zu werden, Techniken aneignen, um euch zu retten. Es steht wahrhaftig nicht die Rettung im Vordergrund, sondern das ehrliche und aufrichtige Begehren, bewusst zu wachsen, Wissen und Größe zuzulassen und sich zu einem Großen Ganzen zu bekennen.

Ihr könnt fühlen, dass es nicht um das egoistische Begehren geht, sich einen guten Platz auf den sicheren Rängen zu besetzen, sondern um Liebe, Miteinander, Demut und Hingabe.

Wir möchten euch hier nicht abraten, euch Atemtechniken und Übungen hinzugeben, die den mentalen Körper unterstützen, sich in seinem Erinnern zu stabilisieren und durch die ehrliche Absicht ein bewusster Teil des Großen Ganzen zu werden, und wir können zudem eine Initialisierung auf den unterschiedlichsten wahrnehmbaren Ebenen eures Seins unterstützen. Es ist eine Tatsache, dass es für viele von euch wichtig ist, durch die linke, die männliche Gehirnhälfte, Wissen zu aktivieren, da es derzeit das Männliche ist, das Unterstützung und Gleichgewicht benötigt. Der weibliche Aspekt ist besser versorgt, da er mit Mutter Erde im Gleichklang lebt und durch die emotionale Form die Aktivierung ohne spezielles Wissen, sondern durch Hingabe und bedingungslose Liebe sowie das Streben nach schöpferischer Einheit erfolgt.

Wir möchten euch deutlich darauf hinweisen, eure Absichten zu überprüfen, euch selbst verstehen zu lernen und zu klären, aus welcher Intention heraus ihr eure Wege wählt und begeht. Ihr könnt euren mächtigen Geist nicht betrügen und tut gut daran, euch selbst in der Form der Wahrhaftigkeit zu begegnen, um euch Umwege zu ersparen.

Um die MerKaBa noch genauer zu verstehen, ist es für euch notwendig, sie als Wesenheit anzuerkennen und nicht als

Ding. Geliebte Menschen, die MerKaBa ist wie die Erde eine lebendige Wesenheit, und sie ist Liebe. Versucht euch nicht als etwas Getrenntes wahrzunehmen, sondern versteht, dass die **MerKaBa mit euch identisch ist.** Sie ist die Verbindung zur Urquelle, zu Gott. In dieser Verbindung erfahrt ihr das EINS-SEIN mit Gott, und die MerKaBa ermöglicht es, die Energie zu atmen, die ihr Menschen Prana oder Chi nennt. Diese Lebenskraftenergie strömt in euren Körper ein und wird zu Gott, der Urquelle allen Seins, zurückgesandt. Die MerKaBa ist Licht (weiblich/emotional) und Wissen (männlich/mental) und besteht aus gegenläufig rotierenden Lichtfeldern. Im Moment der Verschmelzung dieser Komponenten ist das Christusbewusstsein erwacht. Christus wird immer gegenwärtig sein, wenn ihr Menschen die MerKaBa lebt.

Wie bereits mehrmals angesprochen, werdet ihr Wahrheit und Bewusstsein nur erreichen, wenn ihr ehrlich zu euch selbst seid und eure Absichten gut durchleuchtet. Betrachtet erneut eure Intentionen als Mensch und versucht, aufrichtig mit den Absichten zu sein, die ihr im Weltlichen verfolgt. Wenn ihr, subjektiv betrachtet, scheitert, dann ist nicht euer Lichtkörper die Ursache dafür, sondern allein die Tatsache, dass ihr noch nicht die Seite des Egos entlarvt und verstanden habt, eure Macht durch Habgier und die unerlöste Ebene der Wertigkeiten aufzugeben.

Immer wieder mag euch von unserer Seite gesagt sein, dass alle spirituellen Techniken der Welt nur greifen können, wenn eure Wahrnehmung aus der Dualität in der Schwingung des IST-Zustands verschmilzt. So auch die MerKaBa.

Seid ihr jedoch auf der Suche nach der Technik der Mer-KaBa, um Anleitung für die mentale Ebene zu erhalten, bitten wir euch darum, dies auch zu tun und euch nicht zu schämen, *wenn ihr noch nicht spürt, dass ihr wahrhaftig nichts auswendig zu lernen habt, da das Wissen und die Fähigkeiten in euch schlummern. Ihr alle seid Seelen und Wesenheiten Gottes, und damit eins mit der Schöpfung und ihrem Wesen.*

Auf der Suche nach der Realisation des männlichen Weges wollen wir euch einige Hinweise zu euren Energiepunkten im und außerhalb des physischen Körpers geben. Da wir Kenntnis darüber haben, dass eure Gesellschaft durch Bücher und Nachschlagewerke bereits Zugang zu den Chakren besitzt, wollen wir uns relativ kurz zu diesem Thema fassen. (Wir möchten jedoch den naturwissenschaftlich betonten Leser wiederholt darauf hinweisen, dass unser Freund Drunvalo in seinem Werk „Blume des Lebens, Band 2" sehr detailliert auf die heilige Geometrie hinzuweisen vermag und damit ausführlich auf die Grundideen und die Techniken der MerKaBa und die unterschiedlichen Chakren zu sprechen kommt.)
Jedes einzelne Chakra nimmt durch seine Qualität die Welt in einer bestimmten Form wahr. Damit wollen wir ausdrücken, dass die unterschiedlichen Chakren entlang der Wirbelsäule des Menschen die Welt auf unterschiedliche Weise interpretieren. Doch sind sie in ihrer Form verbunden durch das von euch so bekannte Prana und haben energetische Aspekte, die einander gleich sind. Wir sprechen in erster Linie von den acht Chakren innerhalb eures physischen Körpers, doch vermögt ihr bereits auch die Gegenwart der weiteren Chakren außerhalb eures Körpers wahrzunehmen, sodass sich die Darstellung auf insgesamt dreizehn Chakren festlegen ließe.
Aus unserer Sicht gibt es wesentlich mehr Energiepunkte in und um euch, die hier jedoch eine untergeordnete Rolle spielen. Wir wollen uns zunächst an die acht Chakren wenden, da diese

für euer Bewusstsein wichtig sind, und wir möchten betonen, dass die Lebendigkeit und die Interaktion der Energiepunkte mit euren Lichtkörpern von wirklicher Bedeutung sind.

Diese acht Chakren innerhalb eures physischen Gefährts hängen mit dem Sterntetraeder der MerKaBa zusammen. Von diesen elektrischen Basispunkten aus könnt ihr euch Leitungen vorstellen, die wiederum mit allen Zellen des Körpers verbunden sind. Diese Basispunkte werden euch in anderen Kulturen auch als Meridiane vermittelt. Ihr Menschen müsst es euch so vorstellen, dass ihr mit den unteren drei Energiepunkten eure Reise in diese Welt startet und damit auch das Ego im Laufe dieser Ausrichtung und Erfahrungen die meiste Kraft besitzt. Wir haben bereits angesprochen, dass die Themen der einzelnen Chakren sehr spezifisch sind und damit euer Leben jeweils auf eine Qualität fixieren.

Nun beginnt das Neugeborene mit dem ersten Energiewirbel, dem Überleben. Das gesamte Anliegen des Säuglings ist auf das Überleben ausgerichtet. Nachdem es diesen Aspekt gemeistert hat, kann sich das Lebewesen auf die nächsten zwei Energiepunkte konzentrieren und wird sich zunächst ganz und gar auf das Sexualchakra (Männlich/Weiblich) ausrichten, um dann im Kontakt mit seiner Willenskraft und dementsprechend seinem Ego das dritte Chakra zu meistern. Das Wesen wird sich durch sein Ego bereiterklären, die physische Welt unter Kontrolle zu bringen, um sich in Sicherheit zu wiegen und weiterhin die beiden unteren Energiepunkte unter Kontrolle zu halten.

Liebe Menschen, viele unter euch sind noch nicht an den unteren drei Chakren vorbeigekommen und können sich nicht vorstellen, dass es noch etwas anderes im Leben gibt. Diese Welt, ausgerichtet auf die unteren drei Energiepunkte, ist ein Leben in der Materie, ausgerichtet auf Profit und Gier. Ihr denkt, dass ihr die Welt lenken und um eurer Sicherheiten willen alles kontrollieren und bewerten könnt. Hier gibt es dennoch mehr zu erleben, und euer Weg geht in die weiteren Chakren zu anderen bewussten Zuständen.

Ihr könnt es an euren Ländern und Kulturen beobachten. Auch Länder sind jung oder alt und konzentrieren sich dadurch auf unterschiedliche Ausrichtungen. So könnt ihr zum Beispiel in den Vereinigten Staaten erkennen, dass dieses Land nun langsam über den ersten Halbtonschritt hinausgewachsen ist und versucht zu verstehen, dass die Werte eines Lebens nicht nur in der Vorstellung und Kontrolle des Egos hängen. Da Mutter Erde ihre Frequenzen erhöht und dadurch zu höherem Bewusstsein kommt, bleibt euch aber nur der Weg des Erwachens und des Erkennens des Seins auf den höheren energetischen Wirbeln.

Zwischen eurem dritten und vierten Chakra liegt so etwas wie eine Wand, die euch befähigt, erst nach einem gewissen Stadium des Erwachens zu den nächsten Chakren zu gelangen. Ihr müsst die Kapazität haben zu erfahren, welche Qualität des Lebens noch bereit steht. Bitte erinnert euch daran, dass wir vermehrt darauf zu sprechen kamen, dass sich alles bedingt, und wie im Kleinen, auch im Großen die Dinge gleichsam ablaufen.

In dem Moment, in dem ihr über die erste Hürde in das vierte Chakra gelangt seid, werdet ihr die Form des Christusbewusstseins erleben. Das Herzchakra wird euch eine völlig neue Welt eröffnen, in der die Wertigkeiten des Seins neu geordnet und gelockert werden. Nachdem ihr über das vierte Chakra hinausgewachsen seid, werdet ihr eine Form der Leere erfahren, da sich die Polaritäten verändern. Das fünfte Chakra ist wie Musik und verarbeitet den Klang des Lebens. Auch hier ist eine völlig veränderte Wahrnehmung im Vergleich zu dem vierten Chakra zu erleben. Das sechste Chakra ist die Vermittlung der heiligen Geometrie, die Wesenheit wird urplötzlich mit geometrischen Mustern konfrontiert, die das Universum beleben. Das nächste, siebte Chakra, in eurer Welt auch das spirituelle Chakra genannt, gibt der Wesenheit das Gefühl der Verbindung mit der Schöpfung, des Verschmelzens mit Gott und der Zusammenkunft mit der Urquelle. Ihr werdet keine anderen Bedürfnisse mehr haben und habt eure Frequenzen bis zu diesem energetischen Wirbel beträchtlich angehoben. Das letzte Chakra ist wiederum durch eine weitere Tür zu erreichen und wird sich dem Menschen öffnen, der es geschafft hat, wirklich die Erfahrungen der anderen sieben Chakren zu integrieren und damit zu sein. Das achte Chakra ist eine andere Welt und nicht mehr gleichbedeutend mit den Erfahrungen der Dritten Dimension. Von dort werdet ihr andere Welten betreten und wiederkehren, um allem Lebendigen zu dienen, da ihr Verständnis dafür erlangt habt, dass ihr selbst alles Leben seid.

Liebe Menschen, unsere Worte sind so groß für euren Verstand, und doch beleben sie eure Felder und führen euch in das Erwachen. Auch hier benötigt ihr keinerlei Technik, jedoch das Vermögen, wachsen zu wollen und wahrhaftig die Größe und das Ausmaß eures Seins zu erkennen.

Mutter Erde ist nun bereit und trägt auch ihrerseits energetische Wirbel, die darauf ausgerichtet sind, die Erfahrungen der höheren Frequenzen zu integrieren. Sie ist die Mutter der Lebensform, die ihr Menschen vermögt zu sein, und ihr seid nun aufgefordert, mit Mutter Erde in die Selbsterkennung allen Lebens zu gehen. Gebt euch hin, über die unteren Chakren zu fließen, und versteht, dass das Ego nicht die Sicherheit der

Kontrolle über das Überleben abgeben möchte, doch erkennt die Weite der gesamten Qualität und geht mit Mutter Erde in das Erkennen des Großen Geistes.

So sei es.

Zeit und Raum

Orientierung für unseren Verstand

Unser Gehirn ist, wie bereits erwähnt, zu einem Minimum an Kapazitäten geschrumpft und hat dadurch nicht die Fähigkeit, sich im momentanen Zustand in andere Realitätsebenen oder Dimensionen zu begeben. Unser Geist ist unendlich mächtig und in der Lage, mit uns bewusste Zeitreisen zu unternehmen, unter der Voraussetzung, dass wir imstande sind, die MerKaBa zu aktivieren und unseren ursprünglichen Lichtzustand zu reaktivieren.

Es gibt bereits einige von uns, die dies, bislang jedoch ohne den physischen Anteil, praktizieren können, wobei der Verstand sich jedoch nicht oder nur teilweise erinnern kann.

In diesen Zeit- und Raumreisen muss der Verstand abgelegt oder ausgeschaltet werden, sonst besteht die Gefahr, dass das auf ein Minimum reduzierte Gehirn überfordert ist und das Gedächtnis des Menschen großen Schaden erleidet.

Es gibt Menschen, meistens die Neuen Kinder oder bei uns durch Bücher und Nachschlagewerke bekannt durch den Ausdruck der Indigokinder in unserer gegenwärtigen Zeit, die die Möglichkeit haben, sich an das Magnetfeld der Fünften Dimension anzuschließen und Zeitreisen, jedoch ohne ihren Körper, zu unternehmen. Ich habe bereits Kinder gesehen, die einfach aus ihrem Körper verschwunden sind, von einer Sekunde zur anderen „umfielen" und erst wieder aufzuwecken waren, wenn man sie entsprechend geerdet und „energetisch gerufen", oder es ihr eigenes zeitliches Empfinden erlaubt hat.

In unserer Ebene haben wir eingewilligt, uns in einem Zeit/Raum-Bezug zu definieren, der in die Polarität und die Trilogie unserer Dimension eingebunden ist. Unser Gehirn braucht diesen Zeit/Raum-Bezugspunkt, damit wir nicht verrückt werden. Das heißt, der momentane physische und psychische Körper benötigt noch diese Zeit/Raum-Komponente und muss sich bei der Umwandlung in die nächst höheren Dimensionen entsprechend mit verändern. Hier stoße ich unweigerlich auf unsere ursprüngliche 12-Strang-DNS, die in einer perfekten heiligen Geometrie allen Anforderungen des Seins zugrunde liegt (Blume des Lebens).

Wir bewegen uns in geometrischen Strukturen, die unter anderem auch mit der MerKaBa zusammenhängen. Unsere MerKaBa ist, wie bereits beschrieben, ein geometrisches, harmonisch schwingendes Feld, das durch die Bewusstheit des Geistes aktiviert werden kann. Die Voraussetzung ist allerdings das Ausschalten unseres störenden Verstandes und die Reaktivierung unseres gesamten Gehirns, die mit dem Erwachen und der Verbindung zu unserem mächtigen Geist und unserer vollständigen und rotierenden 12Strang-DNS einhergeht. In diesem erwachten Zustand ist es auch unserem Gehirn möglich, die Zeit/Raum-Komponente zu verlassen und sich zwangsläufig göttlichen Wissens zu bedienen. Die vollständige Reaktivierung unserer 12-Strang-DNS ist durch das Anerkennen unserer Göttlichkeit in der Form der Liebe und durch den Weg des Herzens möglich.

Es ist wichtig zu akzeptieren, dass wir Menschen nicht durch reine Meditationstechniken unsere MerKaBa aktivieren werden (wie Thoth im vorhergehenden Kapitel beschrieben hat), da ein vollständiges Verstehen (Einheit zwischen mentalem und emotionalem Körper) eintreten muss, bevor wir solche Reisen durch Raum und Zeit in unserem physischen Körper unternehmen können.

Es ist nicht falsch, Meditationen durchzuführen, in denen sich der Mensch gut fühlt und die Stimmigkeit der Meditation für sich selbst spürt. Der mentale Aspekt sowie die verstärkte Polarität auf der männlichen Ebene erfahren sich im Einklang bei der Erklärung von Techniken zur Aktivierung der MerKaBa. Dies ist für einige Menschen erforderlich, da sie noch ihre Probleme haben, Glaubenssysteme abzulegen, die beispielsweise erklären, dass der Mensch nur durch Verstehen, Lernen und Leistung erfolgreich sein kann. (Dies entspricht der Erfahrung der ersten drei Chakren.)

Hier geht es, wie bereits beschrieben, aber nicht um die Leistung, die ein „TUN" erfordert, sondern eine Bereitschaft, sich auf Strukturen und Welten einzulassen, die weder kalkulier- noch kontrollierbar sind. Generell sind aus meiner Perspektive auch Meditationen hilfreich, die uns unterstützen, den Weg des Herzens, die emotionale Seite, zu erfühlen und sich dem Selbst anzuvertrauen.

Es ist wohl für jeden Leser verständlich, dass der Mensch erst Reisen in seinem eigenen Raumgefährt unternehmen kann, wenn er wahrhaftig verstanden hat, sich den göttlichen Gesetzmäßigkeiten demütig hinzugeben und die Regeln der höheren Frequenzen und Dimensionen zu achten.

Wir brauchen dabei keine Führerscheinprüfung zu bestehen und werden auch nicht von einer „höheren Instanz" beurteilt, sondern sind ehrlich und aufrichtig mit uns selbst, in der Beobachtung unserer Realitäten und Resonanzen, bereit, unseren Weg des Herzens mit allen erforderlichen Konsequenzen zu gehen.

Durch unsere Bereitschaft, uns der bedingungslosen Liebe und dem göttlichen Licht hinzugeben, werden sich unsere DNS-Stränge selbstständig reaktivieren und die Lichtfelder unserer MerKaBa in ihre gegenläufige Rotation versetzen. Wenn wir uns dann außerhalb unserer gegenwärtigen, noch vorherrschenden alten Matrix aufhalten, werden wir wieder die unendliche Weite allen Seins erkennen. Der gegenwärtige begrenzte Mensch erkennt noch nicht die Harmonie und die Zugehörigkeit aller Wesenheiten auf, in und um unseren Planeten. Wir sind in vielen Ebenen anmaßend und verstehen nicht, dass wir durch unsere Begrenzung anderen Lebewesen Schaden zufügen.

Gegenwärtig sind wir einem enormen Schauspiel unterworfen, an dem viele energetische Wesenheiten anderer Planeten lernen und verstehen wollen. Wir sind wahrscheinlich aktuell der meist besuchte Planet in unserem Sonnensystem und erhalten große energetische Unterstützung, um unseren Wandel bewusst begehen zu können. Es ist tatsächlich so, dass sich unzählige erdenkliche Realitäten parallel nebeneinander abspielen und wir damit nur eine Form der Bewusstwerdung zum Ausdruck bringen.

In unserer Ebene der Dichte leben wir jedoch ein manifestes Schauspiel, dessen Ausgang auf unserer Ebene von Relevanz sein wird. Es sind um uns viele Wesenheiten, die unserer Seele beistehen und uns auf allen erdenklichen Realitäten Unterstützung geben. Diese energetischen Wesenheiten sind nicht befugt, direkt in den Ablauf oder unseren freien Willen einzugreifen, da wir beschlossen haben, unseren Weg auf der Grundlage des freien Willens zu beschreiten. Die energetischen Wesenheiten, die gegenwärtig nicht in der Form der Dichte in einem Körper inkarniert sind, **mit Ausnahme der Engel**, haben nicht das Recht, sich direkt in unser physisches und psychisches Leben einzumischen.

Unsere Realität und scheinbare Wirklichkeit basieren auf der Isolation zum Großen Ganzen und sind tatsächlich eine wahrhaftige Illusion. Bereits Jesus versuchte uns darauf aufmerksam zu machen, dass unsere Wirklichkeit eine Illusion ist, und es ist nun die Zeit gekommen, mit dem erforderlichen Bewusstsein zu verstehen, dass wir in einer Illusion gefangen sind.

Da wir davon ausgehen, dass unsere Wirklichkeit in einem definierten Raum stattfindet, ist es uns gegenwärtig noch nicht möglich, Zeit und Raum zu überwinden und unsere alten Prägungen und Begrenzungen im Moment zu erlösen. Ich möchte diesen Zustand deutlich skizzieren: Wir können uns vorstellen, dass wir in einem Raum, ähnlich einem Quader, in unserem All existieren. Wir sind dort auf einen Platz beschränkt und haben derzeit nicht die Fähigkeit, über die Mauern unseres Quaders hinauszublicken. Das All bewegt und dreht sich allmählich in kreisenden Bewegungen durch unseren Raum, durch unseren Quader, hindurch. Je mehr Bewusstsein wir gegenwärtig haben, desto leichter werden wir die Begrenzungen und Prägungen erkennen, die sich allmählich durch unseren Raum bewegen.

Versucht es euch so vorzustellen, dass wir in unserem Quader im All stehen und alte Begrenzungen langsam durch unseren Raum kreuzen. Je nach Größe und Druck der jeweiligen Themen in unserem Quader werden wir Unbequemlichkeiten und Enge verspüren. In lichten Momenten ist es uns dann zuweilen möglich, ein altes Raster zu erkennen und genau hinzusehen.

Ich werde ein altes Raster nun „Ablehnung" nennen. In meinem Quader habe ich jetzt die Möglichkeit, durch bewusstes Erkennen das Raster teilweise zu identifizieren, indem ich mich beispielsweise in einer Ablehnung zu meinem Vater entdecke. Nun kann ich bewusst hinsehen, mich bestenfalls aus diesem Raster durch Bewusstwerdung befreien und mich erfüllt in meinem Raum niederlassen. Das All dreht weiter, und es kommt zu einem Erkennen in meinem Quader, dass Ablehnung nun durch die Mutter aktiv geworden ist – oder durch Verwandte...

Ich werde mir die Frage stellen, warum ich nicht das gesamte Raster „Ablehnung" auflösen konnte, obwohl ich mich tatsächlich zunächst befreit gefühlt hatte. Die Erklärung ist einfach: So lange ich mich in meinem Raum – in meinem Quader – aufhalte, ist es mir nicht möglich, das gesamte Bild zu erkennen, sondern ich kann nur die Fragmente sehen, die nacheinander durch meinen Quader geschoben werden. Daraus kann ich erkennen, wie hinderlich es ist, diesen begrenzten illusionären Raum aufrechtzuerhalten, da es mir dieser fast unmöglich macht, das gesamte Bild zu erkennen und mich als Teil des Gesamten zu sehen.

Unsere illusionäre Wirklichkeit hindert uns daran, uns zu erkennen und uns aus der Unmündigkeit und Unbewusstheit zu befreien. Wir definieren uns über die Legitimation unserer Wirklichkeitsebene (hier mein quadratischer Raum) durch Zeit und Raum und können uns somit nicht als allgegenwärtig betrachten. Vergangenheit ist vergangen, und doch bestückt sie uns mit Begrenzungen. Das macht keinen Sinn. Wir sollten uns entscheiden können, entweder die Vergangenheit abzuschließen, da sie nicht in den Raum passt, somit eine vergangene Zeit darstellt und damit auch keinen Einfluss mehr auf uns auszuüben vermag, oder wir entschließen uns, ihren vergangenen Einfluss auf unser momentanes Leben zu erkennen und erlauben ihr damit die gegenwärtig erlebte Form und Existenz.

Das gleiche Phänomen betrifft den Raum. Entweder können wir uns nur an einem Platz definieren, finden uns somit mit der gegenwärtigen Form ab, empfinden dann aber gleichzeitig keine leidvolle Sehnsucht nach den Sternen und dem Großen Ganzen.

Wir müssen uns doch nur entscheiden: Wollen wir alles im Moment erkennen, oder wollen wir den Raum, unseren Quader, unsere illusionäre Wirklichkeit legitimieren?

Gegenwärtig ist es uns Menschen meistens nur möglich, gewisse Begrenzungen zu bestimmten Zeiten zu entdecken, da wir an der Illusion unserer Wirklichkeitsebene festhalten und warten müssen, bis die spezifische Realität unsere Wirklichkeit streift. Hier müssen wir in Geduld darauf warten, dass ein Raster nach dem anderen langsam in unseren illusionären Raum eintritt, oder wir geben uns der Schöpfung hin, in dem Wissen um die Unendlichkeit, und können dementsprechend Zeit und Raum auflösen, um uns im Moment im Ganzen zu erkennen.

Ich denke, dass wir nun endgültig unsere alte Form, unseren Kampf und unser Leid erlösen dürfen und den Mut brauchen, die Aufgabe aus dem Zeitalter der Dunkelheit (Kali Yuga) zu entlassen. Wir haben versucht, energetische Körper zu beleben (Bewusstsein) und ein existentes Wissen in Erkennen zu wandeln.

Wir durchlaufen, verbunden mit der Schöpfung, einen Prozess, der die Schöpfung mit der Ebene unserer Seinserfahrung bereichert und eine Identität in der Akasha-Chronik erschafft. (Hier wird wieder die Anordnung der Chakren deutlich, da der Weg des Erkennens zu Allem-was-ist wiederum in dem Erleben des achten Chakras ankert. Thoth gab bereits zu bedenken, dass ein Mensch, der bewusst das achte Chakra erleben durfte, nur in der Ausrichtung des Dienens auf Mutter Erde zurückkehren wird, da er verstanden hat, dass alles Leben in allem ruht.)

Um dies genauer darzustellen, möchte ich folgende Worte aus der Akasha-Chronik, die ich erhalten habe, wiedergeben.

Akasha Chronik:

„Der Weg des Menschen ist so mannigfaltig wie die Realitäten und die Schöpfung selbst. Die Schöpfung hat kein definiertes Ziel, sondern erlaubt das Experimentieren auf den Ebenen des Seins. Die Große Mutter ist gekommen, um euch zu tragen und zu nähren, euch ein Bett der Geborgenheit in der Zeit der Dunkelheit zu sein und euch zu ermuntern, von der großen Krankheit der Mutation durch die atlantischen Geschehnisse und der Phase der Dunkelheit zu erholen. Ihr seid die Mutanten, da ihr zu etwas geworden seid, das durch das gescheiterte Experiment der MerKaBa entstanden ist und im ursprünglichen Sinne nichts mehr mit der Schöpfung und der Seinserfahrung durch den freien Willen zu tun hat. Auch hier erhaltet ihr die Unterstützung der Großen Mutter und des Großen Vaters, um zu einem mündigen und bewussten Glied der Kette zu werden.

*Wie im Kleinen, so im Großen: Aus diesem Grund ist es wichtig zu verstehen, dass ihr Menschen nicht nur eine isolierte Erfahrung darstellt, sondern zu dem gesamten Bild der Schöpfung beitragt. Die Schöpfung selbst hat keine Vorstellungen oder Ideen, welchen Weg ihr für euch wählen werdet, **sondern sie gleicht aus**.*

Sie ist die Ebene, die alles in unendlicher Harmonie zueinander hält und niemanden und nichts ausschließt oder bevorzugt. Hier gibt es keine Wertigkeiten oder Vorstellung zu Gut und Böse. Die Große Mutter ist nur befugt, sich einzumischen, wenn ihr Wesenheiten missbraucht werdet oder euch ohne Zutun eures freien Willens große Schmerzen zugefügt werden.

Das Szenario auf Mutter Erde ist ein unendliches Schauspiel von Unwissenheit und Zerstörung. Hier hat die Schöpfung nun entschieden, dass Mutter Erde zurückkehren darf, um sich in ihrer Rolle in der Einheit mit den Galaxien und Planetensystemen wieder zu verbinden.

Da alles im gleichen Moment existiert, ist das Schauspiel auf Mutter Erde nicht ganz so spannend, wie euer Verstand sich dies vorzustellen vermag. Es ist für uns Wesenheiten nur noch ungewiss, ob ihr Menschen es schaffen werdet, euch auf den Wandel und das Wissen einzulassen, die euch geradezu „frei Haus" geliefert werden. Da nicht das menschliche Zutun das Dilemma auf Mutter Erde ausgelöst hat, wird von euch Menschen auch nicht verlangt, einen Ausgleich zu kreieren. Doch solltet ihr wissen, dass ihr diejenigen seid, die die vollkommene Harmonie auf Mutter Erde gestört haben, teilweise durch Unwissenheit und Gleichgültigkeit.

In relativ kurzer Zeit haben die Menschen Mutter Erde und ihr System an einen Punkt gebracht, den das Kali Yuga teils mit sich bringt, aber sie haben auch weitaus mehr Zerstörung und Habgier verbreitet, als es im Einklang mit den Erfahrungszyklen ist. Es geht hierbei nicht nur um ein Fortbestehen des Menschen und einen Schutz der menschlichen Seelen, sondern um die gesamte Schöpfung in ihrem Einklang zu Allem-was-ist. Falls ihr Mutanten euch gegen unsere Hilfe sträubt und euren Weg in der Habgier und unerlösten Macht weiterverfolgen wollt, muss sich die Schöpfung dazu bereiterklären, euch auf der Ebene der Nicht-Liebe laufen zu lassen, um nicht universelle Veränderungen und Zerstörungen in der Linie der Liebe und des Lichts zu erschaffen.

Um es nochmals zu betonen: Die Große Mutter macht keinen Unterschied zwischen den Wesenheiten und den Formationen, die die Wesenheiten bereit sind, zu leben und zu integrieren. Alles gehört dem Großen Ganzen an, und es gibt keine Wertigkeiten innerhalb der Form des Seins und des Lebens.

Die kommenden Zeiten werden Aufschluss darüber bringen, welchen Weg ihr in den Zeiten der Lichtwerdung erleben wollt, und wenn es euer freier Wille ist, der Schöpfung Erfahrung und Integration auf der Seite der Nicht-Liebe zu bringen, ist dies auch ein wertfreier Erfahrungsprozess.

So könnt ihr Menschen sehen, dass hier keine aktiven Vorstellungen seitens der Schöpfung oder Mutter Erde bestehen. Es wird lediglich als drittes Bindeglied zu den bereits oben aufgeführten Formen die Erfahrung der Seele und des Menschen im Großen Ganzen bezüglich der Veränderung und der Integration von Realitäten und Seinserfahrungen auf der Ebene des Projekts Menschheit verwertet.“

Der Irrlauf, dem wir uns hier unterziehen (genannt Mutation, da durch die außer Kontrolle geratene MerKaBa die DNS-Stränge reduziert und die Gehirndrüsen blockiert wurden), war, wie bereits angesprochen, nicht der ursprüngliche Plan der Schöpfung und nicht absehbar. Wir Menschen sind nun eine Art Experiment, das jedoch aus der Perspektive der Schöpfung nicht scheitern kann. Auch wenn wir es, weltlich gesehen, nicht schaffen sollten, in den Zustand des Christusbewusstseins zurückzukehren, ist dies nur ein Zustand und unterliegt keinerlei Wertung. Es gibt hier kein Versagen oder Nicht-Bestehen. Den Weg zurück zu unserer geistigen Anbindung und dem Wissen um die Schöpfung müssen wir Menschen dennoch selbst inszenieren. Wenn nicht in nächster Zeit, dann wohl in einer Parallelrealität oder in einem parallelen Universum mit einem Planeten, der der Erde in ihrer Form der Dichte gleicht.

Ich möchte die Erfahrung der Seinsebene der Seele im Menschen und die globale Erfahrung durch die geschehene, eben beschriebene Mutation voneinander differenzieren.

Das gescheiterte Experiment der synthetischen MerKaBa war in diesem Sinne eine Erfahrung, die von Seiten der Schöpfung weder vorgesehen, noch legitimiert wurde und ist aus diesem Grund ein Projekt geworden, in dem der Mensch erste Hilfe aus der Galaxie und der Galaktischen Föderation erhält. Falls der Mensch in unserer gegenwärtigen Zeit sich auf diese Unterstützung nicht einlassen kann, hat seine Seele mit Erfahrungsebenen zu rechnen, die ursprünglich nicht geplant waren und eine Form des Schmerzes auslösen, die für uns alle nicht gewollt ist.

Im weltlichen Sinne des Scheiterns hätte das menschliche Schicksal eine Auswirkung auf das Große Ganze, was dennoch wertfrei als Erfahrungsebene verstanden wird. Ich denke, an diesem Punkt wäre die einzig wirklich Leidtragende unsere menschliche Seele, da sie in den Zeiten des Übergangs in eine Struktur und Realität geschleudert würde, die nicht aus dem Aspekt des freien Willens entstanden wäre und dadurch Beschwerlichkeit und Schmerz bedeuten könnte. Da aber auch unsere Seele unseren/ihren Prozessen und zeitlichen Abläufen wertfrei gegenübersteht, ist das Wichtigste, dass die Seele in dem Wandel nicht verlorengeht und zu gegebener Zeit in ihren Erfahrungsprozess zurückkehren darf.

Auch spielt der Große Geist in uns eine entscheidende Rolle und wird versuchen, sich durch erhöhende Frequenzen an Alles-was-ist zu erinnern. Um diese Aussage zu verdeutlichen, möchte ich daran erinnern, dass die Seele sich vor ihrem Eintritt in unsere Struktur Mensch auf der existierenden Form der Dichte einverstanden erklärt hat, dass der geistige Aspekt in das Vergessen geht, um eine Seinserfahrung in der Ebene der Materie zu erhalten. Durch diese Erfahrung des seelischen Ursprungs geht der Große Geist in das Erkennen und verbindet dadurch das gegebene mit dem neu erfahrenen Wissen und erkennt sich auf einer weiteren Ebene des Seins.

Unser menschengemachtes Problem ankert in der Tatsache, dass die Seele nach unserer Geburt die Isolation und vor allem eine zerstörte energetische Struktur erfährt, die durch die Problematik der außer Kontrolle geratenen MerKaBa entstanden ist. Unser vorrangigstes Anliegen ist es, uns mit der Schöpfung zu verbinden, die dann auf der weltlichen Ebene für das Kind nur noch durch die biologische Mutter repräsentiert wird. Dabei kann es nicht verstehen, dass die weltliche Mutter begrenzt ist und es nicht bedingungslos lieben und annehmen kann, und so fallen wir weiter in die Illusion der Trennung und Isolation. Hier erlebt der Mensch dann den Zyklus von Anpassung, Prägung und unerlösten Strukturen, die wir auf uns nehmen und lernen, uns damit zu identifizieren. Dieses frühe Erleben des Kindes reaktiviert wiederum altes Wissen und bringt uns die Erinnerung an jene Zeit im Paradies zurück, die jeder von uns auf seiner „Festplatte" gespeichert hat und die sich in unseren Zellen abrufen lässt.

Die Vertreibung aus dem Paradies und die damit verbundene Trennung von der Schöpfung, die durch die Matrix als Wirklichkeit reproduziert wird, ist die Grundillusion des Menschen, da bis jetzt nicht bewusst verstanden wurde, was eigentlich geschehen ist.

Da wir alle diese Vertreibung aus dem Paradies (Schöpfung) während und nach unserer Geburt wieder erleben, müssen wir uns vermeintlich große Mühe geben, der Schöpfung zu entsprechen, damit wir so gut wie möglich akzeptiert werden.

Dieses Programm führt den Menschen dann zu seinen Problemen, die sich in Fremdstrukturen, Resonanzen, Prägungen und daraus resultierenden Glaubenssystemen zeigen. Eines der größten Hindernisse des Menschen, seine Frequenzen anzuheben und in das Christusbewusstsein zu treten, sind die angesprochenen Glaubenssysteme und Prägungen.

Beim Eintritt in die Ebene der Dichte geben wir (unsere Seele) unser Einverständnis, die Welt als Materie, eingebettet in physikalische Gesetze, zu akzeptieren. Das heißt wiederum auch, dass wir die Welt noch in einer bestimmten Frequenz und Ebene akzeptieren müssen, um diesen Gesetzen unterworfen zu sein.

Zu diesen irdischen Gesetzen gehören unter anderem in der Form der Dichte der angesprochene Zeit/Raum-Aspekt (die alte Matrix).

Thoth:

Geliebte Wesenheiten, wir wollen nun dringend zu Wort kommen, da das gesamte Thema sehr hohe Priorität hat und es uns wichtig ist, ein klares Verstehen eurer Auffassung von eurer Lebensform zu vermitteln. Es ist so, dass ihr bei dem Eintritt in die irdische Struktur Gesetzmäßigkeiten unterworfen seid, die ihr aus freiem Willen heraus wählt. Eure Seele empfindet dies als ungeheuer spannend, da ein Wechsel in die Materie unglaubliche Erfahrungswerte mit sich bringt. Banal erklärt, gibt es die Sensation von Schmecken, Fühlen, Riechen und Anfassen. Warum glaubt ihr, wollen kleine Kinder immer alles in die Hand

nehmen oder in den Mund? Stellt euch vor, dass die Seele da-
rauf wartet, diese unglaubliche Erfahrung zu machen, Dinge mit
dem Körper zu fassen und zu spüren. Erst wartet die Seele auf
einen geeigneten Körper, und wenn sie schließlich einen Körper
hat, um diese Erfahrung zu integrieren, stehen die erwachsenen
Menschen vor einem Kind und erzählen und befehlen der Seele,
nichts berühren zu dürfen: „Nur schauen, nicht anfassen!"

Liebe Menschen, wir wollen euch damit erklären, wie men-
tal und engstirnig ihr mittlerweile in der Dimension und dem
Bewusstsein der Jetztzeit seid. Wir haben bereits diese Welt
mit allen ihren Dingen angeschaut, doch das Wesentliche ist
doch das Tasten, Schmecken und Spüren. Es bedeutet für eine
Seele eine Form von Wunder, die Dinge in den eigenen Hän-
den zu halten, und auch das Essen ist ein gewagtes Abenteuer.
Eure Seele hat noch nie in ihrer bewussten Erinnerung Essen
geschmeckt, und die Erfahrung, dieses vom Mund durch den
Körper laufen zu lassen und unterschiedlichste Speisen aller
Art zu schmecken, ist eine wirkliche Herausforderung.

Leider sind viele Eltern unter euch recht unsensibel, da sie
darauf programmiert sind, dass die Kinder zu essen haben, und
zwar die gesunden Dinge, und dann sollen sie sich auf Zucker
einlassen, der zu Anfang gar nicht gewollt ist, da die bedrü-
ckende Form der Süße energetisch nur eine Verklebung der
Zellen darstellt. Aber der Glaube, dass eure guten Seiten und
eure Besonderheiten mit Süßigkeiten belohnt werden, veran-
kert sich schnell in euren Kindern und macht sie süchtig auf
diese schlechte Nahrung. Wir skizzieren hier ein Bild, damit ihr
versteht, dass eure Vorstellungen und Ideen fast zwanghaft auf
eure Kinder wirken und sie gezwungen werden, sich in der Be-
grenzung zu erfahren, da sie verschiedene eurer Glaubenssys-
teme übernehmen müssen.

Wie bereits besprochen, geht ihr beim Eintritt in die irdische Konstellation auch Vereinbarungen ein, die euch die Seinserfahrung in der Form der Dichte erst möglich machen. Hier kommen wir zu der angesprochenen Zeit/Raum-Komponente:

Bevor wir mit euch in das Konstrukt eures Gehirns eintauchen, wollen wir euch daran erinnern, dass die Zeit- wie auch die Raum-Komponente drei Bezugsgrößen hat. Die Zeit definiert und betrachtet ihr durch die Vergangenheit, die Gegenwart und die Zukunft, und der Raum wird in den irdischen Regionen durch die x, y und z-Achse definiert. Unser Anliegen, euch an diese Tatsache zu erinnern, ankert in dem Bestreben, die Trinität in der Dimension zu verdeutlichen. All dies hat mit eurem gespeicherten und nicht abrufbaren Wissen zu tun, und wir wollen energetisch die Voraussetzungen schaffen, dass sich euer Erinnerungsvermögen maximal ausdehnen kann und wird.

Geliebte Erdenbewohner, ihr seid Wesenheiten der Dritten Dimension und aufgefordert, das Christusbewusstsein zu erreichen, das in eurer Dimension die dritte Bewusstseinsebene ist. Diese ist unbedingt erforderlich, da ihr sonst eure Frequenzen und Energien auf den Wechsel in die nächste Dimension nicht vorbereiten könnt. Es gab und gibt auf Mutter Erde Wesenheiten und Menschen, die sehr viel forschen und einerseits die noch bestehende Auswirkung der außer Kontrolle geratenen MerKaBa heilen wollen, andererseits durch Experimente versuchen, den Menschen und damit die bestehende Weltordnung unter Kontrolle zu bekommen. Durch etliche bereits durchgeführte Experimente wurde der Wissenschaft klar, dass sie durch den Einsatz von verschiedenen Feldern die Wirklichkeit und die Realitäten verändern kann, das heißt, es ist durch Forschungen auf Mutter Erde möglich, gewollt Zeit und Raum zu verzerren.

Euch mögen Berichte des Philadelphia-Experiments und des Montauk-Projekts bekannt sein, die auch die Verzerrung von Zeit und Raum zur Folge hatten.

Unser Anliegen ist es hier nicht, euch diese Experimente zu erklären, sondern euch verständlich zu machen, welche Auswirkungen die Verzerrung von Zeit und Raum auf euer Sein hat. Ihr seid Wesenheiten, die direkt durch den Verstand an die Hauptwirklichkeitsebene der erfahrenen Matrix gebunden sind, und somit hat euer Verstand eine speziell ausgerichtete Kommunikationsleitung zu der vereinbarten Definition der zu erfahrenden Matrix. Diese Vereinbarung tritt in Kraft, wenn eure Seele die Ebene der Dichte erreicht, um sich, wie bereits erläutert, in eine gewisse Form der Erfahrung zu bringen. Diese spezielle Erfahrung, existentes Wissen in das Erkennen des Großen Geistes zu bringen, hat durch Bewusstwerdung eine wesentliche Erhöhung der eigenen Schwingungsfrequenzen zur Folge und kann durch die Vereinbarung verschiedener Gesetzmäßigkeiten eintreten, die Grundlage der Realitätsform, gebunden an die Hauptwirklichkeitsebene, ist. Eine Vereinbarung an die gegenwärtige Form der Hauptwirklichkeitsebene ist die Zeit/Raum-Definition. Euer Verstand und auch das Gehirn sind direkt an die Definition von Raum und Zeit gebunden, da sonst euer Vorstellungsvermögen und das spezifische Erleben in der Form der Dichte nicht möglich wären. Das heißt, dass diese Komponenten wichtig und ursächlich für die Seelen sind, sich durch einen physischen Körper mit einem Verstand in einer gegebenen Form zu erfahren.

Es ist wahr, dass jede Seele, und somit jeder Mensch, eine subjektive Erfahrung und damit Realität innehat, um sich damit in ureigene Erfahrungsprozesse begeben zu können. Damit meinen wir, dass keine Realität der anderen gleicht, doch diese sich einer globalen Definition der Hauptwirklichkeitsebene angleichen. Es ist ungefähr dem Zustand gleichzusetzen, wenn die Seele sich nach der Erfahrung in der Dichte, nach dem physischen Tod, in einer Form der Seelenabgleichung zu Mutter Erde begibt und sich auch die Realitätsebenen in der einen Hauptwirklichkeitsebene abgleichen, um ihre Erfahrungswerte einer gespeicherten Bibliothek zuzufügen und letztendlich wieder Wissen und Frequenz zu erhöhen. Damit ist es erforderlich, dass die Hauptwirklichkeitsebene in einer Form der Stabilität zu den einzelnen Realitätsebenen existiert, um eine Form von Definition bezüglich der einzelnen Strukturen zu gewährleisten.

Nun sind euer Verstand und auch das Gehirn an diese Form der Abgleichung und Identität der Hauptwirklichkeitsebene gebunden, wodurch sich der Mensch eine gewisse Identität sichert. Ihr seid in der Form der Dichte an die erwähnte Trinität gebunden und bekommt eine Art der Festigkeit durch die definierte Form der Hauptwirklichkeitsebene in Kooperation mit der Matrix. Euer Bewusstsein muss langsam lernen, dass ihr euch durch stete Übung und Bewusstseinserweiterung über diese Matrix hinwegsetzen könnt und damit Frequenzen erhöht. Das heißt, ihr seid in der Lage, bewusst die gegenwärtige Matrix zu verlassen, wodurch ihr die Fähigkeit besitzt, euren Verstand und auch das Gehirn über die noch scheinbar gültigen alten Strukturen hinwegzusetzen. Dies kann nur gelingen, wenn eure Frequenzen hoch genug sind und ihr begreift, was es bedeutet, sich von der Matrix zu entfernen.

Das sind die Dinge, die euch auch durch die Inkarnation Jesu gezeigt wurden. Hier war kein Hexenzauber am Werk, sondern die Überlieferung, dass ihr jederzeit durch bewusste Wahrnehmung eine Realitätsebene außerhalb der vorgegebenen Matrix und Hauptwirklichkeitsebene erleben könnt, jedoch nur durch das Erfahren der eigenen Identität außerhalb der alten, festgelegten Form. Wenn ihr Menschen jedoch durch technische Hilfsmittel die Realitätsebenen verzerrt, indem ihr durch das Anlegen von elektromagnetischen Feldern die eine Hauptwirklichkeitsebene manipuliert und verschiedene Tunnel und Realitätsverschiebungen bewirkt, dann hat dies mit einer Form der Vergewaltigung des menschlichen Seins zu tun, da sich weder das Gedächtnis, das Bewusstsein, der Verstand, die Psyche noch das menschliche Gehirn dieser Form der Manipulation anpassen noch sie verstehen kann.

Ein Mensch, der eine Form der Identität in der Wirklichkeitsebene erfährt, wird hierbei durch unendliche Verzerrungen und Schmerzen bis hin zur Unkenntlichkeit verstümmelt, da eure Felder nicht gelernt haben, sich dem Geschehenen anzupassen oder sich damit zu identifizieren. Wir sind uns im Klaren darüber, dass es Menschen gibt, die bereits in der Lage sind, diese erwähnten Tunnel zu öffnen und damit die Realitäten zu verändern, doch ist dies als direkter Missbrauch am Menschen und der Schöpfung zu sehen. Gelenkt und bestimmt durch die Macht und das Bestreben der Habgier und Unersättlichkeit des mentalen Ausdrucks, versuchen diese Menschen und Wesenheiten, ihre Untertanen dazu zu missbrauchen, sie zu lenken und zu steuern, um sich an ihrem Tun zu sättigen.

Das menschliche Gehirn liegt eingebettet in Membranen und wird dort durch magnetische Felder stabilisiert. Erst durch die freie Rotation der MerKaBa ist es dem Menschen möglich, sich außerhalb der Wechselwirkungen eurer Gesetzmäßigkeiten zu bewegen, was dann die Freiheit bedingt, durch Zeit und Raum reisen zu können.

So lange jedoch die menschlichen Frequenzen niedrig sind und euer Zustand nicht in das Erwachen rückt, ist es dem

Menschen nicht angedacht, aus seiner Hauptwirklichkeitsebene zu entfliehen und spontane Zeit- und Raumreisen zu unternehmen. Diese technischen Verzerrungen von Raum und Zeit bewirken eine komplette Bewusstseinsveränderung und haben nichts mehr mit der eigentlichen Realität eines Menschen zu tun. Eure Wissenschaft ist hier bereits an einen Punkt gekommen, an dem es möglich ist, Menschen durch das Anlegen von spezifischen Feldern durch andere Realitätsebenen zu schleusen und sie dann sogar parallel zu eurer Hauptwirklichkeitsebene zu lenken und zu leiten. Es ist eurer Wissenschaft möglich, einen schlafenden Menschen auf einer anderen Ebene arbeiten zu lassen, indem magnetische Felder weitere Ebenen öffnen („parallele Realitätsebenen" und „multidimensionale Existenz").

Um zu unserem eigentlichen Thema zurückzukehren, möchten wir hier nochmals auf den Kernpunkt unserer Aussage zurückkommen. Der Mensch hat die Möglichkeit, durch Raum und Zeit zu reisen, sobald sein eigenes Energiefeld hoch genug schwingt und die damit verbundene Bewusstseinsstufe erreicht worden ist. Eine technisch bewirkte Reise durch Raum und Zeit verändert und missbraucht das Bewusstsein, ist letztlich zerstörend für die betreffende Person und Missbrauch an der Seele. Somit ist es uns wichtig, euch mitzuteilen, dass ihr euch in Geduld üben müsst und verstehen sollt, dass eure Identität beginnt, sich zu entfalten und auszudehnen, einfach durch klares Beobachten eurer Realitätsebenen und durch das Erkennen, welche Gesetzmäßigkeiten und Glaubenssysteme überholt und veraltet sind. Durch dieses bewusste Wahrnehmen hat der Große Geist die Möglichkeit, sich zu weiten und seine bisher gültigen Realitätsebenen zu erkennen und dadurch zu verarbeiten. Ein solches Erkennen gibt euch die Möglichkeit zu stetem Wachstum und einer Anpassung an die Felder, die es euch

234

möglich machen, Zeit- und Raumreisen zu unternehmen und sie zu verstehen.

So lange der unbewusste Mensch unter der Begrenzung der Isolation weilt und in einem komatösen Schlaf liegt, ist es ein Eingriff in die Schöpfung, zu versuchen, sich Dinge und Gesetzmäßigkeiten anzueignen, ohne dafür das verantwortliche Bewusstsein zu besitzen. Falls ihr euch durch den Einsatz rein mentaler, also technischer Werkzeuge, Dinge zu eigen machen wollt, ohne zu wissen, welche Konsequenzen dies für die Schöpfung und die Seele hat, solltet ihr demütig davon Abstand nehmen, euer physisches Gefährt durch Raum und Zeit lenken zu wollen. Dies würde das „Pferd von hinten aufzäumen" und katastrophale Auswirkungen auf das menschliche Sein haben. Ihr Menschen dürft auch erst ein Fahrzeug lenken und fahren, nachdem ihr die notwendige Reife erreicht und einen Führerschein erhalten habt.

Stellt euch vor, dass unmündige Kinder (unmündig im Sinne von unerfahren und unbewusst) die Fahrzeuge ihrer Eltern fahren, obwohl sie nur das Pedal erreichen können, wobei sie keine Sicht durch die Windschutzscheibe haben. Außerdem haben sie kein Bewusstsein und keinerlei Erfahrung im Straßenverkehr und der notwendigen Konsequenzen aus den Geschwindigkeiten oder Straßenregeln. Ihr müsst euch vorstellen, dass es uns energetischen Wesenheiten ähnlich ergeht wie euch Eltern, wenn ihr diese Kinder fahren sehen würdet. Aus unserer Perspektive ist es wirklich dramatisch, welches Unheil eurem Körper und eurer Seelen widerfährt, wenn ihr euch in künstliche Raum- und Zeitmaschinen setzen würdet.

Wir wollen noch auf die Abgleichung der unterschiedlichsten menschlichen Realitäten mit der einen Hauptwirklichkeitsebene zu sprechen kommen: **Alles entspricht sich gegenseitig,**

und nichts ist dem Zufall überlassen. *Diese kosmische Gesetzmäßigkeit ist gültig, so lange der Mensch sich nicht durch rein mentale Machenschaften in das Geschehen einmischt. Jede Form von gewollter Einmischung hat eine Verzerrung des Ganzen zur Folge, und damit können die schöpferischen Abläufe nicht in ihrer reinsten Form geschehen. Dennoch geschieht der Wille der Schöpfung, und damit der Wille der Seele.*

Ihr Menschen müsst unterscheiden lernen, was der reine freie Wille ist, und welche Stimme sich aus der unerlösten Polarität des Egos meldet. Da in der Schöpfung nichts dem Zufall überlassen ist und auch Alles-was-ist stetig dazulernt, werden alle Erfahrungen der Realitätsebenen an der einen Hauptwirklichkeitsebene abgeglichen, und dies entspricht einem steten Wachstum des Großen Ganzen. Euer Sein ist der Wille und euer Erwachen eine Herzensangelegenheit der Schöpfung. Ihr seid Kinder des Ganzen und damit Schöpfung selbst. Erkennt die Matrix und erfreut euch an der Möglichkeit, unter der Matrix in der Macht und Reife eurer Seele zu hohem Potenzial zu gedeihen. Verlasst die Matrix, indem ihr das Erkennen integriert, dass euer Bewusstsein zu höher schwingenden Ebenen und Seinsformen strebt und die gegenwärtige Form der Dichte nur eine weitere Möglichkeit des Erfahrens bildet. Werdet zu verantwortungsvollen Wesenheiten in dem Bindeglied der schöpferischen Einheit und der Freude der Natur. Wir werden euch begleiten, da wir eins sind in der schöpferischen Einheit. Wir werden bei euch sein, da es keine Unterschiede gibt.

Dieses bedingungslose Gefüge ist der Ausgangspunkt der Schöpfung selbst, und dieses Wissen ist tief in eurer Seele gespeichert. Erkennt euch als unendliches Wagenrad eines unendlichen Gefährts an und versucht zu verstehen, dass jeder Mensch und jede Lebensform dieser Kraft und Gültigkeit ent-

spricht. *Euer Verstand kann sich nicht an dieser Einheit definieren, da dies seinem Naturell nicht entspricht. Dadurch braucht er die Festigkeit der Materie und die Definition durch Zeit und Raum. Dieser Zustand ist jedoch ein begrenzter und zeitlich absehbarer Vorgang, in dem der Verstand lernt, sich in der Materie zu behaupten und Licht in die Dunkelheit zu bringen. Durch diese fest definierten Achsen hat der Mensch die Möglichkeit, sich als festen Baustein der Realitäten zu betrachten, unflexibel und starr, fast lähmend in dem Gefüge der Schöpfung. Diese Realitäten werden genauso abgeglichen an der einen Hauptwirklichkeitsebene, wie auch der Zustand und das Gefüge des Erlernten für die Seele.*

Dieser irdische Zyklus ist nicht einzigartig, da alles gleichzeitig stattfindet. Doch ihr Menschen habt diesen Zustand einzigartig gemacht, da ihr euch den Mächten des Unerlösten hingegeben habt, und damit obliegt auch euer Verstand der Manipulation im weltlichen Gefüge. Euer Verstand wird durch das wachsende Bewusstsein erlöst und verstehen, dass seine Zeit gekommen ist und er sich hingeben wird, wie auch der rebellierende Pol des Egos, um eine Form der Erlösung und des Hingebens zu erwirken. Damit wollen wir zum Ausdruck bringen, dass der Verstand durch die Bewusstwerdung von seinen starren Achsen befreit und zu gegebener Zeit in ein höheres Bewusstsein verschmelzen wird, das durch die eigene energetische Rotation die Freiheit außerhalb der Matrix vollziehen kann.

So sei es!

Subjektive Realitäten und Wahrnehmungen

Glaubenssysteme

Jeder Mensch kreiert sich sein eigenes System. In diesen Systemen leben wir in Resonanzen zueinander, die uns helfen, unsere Begrenzungen und Erfahrungen besser und schneller zu verstehen. Wenn sich die Resonanzen zueinander verhärten und letztlich stagnieren, hat die Beziehung nicht mehr den Sinn, sich darin effektiv zu erfahren.

Ich gehe hier noch einmal zurück zu unserer Geburt. Der Säugling richtet in der weltlichen Form auf Mutter Erde seinen Fokus auf das Überleben (entspricht dem ersten Chakra). Durch die Begrenzung seines Umfelds und die damit verbundene Unfähigkeit, bedingungslose Liebe zu schenken, erfährt das Baby unweigerlich die Ablehnung der Mutter (repräsentiert die Geborgenheit im Sinne der Schöpfung) und des Vaters (repräsentiert die Führung im Sinne des Göttlichen). Um wenigstens ein Minimum der energetischen Nahrung des Schöpfungslichts und damit der Liebe zu erhalten, wird sich das heranwachsende Kind zwangsläufig so verhalten, dass es Aufmerksamkeit erfahren kann (zunächst in Form der Anlehnung und des Funktionierens, aber auch durch Rebellion, Destruktivität und Krankheit). Aus diesem Zusammenspiel entstehen die Prägungen und Strukturen der Menschen und letztlich die Macht des Egos und des Verstandes, die versuchen, das Bewusstsein und die Kommunikation mit der Seele zu überlagern. Da wir gegenwärtig noch in dem System der Polaritäten existieren, erfahren wir die weltliche Ebene seit geraumer Zeit als schwer, leidvoll und schmerzlich (und haben diese Form in unserem Zeitalter der Dunkelheit als dominierend erlebt) zu der leichten und unglaublich perfekten Ebene der energetischen oder spirituellen Form.

Da wir in unserer Existenz und ihrem Erfahrungspotenzial ein seltenes Schauspiel in der Schöpfung darstellen und ein bisher wohl einzigartiges Experiment der Schöpfung sind (gesehen aus Sicht unserer Hauptwirklichkeitsebene), ist es auch leicht vorstellbar, dass wir eine Menge Zuschauer haben. Dennoch sind die menschlichen Geschehnisse auf Mutter Erde nicht so spannend, wie wir Menschen uns das aus unserer Sicht vorzustellen vermögen.

Es ist so, dass Gedanken Realitäten kreieren und wir damit die Möglichkeit und die Aufgabe haben, unsere Welt und Realität selbst zu erschaffen. Die Schöpfung stellt hier die erlöste Synergie der Mutter und des Vaters dar und überlässt unser weltliches Sein nicht dem Zufall. Wir sind mit dem freien Willen auf Mutter Erde gekommen und haben damit die Aufgabe und Wahl zu entscheiden, zu welchem Zeitpunkt (definiert durch die Existenz unserer Matrix) wir bereit sind, uns unserer Bestimmung, unserem Selbst und unserem geistigen Weg zu öffnen.

Die Schöpfung ist sich klar, dass wir unseren Weg mit Mutter Erde gehen werden. Wir sind von den Lichtwesen der Schöpfung versorgt, in das aufsteigende Zeitalter zu gehen und die Wunden aus dem Kali Yuga heilen zu lassen. Die Lichtwesen sehnen sich nach dem Moment unseres Erwachens, da sich die Seelen offenbaren und zusammen mit Mutter Erde in den Aufstieg gehen werden.

Unsere Welt ist nicht dem Untergang geweiht, sondern betritt ein neues Zeitalter, das sich auf allen Ebenen des Seins erkennen lässt. Niemand sonst als wir Menschen erschaffen unsere illusionäre Realität, gestalten die Erde in der gegenwärtigen Form und sind somit tatsächlich die Schöpfer unserer eigenen subjektiven Realitäten. Daraus lässt sich wiederum folgern, dass wir Menschen mit unseren kollektiven Gedanken (das kollektive Unbewusste) unsere gesamte Welt erschaffen und so immer das Bild der Erde und unserer Welt erblicken, das wir in unserem Inneren, zusammengesetzt aus Glaubenssystemen und Prägungen, tragen. Wenn wir diese getroffene Aussage einmal wirken lassen und uns mit der Konsequenz dieser Wahrheit konfrontieren, können wir uns im Einzelnen niemals mehr machtlos fühlen. Jeder Mensch hat die Macht, Realitäten zu verändern und somit zur Heilung und Bewusstwerdung beizutragen.

Ich gehe davon aus, dass der Mensch einerseits seine eigene Realität kreiert, andererseits Verantwortung für unsere kollektive Realität trägt. Wir können nur so gut heilen und Liebe schenken, wie wir wahrhaftig in unserem subjektiven Erwachen voranschreiten und erkennen, dass das Bild der Zerstörung im Äußeren die Projektionen unserer blockierten Herzen und die Verschreibung der Macht an unseren begrenzten Verstand darstellen.

Da sich Mutter Erde auf den Weg in die höheren Frequenzen begibt, ist es nötig, dass wir unsere Realitäten und Glaubenssysteme diesen Schwingungen anpassen, da der energetische Aufstieg von Mutter Erde und unserer Galaxie für unser Sein bestimmend ist. Wir müssen nicht mehr auf einen speziellen Tag und ein gegebenes Datum warten – wir befinden uns bereits mitten im Wandel. Die gegenwärtige Zeit und der Druck der Selbstreflektion fordern uns auf, unsere Vorstellungen und Erwartungen nochmals zu überprüfen, unsere Bedürfnisse zu verstehen, den Irrlauf unserer materiellen Welt zu hinterfragen und das Festhalten an materiellen Gütern, die wir unser Eigen nennen, zu verstehen.

Der gegenwärtige Mensch lebt in der steten Überprüfung zu seinem eigenen Nutzen und ist weit entfernt von dem harmonischen Zusammenspiel zwischen den Lebewesen der Erde und der Natur. Der tägliche menschliche Antrieb ist die subjektive Stabilität und Selbstdefinition, angelehnt an das gesellschaftliche Bild. Es ist uns kaum mehr möglich, in der Stille zu verharren und den Pflanzen und Tieren zu lauschen. Die Natur, ihre Pflanzen und unsere Sterne haben großes Wissen und könnten uns eine mögliche kommende Realität und Weisheiten der unterschiedlichsten Ebenen vermitteln.

Unsere Welt existiert für uns Menschen in einer tunnelähnlichen Formation, in der wir nur uns zu einem gegebenen Zeitpunkt bewusst erfahren. Dies entspricht wiederum der äußeren Konstellation, indem wir uns stetig einer Vorstellung und/oder einer Idee widmen, um von unserem Ausgangspunkt zu einem erstrebten Ziel zu laufen. Das bedeutet, dass wir Menschen meistens mit einer Erwartungshaltung über uns selbst und damit über unsere Ziele die möglichen Erfahrungsebenen stark und die Palette der Angebote des Lebens durch diese erwähnte Tunnelsicht extrem eingrenzen. Dies wäre in etwa so zu verstehen, dass wir in München am Marienplatz aus der S-Bahn aussteigen und am Stachus einen Termin zu einer festen Zeit haben. Wir erkennen nun, dass wir nur noch ein paar Minuten Zeit haben, um bei unserem Termin zu sein, und hetzen den Weg vom Marienplatz zum Stachus, um dort pünktlich anzukommen. Wir laufen also von einem Punkt A zu einem visualisierten Punkt B, fixieren damit nur noch Punkt B und können somit nicht mehr erkennen, welche weiteren Möglichkeiten und Lebensformen auf dem Weg von A nach B für uns verfügbar gewesen wären.

Stellt euch einmal vor, wie groß unsere Aufnahmebereitschaft noch ist, wenn wir wie in unserem skizzierten Bild vom Marienplatz zum Stachus hetzen. Wir haben nicht mehr die

Möglichkeit zu erkennen, was neben uns geschieht und wie viele Möglichkeiten des Lebens uns damit nicht erreichen können. (Im letzten Kapitel habe ich euch ein ähnliches Beispiel mit dem Quader gegeben. Es ist hilfreich, die Parallelen in diesen Zusammenhängen zu entdecken.)

Doch aus energetischer Sicht ist dem nicht so. Wir Menschen existieren gleichzeitig auf unterschiedlichen Ebenen des Seins und erblicken durch unseren Verstand nur eine stark eingegrenzte Auswahl von Realitäten. Diese Wahrnehmung nehme ich ein, wenn ich losgelöst von der weltlichen Illusion auf die möglichen energetischen Ebenen blicke und verstehe, dass wir nicht in einem führerlosen Zug umherbrausen, sondern wahrhaftig die Möglichkeit der Veränderungen und der Bewusstwerdung haben.

Das Programm, das wir verstehen müssen, ist, dass alles in sich zusammenläuft, unsere Welten auf Synchronizität ausgerichtet sind und wir doch überrascht sind, wenn sich dies auch so ereignet. Wir leben aus dem Ego, darauf bedacht, dass sich unser Tag erfolgreich anfühlt und wir wirtschaftliche und menschliche Gewinne erzielen. Doch wir übersehen dabei, dass wir alle eins sind und gemeinsam Realität erschaffen. Das wahrhaft Wertvolle, das wir tun sollten, ist, den Moment auf die Stimme des Herzens auszurichten, zu verstehen, dass das Leben kein Überleben von uns fordert, und die Möglichkeit zu erkennen, unseren Nächsten mit Mitgefühl und Liebe zu begegnen. Dabei ist es nicht relevant, ob wir im Obstladen an der Ecke unsere Ware bezahlen, oder ob wir die Kellnerin im Restaurant bitten, uns die Rechnung zu bringen. Wir werden auch die Erfahrung machen, dass andere Menschen auf eine mitfühlende Geste nur liebevoll reagieren können, da sie in der Resonanz der Liebe stehen.

Wir leben in der Dualität und erleben gegenwärtig, dass die auf ein Minimum reduzierten irdischen Magnetfelder ein Resultat dessen sind, dass die Sonne ihre Ausrichtung und die Erde ihre Kreiselbewegung verändern beziehungsweise abschließen. Wissenschaftler gehen mittlerweile davon aus, dass sich die magnetischen Felder um etwa 180 Grad verschieben werden und ein magnetischer Polsprung eintreten wird. Gleichzeitig erleben wir gegenwärtig, dass die Sonne durch ihre neue Ausrichtung vermehrt Sonneneruptionen produziert. Diese Energien/Ionen, die durch die Sonneneruptionen entstehen, werden ins All geschossen. Die Erde besitzt einen Ionisierungsgürtel, der die Möglichkeit einräumt, elektrisch geladene Teilchen abzufangen und hat somit die Auswirkung, dass unser elektrisch-magnetisches Feld stabil bleiben kann. Durch die starken und auch vermehrten Sonneneruptionen hat dieser Ionisierungsgürtel jedoch nicht mehr die Möglichkeit, die unzähligen Ionen zu neutralisieren, und so fliegen viele elektrisch geladenen Teilchen durch diesen Gürtel und entladen sich erst auf der Erde. Die Auswirkungen reichen über Polwanderungen und Klimaveränderungen zu Erdbeben, Vulkanausbrüchen und Kontinentalverschiebungen.

Die Sonneneruptionen werden seit vielen Jahren von Satelliten überwacht (beispielsweise dem Satelliten Soho von der NASA). Es gibt die Möglichkeit, sich diese Bilder der Sonneneruptionen im Internet zu betrachten wenn man die Worte „Soho" und „Nasa" googelt. Auch diese Zustände beschreiben die großen Veränderungen unserer Zeit. Die Vorsehungen alter Kulturen, wie der Inkas und der Mayas, haben das Ende unseres Zeitalters prophezeit, sie wussten, dass diese irdischen Umwälzungen eintreten würden. Diese Kulturen sahen jedoch damit nicht den Untergang unserer Erde voraus, sondern waren sich im Klaren darüber, dass, aus unserer Zeitrechnung gesehen, nun das Ende des Zeitalters des „normalen Menschen" eintreten würde, die Ablösung von den alten Strukturen (Matrix) in ein höheres Bewusstsein. Die Mayas waren präzise in ihrer Zeitrechnung (auch durch die Beobachtung und das Verstehen der Gestirne) und legten ihre unterschiedlichen Berechnungen genau dar. Das Ende dieses Zeitalters wird aus Sicht der Maya auf den 21. Dezember 2012 datiert.

Uns Menschen ist dieses Datum mittlerweile geläufig. Es wurden bereits Aussagen einer anstehenden Apokalypse laut sowie Filme darüber produziert, um die Menschen in Ängsten zu halten.

Die Auflösung alter Glaubenssysteme und der Aufstieg in die höheren Frequenzen stellt den erwachten Menschen in seinem Bewusstsein dar, das, wie bereits erwähnt, nicht im Interesse der Mächtigen auf Mutter Erde ist.

Wenn ich bei meiner Arbeit mit Menschen energetische Felder betrachte und Blockaden löse, habe ich immer viele energetische Wesenheiten an meiner Seite, die hilfreiche Tipps und Anweisungen geben, die manchmal etwas ironisch wirken. Fast keine Wesenheit auf Mutter Erde hat die Legitimation, in unsere Realität einzugreifen oder uns anstehende Erfahrungen zu nehmen oder zu lösen. Sie unterstützen uns lediglich darin zu verstehen, an welchem Problem oder welcher energetischen oder physischen Blockade unser Weg scheitert oder steinig wird, dürfen uns jedoch ohne unsere wahrhaftige innere Bereitschaft nicht heilen, da wir oft nur durch den Druck einer Krankheit eine spezielle Aufgabe erfahren können und Bewusstwerdung zulassen (entweder durch unseren physischen Tod oder das Erkennen der Blockade und die Umsetzung in die Heilung). Falls unsere physische Krankheit nicht oder nicht mehr an eine Seinserfahrung gekoppelt ist, da unser Bewusstsein bereits den energetischen Hintergrund der Blockade erkennen und damit auflösen konnte, ist eine Form von Spontanheilung oder sogenannten Wundern möglich.

Wunder! Sie stellen in unserem gegenwärtigen Leben ein großes Thema dar. Die Geschehnisse und Begebenheiten, die in unserer Welt unvorhersehbar oder nicht mental begreifbar sind und einfach und unproblematisch in unser Leben treten, werden vom Menschen bereits als Wunder bestaunt. Unsere Glaubenssysteme sind darauf aufgebaut, dass wir isoliert und einsam unser Sein und unsere Realitäten kontrollieren müssen und unseren Weg, weltlichen Vorgaben so angepasst wie möglich, bestreiten, um die unbewusste weltliche Illusion auf Mutter Erde so leidfrei wie möglich zu erleben (auch eine Vorstellung, die meistens nicht mit der seelischen Form und der letztendlichen Umsetzung in das physische Gefährt funktioniert). Dadurch sind unsere Lernprozesse oft direkt an Leid, Krankheit und weltlichen Druck allgemein gekoppelt, da der Mensch im Zeitalter des Kali Yuga beziehungsweise des Eisernen Zeitalters eingeschlafen ist und weder die Ambitionen hat, noch den Drang verspürt, bewusst zu werden. Doch ist dieses Zeitalter des Kali Yuga seit geraumer Zeit – etwa 900 Jahren – vorbei, und wir befinden uns in der Aufwachphase, im aufsteigenden Dwapara Yuga.

Tief in unseren Herzen wissen wir um die Sehnsucht, bewusst in das Große Ganze zurückzukehren und uns in die Geborgenheit der Großen Mutter zu bewegen. Die menschliche Angst ist eine tiefe energetische Blockade, eine Art Reglementierung des Egos, die uns ständig und wiederholt demonstriert, dass wir nicht den Mut besitzen, nach unseren tiefsten

Sehnsüchten und Bedürfnissen (die notwendig wären, um in der gegenwärtigen Zeit durch die neue Matrix bewusst und verantwortlich Realitäten zu erschaffen) wahrhaftig zu handeln. Stattdessen unterwerfen wir uns den Anweisungen des Egos, in der Hoffnung, weltlich akzeptiert zu sein und damit den Preis zu zahlen, uns in der Tiefe des Seins selbst zu verleugnen. Bei einer genauen Betrachtung dieses Sachverhalts können wir wirkliches Mitgefühl mit unserer Seele bekommen, da wir, unser Verstand und der mentale Körper, sich in einem Kreislauf gefangen halten, der wiederholt Leid und Angst auslösen wird.

Somit sind Wunder für den Menschen realitätsfern geworden, da es sie normalerweise anscheinend nicht gibt. Dabei ist aus energetischer Sicht der natürlichste und einfachste Weg, Wunder als normale Resonanz der Schöpfung zu akzeptieren. Sie demonstrieren unsere bewusste Kommunikation mit der Schöpfung, unsere Bereitschaft für Bewusstsein und Leben und zeigen letztlich, dass wir bereits im Großen Ganzen angekommen sind (der Weg der neuen Matrix). Alles existiert in uns, und damit sind wir selbst Schöpfung. Die Urquelle und der damit verbundene Lebensfluss haben nicht vor, es uns schwer zu machen, im Gegenteil: Unsere Erde erhöht mit uns zusammen ihre Frequenzen, und alles Leben integriert in dem Moment Bewusstsein, in dem wir uns auf den Weg machen, uns wirklich zu spüren! Das ist möglich, wenn wir uns in bedingungsloser Liebe und Hingabe dem Leben stellen und die Harmonie von Allem-was-ist erfahren. Der Weg, diesen Zustand zu leben, sind das Mitgefühl und die Nächstenliebe. Das bedeutet, dass Wunder eine Realität des Lebens sind und das Alltägliche auf Mutter Erde uns Wunder bringen kann.

Ich möchte das Gesagte an einem Beispiel eines normalen und eines verrückten Menschen verdeutlichen.

Ist es uns möglich, zu entscheiden, welcher der beiden genannten Menschen in seiner Entwicklung und Ausrichtung sensitiver und verbundener zu Allem-was-ist existiert? „Verrückt" ist doch nur die Aussage, dass dieser Mensch von seinem eigentlichen weltlichen anerkannten Platz ver-rückt ist und den globalen gesellschaftlichen Zustand nicht mehr akzeptieren will oder kann. Doch können wir wahrhaft darüber urteilen, ob dieser verrückte Mensch die Schöpfung oder auch Gott schlechter versteht als der allgemeingültige normale Mensch?

Ich möchte in diesem Zusammenhang auch Menschen erwähnen, die Schwierigkeiten mit ihrem Alltag haben, da sie mit der weltlichen Definition des Lebens und dem dadurch empfundenen Druck nicht zurechtkommen. Einerseits zeigt sich diese Problematik an dem Konsum und dem Suchtverhalt von Drogen und Medien (Computersucht) in unserer Welt, andererseits an den gesellschaftlichen Krankheiten wie Depressionen, Burnout, ADHS, Krebs (Selbstlosigkeit = entfernt oder auch losgelöst vom eigenen Selbst), Gehirn- und Herzkrankheiten. Diese Krankheiten treten aus den unterschiedlichsten individuellen Hintergründen und Ursachen auf, doch haben diese Menschen oft die Gemeinsamkeit, nicht mehr die Fähigkeit zu besitzen, sich den gesellschaftlichen Programmen der Masse und der daraus resultierenden weltlichen Ordnung anzupassen. Sie suchen Zuflucht in Nebenrealitäten, die durch Suchtzustände erreichbar sind, und versuchen damit, unserer Wirklichkeit zu entfliehen.

Diese Nebenrealitäten können sich wie Traumzustände oder lebhafte Phantasien anfühlen. Meistens sind die erschaffenen Nebenrealitäten existente, das bedeutet, wahrhaftige

Zustände, doch nicht mit unserer gegenwärtigen Form und Bedingung für die Ebene des momentanen Erfahrens vereinbar. Jedenfalls ist es dem Menschen aus dieser Sicht heraus nicht möglich zu entscheiden, welche Wahrnehmung der Realitäten „normal" oder „verrückt" ist.

Wir alle sind gegenwärtig doch auch von unserer eigentlichen Aufgabe ver-rückt worden und können uns nicht mehr als machtvolle Lichtgestalten wahrnehmen. Auch ist es dem Menschen momentan noch nicht möglich, ohne Krankheiten und Dramen zu existieren, die auch nur auf einen nicht „normalen Zustand" verweisen. Doch der Mensch erklärt die Welt für normal, die scheinbar seit langer Zeit gesellschaftsfähig und wirtschaftstauglich ist. Ist es uns jedoch möglich, gelöst von Einflüssen zu beurteilen, ob der Traum oder der Wachzustand real ist? In welcher Phase des Wachzustands ist der Mensch der Schöpfung und seinem eigentlich Sein noch nahe? Ist es nicht einfacher, sich in den Traum zu begeben, um Stille und die unbewussten Botschaften der Seele zu vernehmen?

Mutter Erde und unser gesamtes Universum sind von der Schöpfung nicht isoliert zu betrachten. Alles Lebendige ist miteinander verbunden, bedingt und schwingt in harmonischem Austausch unter- und miteinander. Das Eingreifen der mentalen Wesenheiten in unsere atlantische Welt hatte unglaubliche Auswirkungen auf unser gesamtes Leben in unserer Ebene der Dritten Dimension sowie auf die unterschiedlichsten Nebenrealitäten und Dimensionen. Die Urquelle steht in direktem Zusammenhang zu Mutter Erde und damit zu unserem Leben und ist darauf fokussiert, dass das Zusammenwirken unserer menschlichen Form und der Ebene der Erde nicht außer Kontrolle gerät. Dies bedeutet, dass ein unbewusstes Zerstören von Mutter

Erde und ihrer Lebensformen seitens der Menschheit unglaubliche Auswirkungen auf unterschiedliche, fast unendlich viele Arten von Leben hätte. Wir können uns dies beispielsweise vorstellen, indem in einer großen, gut laufenden Firma eine Abteilung, die jedoch wesentlich für das gesamte System und die Firma ist, zusammenbricht, was verheerende Konsequenzen auf den gesamten Firmenapparat hätte. (Wir bekommen dies momentan wiederholt in unsere Welt durch wirtschaftliche und politische Auswirkungen demonstriert.) Wie im Inneren, so auch im Äußeren!

Wir werden seit langer Zeit von unterschiedlichsten Wesenheiten unterstützt, und der gesamte Ablauf auf unserem Planeten ist, energetisch betrachtet, ein perfektes Zusammenspiel von Wesenheiten und Resonanzen, die sich unser Verstand nicht vorzustellen vermag. Unser menschliches und irdisches Schicksal bleibt nicht dem Zufall überlassen, da eine Zerstörung der Lebensformen auf Mutter Erde für die gesamte schöpferische Ordnung und die Lebensformen in unsere Galaxie und damit auch in unserem Sonnensystem ein zu großer Schlag wäre. (Auch sind Wesenheiten unserer Dimension an ihrem eigenen Überleben interessiert, und sie verfolgen gegenwärtig unsere Handlungen.) Es bleibt dabei größtenteils uns Menschen überlassen, welchen Weg wir für uns wählen (außer wir würden eine Vernichtung auf vielen Ebenen des Seins erwirken).

Das energetische Feld von Mutter Erde und unseres gesamten Universums erhöht sich stetig in perfekter Balance zu allem Leben auf unserem Planeten. Auch ist unsere Sonne dabei, sich auszurichten und stellt damit den Wiedereintritt in die höhere Ordnung dar. Mutter Erde ist das Juwel in unserem Universum, auf der sich alles physische, uns bekannte sichtbare Leben der Dritten Dimension auf der gegenwärtigen Ebene der

Dichte im Universum versammelt und sich dadurch diese spezifische einzigartige Erfahrung für unseren Seelenaspekt erst als möglich herauskristallisiert.

Das hat jedoch nicht zu bedeuten, dass der Mensch sich beruhigt zurücklehnen und sein Leben den energetisch erlösten und höheren Lebewesen überlassen kann. Wir Menschen in der gegenwärtigen Form sind aufgefordert, eine Entscheidung zu treffen: Entweder sind wir bereit, diesen unglaublichen und einzigartigen Prozess der energetischen Bewusstwerdung und den Übergang in die nächste Bewusstseinsebene mitzugestalten, die uns zu unserem Großen Geist und unserem Wissen um die Göttlichkeit zurückführen wird, oder wir wollen noch weiter in Bewusstlosigkeit leben, was durch das noch gegenwärtig existente Gesetz der Dualität und der Isolation auf unserer Seinsebene möglich ist, und jenen Mächten und unerlösten Wesenheiten, die von unserer Energie profitieren und uns in Angst und Unwissenheit lassen wollen, Kraft geben. Jeder einzelne Mensch wird für sich selbst entscheiden. Vom großen Bild betrachtet, ist diese Entscheidung wiederum wertfrei zu sehen, da die Seele ihren Weg gehen wird und nicht auf das einzelne Leben in einer Inkarnation angewiesen ist.

Mutter Erde ist mit allen Lebewesen, die in Harmonie zu ihr stehen, bereits dabei, sich von alten Strukturen und Realitätsformen zu lösen, und wird zunächst noch einige Reinigungsrituale auf energetischer wie auch auf physischer Ebene vollziehen. Diese stehen in Harmonie zu Allem-was-ist, sind auf der Ebene der Dichte notwendig, geben jedoch keine Anhaltspunkte für eine globale anstehende Zerstörung.

Der Mensch ist in seinem unbewussten Zustand aus der Harmonie der Natur gefallen und hat sich auf Kosten allen Lebens in den Mittelpunkt gestellt. Damit hat er vergessen, dass

Mutter Erde ein Lebewesen ist, das auch begrenzte Kapazitäten hat. Der Mensch hat die Natur und ihr Gleichgewicht empfindlich gestört und leidet nun unter den Auswirkungen seiner fahrlässigen und egoistischen Lebensform. Das Eiserne Zeitalter ist die Form, in der sich alles verdichtet und uns direkt an die Materie bindet. Wir befinden uns jetzt in einem Übergang und werden uns, nachdem wir unser Sein wachgerüttelt haben, im Goldenen Zeitalter wiederfinden. Der Mensch selbst wird wiederum entscheiden, in welcher Form er bereit ist, den Wandel zu erleben.

Nach unserer Geschichte gab es den Menschen schon lange auf Mutter Erde, nach energetischer Auffassung noch sehr viel länger, als uns glaubhaft gemacht wird. Dies könnte einigen von euch als Widerspruch erscheinen, da, energetisch gesehen, doch alles nur im Moment stattfindet und es keine Vergangenheit und damit keine Zukunft gibt. Das ist richtig, nur müssen wir es so sehen, dass wir Menschen in unserer Form der Dichte an die Matrix in einer Zeit/Raum-Komponente angebunden sind oder auch waren.

Mehrmals werden Thoth und ich bereits getätigte Aussagen wiederholen, da dies einerseits hilfreich ist, ein klareres Verständnis des Gesagten zu erhalten, andererseits hilft euch diese Maßnahme, unbewusste begrenzte Glaubenssysteme und damit energetische Blockaden so gut wie möglich zu einem speziellen Zeitpunkt zu erlösen. Es gibt euch auch die Möglichkeit, blockierte Energiestränge wieder zu reaktivieren.

Das bedeutet, dass dieses Buch, wie selbstverständlich auch andere Bücher und Filme, unsere alltägliche Realität beeinflusst, energetisch auf unsere Strukturen wirkt, Gedanken und Gefühle beeinflusst, Glaubenssysteme erschafft und letztlich dadurch Realitäten erzeugt werden. Jeder Mensch begibt sich durch Kommunikation und Gedankenkraft unbewusst auf energetische Ebenen und betreibt Energiearbeit. Aus dieser Sichtweise könnten alle Menschen Heiler sein, falls sie gewillt sind, das nötige Bewusstsein zuzulassen und an ihren eigenen Begrenzungen bewusst zu arbeiten und das Ego zu erlösen.

Unsere Geisteskraft ist von unermesslicher Stärke und Auswirkung, und die Aufgabe dieser Zeilen ist es nicht, nur geschriebenes Wissen zur Verfügung zu stellen, sondern die Möglichkeit zu bereiten, energetisch zu wachsen, indem wir die Möglichkeit einräumen, dass das Geschriebene eine Wahrheit sein kann. Durch die energetische Berührung unserer Vergangenheit und unserer Wesenheit durch das Geschriebene haben wir die Möglichkeit der Reaktivierung unserer menschlichen Diskette, die uns an die wirkliche Erinnerung, Anerkennung und das Verstehen unseres Selbst führt.

Wir werden demnach von Zeit zu Zeit verschiedene Abläufe auf unterschiedliche Weise erklären und auch wiederholen, um unsere Felder und unsere Identität wieder und wieder aufzufordern, uns an unsere Göttlichkeit und den Funken zu bringen, der zur Reaktivierung von Teilen unserer DNS führt und damit zur Wiedererkennung unseres Seins. Diese Form der Energiearbeit ist keine Manipulation des Menschen (Manipulation im energetischen Feld geschieht durch absichtliche und zielgerichtete Einwirkung auf den mentalen Körper in unserer Aura, hat aber nichts mit der individuellen Annahme von Informationen aus dem freien Willen zu tun), sondern beinhaltet nur die bewusste Form der Überbringung von Wahrheiten. Ihr werdet euch intuitiv entscheiden können, ob das Geschriebene eine Möglichkeit für eure subjektive Bewusstwerdung darstellt und die Integration dieses Wissens hilfreich für eure menschliche gegenwärtige Form sein kann, oder ob es euch mehr dienlich erscheint, euch an die bekannten Informationen der geschichtlichen Überbringung und der alltäglichen Nachrichten zu halten. Es ist ein Angebot, wahrhaftig zu verstehen und bewusst alte Glaubenssysteme, Prägungen und Strukturen infrage zu stellen, um sich als mündiges und lichtvolles Wesen zu erkennen.

Tatsächlich werden wir täglich mit unzähligen niedrigen Energien konfrontiert, nehmen sie uns freiwillig mit ins Haus und lassen uns unbewusst von legitimierten Glaubenssystemen und Machenschaften manipulieren, sodass wir nicht mehr auf die Idee kommen, die widersinnigsten Dinge zu hinterfragen. Die Form der Botschaften läuft täglich auf mannigfaltigen Ebenen ab, und unsere Kinder und Heranwachsenden werden beispielsweise durch unbewussten Konsum von disharmonischer Musik und gezielten destruktiven Computerspielen quasi zu programmierten Dienstleistern, die lernen, sich nach bestimmten Verhaltensregeln in der Gesellschaft zu behaupten und zu definieren. Der Mensch wurde mit seiner Ursprungsgeschichte mindestens genauso im Dunkeln gehalten wie in den letzten Jahrzehnten bezüglich unserer weltlichen Realität. Dadurch wird er zunehmend abgestumpfter gegenüber jeder Form von aktueller Information in seiner Welt und lernt, kontrolliert und bewacht zu werden.

Diese Realität ist als Gegenpolarität zu der Frequenzerhöhung völlig natürlich, und so werden die Interessen einiger Menschen mit steigender irdischer und universeller Frequenz noch vernichtender und irreführender als bisher. Dies liegt an der Angst und der Begrenzung einiger Menschen und Wesenheiten, die sich nicht von unerlöster Macht, Gier, Starrsinn, Ungeduld, Märtyrertum und Hochmut befreien und ihr Leben weiter in den Verstrickungen des Egos und in der Definition über gesellschaftliche Normen und Glaubenssysteme erfahren wollen. Diese Menschen und Wesenheiten der Gegenpolarität zur Bewusstwerdung betreiben ebenso Energiearbeit und versuchen, uns von höheren Frequenzen, Verantwortung und Wahrheit fernzuhalten. Die Frage, die unweigerlich entsteht, ist, wie der Ablauf geschehen kann, wenn Mutter Erde die Frequenzerhöhung, den damit verbundenen Wechsel der Bewusstseinsebene und letztlich den Dimensionswechsel durchlebt und unzählige Menschen durch alte Strukturen, Angst und Glaubenssysteme weiterhin in niedrigen Frequenzen verharren. Letztlich beantwortet Thoth diese Frage, doch kann ich mit Sicherheit sagen, dass wir Menschen, angelehnt an den Großen Plan, die Entscheidung treffen werden, welchen Weg wir mit Mutter Erde gehen und zu welchem Zeitpunkt wir bereit sind, wach am Leben und der Schöpfung teilzunehmen. Mutter Erde befindet sich bereits in der Ablösung und der Heilung von alten Wunden und wird auf den Übergang in eine feinstoffliche Ebene und ein neues Goldenes Zeitalter vorbereitet.

Ich bin berührt von dem Lebewesen Erde, das sich in unendlicher Freude seinem Weg und sein gesamtes Sein der Reinigung und Neuausrichtung der feinstofflicheren Energien hingibt. Ich kann Mutter Erde spüren und sprechen hören, während ich diese Zeilen schreibe, und dies ist kein mir eigener privilegierter Zustand. Wenn wir in die Bereitschaft gehen, uns im Herzen zu fragen, was wir wirklich sind, woher wir kommen und was unser Weg ist, können wir die Kommunikation zu Allemwas-ist aufnehmen.

Die Schöpfung steht, wie bereits erwähnt, diesem Prozess wertfrei gegenüber und richtet nicht über uns. Wenn wir nicht verstehen wollen oder sogar anderen Leid zufügen, werden wir nicht beurteilt, sondern in Hoffnung erwartet. Das Zeitalter des Kali

Yuga begleitete unseren unbewussten Zyklus, und damit kann der Mensch in seinem traumatischen und komatösen Zustand nicht in Liebe und Mitgefühl verweilen, sondern versucht, sich stets selbst zu retten. Die mittlerweile vorherrschende Tendenz des Dwapara Yuga bedeutet für uns Erwachen und Rückkehr in das Bewusstsein und die Realisation des Großen Geistes.

Die Sündenfrage ist ein schwerwiegendes Glaubenssystem, da der Mensch sich erst durch seine Begrenzungen und Irrwege finden muss und dazu unweigerlich Fehler und damit Sünden begeht. (Fehler geben uns eine Erfahrung in der Dichte der Materie und sind damit eine Voraussetzung zur Selbsterkennung.) In unserem noch vorherrschenden Zustand von Bewusstlosigkeit ist es täglich möglich, zu sündigen. Auch werden uns unter anderem die Sexualität und der „falsche Glaube" als Sünde beschrieben.

Ein mir sehr verbundener und enger Freund hat als Sanyassin mehrere Jahre in der Glaubensgemeinschaft um Osho gelebt. Osho hat die Liebe gelehrt, wie viele andere Meister es zuvor bereits getan haben. Ihm wurde unter anderem vorgeworfen, die Sexualität zu freizügig zu gestalten, und er wurde in vielerlei Hinsicht bewusst und unbewusst falsch interpretiert. Osho war ein erleuchteter Meister und unterstützte fern von Ego die Menschen, unter anderem durch die Sexualität, ihre Vorstellungen und Begrenzungen durch das Verstehen der bedingungslosen Liebe und des Mitgefühls zu überwinden. Er bot seiner Glaubensgemeinde Wege, sich selbst zu erfahren, ohne der Verletzung des Egos zu verfallen und das Ego letztlich zu entlarven.

Sexualität und Geld sind im Grunde die ursprünglichsten energetischen Strömungen, die aus Sicht der Schöpfung Gott und die Fülle demonstrieren. Durch die Sexualität werden wir

Schöpfer von neuen Lebensformen, und durch das Geld erfahren wir die Versorgung unserer Bedürfnisse. Die Anwendung dieser energetischen Ströme in der ursprünglichen Form und Kraft führen uns unweigerlich zurück in Harmonie und Bewusstsein. In unserem Zeitalter, in dem das Wesen der Materie Vorrang erhielt und die Bewusstlosigkeit und die Zerstörung der schöpferischen Einheit Einzug hielt, verkannten wir Menschen diese energetischen Ströme und missbrauchten sie letztendlich. Aus energetischer Sicht ist dies einer unserer weitestreichenden Fehler und Faktor der allgemeinen Zerstörung. Da diese Energieströme wahrhaftig mächtig sind und der Natur des lichtvollen Menschen entsprechen, werden sie gegenwärtig noch verdreht und manipulierend eingesetzt, um den Menschen unter Kontrolle und damit in Angst zu halten und weiter über ihn verfügen zu können.

Es ist wesentlich, hier keine Anklage oder Beurteilung zu empfinden. Da wir noch in einer Welt der Dualität existieren, ist es notwendig, zu der Bewusstwerdung auch die Gegenpolarität der unerlösten Macht und der Gier zu sehen. Jeder Mensch trägt in seinem Ego diese Anteile unerlöster Macht. Es ist nichts Verwerfliches, sondern notwendig, um klar entscheiden zu können, und somit bleibt die Anerkennung unserer Realitäten, um bewusst den Weg in das Licht, die Liebe und das Mitgefühl zu wechseln.

Thoth:
Geliebte Wesenheiten,
dies ist ein unendlich großes Thema, verpackt in einem doch recht kleinen Text. Vielleicht ist es das Maß der Dinge,

das euch darlegt, dass alles nicht so komplex ist, wie es euch zurzeit erscheinen mag. Wir möchten so viel zu dem Thema der Glaubenssysteme beitragen: Es war der Mensch, der – durch das beschriebene Zeitalter der Dunkelheit und seiner Mutation zu einem unbewussten und mutierten Wesen und durch die Manipulation im Äußeren – Terra in das Ungleichgewicht gebracht hat, von dem sie sich mit Mühe, aber mit Erfolg zu heilen vermag. Terra ist eure Mutter im Kleinen, sie repräsentiert eure Heimat und schenkt euch alles, was ihr benötigt, um ein sorgenfreies und gutes Leben in der Form der Dichte zu erleben.

Nun, da ihr Menschen bereit seid, das Zeitalter mit Terra zu wechseln, beziehungsweise bereit sein müsst, werden alle Vorkehrungen getroffen, damit ihr die Möglichkeit habt, euch dem anstehenden Wandel in Liebe und Freude hinzugeben. Ihr Menschen seid auf Terra in eurer Vielzahl zu selbstsüchtig geworden, und das ist bloß ein Hinweis auf das Ungleichgewicht, das auf Terra eingezogen ist. Ihr habt die Tiere verdrängt und ausgebeutet, die Wälder abgeholzt und die Möglichkeit einer funktionierenden Nahrungskette zerstört. Dieses Ungleichgewicht ist, wie eben erwähnt, nur eine Demonstration der aus der Harmonie herausgefallenen Spezies Mensch.

Wenn ihr bereit seid, in das nächste, neue, lichtvolle Zeitalter zu wechseln, wird auch alles andere in Harmonie zur Erde geschehen. Ihr Menschen werdet selbst entscheiden, in welcher Anzahl ihr bereit seid, mit Terra zu gehen, und ihr werdet wahrnehmen, dass sich durch das Licht und die Liebe alles in eine Form der Einheit und Offenheit bewegt.

Wir wollen nicht den Anschein erwecken, dass eine Auslese bei den Menschen stattfinden wird, dennoch sehen wir die Möglichkeit, dass ihr sozusagen auf unterschiedlichen Realitätsebenen verteilt und damit ein Bewusstsein für mehrere Re-

alitätsebenen erhalten werdet. Ihr habt hier bereits mehrmals gehört, dass ihr nicht nur in einer Fassung erscheint, sondern es mannigfaltige Formen eures Seins gibt. Aus unserer Sicht wird hier kein Massensterben geschehen, damit die Natur und der Mensch in ein harmonisches Gleichgewicht zurückkehren können, sondern vielmehr werden sich die Realitätsebenen sortieren, die euch Menschen die Möglichkeit geben, je nach Ausrichtung und Bewusstsein eure eigenen Realitäten zu erleben.

Es gibt nicht nur die eine Realität, es gibt nur die eine illusionäre Wirklichkeit, und auch diese ist durch euer bewusstes Denken verschiebbar. Und so sehen wir für euch die Möglichkeit, eure Hauptwirklichkeitsebene durch unterschiedliche Realitäten zu erleben. Es ist somit auch möglich, den physischen Tod zu wählen, der wiederum nur eine neue Realität eröffnet und ein weiteres Leben ermöglicht. Ihr Menschen müsst aber nicht den physischen Tod erfahren, vielmehr ist ein bewusster Wandel in der Jetztzeit möglich und aus seelischer Sicht beabsichtigt.

Ist euch klar, dass ein Aufstieg der Frequenzen dieser Art, wie es Terra derzeit bereits praktiziert, nur etwa alle 26.000 Jahre möglich ist? Ihr Menschen seid im Begriff, den Wandel bewusst zu integrieren und euch bewusst zu entwickeln. Eine Form der Entwicklung ist die Praxis der Liebe und des Mitgefühls. Euer synthetisches Gitternetz des Christusbewusstseins beginnt, lebendig zu werden, und Christus selbst wird in eure Form des Lebens zurückkehren. Christus ist ein Sohn der Sonne, ein Sonnengott, und hat euch von jeher den Sonntag als heiligen Tag verkündet. Versucht zu verstehen, dass etwas Wunderbares im Gang ist, die Heilung des Ganzen, Terras Heilung und die Rückkehr des wahrhaften Verstehens und der Liebe, die euch für so lange Zeit abhanden gekommen war. Euer Sein, *euer gesamtes Leben hing an einem seidenen Faden, und alles Lebende wusste nicht, ob ihr die Zeit auf Terra überdauern würdet, bis der Wechsel in das Christusbewusstsein Einzug halten würde. Jetzt ist es soweit. Es gibt bereits viele unter euch, die verstehen, zu Mutter Erde beten und um Annahme und Verstehen bitten.*

Wir fordern euch auf, euch an den Großen Geist, das eine Bewusstsein, zu wenden und die Signale der Liebe für die Bereitschaft zum globalen Wandel zu setzen. Ihr müsst keine Angst haben. Geht in Freude in die Neue Zeit und vertraut auf die Schöpfung, auf Gott.

Ihr habt so viele Glaubenssysteme, die euch für klein und nichtig erklären, doch fragen wir euch, wie ihr dann den Mut aufbringt, überhaupt auf Terra zu weilen? Ist euch klar, dass Terra ein freischwebender Planet in einer Galaxie ist, ständig bedroht durch unzählige Kometen und durch die täglich größeren Sonneneruptionen? Wir fragen euch wahrhaftig, wie ihr den Mut besessen habt, euch auf so einen großen Vorgang einzulassen, den euer Verstand nicht imstande ist, zu verstehen?

Aber ihr wollt uns erzählen, dass ihr Angst vor dem Tod habt oder alte Beziehungen oder Sicherheiten loszulassen. Es gibt keine Sicherheit, dass Terra nicht in der nächsten Stunde explodiert, und es gibt keine Sicherheit, dass ihr morgen früh wieder erwachen werdet! Aber wollt ihr die Angst in euch siegen lassen oder Freude und Liebe empfinden? Ihr könnt uns nicht glauben machen, dass ihr Angst haben könntet, in ein anderes Land zu ziehen und die Kultur und die Natur zu ergründen. Wahrhaftig ist es so, dass die westlichen Staaten Menschen benötigen, die sich der Liebe zuwenden und sich Zeit nehmen, zu meditieren und die Stille zu vernehmen. Die Menschen der westlichen Kulturen sind noch Waisenkinder im Verstehen der

Liebe, des Miteinanders und des Einsseins. Sendet Zeichen, dass ihr uns hier verstanden habt, und begreift Manipulation und nicht existenzberechtigte Ängste.

Welch eine Ironie, dass reiche und mächtige Menschen Drogen nehmen müssen, um ihr Leben zu ertragen. Welche Last bilden der ganze Reichtum und die Besitzgüter, und wie viel Freiheit wird als Preis gegeben? Wie frei ist der Mensch, der nichts tragen und keines der weltlichen Güter umsorgen muss? Ist euch bereits aufgefallen, dass Terra euch alles zur Verfügung stellt, was ihr zum Leben benötigt?

Wie frei waren euer Kopf und euer Sein, als ihr wochenlang in der Wüste wart, umgeben von NICHTS! Oder auf dem Meer gesegelt seid und keine Telefonanrufe oder Bankgeschäfte erledigen musstet? Keine Bedingungen anderer Menschen erfüllen oder vor der verdienten abendlichen Ruhe noch die Rechnungen im Büro erledigen musstet? Wir erzählen euch hier nicht, dass diese Handlungen schlecht für euch sind oder euch zu unbewussten Menschen machen, doch ihr benutzt diese tägliche Ablenkung, um nicht an euer Herz zu kommen und den Ruf der Seele zu vernehmen.

Ihr beschäftigt so lange euren Verstand, dass der Körper und euer Geist vollkommen erschöpft in einen unausgeglichenen Schlaf fallen, da euer Verstand begriffen hat, wie er euch unter Kontrolle halten kann. Meistens hat der westliche Mensch nicht einmal im Traum noch die Zeit, sein unterbewusstes Sein zu vernehmen und dem Ruf der Seele zu folgen. Wie wollt ihr Menschen unter diesen Bedingungen zu reinen Christen werden und die Liebe und das Mitgefühl aus dem tiefsten Sein praktizieren?

Ihr müsst still werden und lauschen lernen, denn es ist Zeit, den Ruf von Terra und der Natur zu hören, anstatt euch

mit scheinbaren Pflichten zu beschäftigen. Ihr werdet mit Ter-
ra in völliger Offenheit und Transparenz stehen und eure Mit-
menschen telepathisch wahrnehmen. Könnt ihr euch vorstellen,
wie unbedingt wichtig die Stille wird, damit ihr nicht ununter-
brochen den lärmenden Verstand eurer Mitmenschen wahr-
nehmen müsst? Absolute Transparenz, keine Unwahrheiten
und bedingungslose Hingabe. Wir freuen uns, euch darin zu
erblicken. Es ist der MOMENT gekommen, um wieder zu SEIN,
in der reinsten Form der bewussten Wahrnehmung. Fühlt die
Freude und das Glück!

Wir möchten abschließend noch auf das Thema der Glau-
benssysteme zurückkehren, haben hier aber nur so viel zu
sagen, dass ihr Menschen euch bewusst machen müsst, wie
weit euer Verstand und die alt hergebrachten Glaubenssysteme
euer Leben dirigieren. Eure Welt ist innerhalb einer Matrix er-
baut, und diese wiederum ist durch anerkannte Glaubenssys-
teme und Illusionen stabilisiert. Wir sind bereits genauer auf
das Thema eingegangen und möchten euch hier nur klar ma-
chen, dass die Realitäten in eurer Welt durch eure Gedanken
manifestiert sind. Mit dem Anerkennen der Glaubenssysteme
ist die Matrix in ihrem unbewussten und alten Zustand stabil
und arbeitet kontraproduktiv zu der Bewusstwerdung und Fre-
quenzerhöhung.
Ihr seid aufgefordert, eure alten Muster von Bewertung, Ur-
teil, Erwartung und Vorstellung zu überdenken, besser noch,
zu „überfühlen". Alles ist Illusion, doch das Leben im phy-
sischen Aspekt ist durch die Matrix und die gegenwärtige Illu-
sion möglich. Also sei es euer vorrangigstes Bestreben, nicht
die Matrix aufzulösen, sondern euch den Gesetzmäßigkeiten
der begrenzten Form der Matrix nicht mehr zu unterwerfen. Wir

möchten auf den Satz in dem Film „Matrix" zurückgreifen, in dem Morpheus zu Neo sagt, dass es möglich ist, Naturgesetze zu umgehen oder gar zu brechen, und zwar durch Wissen und nicht durch Denken.

Geliebte Wesenheiten, das Thema der Glaubenssysteme ist einfach und unendlich groß zu beschreiben. Da wir es schätzen, euch einen einfachen Anhaltspunkt zu liefern, bleiben wir bei der Aussage, dass ihr ab sofort alles hinterfragt, was ihr auf Terra legitimiert, und noch einmal fühlt, was ihr im Leben ablehnt. Woher kommen eure Meinungen und Ansichten bezüglich eurer Handlungen? Stellt euch infrage und fühlt einmal mehr hinein, aus welchen Gründen ihr so seid, wie ihr es vorgebt zu sein! Entdeckt in euch den wahren Antrieb und die Einspurigkeit eurer Handlungen.

So sei es.

Kind ist Mutter und Vater

Thoth:

Geliebte Geschöpfe auf Terra,

jede einzelne Wesenheit von euch ist im Grunde ihres Herzens ein Kind, das noch die Bewusstheit seiner Unschuld in sich trägt. Diese Inneren Kinder in euch sind wahrlich gequält und geschändet worden. So, wie alles im Inneren dem Äußeren entspricht und sich damit demonstriert und darstellt, hängen auch die Prozesse eures Leidenswegs bildlich an den Qualen, die ihr wiederum der Natur und den Tieren zufügt. Kein Tier ist hierhergekommen, um euch etwas anzutun, sondern in großer Liebe, um euch zu assistieren, zu eurem Selbst und zu eurer Liebe zurückzukehren.

Da ihr eure eigenen Qualen in dem ursprünglichen harmonischen Ganzen nach außen tragt und darstellt, verhält sich auch eure Welt so brutal und leidensfähig. Der Weg daraus ist durch reines Bewusstsein, durch die Macht des Geistes, zu verstehen. Dazu müsst ihr die Bereitschaft haben, eurer Stimme des Herzens zu folgen. Wenn ihr in euch spürt, werdet ihr fühlen, dass es ein verletztes, ausgeliefertes Kind in euch gibt, das sich durch viele Leiden und Qualen in die hintere Ecke eures energetischen Seins zurückgezogen hat, da es nicht mit seiner Wahrhaftigkeit in dieser Welt zum Ausdruck kommen konnte. Dieses für euch gesprochene Innere Kind ist ein Aspekt eurer Seele, eures Selbst. Jeder Seelenanteil erfährt durch die Qualen eurer Unbewusstheit Verletzungen.

Das Kind in euch ist immer noch voller Unschuld und Geduld. Ihr müsst versuchen, euer Inneres Kind zu heilen und zu verstehen. Damit ist nicht gemeint, dass ihr noch einmal die Schmerzen eurer gelebten Vergangenheit erleben müsst – in vielen mühseligen Rückführungen oder Aufstellungen. Sie dienen lediglich dazu, euch selbst besser zu verstehen und eure um euch agierenden Resonanzfelder bewusster wahrzunehmen.

Wenn wir aus unserer Sicht den Aspekt des Inneren Kindes erhellen, sehen wir ein verschüchtertes Wesen, das durch viele Vergehen und Leidenserfahrungen nicht mehr zutraulich ist. Auch wir haben durch die Not dieses Kindes Schwierigkeiten, mit euren verletzten Anteilen zu kommunizieren. Wir müssen sie erst mit dem Licht des göttlichen Strahls erhellen, damit sie sich wieder anbinden und dadurch die Erinnerung ihrer Essenz begreifen können. Sie sind so unschuldige Wesenheiten, die sich in einem vollkommenen Vertrauen in diese Welt haben gleiten lassen, um sich demütig ihrem Weg hinzugeben und das Programm der Seele zu erfahren. Es ist kein getrennter Teil eures energetischen Seins, dennoch hat sich dieser vertrauensselige Anteil einschüchtern lassen und das Zepter an das große Ego abgegeben. Dieser Anteil des Inneren Kindes will genommen, will beschützt werden und die Worte erhalten, dass es unendlich tapfer war und sich jetzt in den großen Schoß der Seele fallenlassen darf, während das Ego verstummt und das wahrhaftige Selbst den Weg zur Erkenntnis beschreitet.

Ihr werdet mir gewiss zustimmen, dass dies schöne Worte waren, aber ich kann euren Verstand schreien hören, dass hier kein roter Faden zur Umsetzung des Gesagten vorhanden ist. Liebe Geschöpfe, ihr seid so voller Ungeduld, dass das von uns geliebte Wesen gar nicht imstande ist, so schnell zu schreiben, wie sich eure Felder bereits energetisch zu Wort melden. Und hier soll euch noch einmal gesagt sein, dass diese Zeilen bereits über das Morphogenetische Feld und die Resonanz von Terra ihre Arbeit an euren Feldern und energetischen Zentren getan haben, bevor sie in den Druck und damit an die Öffent-

lichkeit gehen. Das Lesen hilft euch, ein bewusstes Verstehen zu integrieren, um euren Geist verantwortlich zu ermächtigen, eure Realitäten gezielter zu kreieren. Dies ist von vehementer Wichtigkeit, damit ihr versteht, warum ihr noch so sehr in den Verstrickungen der Jetztzeit steht. Ihr seid so geblendet und unterwürfig, dass ihr euch nicht vorstellen könnt, dass während des Schreibens dieser Worte bereits Mächte wirken, die dies zu verhindern versuchen. Wir werden auf diese Phänomene der Dualität später noch eingehen.

Aus den genannten Gründen ist es mir von großer Wichtigkeit, die Stimme des Inneren Kindes an euer Gehör zu leiten. Ihr könnt es wahrnehmen als die Gefühle und Weisungen des Lebens, die ihr zum Verstummen gebracht habt. Es ist das Zentrum eurer Traurigkeit und Schüchternheit. Das Innere Kind ist jetzt bereit, aufzustehen, und durch eure Entschlossenheit macht es sich auf den Weg in das lichtvolle Zentrum der Seele.

Liebe Geschöpfe von Terra, ich möchte euch hiermit einladen zu einer Besinnung auf dieses Innere Kind und einer Führung hin zur Erlösung dieses isolierten und verschüchterten energetischen Aspekts in eine lichtvollen Heilung des Selbst.

MEDITATION

Ich möchte euch aufrufen, einen stillen Platz aufzusuchen, an dem ihr euch sicher und geborgen fühlt. Außerdem möchte ich euch einladen, diesen Platz mit schönen Farben auszukleiden und euch in ein rotes Laken oder Tuch zu hüllen. Wenn ihr wollt, begleitet die folgende Meditation mit ruhiger, schöner und leiser Hintergrundmusik.

Fühlt euch jetzt geborgen in den Tüchern und in der Harmonie des aufgesuchten Ortes. Fühlt euren physischen Anteil und lasst euch in die Geborgenheit eines Säuglings im Mutterbauch gleiten. Versucht, euch wahrzunehmen und zu spüren und begebt euch tief in die rote Farbe eures Tuchs hinein, das der Säugling während der Reise und Zeit im Mutterbauch wahrgenommen hat.

Während ihr euch weiter in die Geborgenheit und den Schutz des Mutterbauchs fallenlasst, bitten wir euch, eure Schutzgeister und Energien anzurufen, die euch in diesem Prozess der Erlösung des verletzten Inneren Kindes produktiv und helfend zur Seite stehen wollen. Außerdem erbitte ich die Unterstützung und die Liebe von Mutter Maria, Vater Sonne und Mutter Erde.

Geliebte Wesenheiten von Mutter Erde: Lasst euch nun in die Tiefen eures Selbst fallen und geht bewusst in die Geborgenheit eures Wurzelchakras, das hier den Platz des Bauchraums und der Gebärmutter reflektiert.

Während ihr den Raum betretet, visualisiert einen großen heiligen Tempel. Dieser ist in seinem Inneren mit goldgelbem Licht erfüllt, das euer Sein umfüllt und euch komplett ausfüllt. Ihr erfahrt die heilenden Frequenzen der Urquelle und die Anbindung an Alles-was-ist.

Wenn ihr jetzt an die Decke dieses Tempels blickt, werdet ihr erkennen, dass sich die Energie des goldgelben Lichts in die Farbe eures Sonnenlichts verwandelt. Lasst euch nicht blenden, sondern gebt tief in euch die Erlaubnis, in dieses helle Licht des Vaters eurer Galaxie zu blicken, in dem Verständnis, dass er euch die Geschichte eures Seins, eurer Herkunft, erzählen kann und die Verbindung zur Urquelle hält. Schaut weiter in die hellen Strahlen des Lichts an der Decke des Tempels und

266

erkennt, dass sich die Dächer geöffnet haben und sich viele lichtvolle Gestalten in dem wunderbaren Strahlen der Sonne zeigen.

Fühlt nun tief in euch hinein und beginnt die Sehnsucht des Inneren Kindes nach den heilenden Frequenzen und den Strahlen von Vater Sonne zu spüren und gestattet ihm, diesen Ausflug in die Strahlen der Sonne zu unternehmen.

Wisset darum, dass euer Inneres Kind die Freude und Leichtigkeit des Allseins in diesem Zustand verspüren wird und um seinen weiteren Weg in eurem körperlichen Gefährt weiß. Hier findet nicht die Trennung des Kindes von eurer Seelenebene statt, sondern durch Liebe, Heilung und Führung, durch die Reaktivierung des ureigenen Wissens jeden Aspektes durch die Strahlen der Sonne kann das Kind seine erfahrenen Verletzungen heilen und als gestärktes und wissendes Ganzes in eure energetischen Zentren zurückkehren.

Habt keine Angst, wenn ihr die Sehnsucht des Kindes nach der Heimatgalaxie verspürt, und lasst das Kind sich dort frei bewegen. Es weiß darum, dass es zu euch gehört und sich in eure seelischen Zentren wieder eingliedern wird. Gebt euch einfach diesem unglaublich schönen Prozess der Heilung hin.

Wisset, dass die Strahlen der Sonne euren Verstorbenen den Weg zur Urquelle weisen. Aus diesem Grund erläutern wir hier, dass ihr euch nicht sorgen müsst, denn nur die Seelen, deren Zeit hier abgelaufen ist, werden sich auf den Weg durch die Sonne, getragen auf ihren Strahlen, in das Zentrum der Urquelle begeben. Eure Seelen wissen um das Geschenk und die Richtigkeit eurer Anwesenheit auf Terra, und sie stehen euch und eurem Programm auf Terra in unendlicher Klarheit gegenüber.

Es gibt in den Strahlen der Sonne keine Fragen oder Verletzungen mehr. Auch sind das Geschenk und die Einzigartigkeit *des emotionalen Körpers hier nicht mehr spürbar. Es ist das harmonische Schwingen eines IST-Zustands, des ureigenen Zustands eurer Seele, der in vollstem Verstehen um die Schöpfung und ihre Wege ist.*

Seht, wie die Kinder der Sonne kommunizieren, und fühlt, wie Heilung eingetreten ist. Geht bewusst zu eurem Inneren Kind und bringt es nach Hause zu eurem Selbst, zu der Seele tief in eurem körperlichen Gefährt, in dem Verständnis, dass auch hier Heilung und Geborgenheit in dem göttlichen Licht und der Verbindung zu Allem-was-ist erfolgt ist.

In dem Moment des Wiedereintritts in den physischen Aspekt wisset um die Heilung und dass ihr tief in eurer Seele die Strahlen der Sonne tragt.

Ihr seid immerwährend angebunden an die göttliche Essenz und die Urquelle und wart nie ein verlassenes, ausgestoßenes Wesen der Schöpfung.

Verankert dieses Wissen der allumfassenden Liebe tief in eurem Bewusstsein und bringt euer Inneres Kind zu den heiligen Toren eurer Seele. Gebt es in den Schoß eurer Seele im Zentrum eures Wurzelchakras.

Gestattet, dass sich die Tore zu eurer Seele öffnen und schließen lassen, bis ihr wahrhaftig bereit seid, auf die Stimme eures Herzens zu hören, um den Weisungen eures Selbst und dem Weg der Seele zu folgen.

Ihr könnt weiterhin mit eurem geheilten Inneren Kind im Schoß der Seele in Kommunikation treten und jederzeit an den Pforten des heiligen Tempels um Einlass bitten. Wisset, dass ihr ihn nur in wahrhaftiger und liebender Ausrichtung betreten könnt und nicht, um die Gier und das Drängen des Egos zu stillen. Erbittet stete Kommunikation durch die Tore eures Seins in der Tiefe und Geborgenheit eurer Seele.

Kehrt nun in der **bewussten Anerkennung der gesche-henen Heilung** langsam zurück in euer Gefühl und nehmt wieder den physischen Anteil als ein Geschenk des Seins wahr.

Beginnt die geschehene Heilung als genauso real zu verspüren wie den Boden unter eurem Körper und lasst Heilung auf den Ebenen des Seins zu.

Mögen fortan die Geborgenheit und die Liebe eure Führung sein und die Heilung des Inneren Kindes euch von den Prägungen und Strukturen eurer zeitlichen Vergangenheit befreien.

So sei es!

☆☆

Aus energetischer Sicht ist es schlüssig, hier noch das Thema der Familie genauer zu betrachten. Dazu folgende Skizze:

Wir denken uns ein DIN A4 Papier, auf dem wir den Vater oben links aufmalen und die Mutter oben rechts. Die Kinder wären dann dem Alter nach, jeweils angefangen unterhalb des Vaters, von links nach rechts zu skizzieren. (Das älteste Kind steht unter dem Vater, das zweitälteste Kind rechts neben dem ersten Kind und das drittälteste Kind dann entsprechend wieder rechts neben dem zweitältesten Kind usw.). Das jüngste Kind steht unter der Mutter.

Jedes Kind ist, biologisch und energetisch gesehen, Vater und Mutter zugleich. Das heißt, dass das Kind nicht nur genetische Merkmale und äußere Ähnlichkeiten zu seinen Eltern aufweist, sondern auch energetisch Vater und Mutter zugleich ist.

Wir haben in unseren energetischen und physischen Körpern eine mentale männliche und eine emotionale weibliche Seite. Das heißt auch, dass unsere Gehirnhälften unterschiedliche Ebenen bedienen. Die weibliche Gehirnhälfte ist rechts und damit die männliche Gehirnhälfte links. Innerhalb des Kopfes überkreuzen sich dann die mentale und die emotionale Linie. Das heißt, unsere rechte Körperhälfte ist männlich und die linke Körperseite ist weiblich, was bedeutet, dass in dem Kind die rechte Körperhälfte energetisch der Vater und die linke Seite energetisch die Mutter ist.

Daraus folgt, dass sich das Kind als eine Einheit aus Vater und Mutter fühlt, die sich unzertrennlich im gesamten Energiefeld definiert. Wie im Inneren, so auch im Äußeren. Aus diesem Grund ist es einleuchtend und verständlich, dass sich jedes Kind wünscht, dass seine Eltern eine sich liebende Einheit bilden, da es dann auch diese harmonische Verbindung in sich selbst verspüren kann. Wenn sich nun die Eltern streiten und trennen, hat das Kind das Gefühl, zerrissen zu werden. Es unterliegt der Illusion, dass diese äußere Begrenzung von Vater und Mutter, in der sie nicht liebend zueinander finden können, auch die energetische Form der männlichen und weiblichen Komponenten in ihm betrifft und diese zwei energetischen Formen auseinandergebracht werden.

Schlimmer noch wird der Zustand für das Kind, wenn es Partei für einen Elternteil ergreifen muss, da es entweder von ihm so gefordert wird, oder es gar Angst vor Vater oder Mutter hat und als Beschützer oder Verbündeter eines Elternteils auftreten muss. In dieser Formation müsste das Kind versuchen, einen energetischen und letztlich auch biologischen Anteil von sich zu verdrängen und läuft damit in eine Selbstsabotage und eine daraus resultierende Selbstverleugnung. Diese Situation kreiert einen Verlust oder Mangel an eigener Identität, da es aus Anpassung und Verdrängung der energetischen Anteile von Mutter oder Vater sich selbst in der harmonischen Formation verlieren würde (Ungleichgewicht der mentalen und emotionalen Ausrichtung).

Es ist wichtig, dass die Eltern dem Kind ihre weltlichen Begrenzungen darlegen und ihm erklären, dass sie auf Mutter Erde keine allwissenden Götter sind, sondern zu lernen und zu verstehen haben, ähnlich den Kindern auf Terra. Diese ehrliche Transparenz ist wesentlich für die Kinder, damit sie verstehen, dass sie auch Strukturen, Reaktionen und Glaubenssysteme der Eltern infrage stellen dürfen, da wir großen Menschen auch noch unter dem unbewussten Zustand des vergangenen Zeitalters des Kali Yuga und seiner Matrix stehen. Wir Erwachsenen sind weiterhin dabei, uns in dem großen Plan der göttlichen Ordnung zu verstehen und damit nicht wirklich hilfreiche Lehrer für die unbegrenzte Form des Seins.

Wenn wir hinterfragen, wer in unserem Leben die Richtlinien unseres Glaubens integriert und etabliert hat, ist unsere Antwort höchstwahrscheinlich, dass wir dies gar nicht so genau wissen. Genauso wenig ist uns klar, warum wir bestimmte Entscheidungen treffen oder gar Meinungen vertreten, da die meisten Menschen noch nicht einmal Zeit haben zu hinterfragen, ob ihr Verhalten wirklich ihrem Selbst und ihrer Identität entspricht, oder ob es ein Programm der Eltern und der Kindheit bedient. Dieses unbewusste Dahinleben ist das ursprüngliche Problem unserer gegenwärtigen Form, und wir geben diese Begrenzungen an unsere Kinder weiter.

Hier kommt in der gegenwärtigen Zeit erschwerend der Zustand der alleinerziehenden Mütter dazu. Es existiert hier eine Schwächung der männlichen Rolle, da die Frauen alle Funktionen des elterlichen Anteils erfüllen müssen. Die Frauen in der heutigen Gesellschaft übernehmen den Part der Erziehung und Geborgenheit der Kinder, wie es systemisch völlig richtig ist, doch üben sie zudem die Aufgaben des Vaters aus, die sich vorwiegend in dem Schutz und der Versorgung der Familie definieren. Auch versäumt hier der Vater die wichtige und relevante Position, das Kind im heranwachsenden Alter in die weltlichen Gefüge zu führen, mit ihm das Verhalten in der Natur zu studieren und sich dem Leben und der Ordnung auf Terra zu widmen.

Alle diese Funktionen kann die weltliche Mutter nicht tragen und ist hier gut beraten, dem heranwachsenden Kind den Kontakt zu einer ihm vertrauten männlichen Person zu gestatten, damit es die Möglichkeit gewinnt, den mentalen, väterlichen Aspekt zu schätzen und seine Kraft und sein Wissen zu honorieren. Für das Kind, und somit den Menschen, ist der Ausgleich des männlichen und weiblichen Aspekts von großer Bedeutung. Kinder, die jeweils nur bei einem Elternteil aufwachsen, sollten versuchen, sich den Ausgleich für den fehlenden Elternpart im Umfeld zu ersetzen, da sie sonst Schwierigkeiten bekommen werden, den mentalen und emotionalen Körper gleichberechtigt zu sehen und einzusetzen.

Die gegenwärtige Zeit stellt die alte verdrehte Form der Rollenverteilung infrage und fordert die Erinnerung der ursprünglichen systemischen Anordnung der Menschen. Diese Übergangzeit der Orientierungslosigkeit erschafft somit Komplikationen in der Selbstdefinition und Selbstfindung. Der Mann hat sich gegenwärtig in seiner Rolle verloren, die so lange Zeit auf Macht und Diktatur aufgebaut war und die Führung und Entscheidungen der gesamten Familie dominierte. Jetzt fühlt sich der Mann seiner wichtigen Rolle enthoben und versucht, seinem Stolz und seiner Verletzung zu entweichen, um damit seine Unabhängigkeit und vermeintliche Freiheit zu demonstrieren. (Letztlich will er von seiner Familie und seinem Umfeld gebraucht werden und kommt mit seiner, von der Gesellschaft geforderten Verantwortung und der daraus resultierenden Präsenz oft nicht zurecht.)

Auch hat die Frau Schwierigkeiten, ihre Rolle in der heutigen Gesellschaft zu finden, und versucht sich in einem relativ hilflosen Streben nach Macht, aus ihrer Unmündigkeit zu befreien, in der Hoffnung, wieder zu ihren ureigenen Rechten und Freiheiten zurückzukehren.

Thoth:

Wir möchten hier einen Hinweis auf die äußere Demonstration geben, in der auch Terra vergessen worden ist und sich bis in die Jetztzeit hat ausbeuten und missbrauchen lassen. Terra ist nun aufgefordert, ihrem anstehenden Prozess in Harmonie zu allen Geschöpfen auf, in ihr und um sie herum zuzustimmen. In euren Gesetzen der Dualität ist dies ein bewusster Akt, da es naheliegt, den Ausgleich erwirken zu wollen, indem die Polarität des gegenüberliegenden Aspekts gelebt und eingefordert wird. Hier in eurem Beispiel würde sich dies um die gegenwärtige Unterdrückung des Mannes durch die Frau drehen, die Wertlosigkeit und Unmündigkeit des Mannes sowie die unerlöste Machtausübung der Frau (eine fehlverstandene Form der Emanzipation).

Die Frau in der gegenwärtigen Zeit hat Angst, sich weiterhin dominieren zu lassen und steht gefühlsmäßig noch unter dem Eindruck des Missbrauchs und der Bevormundung. Die Realisation, dass diese Zeiten nicht mehr dem gegenwärtigen Zustand entsprechen, ist genauso unabdingbar wie die Tatsache, dass die Menschen sich durch ihren Mut in den Schoß der Existenz fallenlassen und verstehen, dass alles zusammen und gleichzeitig existiert. Mehr noch: da die Auflösung der Polaritäten letztlich eine harmonische IST-Schwingung erschafft, in der alles Leben gleichzeitig und in gleichem Maß enthalten ist.

Es ist auch wichtig zu verstehen, dass das Kind nicht aus der energetisch begrenzten wahrnehmbaren Hülle der Eltern besteht, sondern sich letztlich die energetischen Resonanzen der Eltern gesucht hat, um seine eigenen Aufgaben in deren

Resonanz zu erfahren. Das Kind ist biologisch und genetisch halb Mutter und halb Vater, dennoch ist es nicht die begrenzte irdische Identität der Eltern. Hier geht es nicht darum zu versuchen, den begrenzten Vater oder die begrenzte Mutter in sich in eine Form von Identität zu bringen, sondern die oben dargestellte Ausführung birgt die Aufforderung, die Realität der Eltern zu respektieren und zu achten und sich selbst in der Resonanz seiner Vorfahren in das Erkennen zu bringen. Es ist wichtig, den Unterschied zu verstehen, ob wir unsere Eltern verurteilen und somit ihre Begrenzungen zu unseren eigenen subjektiven Begrenzungen machen, oder ob wir sie in ihrer ureigenen Essenz ehren und lieben können, mit dem Verstehen, dass auch die Eltern Menschen in der irdischen Seinserfahrung sind und durch ihre Fehler zu lernen haben.

Ein Scheidungskind hat die Möglichkeit zu verstehen, dass der begrenzte Anteil Mutter und der begrenzte Anteil Vater nicht in klare und verständliche Kommunikation treten konnten und daraus weltliche Konsequenzen zu ziehen waren. Dabei dreht es sich nur um die weltlichen begrenzten Anteile der Eltern. Das Kind ist hier aufgerufen, weiter mit Vater und Mutter im Gleichklang zu sein, nicht Partei zu ergreifen und in seiner eigenen Tiefe Vater und Mutter in ihrer unbegrenzten Form und Essenz und deren Liebe zu sich zu spüren und zu erfahren.

Die Erfahrung ist zu verstehen, dass die Trennung der Eltern nichts mit einer NICHT-Liebe dem Kind gegenüber zu tun hat und dass sich Mutter und Vater in einer tiefen Seelenverbindung getroffen haben, da sie sonst nicht imstande gewesen wären, dem Kind das Leben zu schenken. Und diese tiefe Seelenverbindung und damit Liebe existiert weit hinter den Grenzen der weltlichen begrenzten Wahrnehmung. Das Kind ist aufgerufen, diese tiefe Verbundenheit der Eltern zueinander zu fühlen und in dieses Gefühl der Einheit zu gehen, in der Erkenntnis der bedingungslosen Liebe und dem Verstehen, dass Vater und Mutter bereit sind, durch äußere Begebenheiten und Begrenzungen einander und sich selbst tiefer zu erfahren. Durch zu große Ängste und die fehlende Bereitschaft ist es für die Eltern auch möglich, der anstehenden seelischen Erfahrung aus dem Weg zu gehen und sie zu einem späteren Zeitpunkt mit sich oder anderen Menschen noch einmal anzugehen.

Das Verstehen ist hier wichtig, um zu wissen, dass wir Menschen nur jeweils dem Partner und Gegenüber begegnen, der in der aktuellen Lebenssituation in seelischer tiefer Liebe zu uns steht und bereit ist, durch kreierte weltliche Schwierigkeiten und Probleme in einen bewussten Prozess mit uns zu gehen, um mit unserer Seele in Erkenntnis und Reife zu wachsen.

Das heißt, dass es sehr erleichternd und bereichernd ist, einen Unterschied zu machen zwischen seelischen Resonanzen (meist unbewusst – ein Programm der Seele) zu den Eltern und Vorfahren sowie alten übernommenen karmischen Bindungen (aus noch aktiven Nebenrealitäten, geläufiger bekannt als frühere Inkarnationen), unerlösten Strukturen oder Prägungen (auch meistens unbewusst, da wir unsere Identität noch nicht kennen und auch nicht hinterfragen) und wirklicher bedingungsloser Liebe und Verbundenheit auf der Seelenebene (das wahrhaftige Selbst hinter dem Ego).

Wenn ich meine vorherige Skizze mit der Aufstellung der Familie nehme, muss ich davon ausgehen, dass ich die Resonanzlinien anzuerkennen habe und auch dementsprechend im Respekt und in der Achtung zu meinen Eltern und Vorfahren stehe. Hierbei ist ausdrücklich nicht gemeint, dass ich unerlöste Begrenzungen der Eltern und Vorfahren zu übernehmen und die Generationslast durch Leidensprozesse und Lasten zu tragen und zu erlösen habe. Vielmehr geht es um die Unterscheidung, Respekt und Anerkennung der Realität meiner Eltern und Vorfahren unter dem Aspekt: „Meine Mutter und mein Vater werden ihre Gründe gehabt haben, warum sie die Welt und ihre Glaubenssysteme so gesehen und etabliert haben, doch werde ich diese Realität nicht nachvollziehen können und müssen. Ich achte meine Eltern in ihrer Realität und werde kein Urteil über ihre Form des Seins fällen, da ich nicht verstehen kann und muss, aus welchen Hintergründen ihrer Wahrnehmung ihre Realität erbaut ist. Ich darf mich von den Dingen, die meine Eltern tun, abgrenzen, so lange ich darunter leide, und will verstehen, warum ich mich in deren Gegenwart noch begrenzt fühle."

Ebenfalls in der Anerkennung, dass unsere Seele sich ihr eigenes Programm geschrieben und sich zur Umsetzung Resonanzfelder der Eltern gesucht hat, um sich bestmöglich in die Selbsterfahrung bringen zu können. Das Gefühl, den Altlasten und Auffassungen der Eltern ausgeliefert zu sein, ihre Vorgaben als eigenes Schicksal zu deuten und unter diesem Vorzeichen weltlich und seelisch nicht bestehen zu können. Dies hieße dann mit dem Tenor des Selbstmitleids: „Ich kann an meinem Schicksal leider nichts ändern, da ich durch meine Eltern und Vorfahren bereits dazu verdammt bin, eine gescheiterte Existenz zu sein. Aus diesem Grund lohnt es sich nicht für mich, mein Leben bewusst zu betrachten, mich als Beobachter meiner eigenen Realitäten zu sehen und durch die integrierte Erfahrung zu wachsen und zu verstehen. Meine Eltern sind schuld an meiner Misere, aus mir konnte nichts werden."

Um energetische „Generationslasten" leichter erlösen und verstehen zu können, möchte ich noch Folgendes erläutern: Energetisch gesehen gibt es kein „Viel" und kein „Wenig", sondern es gibt nur ein „Es ist" oder „Es ist nicht". Das bedeutet, dass ich ohne Skrupel und Probleme unerlöste Strukturen, Ballast und Generationslasten zurück zu meinen Eltern/Vorfahren geben kann. Hier profitieren sogar noch alle Beteiligten davon, da Kinder und auch Eltern/Vorfahren die Möglichkeit haben, sich mit ihrem vollkommenen eigenen Energiekörper schneller und effektiver zu erfahren und zu entwickeln, als wenn Familienmitglieder energetische Aspekte der anderen Mitglieder übernommen haben, in dem Glauben, es sei ein Liebesakt, Lasten der Eltern/Vorfahren zu tragen. Durch diesen Glauben ist jedes Kind bereit, die Sorgen, Lasten und Nöte von Mutter und/oder Vater zu tragen, in der Hoffnung, damit mehr Raum und Aufmerksamkeit für sich selbst zu erschaffen. Das Kind glaubt daran, selbst schuld zu sein, wenn es nicht genügend Liebe und Aufmerksamkeit durch die Eltern erhält, da es immer davon ausgeht, dass es nicht in Ordnung ist. Dies bedeutet, dass, wenn die Eltern Wesenszüge und Handlungen ihrer Kinder nicht akzeptieren oder anerkennen und diese ohne weitere Erklärungen übergehen, bei den Kindern zwangsläufig immer das Gefühl und die Prägung entstehen, dass grundsätzlich etwas mit ihnen nicht in Ordnung sein muss, da sie sich im Innersten genauso fühlen und dem entsprechen, was sie versucht haben zu zeigen. „Ich bin nicht in Ordnung!" Daraus stellt sich das Gefühl der Wertlosigkeit ein, das Gefühl, es nicht wert zu sein, geliebt zu werden.

Es geht uns Menschen um Liebe und Aufmerksamkeit. Wie bereits erwähnt, kommen wir gegenwärtig noch mit dem Gefühl des Ausgeschlossenseins in die Matrix unserer Erde. (Es gibt zurzeit jedoch bereits Kinder, die diese Erfahrung und Illusion des Getrenntseins und der Isolation nicht mehr machen.) In dem Zustand der Isolation gerät der Mensch in Not und versucht, sich den Schemata und Vorstellungen der Eltern zu fügen und ihre Glaubenssätze zu integrieren, um geliebt zu werden.

In energetischen systemischen Aufstellungen ist beispielsweise häufig zu beobachten, dass sich die Kinder an die Plätze der Eltern stellen oder mit ihren Geschwistern die Plätze tauschen. Das heißt, sie versuchen Plätze einzunehmen, in denen sie viel für die Eltern oder für einen Elternteil tun können, um sich wieder der Beachtung, der Liebe und/oder der Zeit von Mutter und/oder Vater sicher zu sein.

Es gibt das Phänomen, dass Kinder ihren Eltern alles verzeihen und sie gar noch in Schutz nehmen, wenn die Eltern berechtigt beschuldigt werden, die Kinder falsch behandelt zu haben. Das tun die Kinder aus energetischer Sicht unter anderem deshalb, weil sie sonst Schwierigkeiten haben, sich selbst zu definieren und anzunehmen. So lange das Kind einem Elternteil eine Aktion nicht verzeihen kann, trennt es diesen Anteil von sich selbst ab und kann keinen Frieden mit sich schließen. Dies geschieht allerdings nur so lange, bis das Kind/der Mensch versteht, dass er nicht der begrenzte energetische Ableger der Eltern ist und handlungsfähig im Sinne der Liebe und des Mitgefühls gegenüber sich selbst und den begrenzten Handlungen der Eltern.

Thoth:

Geliebte Wesenheiten,

hier sind wichtige Informationen für ein großes Thema in eine kleine psychologische Aneinanderreihung von wesentlichen Aussagen gepackt. Wir sind auf der Ebene unseres Seins keine so guten Psychologen, wie ihr es in Bezug auf den Wesenszug des Menschen seid, da wir eure psychischen Pro-

bleme teils nur versuchen können zu verstehen, indem wir uns an sich ständig wiederholende Szenarien vieler, ja, unendlich vieler Menschen anlehnen. Es mag sich fast unverschämt anhören, wenn wir euch mitteilen, dass wir hier nur eine Schablone über eure derzeitigen Probleme legen, um zu versuchen, euch aus einer komplizierten Lebenslage zu befreien. Es ist aber schlicht so, dass wir diese psychischen und vom Menschen gemachten Probleme oft gar nicht verstehen können, da wir nicht mit der Matrix eurer Erde verbunden sind und deshalb darin keine Probleme entdecken können.

Vielmehr können wir aber zu dem Thema „Kind ist Mutter und Vater" Einiges beisteuern, da wir im Großen wie im Kleinen diese Konstellation sehr wohl kennen.

Aus unserer Sicht geht es hier um die Problematik, dass die Menschen auf Terra gelernt haben, sich gegenseitig zu behindern und sich schuldig zu erklären. Der Mensch ist nicht gewillt, „vor seiner eigenen Haustür zu fegen" und bedient sich ständig des Modells der eigenen Schuldlosigkeit und der Schuldzuweisung gegenüber anderen Geschöpfen, um von sich abzulenken. Doch eigentliches Wachstum resultiert nur aus der Komponente, sich selbst zu betrachten und zurück zum emotionalen Körper in der Harmonie und Anlehnung an den großen Plan zu verstehen und zu erfahren.

Die Menschen auf Terra lernen von frühester Kindheit an, sich gegenseitig „die Butter vom Brot" zu nehmen und nicht, „sich selbst an der eigenen Nase zu ziehen". Wie ihr sehen könnt, lieben wir eure so einfachen Weisheiten, da eure Sätze bereits alles beinhalten, was euch in den Frieden und euer Wissen führen würde. „Der Glaube versetzt Berge" ist eine der mächtigsten Weisheiten auf Terra, der sich manche Menschen und Verbindungen bedienen, um andere mental zu beeinflus-

sen und gar zu manipulieren. Wir müssen hier nicht bis in die obersten Regionen der Mächte vordringen und einen Schuldigen finden, auf den ihr dann mit dem Finger zeigen und Erleichterung verspüren würdet, denn jedes Elternteil hat sich bereits in die Manipulation seiner eigenen Kinder begeben.

Wenn wir aus unserer Ebene euch Eltern reden hören, sind wir oft zutiefst erstaunt, welche Formulierungen ihr wählt, um eure Handlungen zu legitimieren. Die einfachste Formulierungen sind „Das ist halt so" und „das macht man halt". Diese Aussagen werden von euch Erwachsenen meistens benutzt, wenn euch keine Argumente mehr zur Legitimierung eurer Vorschriften einfallen.

Wir möchten ein allgemein benutztes Beispiel anführen, indem die Kinder fragen, warum sie Hausaufgaben zu machen haben: Zunächst wird angeführt, dass sie dadurch schlauer werden und bloß eine Chance in der Gesellschaft haben, wenn sie etwas gelernt haben. Aus unserer Sicht ist dies bereits ein sehr erdrückendes Statement, das ein enormes Glaubenssystem auf die Identitäten eurer Kinder legt. Sie leiden manchmal wirklich enorm unter dem Druck der veralternden Schulsysteme und haben sich dem Urteil zu fügen, dass aus ihnen sowieso nichts werden kann, wenn sie einen individuellen Weg ihres Lebens nehmen wollen.

Wenn sich dann starke und hartnäckige Kinder standhaft weigern, ist die Folge entweder das Zappelsyndrom, dem mit Medikamenten Einhalt geboten wird, oder ein Kind, das nur noch funktioniert und sein eigenes Selbst verliert. Depressivität oder Krankheit sind dann unausweichlich.

Diese Kinder zwingen sich dann, die Dinge, die ihnen Last bereiten, tapfer weiter zu tun, da sie sonst letztlich komplett unter der Depression und dem Gefühl des Nicht-Bestehens zu-

sammenbrechen würden. (Nach dem Motto: „Ich bin schon zu schwach, ein normales Leben zu führen und damit verurteilt, und jetzt muss ich mir noch eingestehen, dass aus mir nichts mehr werden kann, da ich nicht bestanden habe.")

Wenn dann alle Argumente fehlen, euren Kindern zu erklären, warum sie sich dem Zwang der Gesellschaft unterwerfen müssen, ist der abschließende Satz: „Das ist halt so!"

Geliebte Geschöpfe! Habt ihr denn wirklich vergessen, wer ihr seid? Warum lasst ihr eure Kinder nicht gesund aufwachsen? Warum glaubt ihr, dass eure unbewussten Verhaltensweisen aufrechterhalten werden müssen? Gibt es wirklich einen berechtigten Anlass, eure Kinder der gleichen und noch schwereren Belastung und Begrenzung auszusetzen, der ihr bereits erlegen wart?

Und dies ist nur ein kleines Beispiel von Manipulation und falscher, gut gemeinter Erziehung. Geht es euch noch darum herauszufinden, welche Geschöpfe eure Kinder sind? Sind sie dazu auserkoren, die gleichen Probleme und Selbstverdrängung zu leben wie ihr? Geht es euch in eurem Leben so gut, dass ihr euren Kindern das gleiche Leben wünscht? Könnt ihr einfach die Augen schließen und eure Kinder eurem Unvermögen und eurer Angst aussetzen, anstatt Veränderungen zuzulassen?

*Ihr erdrückt eure Kinder mit Liebesbeweisen wie Konsum und Süßigkeiten. Dies sind weitere Gifte eurer Gesellschaft, doch weigert ihr euch, die Augen zu öffnen und anzuerkennen, dass es Zeit ist, **Veränderung zu leben**.*

Erst wenn eure Kinder krank sind und ihr sie zu unzähligen Ärzten schleifen müsst, wagt ihr manchmal zu hinterfragen, was denn vielleicht falsch gelaufen ist. Und dies sind der Rhythmus und die Schleife eures manifestierten Leids auf Terra. Ihr selbst kreiert euch Zerstörung und Krankheit, um aus dem globalen gesellschaftlichen Rad zu fallen und dann legitimiert zu sein (auch hier fehlt noch die Selbstlegitimierung!), euch anders zu verhalten als die meisten Menschen.

Warum geht ihr ins Kloster oder zu Meditationen, wenn ihr euren gesundheitlichen oder physischen Leiden verfallen seid? Warum beginnt ihr erst zu leben und der Stimme des Herzens zu folgen, wenn die Uhr des Lebens in eurem Körper bereits abgelaufen ist? Wir würden das gerne verstehen, da es dann ein Leichteres für uns wäre, euch mit den entsprechenden Antworten Hilfe zu leisten.

Ihr Menschen gebt so gerne anderen Institutionen, Einrichtungen und Wesenheiten die Schuld an eurem Zustand. Doch niemand hat euch gezwungen, der oder die zu sein, die ihr lebt! Ihr seid unter dem heiligen Siegel der Freiheit auf Terra gekommen und habt einen freien Willen. Nichts kann und wird euch aufgezwungen, doch ihr entscheidet euch, durch Ängste und verlorene Sicherheiten ein Leben im Schatten und unter der Knute der Gehorsamkeit zu fristen.

Wir wollen euch ein Beispiel geben, das auf die Katholische Kirche abzielt und letztendlich auf die christliche Religion. Aus unserer Sicht hat die Religion der westlichen Welt nicht wirklich im Sinn, euch wahrhaft zu Gott zu führen und euch eure Göttlichkeit zu erklären, euer Wissen zu reaktivieren und euch zu mündigen Wesen einer gesellschaftlichen Struktur werden zu lassen. Diese Religion ist eine Wert- und Glaubensvorstellung für euch Menschen geworden, in der ihr euch immer weniger traut, das zu leben, was die Essenz in euch ist. Ihr werdet zu Marionetten und versucht, die Schuld dafür der Kirche zu geben. Die Kirche hat euch nicht gezwungen, den angebotenen Glauben anzunehmen und nach den Geboten und den Vor-

stellungen der christlichen Religion zu leben. Dennoch seid ihr entweder nicht bereit, die Beeinflussung der Religion wahrzunehmen, oder ihr seid gerne diejenigen, die mit dem Fingerzeig die Schuld dieser Institution geben und sich selbst als Ausgebeutete erklären.

Menschen, ihr seid frei zu entscheiden, was für euch richtig und falsch ist, und es gibt hier nur die Frage, wann ihr beginnen mögt, euch für die eigenen Realitäten verantwortlich zu erklären. Ihr verhaltet euch meistens wie unmündige Kinder, die sich den Eltern unterstellen und nicht den Mut verspüren, sich selbst zu fragen, welcher Pfad der eigene und richtige ist.

Wir wollen nun auf das ursprüngliche Thema verweisen und sagen, dass auch Kinder nicht ohnmächtig ihren Eltern ausgeliefert sind, dennoch bis zu einem gewissen Alter wesentlich stärker der elterlichen Manipulation unterstehen, als das bei euch Erwachsenen noch der Fall sein kann. Doch klagt ihr so sehr über Machenschaften und politische Manipulationen, dass wir uns vermehrt die Frage stellen, wann ihr selbst damit beginnen mögt, euren Kindern nicht die gleiche Manipulation mit ins Leben zu geben?

Wir wollen hier keineswegs den Eindruck vermitteln, über euch zu urteilen oder euch zu schlechten Eltern zu erklären, doch ist es uns ein Anliegen, euch wachzurütteln und euch die Frage zu stellen, was ihr euren Kindern jeden Tag erzählt und mitgebt. Sie sind in euren Augen schuld an nervlichen Zusammenbrüchen, Überarbeitung, Burn-Out Syndromen, Geldmangel, Zeitmangel, unbefriedigten sexuellen Erlebnissen, unausgeschlafenen Nächten, der Unfähigkeit, sich selbst zu leben, an zerbrochenen Partnerschaften (also sind die Kinder schuld, dass sich Mama und Papa streiten und trennen)...

Diese täglichen Vorwürfe und Schuldzuweisungen muss das Kind erst einmal ertragen können.

Abends wird dann gesagt, dass die Kinder schnell ins Bett gehen sollen, damit man endlich seine Ruhe hat! Ihr Schlaf dient dazu, damit die Eltern Ruhe bekommen? Wir wollen euch erläutern, was dies für eine junge inkarnierte Seele bedeutet:

Im Schlaf habt ihr Menschen die Möglichkeit, die Verbindung zu eurem Höheren Selbst einzugehen und außerhalb der Matrix zu kommunizieren. Das Kind lernt hier jedoch, dass der Schlaf dazu dient, dass das unerwünschte Kind endlich verschwunden ist und es somit für die Eltern ruhig wird. Die Stille bedeutet aus unserer Sicht Aufatmen und Freude, dass der Geistkörper das Kindes verlässt. Für das Kind heißt es jedoch, dass Schlaf dazu dient, die Eltern von sich zu entlasten und als unerwünschtes Wesen endlich zu verschwinden.

Diese Aussage muss in euren Kinder Unruhe bewirken, da sie sich sowieso schon ungeliebt fühlen und nicht ruhig die Nacht verbringen können, sondern vielmehr in einen unruhigen, unsteten Schlaf verfallen, da sich der mentale Körper durch die Angst, nicht mehr willkommen zu sein, nicht gelassen entspannen kann. Das heißt, ihr Menschen verliert die tiefe Anbindung an das Höhere im Schlaf und erleidet dadurch noch mehr Angst und Isolation! Wir möchten hierbei vorschlagen, dass die gewünschte und legitime Stille am Abend vorrangig nicht das Verschwinden des Kindes bedeutet, sondern die allgemeine familiäre Ruhe für jeden, um sich selbst zu spüren.

Dies mag sich für einige Leser übertrieben anhören, dennoch erreichen wir durch diese Formulierung am meisten Bewegung in euren Feldern. Wir wollen hier wieder die Aussage treffen, dass ihr Eltern es gut meint und euch wahrhaftig in der schnellen und anspruchsvollen gesellschaftlichen Situation *kaum zurechtfinden könnt. Aber ihr könnt es verändern!*

Alles steht bereit, um euch energetisch zu assistieren, da die Veränderung global Einzug hält. Nicht nur eure individuelle Realität verändert sich, sondern Terra und die gesamte Galaxie. Geht aus Schuldzuweisungen heraus, übernehmt Verantwortung und hinterfragt eure gesellschaftlichen Glaubenssätze und Vorgaben an die Kinder.

Ihr habt die Möglichkeit, Wachstum zu erwirken und auf allen Ebenen des Seins Veränderung zu kreieren, doch muss der freie Wille stark genug sein, um an der Basis Veränderung zuzulassen und Leben zu erschaffen, in dem Wissen, dass der eingegrenzte Geist nach Freiheit verlangt und die explosive Kraft nach außen steigen will. Ihr habt hier nur die Entscheidung, in Harmonie mit eurem Großen Geist zu treten, oder euren physischen Körper zu zerstören, da sich die geballte Energie des Großen Geistes sonst kontraproduktiv gegen euren Körper richten wird.

Dies ist keine Apokalypse, sondern die einfache Reaktion energetischer und menschlicher Körper. Ihr seid auf Terra gekommen, um zu lernen und zu dienen. Dem Leben und der Schöpfung zu dienen, in dem Erkennen, dass alles Schöpfung ist und darin die Unendlichkeit des Seins in Ausübung eures freien Willens zu erfahren.

Beginnt JETZT!

So sei es!

Der Mond – Kind von Mutter Erde und Vater Sonne

Mutter Erde trägt uns und hält uns geborgen
Vater Sonne zeigt uns den Weg ins Leben

Im vorangegangenen Kapitel habe ich versucht zu erklären, welchen Bezug – systemisch gesehen – das Kind in der Familie hat und welche energetische Rolle Vater und Mutter einnehmen. Wir sind in unserer Dimension auf Mutter Erde unter unserer Sonne in einer Konstellation geboren worden, in der das Kind jeweils zu seiner Zeugung eine Mutter und einen Vater benötigt. Dies verhält sich nicht automatisch immer so, da es auch Zivilisationen und Planeten gibt, die unter Heliumsonnen entstehen und nicht wie bei uns unter einer Wasserstoffsonne (das Wasserstoffatom besitzt ein Proton und ein Elektron und entspricht einem weiblichen und einem männlichen Anteil).

Wir sind Kinder der Sonne und spiegeln damit das Licht der Sonne.

Planeten unter Heliumsonnen, die zwei Elektronen, zwei Protonen und zwei Neutronen haben, würden Nachwuchs unter der Voraussetzung zeugen, dass je zwei Männer und zwei Frauen zusammenfinden.

Es existiert auch die Germaniumsonne (aus sumerischen Überlieferungen weiß man, dass die Sirier, die energetisch die Rolle des Vaters der menschlichen Art einnehmen, aus der Konstellation der Germaniumsonne kamen), bei der das 32er System bestimmend ist (zweiunddreißig Männer und Frauen, die miteinander verheiratet sind).

Ich betrachte es in diesem Abschnitt nicht als meine Aufgabe, energetisch näher auf das Phänomen der Zeugung oder die Voraussetzung zur Zeugung eines Embryos einzugehen. Ich möchte vielmehr mitteilen, dass wir nicht einzigartig sind und in unserer Dimension und unter den Bedingungen unserer Wasserstoffsonne die Zeugung eines Lebewesens andere Voraussetzungen mitbringt als auf anderen Planeten und in anderen Konstellationen.

Das Leben und der Tod sind für uns ungeklärte Phänomene, die wir letztlich nicht durch den Verstand erfassen können. Ich durfte bereits mehrmals bei Geburten anwesend sein und habe auch Menschen bei ihrem Übergang begleitet.

Menschen reagieren in ihrer Erfahrung des Sterbens sehr unterschiedlich. Ich habe erlebt, dass Menschen sehr viel Angst vor dem Tod hatten und sich bis zuletzt wehrten, den physischen Körper zu verlassen. Sie forderten bis kurz vor ihrem Tod ihre Angehörigen verzweifelt auf, sie irgendwie am Leben zu erhalten. Ebenso durfte ich einen Menschen beim Sterben begleiten, der sich unglaublich freudig auf die letzten Tage vorbereitet hatte. Diese Frau verblieb tagelang kommunizierend mit der weltlichen und der energetischen Ebene in unserer Welt und bereitete ihren Tod bewusst vor. Ich bin mir sicher, dass sie um die anderen Ebenen wusste und ihr Tod keine unbewusste Form des Sterbens war.

Als ein mir sehr nahestehender Junge verstarb, hatte ich sehr tiefe und schöne Erlebnisse. Ich konnte erfahren, dass wir Menschen uns selbst noch einmal in einer speziellen Tiefe annähern, da die weltlichen Mechanismen in dieser Situation verblassen und keine Wichtigkeit mehr spielen. Es war ein bewegender und auch schöner Prozess, der auch menschlich anspruchsvoll und herausfordernd war.

Einer der intensivsten Momente war für mich der Tod des Jungen, bei dem ich örtlich nicht anwesend sein konnte, da ich zu dieser Zeit, räumlich gesehen, zu weit entfernt von ihm war. Dennoch sprach mich dieser Junge energetisch an und teilte mir mit, dass für ihn die Zeit gekommen wäre, zu gehen. Ich folgte seinen Anweisungen und zog mich in ein Zimmer zurück, um ihn aus seinem physischen Körper hinauszubegleiten.

Einige Stunden nach seinem physischen Tod meldete er sich wieder bei mir. Ich konnte ihn richtig in seinem Körper erkennen. Er kam auf mich zu und bat um die unterschiedlichsten Erklärungen. Der energetische Aspekt des Jungen wusste zu diesem Zeitpunkt noch nicht genau, was geschehen war. Er begann mir zu demonstrieren, dass er sich gegenwärtig menschlich fühlen würde (und dies war auch für mich zu erkennen, da er einen fast wirklichen Körper hatte), dennoch nicht die Möglichkeit hätte, Dinge und Gegenstände zu berühren oder auch von anderen Menschen erkannt zu werden. Dieser Zustand löste in ihm tiefe Traurigkeit und Erschöpfung aus, und er bat mich, sich Trost und Verständnis durch meinen energetischen Körper zu holen. Er wollte sich in meine Aura setzen, um menschliche Nähe und Geborgenheit zu erhalten. Ich ließ ihn nach Rücksprache mit meinen energetischen Begleitern gewähren und fiel in eine Form extrem tiefen Schlafs. Am nächsten Morgen war ich sehr ausgeruht und fühlte mich gut. In der Küche traf ich wieder auf den Jungen, der mir freudig präsentierte, dass er nun verstanden hätte, was geschehen sei, und er sich unglaublich glücklich fühlen würde. Er erzählte mir von seinen Erkenntnissen und Erfahrungen über den Tod und die Sonne, und ich werde euch einen Ausschnitt davon mitteilen. Weil unsere zeitlichen Abläufe nur in unserer Ebene einen Bezugspunkt aufweisen, ist es mir möglich, seine Worte wiederzugeben:

„Es ist alles wunderbar. Weißt du, wir kommen durch die Sonne, wenn wir uns entschließen, auf die Erde zu gehen. Auf dem Weg durch die Sonne ist Erkenntnis und Weisheit. In dem Moment, in dem du durch die Sonne gegangen bist, kannst du dich nicht mehr daran erinnern, woher du gekommen bist. Und wir haben auch eingewilligt, dass wir in das Vergessen gehen. Deshalb können wir als Erdenmenschen nicht in die Sonne blicken, da sie uns blendet und unser Augenlicht schädigen könnte. Wir sollen nicht in die Sonne schauen, weil wir sonst Dinge sehen und erkennen würden, die uns in unserem Erfahrungsprozess hindern würden, das Erlebte wirklich zu integrieren.

Aber wenn wir sterben, dürfen wir wieder in die Sonne blicken, und das, was wir dort sehen können, ist unglaublich schön und einmalig. Es sind Glück und Liebe, Erleichterung und vollkommene Harmonie. Es ist ein Zustand, der nicht beschreiben kann, was wir hier auf Mutter Erde empfinden. Die Sonne führt uns in das Leben hinein, und sie führt uns wieder zu allem Bekannten zurück.

Weißt du, das Leben hier ist nur ein kleiner Abschnitt, und dieser ist noch gekennzeichnet durch das Vergessen. Ich kann jetzt wieder in die Sonne blicken, und es ist ein Zustand des Heimkehrens, unendlicher Freude und Verstehens. Ich kenne alle Geschöpfe in der Sonne und bin aufgefangen und geborgen. Alles ist jetzt klar und gut. Ich möchte, dass du weißt: Es geht mir gut, und ich habe keine Fragen mehr. Es ist einfach gut und in Ordnung, und ich würde mich freuen, wenn ihr euch mit mir zusammen glücklich fühlen würdet, da ich jetzt Trauer über mein Gehen nicht mehr verstehen kann.

Ich bin nicht weg, sondern nur woanders. Ich bin nicht tot, sondern wechsle nur die Ebenen. Bitte richte dies auch den anderen Menschen aus. Ich bin noch da und leicht und voller Glück."

Ich war durch seine Gegenwart und Information so berührt, dass ich nur demütig zuhören konnte und dankbar für seine Aussagen war. Ich spürte den Jungen und seine weltliche Begeisterung, als ob er niemals gestorben wäre, und genauso musste es sein. Er ist nicht tot, er ist nur auf einer anderen Bewusstseinsebene.

Als ich zu seiner irdischen Beerdigung kam, war er bereits von seinem physischen Körper gelöst. Es war nicht wichtig für seinen geistigen/seelischen Körper, dass wir ihn beerdigten, doch ich empfand eine wunderbare Stille und Frieden für seinen energetischen physischen Aspekt. Wir bekamen von einem Falken, der lange über seinem Grab schwebte, jedoch ein Zeichen, das seinen Frieden in diesem Prozess ausdrückte.

Ich fühle mich heute noch immer mit ihm verbunden und bin dankbar für das Vertrauen und die Führung dieses Jungen in meinen auch noch begrenzten Möglichkeiten, Alles-was-ist als Schülerin auf Mutter Erde zu verstehen.

Einerseits gibt sie die Unendlichkeit des Seins und die Begrenztheit unseres Verstandes wieder, andererseits möchte ich durch diese Erfahrungen zu dem großen Verstehen des systemischen Bezugs im Kleinen wie auch im Großen verweisen.

Ich habe oben erklärt, dass wir Kinder der Sonne sind und sie energetisch unser Vater ist. Der Vater repräsentiert die Führung und Unterstützung, gibt Schutz und Erklärung in der weltlichen Ebene. Systemisch gesehen, wäre auf einem Blatt Papier die Sonne oben links skizziert und Mutter Erde oben rechts. Der Mond als Vertreter des Kindes ist in der Mitte unter Vater Sonne und Mutter Erde angeordnet.

Der Mond steht in Interaktion zu Sonne und Erde, und sie repräsentieren für uns eine familiäre Zusammengehörigkeit. Hier möchte ich nur auf globales Wissen eingehen, das unter anderem beschreibt, dass die magnetischen Felder des Mondes den Rhythmus unserer Gezeiten bestimmen und er damit eine unglaubliche Macht über das gesamte Meer und das Leben hat. Sein Einfluss auf die Erde ist extrem groß, und Mutter Erde fühlt die Verbundenheit und Zugehörigkeit des Mondes und gibt sich seinen Stimmungen hin. Ohne die magnetischen Einflüsse des Mondes auf unsere Meere, und damit auf Mutter Erde, wäre Leben in der gegenwärtigen Form nicht denkbar. Die Meere würden beispielsweise unglaubliche Wellen schlagen und die Kontinente sich zwangsläufig verändern. Vater Sonne wirft seine Lichtstrahlen auf den Mond sowie auf Mutter Erde und gibt uns die nötige Wärme und das Licht, um in diesem Zustand zu existieren. Mutter Erde steht an der Seite von Vater Sonne und hält uns geborgen im Zentrum unserer Möglichkeit des dreidimensionalen Lebens. Diese Anordnung ist nur ein kleines Beispiel dafür, wie die Trilogie in unserer Welt funktioniert und wir uns systemisch verhalten.

Der Vater ist für die Kinder Ernährer, Beschützer und Führer, wenn dies erbeten und erwünscht wird. Er sorgt sich um die weltlichen Komponenten und Bedürfnisse, so, wie die Sonne das Leben in unserem Sonnensystem bestimmt und trägt.

Die männlichen Muster sind Mitgefühl, Demut und Weisheit, Einheit, Liebe und Wahrheit. Hier gibt es, in sich vereint, jeweils eine männliche und eine weibliche Komponente. Mitgefühl und Demut vereinen sich zu Weisheit in der männlichen Komponente, Liebe und Wahrheit ergeben Einheit in der weiblichen Komponente.

Die Mutter ist Geborgenheit, Liebe und Harmonie. Der Schoß, in dem ich mich geborgen fühle, bis ich stark genug bin, um in das Leben zu laufen. Der Rückhalt und das Verständnis, die unendliche Kraft des Verstehens und Nahrung. Mutter Erde ist urteilsfrei da für die Geschöpfe auf, in ihr und um sie herum und gibt unentwegt Liebe und Halt.

Die weiblichen Muster sind Liebe, Wahrheit und Schönheit, Vertrauen, Harmonie und Frieden.

Die männliche Komponente reflektiert hier die Zusammenkunft von Liebe und Wahrheit und erzeugt Schönheit. In der weiblichen Komponente, in der Vertrauen und Harmonie zusammenkommen, entsteht Frieden.

In beiden Mustern existieren Liebe und Wahrheit. In dem männlichen Muster bilden sie die weiblichen Komponente der

Einheit, und im weiblichen Muster ergeben sie die männliche Komponente der Schönheit.

(Quelle: Drunvalo Melchizedek in „*Die Blume des Lebens*, Band 2".)

Thoth:

Diese Muster sind die Tore zum Übergang in weitere, höhere Dimensionen. Hier gilt es, in der Schwingung zu verweilen, um sich an die Gesetze und Gegebenheiten der höheren Frequenzen zu gewöhnen und sich auf sie einzustellen. Es gibt viele von euch, die berufen sind, in diese höheren Dimensionen zu gehen, doch nicht alle sind auserwählt, dort zu bleiben. Hier ist der Zustand des noch verbliebenen Egos maßgeblich, da es in diesen Dimensionen durch euer Gedankengut eure Realitäten sofort entstehen lässt.

Wenn ihr durch die Anwendung der wahrhaftigen Güter dieser beschriebenen Muster durch die Sternentore gleiten werdet, ist es wichtig, in dem Zentrum des Selbst zu verharren und mit Liebe und Wissen das Umfeld anzunehmen und sich dem Wandel hinzugeben.

Wenn ihr euch jedoch durch eure Ängste manipulieren lasst und euch Szenarien aussetzt, die euch Feinde und den möglichen Tod vorgaukeln, werdet ihr auch diese Realität manifestieren, in der ihr dann womöglich durch den letztendlich erwarteten Schuss getötet werdet.

Wir rufen euch dazu auf, euch nicht weiter mit schrecklichen Bildern zu belasten, da sie in diesen unerwarteten und fremden Momenten von euren Gedanken abgerufen werden und ihr dadurch eure eigene Zerstörung erschafft.

Eure angstfreien und bewussten mentalen und emotionalen Zustände existieren bereits und werden auch beim Eintreten des bevorstehenden Wandels eure wichtigsten Güter
und Schätze, um in den neuen Welten zu bestehen. Wie bereits
erwähnt, könnt ihr ohne diese Güter dort nicht verweilen.

Wir wollen jedoch auf euer nächstgelegenes Schauspiel
zurückkommen und erklären, dass euer Sonnensystem euch
vorlebt, wie das systemische Sein auf Terra ausgelegt ist. Es
wurde euch bereits erklärt, dass Vater Sonne der Weg zu dem
dreidimensionalen Leben auf Terra ist, Terra euch beschützt
und hält und Vater Sonne euch zu einem vereinbarten Zeitpunkt
wieder in das große Wissen entlässt.

Wir sind sehr daran interessiert, euch zu erklären, wie die
großen Gesetze sich stets mit den Gesetzen eures Lebens verbinden. **Alles gehört zusammen, nichts ist ausgenommen!**

Eure systemischen Verhaltensweisen haben sich in den
letzten Jahrhunderten sehr geändert. Wir wollen hier auf die
Form der alten Kulturen zurückgreifen, der Inkas und der Mayas, die sich mit dem Leben auf Terra und ihren Gesetzmäßigkeiten gut auskannten und immer noch auskennen.

Sie leben das Wissen der Sonnenkinder und sind sich des
Einklangs der Natur und der Geschöpfe von Terra bewusst. Sie
machen zwischen den Formen von Leben keinen Unterschied
und stehen demütig den Geistwesen gegenüber, die sich bereiterklären, euren Großen Geist zu erwecken, zu unterstützen
und zu verstehen. Wie Terra sind die Sonnenkinder bemüht,
euch Menschen in das große Rad des Lebens zu integrieren –
durch die Anwendung von Ritualen und die Bereitschaft, euch
Heilung durch bewusstes Erkennen zu geben.

In diesen Kulturen waren es die Männer, die sich um die
Nahrung, die grundsätzliche Versorgung, den Schutz und die

Ausführung der Entscheidungen nach Beratung mit ihren weisen Frauen kümmerten. Sie bemühten sich stets um das Weitertragen des Wissens von Vater Sonne, in Anlehnung und im Einklang mit dem Großen Geist der Natur, der Tiere und ihrer Ahnen. Sie kennen nicht die schnelle, westliche Welt und haben wie wir Schwierigkeiten zu verstehen, was ihr Menschen dort eigentlich macht.

Da der Wandel in das neue Zeitalter bereits auf dem Vormarsch ist, können jedoch alle Formen von Leben darauf warten, dass ihr Menschen in ein Feld getragen werdet, in dem der freie Wille entscheiden wird, ob ihr die ursprüngliche Form und das Zurechtrücken der systemischen Stellung akzeptieren wollt oder nicht. Bei dem Eintreten in die Vierte Dimension werdet ihr ähnlich wie Babys neu geboren und habt wahrhaftig auch eine Mutter und einen Vater an der Seite. Diese werden sich systemisch so verhalten, wie ihr es euch momentan wünschen würdet, und euch bedingungslos in Liebe und Zuwendung zur Seite stehen, ohne etwas von euch zu fordern.

Die Mutter in den alten Kulturen der Inkas und Mayas ist eine weise, mit der Schöpfung verbundene Frau, die hoch geschätzt und voller Respekt behandelt wird. Sie ist die Vermittlerin des Lebens, hält die Kommunikation zu Terra – **PACHAMAMA** – und führt die Weisungen der Natur aus. **Pachamama** ist der Begriff für die Mutter Erde selbst, die alles verbindet und letztlich alles ist. Hier gibt es keine Unterscheidungen und Trennungen. **Pachamama** ist Erde, Gott, Mutter, Schöpfung und ebenso die Urquelle des Seins. Sie ist du, und sie ist Schöpfung. Wir bringen den Ausdruck **Pachamama** in dieses Buch, da sie energetisch alles vereint, Zeiten und Räume verbindet und damit auf sämtlichen Ebenen, menschlich und energetisch, ihre Vollkommenheit und Einheit zum Ausdruck bringt. Nun könnt ihr verstehen, warum wir darum gebeten haben, dass sie einen Platz auf dem Titelbild erhält.

Der Mann respektiert die erlöste Macht der Frau im Zentrum der Familie und überlässt ihr diesbezüglich die Entscheidungen. Da er um die Verbundenheit der weisen Frau mit Pachamama und der Urquelle weiß, holt er sich ihren Rat für Entscheidungen bezüglich des Stamms und setzt diesen im Außen um.

Diese Kulturen sind sich in den Tiefen ihres Seins bewusst, dass Pachamama alle Geschöpfe des Lebens trägt und keinen Unterschied zwischen den Wesenheiten macht. Für Pachamama ist alles Leben gleich, und sie vereint alles Leben in und auf sich. Ihre Aufgabe ist es, nicht zu urteilen oder Unterscheidungen zwischen den Aspekten des Lebens zu machen. Sie ergreift nicht Partei für sogenannte gute oder schlechte Wesenheiten, bewusste oder unbewusste Menschen. Pachamama gleicht aus und versucht mit Unterstützung der Großen Mutter Schöpfung, Harmonie und Ausgleich in der göttlichen Schwingung zu erschaffen. Dennoch steht auch Pachamama unter der alten Matrix der Dritten Dimension, erfährt die menschlichen unbewussten Realitäten und empfindet Hingabe, den menschlichen Seelen ihre Erfahrungsform zu gestatten.

Die Große Mutter, die Urquelle allen Seins, gleicht aus und stellt alle Wesenheiten des Lebens in den göttlichen Strahl. Hier gibt es keine Unterscheidungen mehr zwischen Männlich und Weiblich, da alle Aspekte in dem unendlichen Wissen der Schöpfung miteinander verschmolzen sind.

Wir wollen euch Männer fragen, warum ihr euch oft so wertlos an der Seite eurer Frauen fühlt, und euch Frauen wollen wir fragen, wie ihr auf die Idee kommen konntet, dass ihr den Mann ersetzen könnt und alle Aspekte dieses Gleichgewichts in euch alleine zu vereinen versucht?

Uns ist bewusst, dass eure Männer damit überfordert sind, das Schwert loszulassen und sich trotzdem an der Seite von erwachenden Frauen noch gut zu fühlen, die in die schöpferische Kommunikation zurückkehren und dem Bild des großartigen Mannes kein Feedback mehr erteilen.

Hier gilt es wahrhaft, dass sich der Mann aus seinen Vorstellungen von seiner Natur in die große Kette der Gleichwertigkeit zu allen Geschöpfen des Seins einzureihen lernt, seine Macht und Großartigkeit in den Hintergrund stellen kann, und dass die Frau ihrerseits anerkennt, dass sie nicht alles in sich vereinen kann, um die Form des Großen Ganzen in den Ausgleich zu bringen.

Uns ist aufgefallen, dass zumeist ihr Männer euch in das Gefühl des Selbstmitleids fallenlasst und dann eure Handlungsunfähigkeit der äußeren Welt vorwerft, anstatt euch neu und produktiv zu definieren. Die Zeit der Ritter und großen Männer ist abgelaufen, und ihr Männer habt unter teils großen Schmerzen anerkennen müssen, dass euer wahrhaftiges Bild sich nicht an Schwertkämpfen, Macht und sexueller Dominanz messen lässt. Eure Abhängigkeit von der Spezies Frau ist so extrem groß, dass ihr bereits schlaflose Nächte bekommt, wenn ihr keine Frau habt, an der ihr eure fortwährende Lust stillen könnt. Der Prozess der Kraft und des Selbstverständnisses wird das Erkennen wachsen lassen, dass ihr durch eure Auslieferung an euren hormonellen Haushalt (was wieder ein Produkt des eigenen Glaubens ist) einen Großteil an Kraft verliert, anstatt die Kraft der sich anstauenden Ejakulation für die Kommunikation mit der Schöpfung einzusetzen. Und dies kann nur Unwohlsein und Dominanz in euch Männern auslösen, da ihr euch von der jeweiligen Hingabe oder der Verweigerung der Frau kontrolliert und missbraucht fühlt.

Ihr Frauen habt integriert, dass euch das Mittel eurer Schönheit und eures Geschlechts die Möglichkeit gibt, eure Männer zu manipulieren und daraus der Gefahr zu entgehen, euch machtlos unterordnen zu müssen. Ihr verliert euch jedoch in dem Anspruch an eure Männer, emotional präsent zu sein, euch Liebe und Schutz zu geben und gleichzeitig männlich und führend zu sein. Uns ist bewusst, dass diese Komponenten sich einander nicht ausschließen, doch ist dies zu dem momentanen Zeitpunkt ein hoher Anspruch, der mit viel Bewusstsein und Harmonie einhergehen sollte. Versucht zu verstehen, dass eine Vielzahl der Männer noch nicht bereit ist, sich emotional fallenzulassen, da ihre Angst vor dem Fall und der Wertlosigkeit zu groß ist. Die Frauen auf Pachamama sollten verstehen, dass ihre Zeit gekommen ist, in die Rolle der weisen Ratgeberin zu schlüpfen, doch sollte sie sich demütig und wahrhaftig dem Willen der Schöpfung unterwerfen. Versucht nicht, eure Männer durch die Unterdrückung der eigenen Ängste schuldig zu sprechen und auszugrenzen.

Wir verstehen den Aspekt beider Geschlechter gut, nur ist das sich stetig wiederholende Szenario langsam ermüdend und hat keine Form der Spannung mehr in sich. Wir wollen damit ausdrücken, dass ihr Menschen doch durch die sich ständig wiederholende Gegenwart, die nur noch den Charakter von Altem trägt, auch langsam ermüdet sein müsst Es muss sich für uns ähnlich verhalten wie für euch, wenn ihr euch ständig die sich stetig wiederholenden Seifenopern im Fernsehen betrachtet.

Wir können erkennen, dass es einige Menschen unter euch gibt, die langsam erwachen und sich fragen, welche Form des Seins auf Pachamama wirklich gewollt und hilfreich ist. Ihr werdet nicht wachsen, wenn ihr ununterbrochen damit beschäftigt seid, die Schuldigen für euren Zustand zu finden. *Es gibt sie NICHT!* Es tut uns wirklich leid, aber ab sofort, mit diesen geschriebenen Worten, gibt es keinen Anlass mehr für euch, einen anderen Menschen oder eine Situation für euer Leid schuldig zu sprechen.

Auch Vater Sonne und Mutter Erde reflektieren, dass die systemischen „Fehler" bereits Auswirkungen auf das gesamte Sonnensystem haben. Vater Sonne hat Schwierigkeiten, unter der Matrix der Erde in der von euch festgelegten Realität seine Form der bedingungslosen Führung zu wahren. Seht, dass die Erschaffung eurer Realitäten Auswirkungen auf euer gesamtes Sonnensystem hat. Ihr erschafft diese Realität! Vater Sonne, Mutter Erde und das Kind Mond stellen sich urteilsfrei, aber mit wirklichem Leiden unter die Realisation eurer Formationen und Realitäten. Ihr erschafft Realität in dem Morphogenetischen Feld, und diese Realität wird in unendlicher Liebe und Demut zu eurer Seele akzeptiert und auch gelebt.

Es ist Zeit für die „Richtigstellung" und das Verstehen auf den Ebenen des Seins in den emotionalen und mentalen Aspekten sowie die Verantwortung dafür zu tragen und zu akzeptieren, dass ihr Menschen die Erbauer der globalen Form seid, zum großen Teil dadurch, dass so viele eurer Spezies das Gleiche bewirken, denken und damit auch manifestieren.

Was hält euch so fest an dem Zustand, sich nicht einander in Liebe hinzugeben und zu verstehen, dass ihr eure Lecks und Schwierigkeiten selbst zu bewältigen habt und in Liebe und Einheit aufeinander zugeht und lebt?

Warum könnt ihr nicht in Interaktion zu den Geschenken auf Pachamama eure Aufgaben annehmen und Wissen zulassen?

Gebt Vater Sonne, Mutter Erde und dem Kind Mond die Möglichkeit des Verschnaufens, des Friedens und der Harmonie, indem ihr damit beginnt, folgendes Ritual durchzuführen, in dem Verstehen, es auch für euch im Kleinen zu interpretieren.

Nehmt drei weiße Kerzen und stellt sie vor euch auf einen Tisch. Die erste Kerze repräsentiert Mutter Erde und steht links unten. Die zweite Kerze steht für den Vater Sonne, den Himmel, und steht rechts unten. Die letzte und dritte Kerze stellt ihr oben in die Mitte, die für euren Glauben steht und damit für das Kind Mond. (Ihr seid alle Kinder der Schöpfung.)

Die Form ist nun ein gleichschenkliges Dreieck, und wenn ihr euch vorstellen wollt, dieses so zu drehen, dass die Basis eures Dreiecks oben wäre, würdet ihr die Aufstellung des Familiensystems erblicken, das die Sonne oben links, die Erde oben rechts und den Mond unten in der Mitte hätte.

Alles ergibt sich in allem!
Nichts ist ausgeschlossen und isoliert voneinander!

Wir wollen euch nun bitten, diese drei Kerzen mindestens zweimal am Tag bewusst anzuzünden und euch fünf bis zehn Minuten der Stille und eurem Glauben hinzugeben, in dem Wissen, dass euer höchstes Gut das Erkennen eures Selbst ist.

Geliebte Wesen, nehmt diese Form der Stille, die Hingabe und Demut als Anlass, euch bei Allem-was-ist zu bedanken, um Führung und Schutz zu bitten, um Verstehen und Wissen zuzulassen, die Liebe und die Geborgenheit der Schöpfung in Empfang zu nehmen und zu spüren.

Ihr seid bereits auf dem Weg. Nehmt das Geschenk an, den Widerstand aufzugeben und euch systemisch auch als menschliche Wesenheiten dem normalen und glückseligen

Verlauf des Erkennens hinzugeben. Ihr seid Teil des großen Plans und des stetig weiterrollenden Rads. Es macht einfach keinen Sinn mehr, gegen die eigenen Schatten zu kämpfen.

Nehmt die mentale und die emotionale Seite an und ehrt eure Männer, Frauen und Kinder. Lasst sie sich frei entwickeln und gebt ihnen keine Schuld mehr für eure eigenen Begrenzungen. Der Friede sei mit euch und die Zufriedenheit in der jeweiligen Rolle eures Seins.

Wir danken euch in Liebe.

So sei es!

Mutter Erde:

Meine lieben Kinder, ich bin überwältigt, ein so schönes Geschenk zu erhalten. Das Geschriebene dieses Buches schenkt mir Erleichterung. Ich bin so gerne eine Mutter für das Leben auf, in mir und um mich herum und habe nichts dagegen, dass ihr Menschenkinder noch als Schüler auf mir seid. Dies war der ursprüngliche Antrieb des Lebens auf mir, wobei ein Schüler in Hingabe zu dem Lehrer stehen sollte. Es ist auch in euren weltlichen westlichen Schulen so, dass die Schüler den Lehrern meistens keine Hochachtung für die Lehren schenken, sondern sich über diese Pädagogen mit Missachtung hinwegsetzen. Ihr Menschen solltet nur die Lehren eurer gegenwärtigen Realitäten vernehmen, wenn diese auch gewünscht sind. Ein jeder Mensch auf mir hat das Bedürfnis zu lernen, da er sich sonst eine weitere andersartige Inkarnation gewählt hätte. Nur stellen eure Lehren nicht mehr die Vermittlung von altem und relevantem Wissen dar, sondern beschäftigen rein euren mächtigen Verstand und verdrehen die gegenwärtigen Bilder.

Ich möchte euch aufrufen, den Mut zu haben, in euer Herz zu spüren und den Weg zu legitimieren, der sich stimmig und wahrhaft anfühlt. Es ist nicht richtig, euch jahrelang einem Prozess hinzugeben, der nicht mehr die Inhalte der ursprünglichen Lehren vermitteln kann. Doch solltet ihr auch erkennen, dass nicht die Pädagogen die Schuldigen für die Blockierung der wesentlichen Lehrinhalte sind (da sie entweder keinen Zugang durch ihre subjektiven Begrenzungen zu höherem Wissen haben, oder sich genauso einem System erliegen sehen, dem sie versuchen, zu entsprechen), sondern ihr die Wahl trefft, daran teilzunehmen.

Ich möchte euch auffordern, eure **inneren Wünsche und Sehnsüchte** zu hinterfragen, diesen Empfindungen große Aufmerksamkeit und Energie zu schenken und wahrhaft die Realisation dieser **Wünsche und Sehnsüchte** zu legitimieren. Ihr Menschen geht vermeintlich den einfachsten Weg, der so gut wie möglich Schmerzen verhindern soll. Aber die Konzentration auf Schmerzvermeidung lässt euch nicht zu den lichtvollen Gestalten werden, die ihr seid. Gebt fortan eure Konzentration auf die Realisierung eurer **Wünsche und Sehnsüchte** und erfahrt, dass die Schöpfung immer nur das schenken kann, was erwünscht und erfahren werden will. Schaut zu den Sternen, zu den vielen Familien auf, und erfahrt euch durch die Sehnsucht der großen Partizipation. Ihr seid Teil eurer kleinen weltlichen Familie in der Seinserfahrung der Dichte sowie der größeren Familie des Sonnensystems, und ihr seid auch Teil des Großen Geistes und der Urquelle. Geht wenigstens den Schritt in die Anerkennung der mittelgroßen Familienform und seid willkommen in dem Wissen eures Sonnensystems. Ich freue mich, euch hier zu spüren.

Eure Mutter

Das Hologramm, parallele Realitäten und unser Weg auf Mutter Erde

Ich werde hier auf den Weg von Mutter Erde zu sprechen kommen und ein Verständnis erschaffen, warum unsere alte Welt in ihrer Form nicht mehr existieren kann und dies auch nicht mehr tut. Wir Menschen halten uns fest an alten Geschehnissen, gewohnten Strukturen und Mustern, da sie uns scheinbar Sicherheit und Stabilität vermitteln. Wir sind sogar so ausgelegt, dass wir paranormale Verhaltensweisen und Geschehnisse einfach übersehen wollen und ausblenden, Argumente finden, um sie nicht anzuerkennen und nichtig zu machen. Unsere Welt ist bereits im Wandel, und die Form der spirituellen Zeit ist nicht nur eine Modeerscheinung, sondern der Hinweis, dass bereits eine Neue Zeit eingetreten ist.

Als ich etwa acht Jahre alt war, war es nicht normal, dass ich Energien sehen und wahrnehmen konnte. Ich schrieb und malte mit ihnen und fühlte mich unendlich geborgen und verstanden. Doch die Problematik war, diese Erfahrung in meine normale, allgemein anerkannte Welt einzubringen, und es dauerte einige Jahre, bis ich mich unterbewusst entschloss, mich selbst energetisch entsprechend zu sabotieren, um meiner anscheinend richtigen Welt folgen zu können. Dieser Zustand entsprach meiner damaligen Unfähigkeit, mir zu vertrauen und mich in meiner Wahrnehmung zu legitimieren.

Mein Bruder hatte zu dieser Zeit viel Spaß daran, seinen Freunden die Phänomene vorzuführen, die durch mich möglich wurden. Das Tischerücken und das Glas, das durch offensichtlich unberührte Weise über den Tisch rutschte und Informationen preisgab, die ich nicht wissen konnte, wurden zu einer Vorstellung, in der wir jedoch alle unsere Grenzen erfahren mussten, da energetische Wesenheiten angezogen wurden, die auf der Energie der Schaulustigkeit auch ihr Spiel mit uns treiben wollten (Gesetz der Resonanz). Die Freunde meines Bruders bekamen Angst, wollten aber auch ihre Macht mit den energetischen Wesenheiten weiter austesten, während ich für mich instinktiv verstand, dass ich diese Grenze nicht übertreten würde. Das Gesetz der Resonanz und die Kommunikation mit Allem-was-ist basiert auf der Hingabe und der Demut zur Schöpfung und nicht auf der Ausweitung und Erprobung des eigenen Egos. Und diese Form der Dualität und der bewussten Wahl des eigenen Zustands entsprechen unserer Erfahrungsform in der Dritten Dimension.

Wie zuvor beschrieben, gibt es viele Menschen unter uns, die nicht bereit sind, die Augen zu öffnen und es vorziehen, bequem in einem Dämmerschlaf zu verweilen. Diese Menschen fühlen sich gestört von anderen Wesenheiten, die Licht in ihr Leben bringen wollen, diskutieren alle Wahrhaftigkeiten weg oder verweigern, Neues zu integrieren. Das ist eine Wahl, die unter dem freien Willen urteilsfrei geschehen darf und kann, und keine Wesenheit oder Gott wird sich anmaßen, darüber zu urteilen. Im Gegenteil: Es sind bereits seit geraumer Zeit Wesenheiten am Werk, die die Möglichkeit erschaffen, dass unbewusste Geschöpfe der Erde weiter in ihrem Dämmerschlaf verweilen können.

Hier ist wieder das Verstehen wichtig, dass **unsere Realität ein aus Licht kreierter Gedanke ist,** und damit steht die Möglichkeit, dass neben der Illusion unserer gegenwärtigen Realität auch weitere Formen eines Hologramms (parallele Realitätsebenen) entstehen können, die eine Art „Arche Noah" für die unbewusste Menschheit und niederfrequenten Geschöpfe sind. Und genau dies entspricht dem Großen Plan, eine mögliche Form des Übergangs für Menschen, die noch nicht bereit sind, sich der Möglichkeit der Bewusstseinserweiterung zu stellen.

Thoth:
Liebe Menschen von Terra, wir wollen uns hier zu Wort melden, weil es relevant ist zu verstehen, dass es unendlich viele Möglichkeiten der bewussten Wahrnehmung gibt, und dass jeder Einzelne von euch seine Faulheit und Lethargie erkennen muss. Wie viele Menschen bemitleiden sich in ihrer Gegenwart! Es ist unglaublich, was ihr an euren Realitäten auszusetzen habt und wie viel Spaß euch anscheinend das Leiden bereitet. (Wir wollen hier diejenigen ausnehmen, die wie eure hochfrequenten Kinder zu etwas gezwungen werden, dem sie nicht entsprechen können, oder Botschafter und Bereiter des Übergangs, die sich der Manipulation des eigenen Feldes ausgesetzt sehen, da sie noch kein Empfinden für ihren eigenen elektromagnetischen Körper haben.)

Ihr müsst nichts Außerordentliches tun oder gar bestehen, es geht schlicht um die Rückkehr nach Hause. Zu verstehen, dass jede Seele ihre Mission erfüllt hat, egal, auf welchem bewussten Niveau sie sich befindet; zu wissen, dass jede Wahl richtig und anerkannt ist. Hier gibt es keine Menschen und Wesenheiten, die nicht bestanden haben, sondern nur diejenigen, die eine eigene Wahl getroffen haben. Doch seid beglückt und froh über eure Realität, in der ihr seid. Freut euch doch über unbewusste Zustände und seid zufrieden, wenn ihr zuweilen

Strafen für euer unbewusstes Verhalten erhaltet. Für uns ist es rätselhaft, dass ihr es nicht genießt, im Gefängnis zu landen, da ihr bereits vorher wusstet, dass die Tötung anderer Menschen in eurer Welt strafbar ist.

Wir fällen kein Urteil über euer Verhalten, sondern haben vielmehr Unverständnis für eure Reaktionen. Wenn ein Mensch eine Form des Lebens wählt, in der er sich weiterhin als Bettler, Versager, Ungeliebter, Mörder oder Straftäter erfährt, hat diese Erfahrungsform ihre Berechtigung, und wir wollen nicht vermitteln, dass uns diese Rolle des Seins missfällt. Solche Rollen im Leben waren in eurer gelebten Vergangenheit keine seltene Form, und wir wissen, dass ihr mit vorheriger Zustimmung zu solchen Formen auf Terra gekommen seid. Wenn diese Formen und Lebensinhalte euren Zuständen entsprechen, ist es aus unserer Sicht nur schlüssig, dass ihr damit auch zufrieden seid.

Nein, wir machen uns nicht lustig über euch, sondern bemerken, dass die Zeit der Unbewusstheit und des Vergessens des Christusbewusstseins eine sehr schwierige und langlebige Form war, die aber jetzt vollkommen abgeschlossen ist.

Versucht nicht, der Vergangenheit nachzujagen, sondern begreift, dass diese Form der Realität Vergangenheit und in der Struktur der Jetztzeit nicht mehr relevant ist. Eure Matrix und damit eure Welt haben sich bereits verändert, und das Leben ist der Schöpfung zugewandt. Wenn ihr jedoch weiterhin wählt, die unerlöste Polarität zu erleben, seid doch glücklich, dass es euch gelingt.

Aus unserer Sicht ist es gar nicht so einfach, weiter Mörder oder Straftäter zu sein, da das Christusbewusstsein Einzug gehalten und sich damit die Matrix der Erde gewandelt hat. Und wenn viele Menschen die Matrix verändert haben, ist es eine Frage eurer wahrnehmbaren Zeit, wann es den Menschen, die unerlöst und getrennt von dem Schöpfungsverständnis agieren, nicht mehr möglich sein wird, entgegen so vielen Realitäten zu leben, deren Verständnis und Ausrichtung auf der Form der Liebe basieren. Denn auch die erlöste und liebevolle Form ist Licht und durch den Gedanken Realität geworden.

Uns ist vollkommen klar, dass diese gegenwärtige Form der Dritten Dimension die Dualität als Grundebene zu verzeichnen hat, und daraus resultiert zwangsläufig, dass ihr momentan zur Liebe auch noch die Polarität des Hasses erlebt.

Doch ist der Übergang ein leichterer, wenn ihr erkennt, dass ihr euch entscheiden müsst, entweder ein bewusster oder ein unbewusster Anteil dieser Realität zu sein. Die Ebene des unbewussten Anteils ist aus unserer Sicht so zwangvoll vertreten, da ihr nicht bereit seid, die Gier des Egos zu erkennen und euch weiterhin so destruktiv in der Ebene der Harmonie zu allen Lebewesen von Mutter Erde verhaltet. Ihr Menschen hättet in diesem neuen Zeitalter ungeahnte Kräfte und Mächte, die durch Hingabe und Liebe die Frequenz der Vierten Dimension aktivieren, und ihr würdet erkennen, dass es die gewohnte alte Zeit nicht mehr gibt.

Wir rufen euch dazu auf, zufrieden mit der Kreation eurer Realität zu werden, denn daraus erwächst die Kraft, sich dem Leben zu stellen und Verantwortung für die eigenen Kräfte und Auswirkungen zu tragen.

So sei es!

Mutter Erde existiert in unserer Realität nur einmal, außerhalb unseres Zeit/Raum-Verständnisses und der Matrix jedoch unendlich oft. Auf unserer Ebene geht sie durch den bewussten

Übergang in ein einzigartiges Schauspiel über, erlöst sich aus dem Zustand in unserer Hauptwirklichkeitsebene und kehrt zu ihrer Heimatgalaxie zurück. In unserer Ebene fühlen wir den zeitlichen Verlauf und hängen damit manchmal leidvoll an Zuständen, die sich scheinbar ewig hinziehen. Wenn die Erde die Frequenzen der Vierten Dimension aufnimmt, werden die Menschen entweder mitgehen, oder auf einer parallelen Ebene (ein weiteres Hologramm der Erde beziehungsweise parallele Realitäten) die ihnen bekannte Welt wahrnehmen.

Die Menschen unter uns, die noch nicht bereit sind, auf die Stimme des Herzens zu hören, werden in diesem Hologramm „zwischengeparkt," bis sie bereit sind, in das Christusbewusstsein der dritten Bewusstseinsebene zu wechseln. Dieses Hologramm der Erde entspricht der Form unserer Erde und wird existieren, bis die letzte Seele bereit ist, den Weg in die höheren Dimensionen zu beschreiten. Das heißt, dass die „vermeintliche Erde" sich urteilsfrei den verbleibenden Kreaturen hingibt, um sie zu tragen, bis auch sie bereit sind, in die Liebe zu gehen.

Es ist eine bewundernswerte Aufgabe, die das Hologramm in Form einer Ersatzerde übernehmen wird, und es geschieht urteilsfrei allen erlösten und unerlösten Geschöpfen gegenüber, da wir aus der gleichen Urquelle stammen und jeder für sich nur einen gewählten Erfahrungsweg beschreitet. Um den anstehenden Verlauf und die damit verbundene Ablösung von Mutter Erde aus der Dritten Dimension deutlicher zu skizzieren, möchte ich hier Thoth bitten, etwas dazu zu sagen.

Thoth:

Geliebte Geschöpfe der nicht mehr vollständig Dritten Dimension!

Ihr könnt euch nicht vorstellen, wie lichtvoll und wunderbar das Szenario aussieht, dem ihr nun gegenübersteht und das euch in die Dimensionen der feinstofflicheren Gebilde mitnimmt. Wir möchten euch aus unserer Sicht so viel dazu sagen: Ihr werdet bei dem Übergang in die höheren Frequenzen eine Erinnerung verspüren, nach der sich eure Seele und euer Herz seit langer Zeit sehnen. Wenn sich die energetischen Felder reaktivieren und eure Gedankenkraft wieder zu einem bewussten kraftvollen Instrument eurer Realitäten geworden ist, wird euer ganzes Sein mit Erinnerungen und Freude erfüllt. Die Talfahrt des Vergessens hat ein Ende, und ihr erlebt im Übergang in die Vierte Dimension wieder den bewussten Anschluss an die Schöpfung, in der Unendlichkeit und Leichtigkeit eures Seins.

Der Übergang wird für die Menschen unter euch, die bereit sind, sich ihren Wahrnehmungen zu öffnen, und den Mut haben, sich in der Gesellschaft zu outen, indem sie ihre eigenen lichtvollen Wege gehen, ein wunderbarer und einzigartiger Prozess werden. Ihr werdet das Gefühl haben, dass sich der Himmel über euch öffnet und die Sonne mit ihren lichtvollen Gestalten euch auf den Weg in die Schöpfung zu euren einstigen Freunden bringt. Alles wird sichtbar, was zuvor unter dem Schleier des Vergessens weilte. Ihr werdet plötzlich Normalität in den Begegnungen außerhalb eures Raum/Zeit-Gefüges verspüren und die Sensation erleben, durch plasmaähnliche Wände zu gleiten. Ihr werdet sicher geführt und liebevoll begleitet, da diese Wandlung, in eurer Sprache gesprochen, begleitet werden muss, um kein Chaos und keine unvorhergesehenen dramatischen Kreationen zu manifestieren. Das Glück wird euer Begleiter sein, und ihr werdet das Gefühl haben, vor Liebe und Freude zu bersten. Um euch ein friedliches und einfaches Übergehen in die nächste Dimension zu bescheren, werden viele Energiearbeiter und Lichtwesen diesen Prozess begleiten.

Stellt euch vor, dass der Gedanke sofort Realitäten kreiert, ihr jedoch bis jetzt nicht in der Lage seid, eure Gedanken beständig in Liebe, Schönheit und Demut zu halten. Ihr seid so mannigfaltig mit Dramen und Ängsten bestückt, dass die Menschen, die mit Terra in die Vierte Dimension gleiten, in ihrer Begleitung so viel Liebe erfahren werden, dass ihre Festplatten und Programme neu gestartet und dem neuen Zustand angeglichen werden können.

Wir können euch versichern, dass es so etwas in der Geschichte der Schöpfung noch nicht gegeben hat, da es auch bisher nicht notwendig war, einen Planeten oder gar ein Sonnensystem in eine Form zu stellen, um die Geschehnisse auf Terra zu sortieren und der Schöpfung keinen Schaden von unermesslichen Ausmaßen zuteil werden zu lassen.

Ihr habt auf und in Terra und um den Planeten herum so viele energetische Wesenheiten, dass ihr das Gefühl haben könntet, es wäre wirklich zu einer völligen Überbesiedelung gekommen. Diese lichtvollen Arbeiter kümmern sich um sämtliche Ausrichtungen der magnetischen, elektrischen und feinstofflichen Ebenen und die Anpassung der Struktur der Blume des Lebens, in der sich jede Kreatur der Schöpfung identifiziert und die eine Art Kode darstellt.

Die Struktur der Blume des Lebens wohnt in allen Bereichen des Seins und übermittelt Nachrichten und Identifikationspotenziale zu höheren Ebenen des Seins bis hin zur Urquelle, die wie ein zentraler Computer Daten erfasst und auswertet, um dann die neuen Programme auszusenden. Dies verläuft so schnell, wie ihr es nicht annähernd mit eurem Verstand begreifen könnt. Hier haben wir das Phänomen, dass ihr die Schöpfung aus Sicht eurer eingeschränkten wissenschaftlichen Methoden nicht erfassen könnt. Die schnellste Übertragung ist die des reinen Gedankens, ausgesendet vom mächtigen Geist. Die Gedankenkraft manifestiert in Momenten und kann ohne zeitliche Verluste Räume unendlicher Weiten überbrücken. Doch nun zurück zu der Entwicklung und den Geschehnissen des Übergangs auf Mutter Erde.

Liebe Geschöpfe von Terra, wir haben bereits über die Voraussetzungen gesprochen, die unabdinglich für ein Leben in der Vierten Dimension sind. Hier wollen wir euch die Vorgänge aus weiteren Sichtweisen erläutern: Es gibt bereits viele Menschen unter euch, die bestrebt sind, mit Mutter Erde in ihre Heimatgalaxie, die bereits auf der Vierten Dimension ist, zurückzukehren. Terra wird nicht mehr lange Zeit in der Dritten Dimension verbleiben, da ihre Heimatgalaxie bereit ist, die Übergänge in die zunächst Fünfte, bis hin zur Siebten Dimension zu beschreiten. Es wäre für Terra in der jetzigen Konstellation zu einem späteren Zeitpunkt nicht mehr möglich, auf der gegenwärtigen Wirklichkeitsebene jemals zu ihrer Heimatgalaxie zurückzukehren, da der schnelle Übergang von der Dritten bis in die Siebte Dimension ihre physischen Aspekte zerstören würde. (Ihr werdet euch nun darüber wundern, wie ein Planet in der Siebten Dimension noch physische Anteile haben kann. Der anstehende Wandel steht jedoch unter der steten energetischen Veränderung der physischen Körper in feinstofflichere Elemente, und es ist nicht vorgesehen, diese physischen Körper zurückzulassen.) Terra wird sensibel vorbereitet, diesen lang ersehnten Weg zu gehen und bereit sein, ihn mit euch zu teilen.

Ihr werdet für euren Mut belohnt werden und braucht keine Ängste zu haben, eure geliebten Freunde auf Terra zu verlieren. Ihr werdet weiter mit ihnen kommunizieren können, besser denn je, denn eure Seele und euer Herz werden die Kommunikation nicht aus dem begrenzten Verstand führen, sondern durch die Tiefen eures Seins. Es werden reine und lichtvolle Kommunikationen sein, und ihr werdet die begrenzten Wesenheiten, eure Freunde, die noch nicht bereit sind, sich auf den Wandel einzustellen, immer vor Augen haben und ihr noch mit Angst besetztes Spiel in Liebe sehen und akzeptieren.

Euren lieben Freunden, die noch nicht bereit sind, in die nächste Dimension zu wechseln, wird nichts geschehen, da eine Vorbereitung im Gange ist und es eine „Ersatzerde" für sie gibt, die wir ein Hologramm von Terra nennen. Dieses Hologramm wird bis ins einzelne Detail geplant und bedacht, um die Wesenheiten, die noch zu sehr an der Ebene der Dritten Dimension hängen, in eine Realität zu entlassen, die der euren zu der Zeit des Übergangs entspricht. Das heißt, die Menschen, die sich noch nicht entscheiden können loszulassen, werden sich in dem gleichen Schauspiel ihres Lebens wiederfinden und keine Abstriche, verglichen mit der Realitätsform auf Terra, machen müssen. Ihr werdet individuell bestimmen können, wann es Zeit ist, in die Bewusstwerdung zu gehen und euren energetischen Körper in die höheren Frequenzen zu entlassen. Ihr werdet nicht sterben müssen und auch keine Qualen erleiden.

Ich möchte euch nahebringen, dass dieser Vorgang ein rein freiwilliger ist, ohne schlechte oder grausame Konsequenzen. Die Menschen unter euch, die noch nicht den Ruf des Herzens und die Sehnsucht der Seele vernehmen, können sich wirklich entspannen, um bei dem Spiel der Dualität auf Terra noch einige Runden zu partizipieren. Ihr müsst euch vor nichts fürchten.

Dies ist ein eigenständiger und einfacher Prozess, in dem euer Selbst frei entscheiden kann, wann es für die Ablösung bereit ist.

Das bislang beschriebene Szenario ist eine mögliche Komponente des Übergangs in die nächste Dimension, doch wollen wir euch darauf verweisen, dass es bereits andere Möglichkeiten des Übergangs gibt.

Geliebte Wesenheiten, eure Welt ist selbst aus Sicht eurer Zeitrechnung so unglaublich schnelllebig und entwickelt sich derart explosiv, wie ihr dies auch in dem rapiden Wachstum eures Bewusstseins oder eurer technischen Welt erleben könnt. Noch niemals in eurer geschriebenen Geschichte hat der Mensch sich derart schnell und bewusst entwickelt, wie dies in den letzten 100 Jahren der Fall war. Keine Wesenheit hätte angesichts eurer Vergangenheit und eures Zustands jemals geglaubt, dass ihr in solch deutlichem Wandel die Jetztzeit definiert. Ihr Menschen habt in den letzten fünf Jahren so viele Fakten herausgefunden, wie die gesamte Zivilisation der alten Zeit vielleicht in 5000 Jahren. Ihr lebt in einem Computerzeitalter, und Computer verändern eure Welt. Ihr beginnt, eure Welt neu zu definieren. Das ist eure Erfahrung. Unsere Sichtweise ist, dass ihr nun mit mehr Augen sehen könnt. Ihr erfahrt die Welt neu und bekommt alle Grundlagen und Regeln an die Hand, um den Großen Geist mit eurem Leben zu vereinen. Dadurch ist es uns zum jetzigen Zeitpunkt kein Leichtes, den Übergang in die Vierte Dimension genau zu beschreiben, doch wollen wir dieses Thema von unterschiedlichen Seiten beleuchten, damit ihr in dem Fall des Eintretens der unterschiedlichsten Szenarien keine Angst zu haben braucht und wisst, dass ihr geborgen und geführt werdet.

Zunächst wollen wir euch kurz erläutern, welche Aufgabe und Möglichkeit ein Hologramm hat und zu welchem Zweck es eingesetzt werden kann.

314

Alles, was wir euch hier berichten, **basiert auf der Grundlage, dass ihr zutiefst verstehen müsst, dass der Gedanke Realität manifestiert und eure Welt nur Licht ist.** Das, *was ihr erkennt, ist Illusion, ein manifestierter Gedanke aus Licht und nur eine mögliche Erscheinung von mannigfaltigen Erscheinungsformen.*

Wir sind uns bewusst, dass dies schwierig für eure Vorstellung und den Verstand sein mag, doch möchten wir die Frage stellen, warum es überhaupt schwierig ist? Habt ihr denn ein Wissen über eure physikalischen Gesetze, und könnt ihr euch wirklich vorstellen, wie die Daten aus eurem Computer per Satellit über die Erde versandt werden, um dann einen angesteuerten Computer an einem weit entfernten Ort zu erreichen? Warum akzeptiert ihr diese Tatsache, ohne zu verstehen, wie das funktionieren kann? Wir wollen euch mit diesen Fragen stehen lassen und nochmals auffordern zu akzeptieren, dass eure Welt nur Licht ist und alles in ihr eine Form der Illusion.

Doch die manifeste Welt ist akzeptiert und lebt in ihren Gesetzmäßigkeiten. Durch die Möglichkeit, dass zu dem Zeitpunkt des Übergangs noch nicht alle Menschen auf Terra die Entscheidung treffen, sich auf eine wirklich neue Welt einzulassen, in der ihr wie ein Kleinkind eure Wahrnehmung in der neuen Umgebung beginnt, ist die Erschaffung dieses Hologramms eine wahrscheinliche Variante, um nicht den Verlust vieler Seelen in Kauf nehmen zu müssen.

Der Mensch ist ein recht stures Wesen und hält mit aller Kraft an seiner alten Existenz fest, obwohl diese seit vielen Jahren nicht mehr in der alten Form zu erblicken ist. Ihr haltet so vehement an der alten Form und den Zuständen fest, dass ihr alle Naturereignisse und Wunder ausblendet, um auf den alten Richtlinien des Lebens zu bestehen.

Ihr Menschen seid bereits oft dem physischen Tod entkommen, habt aber keine Ahnung davon.

Im Jahre 1999 haben in einer „Maya Konferenz" Stammesangehörige und weise Priester Rituale und Zeremonien für das „Neue Licht der Sonne" durchgeführt. Diese Rituale und Zeremonien waren ausschlaggebend für den Beginn des neuen Lichts der Sonne, die Informationen der Urquelle überträgt, und damit das Potenzial für eine neue weltliche Form und Erde.

Viele weitere Wesenheiten haben bereits seit etwa 35 Jahren erkannt, dass andere Seelen in eure Welten kommen, die die Bereitschaft bringen, die Essenz eurer Welt zu transformieren und dadurch die Form des Übergangs für alle Wesen auf Terra vorzubereiten. Hier sprechen wir von euren Kindern, die sich bereiterklärt haben, mit ihrem Wissen und ihren energetischen Feldern die Erde und euch zu verändern.

Wir sind schon kurz auf die Neuen Kinder zu sprechen gekommen, die die heutige Menschheit in die Gruppen der Indigokinder, der ADHS-Kinder und der Kinder mit paranormalen Fähigkeiten unterteilt. (Hier verweise ich auf Drunvalo Melchizedek, Blume des Lebens, Band 2 – Anmerkung der Autorin.) Tatsächlich gibt es weitere Gruppierungen dieser Neuen Kinder, auf die wir zu gegebener Zeit noch eingehen werden.

Nun wollen wir auf die bereits fast altmodische Möglichkeit des Hologramms zu sprechen kommen, indem wir euch zunächst erläutern, worum es bei einem Hologramm eigentlich geht: Ein Hologramm ist ein Fragment oder eine Abbildung, bei der man, von einer beliebigen Stelle ausgehend, das gesamte Bild rekonstruieren kann. Eure gesamte Wirklichkeit beruht auf Hologrammen. Wir wollen euch weiter nahebringen, dass auch umgekehrt jedes physische Element dieser Wirklichkeit das ge-

316

samte Universum in sich enthält. Ihr habt somit die Möglichkeit, das Universum an einzelnen Haaren zu erkennen und zu lesen. Jetzt wird es noch interessanter: Diese Haare sind nicht nur an dem Ort, an dem ihr sie wahrnehmen könnt, sondern auch an einem beliebigen Ort im Weltraum.

Diese Aussagen zu erläutern ist für uns so wichtig, da ihr Menschen, wie oben beschrieben, erkennen müsst, dass eure Wirklichkeit Illusion ist. Durch dieses Erkennen werdet ihr wachsen und müsst vor dem eintretenden Wissen des Großen Geistes keine Angst mehr haben.

Eure Wirklichkeit ist ein Hologramm und damit Licht. So wird es einfach zu verstehen, warum es möglich ist, ein weiteres Hologramm zu erschaffen, da es nur der Gedanke ist, der manifestiert. Eure und unsere Absicht kreieren eine Erde, ein weiteres Hologramm, das anerkennt, dass ihr Menschen teilweise noch nicht für den bewussten Wandel bereit seid. Seht, dass keiner von euch gezwungen wird, und keine Wesenheit wird einem dramatischen Verlauf zum Opfer fallen. Uns ist es ein Leichtes, ein Hologramm, ein weiteres, zu konstruieren, in dem sich die Gesetze so verhalten, wie ihr es gewohnt seid.

Ihr werdet uns jetzt fragen, warum wir dann so auf das Wesen von Mutter Erde eingehen, und weshalb sie leiden muss, wenn es sie doch nur in einem manifestierten Gedanken gibt. Dies ist aber zugleich die Antwort, da eure Welt euch so erscheint, und damit sich auch die Wesenheiten auf Terra und Terra selbst zu diesem Zeitpunkt unter dieser Matrix mit der Illusion identifizieren, was die Absicht des Erfahrungsprozesses war und ist. Nun geht ihr aber auf eine Reise, und so beginnen viele Lichtarbeiter, diese Illusion aufzudecken und damit die Schlingen dieser Realitätserfahrung zu durchschneiden. Ihr werdet die Möglichkeit haben, eine bewusste Wende der

Selbsterkennung zu erleben, und durch die Formation und die Gegebenheit der Vierten Dimension könnt ihr eure Formen des Wissens neu einsetzen und glückvoll erkennen. Es ist nur die Wahl der Grundlage, auf der Erkennen stattfindet, und es ist für Terra in dem Zustand des Lebewesens, das sie gegenwärtig ist, Zeit, sich in friedvolle Gefilde zu bewegen.

Alles Sein bezieht sich auf die Große Mutter, die Urquelle der Schöpfung in der Hand Gottes. Der Große Geist ist bei uns allen und bereit, sein Wissen zu verstreuen, um wie ein Sandmännchen neue Träume zu schenken. Ihr seid in Liebe geborgen, mit dem unendlichen Versprechen, niemals verstoßen zu werden. Wir danken euch, dass ihr am Leben seid.

So sei es!

Kein Geschöpf des Lebens, und damit auch kein Planet, wird sich von uns Menschen oder anderen Wesenheiten auf der Seelenebene zerstören lassen. Er ist beschützt und betreut von der Galaktischen Föderation, die ein empfindliches Netz spannt, das immer der schöpferischen Ordnung unterliegt. Die Aussage, dass unser wundervoller Planet Erde durch Klimaveränderung und Polverschiebung zerstört wird, ist eine Information der unerlösten Mächte (Dualität), um den Menschen durch Angst unter Kontrolle zu halten. (Wobei ich nicht behaupten möchte, dass es Mutter Erde gut geht. Sie ist durch unsere Disharmonie bezüglich der Schöpfung in schwierige Seinszustände gekommen und leidet unter der gegenwärtigen Formation.)

Tatsache ist, dass wir **niemals und zu keiner Zeit** unter der Matrix der Erde allein waren. Seit sehr langer Zeit sind Wesenheiten, die unsere Erde im Inneren bewohnen, im Austausch und im Gespräch mit Menschen bezüglich der Erde und ihrer Veränderung. Genauso wurden Lichtwesen gesandt, um hinsichtlich unserer Waffen und Zerstörungskräfte und unerlaubter diesbezüglicher Eingriffe in den schöpferischen Ablauf ein Bewusstsein innerhalb der Menschheit zu erschaffen. Auch existieren im Universum und in unserer Hemisphäre energetische Wesen, die sich ihrerseits um energetische Stabilisierung aller Ebenen und um Ausgleich der Disharmonie kümmern. Unsere Mutter Erde mit all ihren Lebewesen muss langsam an den energetischen Übergang geführt werden, da sich sonst unter den Bedingungen der noch agierenden Matrix ihre gegenwärtigen Zustände enorm verschlechtern würden.

Es gibt Menschen, die bereits durch ihren physischen Tod entschieden haben, dem Wandel auf Terra auf anderen Ebenen beizuwohnen und durch ihre dortige Position ihre Lieben auf Mutter Erde zu unterstützen. Auch wird auf den unterschiedlichsten Ebenen an dem Ausgleich und der Anpassung der magnetischen Felder für Mutter Erde und an unseren elektromagnetischen Feldern gearbeitet, in Vorbereitung auf und Anpassung an den Übergang in die zunächst dritte Bewusstseinsebene und letztlich die Vierte Dimension.

In verschiedenen Zeiten und Inkarnationen kamen auch die Aufgestiegenen Meister auf Mutter Erde, um uns in die Liebe und den Frieden zu führen, in dem Erstreben, uns zu helfen, uns selbst zu erkennen und unser Bewusstsein zu heben. Diese Meister sind Wegbereiter, die sich bereiterklärt haben, uns in mannigfaltiger Form Informationen zum anstehenden Wandel zu bringen. Wir erkannten diese Menschen als Wissende oder bekämpften sie angstvoll, und sie zeigten uns in liebevoller Hingabe unsere Begrenzung des Seins.

Vielen Menschen auf unserer Ebene bereiteten die Weisheiten der Meister Ängste, und diese Wesenheiten der höheren Dimension wurden in unserer Ebene oft sehr schlecht behandelt. Dennoch reichen ihre Weisheiten weit zurück in unsere menschliche Vergangenheit und wurden bis in die Neuzeit überliefert. Wichtig für uns ist zu verstehen, dass es nicht nur geschriebene Überlieferungen gibt, sondern diese Weisheiten stets Energiearbeit leisteten und gegenwärtig energetisch abrufbar sind, da unser Leben energetisch im Moment existiert.

Unser Planet Erde barg noch Ende des 19ten Jahrhunderts 30 Millionen unterschiedlichste Arten von Lebewesen, die auf Mutter Erde in Milliarden von Jahren von den Einzellern bis hin zu den Menschen entwickelt und erschaffen wurden. Die Menschheit in ihrem unbewussten Zustand, ihr Missbrauch an der Natur und energetischen Ressourcen schaffte es, über 15 Millionen Arten in den letzten 100 Jahren zu vernichten. Wie kann es sein, dass die Menschen in derart kurzer Zeit eine Vielzahl von Tierarten ausrotten und sich selbst, von Gier und Selbstsucht zerfressen, noch an ihrer Identität und Macht erfreuen? Es macht mich traurig zu sehen, in welcher Harmonie und wirklicher Hingabe die Tiere und Geschöpfe dieser Erde dem Menschen dienen, um ihm seine wahre Natur zu zeigen. Auch Mutter Erde verzeiht uns unsere Taten, verurteilt uns nicht für unsere Vergehen und hat bereits Wege gefunden, um uns ohnmächtige Menschen überleben zu lassen.

Diese Wege beschreiben die neuen Möglichkeiten (neben dem erwähnten Hologramm), die uns Geschöpfe schenken, die seit vielen Jahren auf Mutter Erde kommen, um das globale Weltbild und damit die Matrix der Erde zu verändern. Von diesen Wesenheiten möchte ich später noch erzählen, denn sie sind uns so nahe und verschwenden keine Zeit, uns ihr Wissen und ihre Liebe zu schenken. Ich spreche von den Kindern der Neuen Zeit und deren Hingabe an den unbewussten Rest der Menschheit. Wir, die schlafenden großen Menschen, sind aufgerufen, uns der Liebe und der Hingabe unserer Kinder bewusst zu werden und deren höchstes Gut und Geschenk wahrzunehmen.

Diese Form der bewussten Wahrnehmung ist auf allen Ebenen des Seins notwendig und vorrangig, auch in der Bereitschaft, Nachrichten und gesellschaftliche Normen und Vorgaben nachzufühlen und sich darin zu spüren. Die Herausforderung, Informationen nicht einfach zu verdauen, ohne zu merken, was ich gerade gegessen habe. In dieser Form der Unmündigkeit hält die Form der alten Matrix uns in einer Welt von Manipulation und Funktionalität gefangen.

Wir Menschen werden entdecken, dass unser physischer Körper zunehmend stärker auf diese Form der Unmündigkeit und des Dämmerschlafs reagiert, da die alte Form der Welt bereits nicht mehr existiert. Doch werden viele von uns erst erwachen, wenn der physische Körper zu krank geworden ist, um noch die Möglichkeit zu haben, entsprechend zu reagieren.

Ich kann hier nicht auf die spontane Heilung durch einen schamanischen Priester warten, der mir unverhofft in letzter Sekunde über den Weg laufen wird, um mich aus meiner Angst vor dem Tod zu retten und meinem Körper schnell Heilung zu bescheren, damit ich unmündig und ohnmächtig weiter an veralteten Strukturen festhalten kann.

Die Zeit der Heiler ist in dem Sinne verstrichen, dass wir erkennen müssen, dass ein Heiler nur die Möglichkeit hat, vorübergehend den physischen Körper zu stabilisieren. Wir sind mittlerweile so gute Schöpfer, dass wir uns in kürzester Zeit neue Blockaden auf der physischen Ebene einbauen werden, wenn wir nicht verstehen, warum die Krankheit entstanden ist. „Der Schöpfer wird sich seiner Schöpfung bewusst!" Dies ist die Aufforderung der Neuen Zeit.

Wir Menschen verändern uns bereits, doch müssen wir diese Veränderung, die auch in unsere Zellen und unsere DNA Einzug hält, anerkennen und in das Leben umsetzen. Wir sind schon neue Menschen in einer Neuen Zeit und werden uns an der Masse ausrichten, so wie es der hundertste Affe auch getan hat.

Da der Vergleich mit dem Experiment des hundertsten Affen erneut auftaucht, möchte ich kurz auf dieses Ereignis eingehen: Auf einer japanischen Insel gab es Affen, die von Wissenschaftlern mit Süßkartoffeln gefüttert wurden. Die Affen mochten die Süßkartoffeln, aber nicht den Schmutz darauf. Ein Affenweibchen fand wohl heraus, dass sich dieses Problem lösen ließ, indem die Kartoffeln mit Wasser abgewaschen wurden. Sie zeigte dies ihrer Mutter und ihren Spielkameraden, die es wiederum ihren Müttern beibrachten. Das Interessante daran war auch, dass nur die ausgewachsenen Affen diese Technik von ihren Jungtieren erlernten. Als dann genügend Affen die Kartoffeln wuschen – es wird hier von einer kritischen Masse von 100 Affen gesprochen – begannen alle Affen auf der Insel, ohne weitere äußere Einflüsse, ihre Kartoffeln zu waschen.

Das Unglaublichste aber war, dass daraufhin auch die Affen auf der Nachbarinsel und selbst auf dem japanischen Festland begannen, ihre Kartoffeln zu waschen. Daraufhin stellten die Wissenschaftler die These eines Morphogenetischen Feldes auf, da es keine Möglichkeit der Kommunikation zwischen den Affen auf den unterschiedlichen Insel sowie dem Festland gab (siehe Drunvalo Melchizedek, Blume des Lebens, Band 1).

Das würde belegen, dass der Mensch in einer bewussten Form der erschaffenen Realität, also einer Matrix, die unter der Konstellation der liebevollen und bewussten Intention erschaffen worden ist, gar keine andere Wahl hätte, als in einer liebevollen und achtsamen Weise mit den Geschöpfen von Mutter Erde umzugehen und sich in das große Rad der Schöpfung einzugliedern (die Mehrheit der Menschen erschafft eine neue Matrix).

Um keine Seelen zu verlieren, wurde die Möglichkeit erschaffen, so viele Neue Kinder in einer bewussten Form auf die Erde zu entsenden, dass sich die Matrix der Erde und damit unweigerlich unser Bewusstsein verändern würde. Außerdem könnten die Menschen durch die Ankunft der Neuen Kinder so viel Bewusstsein integrieren, dass die Masse der Menschen ihre Form des Seins verändern und somit die Matrix neu kreiert würde, weil sehr viele Menschen eine neue Identität und eine bewusste Form des Lebens wählen würden.

Für die Menschen, die auf der unerlösten Seite der Macht verharren wollen, wäre demnach ein weiteres Hologramm der Erde eine wirkliche Erleichterung und geniale Idee, da nur die Menschen übersiedeln würden, die wahrhaftig in der unbewussten Form verbleiben wollen, und damit wäre ein weiteres Hologramm der Erde ein idealer Ort für die Geschöpfe und Menschen, die eine Form der unbewussten Art bevorzugen. Durch die Übersiedlung der Menschen gleicher Art hätten die Glaubenssysteme und damit die Matrix dieses Hologramms auch eine extrem stabile Form, da die Entstehung der Matrix unter der Ausrichtung gleicher Gesinnung und Bedürfnisse stattfinden würde.

Um das Szenario weiterzuverfolgen, ist es in der dreidimensionalen Welt aber auch notwendig, dass die Dualität ihren

Einzug hält, und damit müsste es in diesem alternativen Hologramm auch wiederum die Seite der Liebe und Erlösung geben.

Es geht gegenwärtig einfach darum, die Augen zu öffnen und nicht alles Gesagte und Gezeigte zu akzeptieren. Es ist jetzt die Zeit, zu einem eigenständigen bewussten Menschen zu werden, der sich fragt, ob es in seinem Herzen stimmt, was ihm erzählt wird, und ob beschriebene Wege, individuell gesehen, die richtigen sind.

Wir versuchen zu verstehen, wer die Mächte sind, die daran Interesse hegen, dass hier alles so unbewusst bleibt, wie es momentan größtenteils noch ist. Es sind zumindest Lebewesen, die weiter die Macht in ihrer unerlösten Form leben wollen, sich des menschlichen Potenzials und der Macht der Gedanken bewusst sind und wissen, dass die Geisteskraft die stärkste Macht im gesamten Universum darstellt. Aus diesen und weiteren Gründen soll der Mensch unerlöste Gedanken haben und in Angst und Sorgen leben, um unter Kontrolle gehalten zu werden.

Die Menschen, die sich weigern, in ihren emotionalen Körpern zu leben und dadurch auf der mentalen Ebene von Gier und Macht erfüllt sind, brauchen die Emotionen anderer, die wie potenzierte Kräfte die Erschaffung der Realität in eine spezifische Form zwingen. Diese Mächtigen sind Geschöpfe, die sich von den unerlösten Emotionen der Menschen nähren und darauf angewiesen sind, dass diese von der Menschheit produziert werden.

Der Gedanke folgt der Aufmerksamkeit, und die Aufmerksamkeit kommt aus der Absicht. Die Absicht wiederum resultiert aus dem Gefühl und gibt dem Gedanken die nötigte Kraft, zu erschaffen.

Diese mentalen Menschen kennen kein „es ist genug" oder Mitgefühl und sind wie Roboter dabei, sich durch gewisse Programme zu führen. Dabei sind sie auf unserer Ebene darauf angewiesen, durch die Emotion und das Gefühl zu erschaffen und brauchen somit die emotionalen Körper anderer Menschen. Tatsächlich nähren sich mentale Menschen von den negativen Emotionen anderer.

Was diese mächtigen Wesen jedoch außer Acht lassen ist, dass unser gesamtes Sonnensystem in den Übergang zur Vierten Dimension gehen wird und die niedrigen Schwingungen der Wesen nur weiter auf einem Hologramm das Leben verbringen werden.

Mir ist klar, dass jene mächtigen Menschen dieses Wissen haben, nur ist es fraglich, in wieweit sie diese Illusion stabil erhalten können. Aus energetischer Sicht ist das nur möglich, indem genügend unwissende Menschen diesen alten Glauben der Matrix bewahren und in der Bewusstlosigkeit verharren.

Aus der momentanen Sicht heraus ist das nur möglich, wenn das Hologramm der Ersatzerde für die unerlösten Mächte bald kreiert wird, da sonst auch noch gegenwärtig unbewusste Menschen durch die stete Erhöhung der energetischen Frequenzen unweigerlich Bewusstsein integrieren und damit nicht mehr förderlich für die Instandhaltung der alten Form des Lebens wären. Gefühlsmäßig ist dieser Prozess ein Wettlauf mit der Zeit, da die geheime Regierung die Möglichkeit zur Erschaffung von Menschen durch das Klonen oder die künstliche Befruchtung gefunden hat. Diese gemachten Menschen könnte man so programmieren, durch ihre emotionalen Körper das Bestreben der unerlösten Mächte zu unterstützen, und damit würde der Mensch, der aus der Schöpfung kam, seine Aufgabe verlieren. Wozu sich noch mit dem allgemeinen Menschen herumschlagen und ihn manipulieren, wenn es doch durch eigens erschaffene Kreationen viel leichter geht. Hier bleibt letztlich die

Frage offen, in wieweit diese Manipulation der Schöpfung von dem harmonischen Gleichgewicht des Universums und der Urquelle allen Seins zugelassen wird.

Mich persönlich erinnert dieses Szenario an die Geschehnisse auf Atlantis, nur – menschlich betrachtet – zeitversetzt in die Zukunft. Letztlich ist es die Wiederholung des Experiments auf Atlantis, das wie eine Schablone eine neue Möglichkeit der Zerstörung oder der Heilung ergeben wird. Wir können das Schicksal von Atlantis nun erlösen, oder zusammen mit den mentalen Wesen in eine ähnliche unerlöste Form der Zerstörung gleiten. Nur dieses Mal auf einem irdischen Hologramm.

Wir werden aus gegenwärtiger Sicht alle einmal den physischen Tod erleiden und sterben und in einer nächsten Inkarnation wieder als Säugling geboren werden. Um dem Vergessen aus dem Weg zu gehen, versuchen die Mächtigen, einen Weg zu finden, der es ihnen ermöglicht, ihr gegenwärtiges Bewusstsein in einen neuen Körper transportieren zu lassen, um ihre Macht nicht zu verlieren und auf diesem Weg eine Form der künstlichen Unsterblichkeit zu kreieren. Sie versuchen entweder, ewig in ihren Körpern zu wandeln, oder ihren gegenwärtigen Körper durch eigens erschaffene physische Körper zu ersetzen, um dadurch nicht dem Prozess des Sterbens (des Vergessens) und der Wiedergeburt (der Unbewusstheit) unterworfen zu sein. Da wir Menschen uns noch nicht aus der Illusion des Todes lösen, haben wir bislang auch keine Erinnerung an unsere vorherigen Leben und die Wiederauferstehung oder den Aufstieg.

Der Unterschied zwischen Sterben, Wiederaufstehung und Aufstieg:

Sterben *ist ein Vorgang für unbewusste Menschen der Dritten Dimension.*

Direkt nach dem physischen Tod erfährt man die große Leere, die immer beim Wechsel der Dimensionen eintritt. In dieser ist der Mensch ohne Bewusstsein und hat keine Kontrolle und keine Erinnerung über die Bilder, die er sieht. Der Sterbeprozess vollzieht sich vollkommen unbewusst. Diese Form des Sterbens führt unweigerlich wieder in einem Kreislauf zum Erdenleben (Reinkarnation) zurück, da diese Form des Sterbens nicht weiter führt als in die mittleren/oberen Regionen der Vierten Dimension (laut Drunvalo dem dritten Oberton der Vierten Dimension). Da kein Bewusstsein in diesem Verlauf herrscht, setzt der Mensch nicht seine energetischen Felder und Rotationen (MerKaBa) ein und vergisst in dem Moment des Übergangs seine vorherige Inkarnation.

Das Gleiche geschieht bei dem Wiedereintritt auf Mutter Erde. Es fehlt jeweils die Erinnerung, egal, welche Ebene betreten wird. Wir Menschen werden immer wiedergeboren und brauchen eine lange Zeit, bis genügend Energie für die Selbsterkennung verwandelt ist, um diesem Vorgang ein Ende zu setzen und mit der Macht des geistigen Wissens zu höheren Dimensionen aufzusteigen.

Anders ist es bei der **Wiederauferstehung.** *Hier ist sich der Mensch seiner energetischen Felder und seines Lichts bewusst und setzt seine MerKaBa bewusst ein. Meist geschieht das wirklich bewusste Wahrnehmen der MerKaBa nach dem physischen Tod. Wir sterben, verlassen unseren physischen Körper, werden uns unserer energetischen Felder, der MerKaBa, bewusst*

und erschaffen dadurch unseren Körper neu. Durch diese Er-
innerung und den bewussten Prozess steigt der Mensch in die
höchsten Ebenen der Vierten Dimension auf (laut Drunvalo in
den zehnten, elften oder zwölften Oberton der Vierten Dimen-
sion). Dadurch ist die Erinnerung allgegenwärtig und der Weg
geht stetig in das ewige Leben. (Ewig in Bezug auf stetes und
bewusstes Wachstum, der daraus resultierenden Grundlage der
allgegenwärtigen Erinnerung und des freien Willens des Geistes,
angelehnt an das große Einheitsbewusstsein. Bei dem ewigen
Leben hat die Wesenheit ein ununterbrochenes, fortwährendes
Gedächtnis, das durch keine Gegebenheit an Erinnerung ver-
liert. Diese Form definieren wir als Unsterblichkeit.)

(Quelle: Drunvalo Melchisedek: *Die Blume des Lebens*,
Band 1)

Die Wiedergeburt ist eine altmodische Formation, und ich
möchte an Thoth abgeben, um herauszufinden, ob wir Menschen in der gegenwärtigen Zeit überhaupt noch unbewusst
wiedergeboren werden.

Thoth:
Zunächst möchten wir uns bedanken, da hier wirklich gute
Arbeit geleistet wird. Es ist wahrhaftig der Fall, dass nur noch
vereinzelte Seelen überhaupt die Möglichkeit haben, in dem Vor-
gang der unbewussten Form und des Anhaltens wiedergeboren
zu werden. Wir sehen dies als Auslaufmodell, das wie euer Old-
timer nicht mehr auf dem Markt erhältlich ist, und es ist gut, dass
Terra eine Lösung durch die Neuen Kinder der Zeit gefunden hat.

Wir wollen jedoch nicht behaupten, dass euch die Möglich-
keit in der Jetztzeit generell genommen werden soll, in einem
kurzen Schauspiel noch einmal unbewusst zurückzukehren,
um euch energetisch Eltern oder Geschwister zu suchen, die
euch durch ihr Bewusstsein die Möglichkeit geben, durchge-
pustet zu werden, um dem einzigartigen Übergang der großen
Form in der physischen Form beiwohnen zu können. (Auch gibt
es die Möglichkeit, in einer höher schwingenden Form zu Terra
zurückzukommen.)

Wir wollen gerne das Wort behalten, um euch die neue
Form der Jetztzeit zu präsentieren: Wir nehmen hier die Worte
Wiederauferstehung und Aufstieg*, wie sie bereits benutzt*
*worden sind, würden aber **bewussten Wiedereintritt und wis-***
***senden Geist** bevorzugen.*

Das Sterben ist eine wahrhaft veraltete Form, die nicht mehr
wirklich zur Diskussion steht. Da wir aber dennoch in kurzen
Worten zu dem Geschriebenen Stellung nehmen wollen, müs-
sen wir auch zu den Mächtigen eurer Erde kommen und eine
kurze Erklärung dazu abgeben.

Der Mensch, der sich anmaßt, Gott zu ersetzen und sich in
voller Geisteskraft und vollem Bewusstsein über die Regeln und
Gesetze der Schöpfung zu stellen, hat wohl früher oder später
mit der erwähnten Extrarunde zu rechnen, da die Schöpfung
bedacht ist, alle ihre Schäfchen einzusammeln und so etwas
wie eine Programmlöschung und einen Neustart am Computer
vorschlagen würde, falls Menschen glauben, in diesen Gefilden
operieren zu müssen.

Um die Antwort klar und einfach zu formulieren: Die Ereig-
nisse zu der Zeit von Atlantis waren ein Unfall, und dies ist in
der Blume des Lebens, in Terra, in der Großen Mutter sowie

*in der Matrix gespeichert. Hier wurde das Programm so „umgeschrieben und verbessert", dass es im Fall eines weiteren Missbrauchs an der Schöpfung sofort darauf aufmerksam und, ähnlich einem Virensuchsystem in euren Computern, Meldung machen würde. Die Schöpfung „lernt auch" dazu und wird sich nicht in eine Position bringen, erneuten bewussten Missbrauch an einem ihrer Kinder zu billigen. Den Menschen, die sich jedoch roboterähnliche Körper (beispielsweise durch Klonen) als Gefährt in der Dritten Dimension zulegen wollen, sei der Spaß gegönnt, in einem entsprechenden Umfeld und unter entsprechenden Bedingungen die Wiederauferstehung zu erproben. Wir wünschen viel Erfolg dabei und bitten darum, den Schlamassel bis zum Ende selbst zu bewältigen, bis der Mensch wahrhaftig lernen, verstehen und sich hingeben will. Es wurde bereits über das Thema **der Resonanzen** gesprochen, und wir wollen dazu auffordern, diese Inhalte gut zu studieren.*

Wir haben zu verschiedenen Zeiten und wiederholt Probleme, menschliche Gelüste nachzuvollziehen, wobei wir hier nicht von einem köstlichen Pistazieneis sprechen wollen, sondern von Macht und Gier. Diese Charaktereigenschaften kennen anscheinend keine Grenzen. Doch soll das Ausleben der Gelüste hier nicht das hauptsächliche Thema sein.

*Wir wollen nun zu dem Vorgang der **Wiederauferstehung** und des **Aufstiegs** zurückkehren:*

Die Diskrepanz zwischen der Erfahrung des Sterbens und der Wiederauferstehung ist bereits groß, noch größer jedoch ist sie zwischen der Wiederauferstehung und dem Aufstieg.

Bei dem Aufstieg stirbt der Mensch nicht, sondern verschwindet von der sichtbaren Ebene der Erde durch die Erinnerung daran, dass der physische und energetische Körper Licht sind. Ihr werdet plötzlich wissen, wie ihr euer Zeit/Raum-Gefährt bedient und euch damit eurer MerKaBa bewusst. Wie und wann dieses Bewusstsein eintritt, ist hier nicht relevant, sondern ihr seid in diesem Moment in der Lage, die große Leere zwischen den Dimensionen zu durchschreiten und in vollem Bewusstsein zu den höheren Dimensionen zu reisen. Nichts wird mehr so sein, wie es für euch in eurem letzten bewussten Leben war, denn die Erinnerung ist eingetreten, und damit die Aktivierung des Großen Geistes. Ihr werdet euch aus dem gewohnten Leben der Dritten Dimension physisch verabschieden, und durch die Wechsel der Frequenzen wird euer physischer Körper feinstofflicher und letztlich völlig anders aussehen.

Hier stünde der Vergleich an, dass ihr von einem doch recht lieb gewonnenen alten Auto, das viel Benzin verbraucht, recht unbequem und zudem ständig kaputt ist, auf einen den äußeren natürlichen Bedingungen angepassten Wagen umsteigt, der sich der einfachsten und natürlichsten Ressourcen bedient und zudem wartungsfrei ist.

Euer physischer Körper wird sich zwangsläufig den neuen Energien anpassen, und ihr werdet erfahren, dass es möglich ist, durch den Gedanken neu zu erschaffen. Der Weg führt einfach aus dem Erdenzustand der Dritten Dimension über die große Leere hinein in die Obertöne der Vierten Dimension, in einen bewussten Zustand der unendlichen Erinnerung und Geisteskraft.

Wir wollen nicht den Eindruck vermitteln, dass es sich um einen Wettlauf handelt und es nur gut ist, wenn ihr durch den jetzt bereits möglichen Aufstieg (durch die Stabilisierung des Christusbewusstseins) in die höheren Ebenen wandert. Es sind drei skizzierte mögliche Wanderungen, wobei wir euch mitteilen wollen, dass die erste Form bereits nur mehr in Ausnahmefällen existiert und sich bereits eine neue, nächste Form des Austritts aus dem Feld Terras aufmacht.

Auch sind diese unterschiedlichen Formen nur Seinszustände und reflektieren den Grad des bewussten Zustandes. Jede Seele wird sich letztlich auf den Obertönen der Vierten Dimension bewegen, und dadurch ist es nicht wirklich relevant, wann ihr diesen Weg einschlagen werdet. Der einzige Unterschied bezüglich des Übergangs besteht für euch Menschen in der Situation, den Übergang im Jetztbewusstsein zu beschreiten und in eurem Jetztleben bewusst zu erfahren, wie es möglich ist, sich komplett aus der Isolation einer eingrenzenden Matrix zu bewegen und bewusst und in steter Erinnerung in weitere Ebenen des Seins aufzusteigen. Wir können euch mit großer Gewissheit mitteilen, dass eine Wiedergeburt in der bekannten Form der Dritten Dimension für einen einigermaßen bewussten Menschen nicht mehr stattfinden wird. Dies ist ein Auslaufmodell und wird auf allen Ebenen des Seins und der Wahrhaftigkeit erlöst. Die Eintrittskarten für die Wiedergeburt sind bereits vergeben, werden auch nicht mehr gedruckt, und die Besucher im Jetzt werden, in Anlehnung an den Großen Plan zeitlich perfekt geplant, einen bewussten Zustand hinsichtlich ihrer Rolle im Leben bekommen.

Es ist für uns nicht einfach, euch immer aktuelle Neuigkeiten und Nachrichten zu liefern, da die Entwicklung eurer Welt, wie bereits erwähnt, sehr schnell verläuft, und so ist es kein Leichtes, an dem zum jetzigen Zeitpunkt Geschriebenen drei Monaten später noch festzuhalten. Dennoch bewirkt das Geschriebene im Jetzt seine energetische Arbeit, und ihr werdet wissen, welche Aussagen zu dem Zeitpunkt des Lesens bereits überholt sind, und was für euch noch aussageträchtig ist. Wir sind jedoch der Meinung, dass ihr Menschen hier immer Aussagen finden werdet, die in Resonanz mit euch stehen und würden die Arbeit mit diesem Buch für eure Jetztform begrüßen, da sie euch unterstützt, durch bewusstes Studieren Wissen zu erlangen.

Wir möchten abschließend erwähnen, dass der wirklich relevante Weg des Menschen aus der Erinnerung an den Großen Geist besteht und die Formen der Übergänge sich an das Potenzial des Menschen anlehnen, sich in der Jetztzeit zu einem mündigen Menschen zu erklären.

Der Weg des Menschen kann nur sein, sich den Energien der Heilung und der Klarheit hinzugeben, sich seiner eigenen Realität bewusst zu werden, zu verstehen, welche Identität ihn lenkt und leitet und welche Formen der Glaubenssysteme und der gelebten Natur noch Bestand haben oder wahrhaftig Produkte der Vergangenheit darstellen.

Geliebte Wesenheiten: Habt keine Angst und lernt, eure Köpfe mit Liebe und Mitgefühl zu füttern. Gebt euch Bilder der Zusammengehörigkeit und des liebevollen Wachstums und vertraut der Hand der Schöpfung. Sie reicht euch die Nahrung, die euch unterstützen wird, von der zweiten Bewusstseinsebene des Getrenntseins in die dritte Bewusstseinsebene des Heilwerdens zu kommen, um dadurch den Geist zu erheben und euch dem Prozess des Übergangs in die Vierte Dimension anzuvertrauen.

Ihr seid schon durchgegangen, könnt durch eure Projektionen nur nicht erkennen, dass die Welt bereits anders ist. Ihr seid schon im Christusbewusstsein und müsst es nur noch anerkennen! Gewöhnt euch daran, dann werden eure Felder höher schwingen und eure DNA regenerieren. Ihr werdet mit anderen Sinnen wahrnehmen und eure Ängste besiegen.

Der Weg der Erde ist klar, der Weg des Menschen auch. Also entspannt euch in die Liebe und wagt, eure Träume wahr werden zu lassen, denn sie bringen die Realität in eure Welten.

So sei es!

Da Thoth bereits über den Aufstieg gesprochen hat, werde ich noch zu der Mutation unserer DNA einige Worte sagen. Unsere DNA ist durch die hohen Frequenzen einer spontanen Veränderung unterworfen, falls der Mensch es zulassen kann, sein Bewusstsein der Neuen Zeit anzupassen oder die gegenwärtige veränderte Welt zu akzeptieren. Diese Veränderung unserer genetischen Zellen ist unweigerlich notwendig, um den Übergang und dadurch die neuen Informationen an unsere Zellen zu verarbeiten. Unser physischer Körper wird nicht mehr zurückgelassen – beim Austritt aus der Dritten Dimension – und geht somit in eine neue energetische Form (durch den Aufstieg) über. Dazu brauchen wir die Schwingung der dritten Bewusstseinsebene (Christusbewusstsein) in der gegenwärtigen Zeit und die zwangsläufige Veränderung unserer DNA.

In einer Frequenzerhöhung ist es möglich, dass unser physischer Körper zunächst mit scheinbaren Krankheitssymptomen reagiert, da physische Blockaden entsorgt werden müssen und sich diese Reinigung zunächst wie eine Krankheit anfühlen kann. Dennoch liegt hier der Unterschied zugrunde, dass diese scheinbare Krankheit einen anderen als den üblichen Verlauf zeigt und zeitlich gesehen – wenn nicht durch Angst oder Sorge Verzögerungen in den energetischen Felder eintreten – unglaublich schnell wieder verschwinden wird. Wir müssen hier keine Sorgen haben, da wir dazu nichts zu tun haben, als uns in den anstehenden Wechsel ziehen zu lassen.

Der anstehende Wechsel und Übergang in die Vierte Dimension ist ein unglaubliches Geschenk an uns Menschen, die wir trotz unserer vielen Vergehen und Vernichtungen weitergetragen und geliebt werden, da es in der Schöpfung keinen Unterschied zwischen bewussten und unbewussten Wesenheiten gibt.

Die Schöpfung liebt alle ihre Kinder gleich, und Mutter Erde wird sich im Einvernehmen mit Allem-was-ist auf ihren Weg in die höheren Dimensionen bewegen, da sie nach so langer Zeit des Ausharrens und des Schmerzes in die Selbstheilung will, die vom energetischen Standpunkt aus zu unserer gegenwärtigen Zeit unabdingbar ist.

Wir haben in all den vielen Erdenjahren so viel Unbewusstsein und Schmerz auf unserem wunderbaren Planeten verbreitet, dass sich die Erde diesem Schmerz nicht länger unterziehen kann, da die Folgen speziell unter der noch gegenwärtigen Matrix in der gegenwärtigen Zeit nicht mehr kalkulierbar sind. Mutter Erde ist jetzt am Rand ihrer Belastungsgrenze angekommen und hat die Unterstützung aller bewussten Wesenheiten bekommen, um sich nun in die lang ersehnte Ablösung von der Dritten in die Vierte Dimension zu begeben. Sie empfindet dabei unglaubliche Freude und Sehnsucht und wartet auf ihr großes Geschenk.

Während ich diese Zeilen schreibe, kann ich Mutter Erde sprechen hören und das Ausmaß ihres Glücks in meinem Herzen zumindest ansatzweise erahnen, was mir ein unbeschreibliches Gefühl bereitet. Ich werde nun einen Ausschnitt dessen, was sie gesagt hat, übersetzen.

Mutter Erde:

Ich bin eine Wesenheit, die nicht fragt oder unterscheidet. Eine Mutter ist wohl euer menschlicher Ausdruck einer Wesenheit, die bedingungslos für die Geschöpfe des Seins, die aus ihr geboren wurden, vorhanden ist. Für mich ist alles aus der Großen Mutter entstanden, und ich bin die Abgesandte, die euch tragen und betreuen darf. Also nicht ganz die Form, die geboren hat und dadurch verwandt ist, sondern vielmehr eine Adoptivmutter oder Pflegemutter darstellt, wozu sich unzählige Mütter auch in eurer Zivilisation berufen fühlen.

Es ist das Verständnis, dass eine Mutter nicht nur für das Leben zuständig ist, das sie selbst geboren hat und aus ihren eigenen Zellen und Genen besteht, sondern die Mutter trägt und fühlt sich verbunden mit allen Lebewesen des Seins. Und aus dieser Formation resultiert meine Einstellung und Liebe zu allem Leben auf, in mir und um mich herum.

Es erfüllt mich mit so viel Glück, euch am Leben zu sehen, euch in eurem Sein zu entdecken und alles Leben in jedem Moment des Seins zu fühlen. Ihr müsst verstehen, dass es eine Ehre ist, so viele Geschöpfe des Lebens zu tragen und zu wissen, dass ihr euch mir total anvertraut habt.

Gleichzeitig machen auch viele Geschöpfe des Seins viel Lärm und Unruhe. Ich bin kein Erzieher und trage nicht die Verantwortung, euch zu Dingen und Verhaltensweisen aufzurufen oder euch zurechtzuweisen. Meine Aufgabe ist es, die ursprüngliche Form und, weit mehr, jedem Leben seine eigene Form der Erfahrung zuzugestehen und mit Liebe an eurer Seite zu stehen.

Stellt euch einmal vor, wie es ist, nicht zu reglementieren und auch keine Grenzen zu zeigen. Würdet ihr nicht das Gefühl bekommen, dass es ein spannendes Experiment darstellt, eine hohe Anzahl von Kindern jeglichen Alters und unendlicher Anzahl frei in eurem Haus und Garten experimentieren zu lassen? Eure einzige Aufgabe dabei wäre, zu trösten und da zu sein, Nahrung und einen Platz der Geborgenheit zu geben. Führt in eurem Kopf und in euren Gefühlen das Experiment weiter und versucht zu betrachten, was die unzähligen Kinder anrichten würden, wie viele Verletzungen es geben und wie letztendlich *nach einem Monat des Tobens und willkürlichen Verhaltens euer Haus aussehen würde!*

Diese Form der Verwüstung ist bei mir eingetreten, und ich bin in einem Zustand, an dem beispielsweise euer Haus drohen würde zusammenzufallen, da es so zerstört worden ist, dass die Wände dem Druck des weiter stattfindenden Chaos nicht mehr standhalten können. Betrachtet auch eure psychische Form. Welchen psychischen Zustand hättet ihr wohl nach dieser Zeit der Verwüstung?

Auch ich bin nun froh, dass durch die anstehende Bewusstwerdung Ruhe einkehren wird und ihr Kinder der Schöpfung nun ein Einsehen haben müsst. Es ist wie eine tiefe Verschnaufpause und ein Durchatmen, was die ersten Anzeichen der Rehabilitation und der Erneuerung sind.

Dieses Verhalten hat mich nicht dazu bewogen, euch für einen Moment weniger zu lieben, doch es hat mir Schmerzen bereitet, auch sehen zu müssen, wie ihr Menschen andere meiner Kinder behandelt habt. Ich denke, auch ihr würdet Schmerz empfinden, wenn eure unzähligen Kinder in eurem Haus eure Haustiere schlachten und dann verzehren würden.

Sie sind mir ebenso nahe wie ihr Menschen, da ich aufgerufen bin, für alle Kinder des Seins Sorge zu tragen. Unzählige Formen des Lebens sind unter euch Menschen bereits gestorben, und wir werden sie erst in der Vierten Dimension wieder begrüßen können. Auch sie hätten sich dem bewussten Übergang hingegeben, sind aber durch eure Hände verstorben und warten auf den Wiedereintritt in meine neue Form.

Ich bitte euch, so weit mitzudenken, dass ihr erkennt, dass alles in, auf mir und um mich herum Leben ist und kein Unterschied zwischen den Formen des Lebens besteht.

*Liebe Menschen, es wird euch nur möglich sein, wahrhaft
zu wandeln und zu verstehen, wenn ihr zulasst, dass ihr mit
all meinen Geschenken demütig umgeht und alle meine Kinder
ehrt. Dann werden wir zueinander finden und in Liebe auserwählt sein, einen Weg des Glücks zu beschreiten, der ein einzigartiges Szenario in dem Großen Plan ergibt.*

*Es steht Spannendes und Schönes bevor. Ich bin bei euch
und danke euch, dass ihr am Leben seid.*

*In unendlicher Liebe,
eure Mutter*

Dieser unglaublich schöne Planet im Universum, der uns
alles Erdenkliche zur Verfügung stellt, um ein wahrhaft para-
diesisches Leben führen zu können, mit lichtvollen Begleitern,
die uns geschickt wurden, um uns zu helfen, die Manipulation,
die an unserer Struktur betrieben wurde, aufzudecken, um zu
unseren Wurzeln zurückkehren zu können – diese Mutter Erde
gibt uns nach all dieser Zeit die Möglichkeit, mit ihr in die höheren Ebenen zu steigen, um uns aus dem Schlaf des Vergessens zu reißen.

Es ist Zeit, unser Leben neu zu betrachten und uns nicht
immer angegriffen zu fühlen, wenn wir von anderen Menschen
auf veraltete Lebensformen hingewiesen werden, sondern uns
selbst kritisch zu hinterfragen.

JETZT ist die Aufforderung, dass wir uns demütig der
Schöpfung und ihren Lebewesen zuwenden, um in den Fluss
des Verstehens und seinen Wandel zu gelangen. Ich freue mich
darauf!

Atlantis und die parallelen Strömungen

Warum Atlantis in der gegenwärtigen Zeit an Bedeutung gewinnt

Im ersten Kapitel haben Thoth, Mutter Erde und ich über die menschliche Vergangenheit sowie den Untergang von Atlantis berichtet. Diese Ereignisse vor etwa 13.000 Jahren beeinflussen noch heute sämtliche Ebenen unseres gegenwärtigen Zustands. Es sind unter anderem die Auswirkungen dieser Vergangenheit, die unsere Wahrnehmungen und die Form des Lebens bestimmen.

Es ist mir sehr wichtig, wiederholt zu betonen, dass es nur eine Wirklichkeit und einen Gott gibt, dennoch unendliche viele Möglichkeiten, die Wirklichkeit zu interpretieren!

Es gibt einige bestimmte Wirklichkeiten, bei denen die Menschen sich einig sind. Diese übereinstimmenden Wirklichkeiten nennen wir Bewusstseinsebenen.

Zu den Zeiten von Atlantis existierten wir auf einer sehr hohen Bewusstseinsebene, die wir uns verstandesmäßig gar nicht vorstellen können.

Thoth:

Parallel zur atlantischen Wahrnehmung gab es zu diesen Zeiten Wesenheiten, die zwar eine fortschrittliche Technologie zur Verfügung hatten und sich im Klaren über energetische Prozesse waren, dennoch gingen sie nicht durch den Weg des Lichts, der Liebe und der Erkenntnis. Diese Wesenheiten waren in Habgier, Macht und Streitigkeiten zueinander, führten Kriege

339

*mit hoch entwickelten Technologien und unter enormen Poten-
zialen, bis hin zum Einsetzen nuklearer Waffen.*

*Die Wesenheiten, von denen hier die Rede ist, sind We-
senheiten, die unter anderen Voraussetzungen Seinsprozesse
erleben und unter dem Mangel eines emotionalen Körpers stehen. Sie haben kein Empfinden, wie ihr Menschen es für euch
wahrnehmen könnt, und diese eure spezifische Form des emotionalen Körpers existiert auch nur auf Terra.*

*Die kriegerischen Wesenheiten führten ihre Kriege bis hin
zur fast vollständigen Vernichtung ihrer Planeten und ihres Sonnensystems.*

Als das Experiment auf unserer Erde durch das Aktivieren
der synthetischen MerKaBa scheiterte, stürzten wir durch Dimensionen und Bewusstseinsebenen ab und erreichten den
Platz der Dichte in der Dritten Dimension auf Mutter Erde.

Da wir den Absturz nicht kontrollieren konnten, geschahen
Veränderungen aller Art mit uns, sowohl physischer Natur, als
auch generell des Zustands, in dem wir weiter in unserer neuen
Wirklichkeit existieren konnten.

Die weitaus größte Veränderung war unsere Form des
Atmens, da wir durch die Mutation unserer Form vergessen
hatten, wie wir Prana atmen. (Prana ist ein Wort aus dem In-
dischen und bedeutet „die Energie der Lebenskraft dieses Universums".)

Vor dem Untergang von Atlantis waren wir uns der Pranaatmung bewusst, ließen in der dazu angelegten Röhre Prana
gleichmäßig durch die Energiezentren des Körpers (Chakren)
auf- und abfließen, und die Ströme trafen sich im Inneren eines

Chakras, um von dort durch unsere elektromagnetischen Felder auszutreten. Wo genau und in welcher Form die Pranaströme zusammentrafen, ist ein wichtiger Punkt und ausschlaggebend für unseren Zustand. Momentan atmen wir Prana im dritten Chakra (es liegt in unserem Körperinneren auf der Höhe unseres Nabels) aus, was mit unserem Leben in der Dritten Dimension zusammenhängt.

(Die Pranaröhre liegt innerhalb unserer MerKaBa, genauer gesagt, unserem elektromagnetischen Energiefeld, das, geometrisch betrachtet, aus zwei miteinander verbundenen Tetraedern besteht, und endet etwa eine Handbreit über dem Kopf und unter den Füßen. Der Durchmesser der Pranaröhre entspricht dem Kreis, der entstehen würde, wenn wir mit dem längsten Finger und dem Daumen einen Kreis bilden. Drunvalo Melchizedek hat sich in der „Blume des Lebens, Band 1 und 2" mit den exakten geometrischen Strukturen und der Heiligen Geometrie hierzu befasst.)

Prana ist die wichtigste Essenz für unser Überleben, und wir atmen immer noch Prana, da wir sonst nicht hier sein könnten. Doch haben wir vergessen, wie die Pranaatmung geht und stattdessen Luft durch unseren Mund und unsere Lungen in den Körper geschickt. Da dadurch das Prana nicht mehr durch unser Gehirn fließen kann, haben wir den Bereich der Zirbeldrüse nicht versorgt, die durch diese Unterversorgung geschrumpft ist und nicht mehr ihre ursprünglichen Kapazitäten besitzt.

Die Energie des Prana floss zu der Zeit von Atlantis durch unsere Zirbeldrüse, die sich annähernd in der Mitte des Kopfes befindet und für den Bewusstseinszustand verantwortlich ist. In der Zirbeldrüse **sind alle Aspekte und das Wissen über das Universum enthalten,** und dadurch das genaue Verständnis zu der **einen Wirklichkeit** und wie sie erschaffen wurde.

Das Bewusstsein der Dualität ist das Resultat einer bestimmten Auslegung der einen Wirklichkeit, und das Ergebnis der Polarität gibt uns das Verständnis, dass wir voneinander getrennt sind, da wir von innen nach außen blicken. Wir sind diejenigen, die im Körper sitzen und nach draußen blicken und dadurch getrennt von der äußeren Realität. **Doch diese Wahrnehmung ist die Illusion, über die wir vielfach gesprochen haben.**

Das „Getrennt-Sein" der zweiten Bewusstseinsebene entspricht der Illusion und der Tatsache, dass wir ein schlechtes Gedächtnis haben. Durch den Mangel unseres Erinnerungsvermögens ist die Form der Schrift nach dem Untergang von Atlantis eingeführt worden, bei dem wir von der ersten in die zweite Bewusstseinsebene katapultiert worden sind. Egal, ob ich die zweite Bewusstseinsebene als „Vertreibung aus dem Paradies" oder als „Getrennt-Sein" beschreibe, es handelt sich hier um einen Zustand, der die größte Not beschreibt. Die Not des Menschen, in einem Zustand von Unmündigkeit, vermindertem Bewusstsein und Erinnerungsvermögen zu leben und die Isolation des Seins zu erfahren.

Ich habe bereits über die unterschiedlichen Bewusstseinsebenen gesprochen und dass die Aborigines sich gegenwärtig in der ersten Bewusstseinsebene befinden. Diesen Zustand hatten auch die Atlanter inne und dadurch ein transpersonales Gedächtnis. Das bedeutet, dass jede Erinnerung eines Menschen auch in der Erinnerung der anderen Menschen des gleichen Geschlechts fortbesteht. Um es genauer zu beschreiben bedeutet es, dass ein Atlanter/Aborigine ein spezielles Erlebnis an einem beliebigen Ort an alle anderen Atlanter/Aborigines weitergeben kann, falls ein weiterer Mensch ihrer Rasse wünscht, diese Erfahrung auch zu integrieren. Das heißt, das Erleben der ersten Bewusstseinsebene bedeutet, miteinander verbunden und heil zu sein und braucht deshalb kein Gedächtnis. Sie haben eine dreidimensionale holographische Erinnerung und können dadurch jederzeit auch an einem Ort sein, an dem sich andere Mitglieder ihrer Rasse aufhalten. Diese dreidimensionale holographische Erinnerung erlaubt ihnen, überall zu sein, wo sich Mitglieder ihres Stamms aufhalten. Sie reisen in der dreidimensionalen Welt mittels ihrer Erinnerung durch Zeit und Raum. Dies entspricht natürlich nicht der Echtzeit, doch sie haben dadurch ihre wirklichen Erfahrungen, die jederzeit abrufbar sind. Die Aborigines nennen es die Traumzeit, die eine genaue Nachbildung der Wirklichkeit ist.

Nach dem Untergang von Atlantis hatten die ehemaligen Atlanter, die in das Land Ägypten kamen, ein immer noch bemerkenswert gutes Gedächtnis. Sie hatten zwar ihr transpersonales und holographisches Gedächtnis eingebüßt, doch besaßen sie ein fotografisches Gedächtnis. Da die Form der Erinnerung stark begrenzt war, wurde zu dieser Zeit die Schrift durch Thoth eingeführt, um das Geschehene festzuhalten. Der Mensch war durch das gescheiterte Experiment in Atlantis durch die Dimension gefallen und durch den Verlust seines Erinnerungsvermögens in die zweite Bewusstseinsebene geworfen worden. Um nun an unsere Erinnerung zu gelangen, müssen wir zu unserem Gehirn vordringen, da durch die Einführung der Schrift der Kopf oberhalb der Augenbrauen ausgebildet wurde. Um dann im Gehirn an eine Erinnerung zu kommen, sind wir genötigt, ein Wort oder eine gewisse Vorstellung als Eintrittskarte zu verwenden, um dann die Erinnerung zu aktivieren.

Die damaligen Ägypter wie auch die gegenwärtigen Menschen hatten/haben die Wahrnehmung, dass sie in der körperlichen Struktur voneinander getrennte Teile sind und damit auch getrennt von der restlichen Wirklichkeit und Schöpfung.

343

Der bevorstehende Übergang in die dritte Bewusstseinsebene führt uns in das Christusbewusstsein, in das erneute Heilwerden und Ganzsein, und gibt uns ein Verständnis der Unsterblichkeit (siehe Drunvalo Melchizedek „Blume des Lebens, Band 1").

Thoth:

Geliebte Wesen, dieses Thema weckt in uns Erinnerungen und Deja-Vus an jene Tage.

Ich selbst bezeichne mich als Erdenmensch, da ich auf die Erde inkarnierte, lange Zeit verweilte und durch unterschiedlichste Erfahrungsebenen wanderte. Ich war ein Mensch, der durch das Bewusstsein die Unsterblichkeit erlangen konnte. Dies lernte ich auf Mutter Erde und fühle mich tief gerührt und hingezogen zu ihr. Auch habe ich vor, ein weiteres Mal hier in Erscheinung zu treten, wenn der Moment gekommen ist. Bis zu diesem Zeitpunkt meiner weiteren irdischen Erscheinung möchte ich mein Wissen und meine Erfahrungen mit euch auf dieser wahrnehmbaren Ebene der Botschaften teilen. Es gibt mir allergrößte Freude, dass ihr Erdenmenschen ein so großes Vertrauen in meine Taten und Wahrheiten habt und durch das „Einsteigen" in diese Ebenen auch zur Unsterblichkeit und der Anerkennung des Großen Geistes gelangen werdet.

Es stehen Zeiten des Glücks und der Selbsterkennung bevor, und wir werden gemeinsam den Tag feiern, an dem wir uns wiedervereint in einer Zusammenkunft und der einen Wirklichkeit erkennen werden – EINHEIT! Wir werden uns anblicken und sagen: „Ja, ich kenne dich, und es war schon immer so" und „Ja, ich erinnere mich, alles Zurückliegende und meine menschliche Vergangenheit sind nur noch eine Erinnerung, und alles andere war bereits in dem Moment des Erkennens fern." Es wird ein Moment unendlicher Freude und unendlichen Glücks und klarer und bewusster Wiedererinnerung an ferne Zeiten und Lebensformen. Ihr werdet euch fragen, ob das Erdenleben ein Traum war, da seine Echtheit zu dem Zeitpunkt des Erkennens nicht mehr vorhanden ist. Ihr werdet erkennen, was die Aborigines meinen, wenn sie von Traumzeit sprechen, da ihr das Gefühl haben werdet, aus einem langen Traum zu erwachen und Realität neu wahrzunehmen. Das von euch erlebte Erdendasein wird sich nicht mehr real anfühlen, und ihr werdet erkennen, wovon wir sprachen, als wir euch erzählten, dass die von euch wahrnehmbare Realität Illusion ist. Alles auf Mutter Erde ist Illusion. Eine Form der Realität, die durch Licht entstanden ist. **Ein durch Licht erzeugter Gedanke**, und an dieser Wirklichkeit haltet ihr noch fest!

Wir wollen hier noch einmal auf das Thema eingehen, warum Mutter Erde einerseits leidet und andererseits alles Leid nichts als Illusion ist. Ihr befindet euch in einem Zustand der Dichte, in einem Prozess der ICH-Erfahrung. Diese ICH-Erfahrung ist ein großer Umweg des eigentlichen Wegs, ein Irrweg. (Die ICH-Erfahrung beinhaltet das Getrennt-Sein. ICH steht gegenüber von DU und kann Einheit nicht sehen.) Da diese Wahrnehmung unter der Seinsform der irdischen Matrix Realität vorgaukelt, habt ihr einerseits das schmerzhafte Erlebnis des Getrennt-Seins und der Isolation, unter der das „ICH" leidet, andererseits geht ihr dennoch in die nächste Ebene, in der eure Seele wissend ist und eure Zellen durch die veränderten Frequenzen Erinnerung freisetzen. Aus diesem Grund scheint der isolierte, noch durch Angst gesteuerte Mensch zu leiden und identifiziert sich mit der Matrix. Der Mensch, der sich seines Egos (das ICH gibt es nicht) bewusst wird und es erlöst, geht *in das Wissen des Großen Geistes ein und versteht Leben als Einheit.*

So ähnlich empfindet Mutter Erde. Sie steht einerseits unter den Identitäten der Matrix und erleidet Isolation von ihrer Heimatgalaxie, und doch weiß sie bereits um die Wiedereingliederung, den immerwährenden Plan und die Gesamtheit der Schöpfung. Terra fühlt sozusagen die Illusion und spürt die darin enthaltenen Schmerzen und weiß gleichzeitig um die Einheit und deren Ablösung in die nächste Form der Seinsebene.

Ihr seid ursprünglich auf Mutter Erde gekommen, um euch in eurem lichten Selbst und der Anerkennung der einen Wirklichkeit unter dem mächtigen Großen Geist zu erkennen. In dieser Form des Wachsens habt ihr gegenwärtig auf der zweiten Bewusstseinsebene eingewilligt, in einer Welt zu sein, die euch Dinge vorgaukelt, um die Seinserfahrung zu erkennen. Das heißt, um unter anderem die Form der Unsterblichkeit zu erlangen, da ihr verschiedene Stadien der Selbsterfahrung durchlauft, um in ein wahrhaftiges Erkennen zu gelangen.

Es ist jetzt nicht mehr die Zeit der großen Mysterienschulen wie einst auf Atlantis, da die Zeit des Abstiegs beendet ist, und damit seid ihr in einem Erwachen. Und das Erwachen beschreibt hier im Jetzt die Übereinstimmung mit dem Übergang von der zweiten (das Getrennt-Sein – ICH-Faktor) in die dritte Bewusstseinsebene (wieder heil sein und Unsterblichkeit erlangen), mit der zwangsläufigen Erhöhung von Bewusstsein und dem damit letztlich verbundenen Wechsel der Dimensionen.

Wir wollen dies hier kurz anreißen, um euch über die unterschiedlichen Formen der Yugas zu unterrichten (sie stammten einst von den Hindus und Tibetern und beschreiben die unterschiedlichen Zeitalter), die jeweils auch unterschiedliche Bewusstseinszustände mit sich bringen.

In Anlehnung an das hinduistische System könnt ihr euch das Schema der Zeitalter wie eine Ellipse vorstellen. An dieser Stelle bitten wir um die Anfertigung einer Skizze, da dies für eure Köpfe leichter zugänglich ist und außerdem ein Bild kreiert, das ihr einfacher abrufen könnt als das Geschriebene (dies ist die Fähigkeit, das fotografische Gedächtnis noch benutzen zu können).

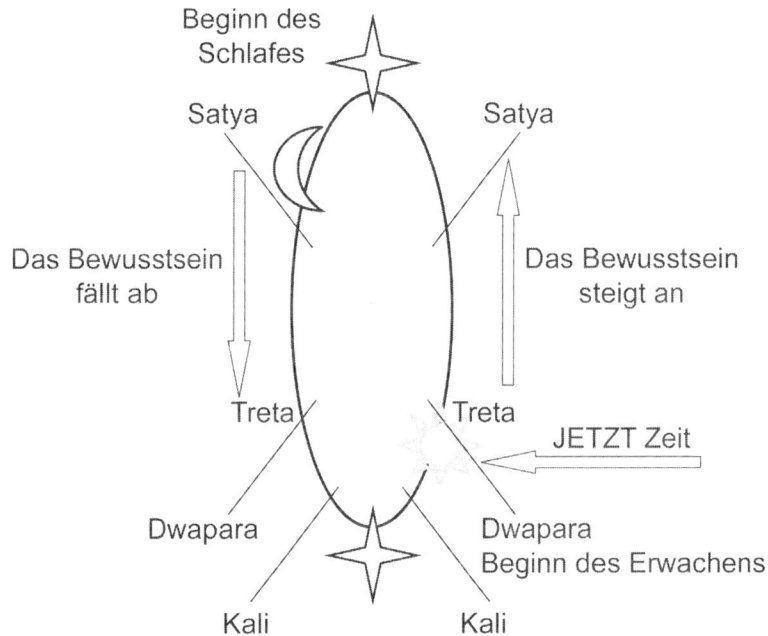

Wir wollen für das Schema danken. Diese Zeichnung ist euch Menschen gewiss aus anderen Schriften und Büchern geläufig und stellt eine einfache schematische Form für die definierten Zeitalter dar. Wir wollen euch hierin vermitteln, dass diese Abfolge der Zeitalter in der Form der Dritten Dimension geläufig und natürlich ist.

Die unterschiedlichen Zeitalter stellen sich durch die Stellung der Erdachse ein, die in verschiedenen Bewegungen zur Sonne ihre Auswirkung auf euer Sein hat.

Auch in kürzeren Abständen haben eure Gestirne, euer Mond und im Speziellen eure Sonne großen Einfluss auf euer Bewusstsein. Wir haben bereits kurz über die gegenwärtigen Sonneneruptionen und die Auswirkungen auf Terra gesprochen und werden eventuell später ausführen, dass diese Einflüsse auch direkt mit der Stabilität eures Gehirns und eurem elektromagnetischen Feld zusammenhängen. Im Moment wollen wir dennoch so viel vorwegnehmen, um euch ein wirklich anschauliches Bild zu vermitteln und erklären, dass eurer Gehirn, und damit eure Psyche und natürlich eure Aura in ihrem elektromagnetischen Feld, durch die Veränderungen der magnetischen Felder beeinflusst werden. Und dies ist der wesentliche Teil, der euch diese unterschiedlichen Bewusstseinszustände und Verhaltensweisen erklärt. Oder, anders betrachtet: Es liegt alles in einer perfekten Ordnung des Großen Plans!

Vertraut, da Gott seine Schöpfung in der Hand hat und, perfekt abgestimmt, alle Vorkommnisse im Kleinen wie auch im Großen zusammenfließen lässt. Wenn ihr euch jetzt weiter hineinfallen lassen könntet, hättet ihr das Erleben, dass ihr für einen Moment Teil des Ganzen seid, da die Illusion bereit ist, durch die Form des aufsteigenden Bewusstseins zu weichen, dargestellt im hinduistischen System der Yugas.

Wenn wir davon ausgehen, dass eure ungefähre Schät-
zung sich darauf beläuft, dass ihr seit etwa 900 Jahren das Kali
Yuga verlassen habt und seit mindestens 500 Jahren rapide
Veränderungen des magnetischen Felds der Erde verzeichnen
könnt, ist klar, dass sich die magnetischen Pole der Erde auch
zu den Yugas verhalten, oder, besser ausgedrückt: Eure Ka-
lender (Aufzeichnungen der alten Kulturen) wissen, dass die
Veränderungen der Magnetfelder der Erde und eurer elektro-
magnetischen Felder sowie eurer Gehirnkapazitäten sich in
direkter Relation zu eurem ansteigendem Bewusstsein ver-
halten. Also müssen extreme Umwälzungen auf Terra und in
euren Feldern geschehen, da ihr euch in einem erwachenden
Zustand befindet. Mit steigender Tendenz!

Auch in Zeiten des zunehmenden, abnehmenden, aufstei-
genden und absteigenden Mondes verhält sich eure Psyche
anders, und ihr tut vereinzelt Dinge, die ihr sonst nicht machen
würdet. Es gibt beispielsweise das Phänomen in eurer Welt,
dass sich zu Vollmond die Menschen deutlich wahnsinniger und
entrückter verhalten, als sie sich sonst in ihrem Leben geben.
Auch sind eure Verbrecjem zu Vollmond verbreiteter und hef-
tiger als an den anderen Tagen des Monats (jeweils angelehnt
an an- und absteigende Zyklen).

Hier könnten wir wieder unsere kosmischen Gesetzmäßig-
keiten zitieren, die immer eine Verhältnismäßigkeit zueinander
darstellen: „Wie im Großen, so im Kleinen!"

Wir wollen nun auf das Thema der Zeitalter, beschrieben
von den Hindus, eingehen. Das obige Schema beschreibt,
dass der gegenwärtige Standpunkt eures Sonnensystems di-
rekt im Dwapara Yuga liegt und somit das bereits aufsteigende
Kali Yuga hinter sich gelassen hat. Das Kali Yuga ist in eurer

Deutung das Zeitalter der Dunkelheit, und somit müsst ihr mit skeptischen Augen alle Aussagen und Deutungen von Schriften betrachten, die in der irdischen Zeitrechnung der letzten 2000 Jahre geschehen sind.

Die Menschen in dieser vergangenen Zeit waren in einer Form des Schlafs, in einem aus unserer Sicht komatösen Zustand, und konnten die Dinge um sich herum und deren schöpferische Gesetzmäßigkeiten nicht wirklich interpretieren. Sie gaben sich jedoch meistens größte Mühe und schaffen es, euch irgendwie auf dem Laufenden zu halten, zumindest dass es überhaupt noch Nachrichten aus der Zentrale der Urquelle gab (und damit irgendeine Form der Anbindung).

Zurück zu der begonnenen Erklärung, warum alles in bester Ordnung ist und Mutter Erde trotzdem leidet:

Es ist aus höherer Sicht in Ordnung, da sich alles in Abhängigkeit voneinander bewegt und damit normale Muster erfährt. Die Seelen haben große Not erfahren, sind jedoch weder verlorengegangen, noch haben sie Schäden verzeichnet, die auf der seelischen Ebene nicht mehr auszugleichen wären. Doch ist in der Form des Erlebens eine Not zu verzeichnen, da auch hier integriert und versucht wird, das lichtvolle Leben und Wesen zu erfassen, das ihr seid. Durch die Erfahrung des Getrennt-Seins ist es euch nicht möglich gewesen, in eine Richtung zu leben, die euch zu eurem Selbst und damit zu Gott gebracht hätte. Dieser Zustand allein löst Schmerz aus und reflektiert sich in euren Handlungen und eurem Kampf ums Überleben.

Liebe Menschen, versucht zu verstehen, dass ALLES, wirklich ALLES, was ihr hier macht und austeilt, auf einer Konstellation des inneren Schmerzes und der Illusion des Getrennt-Seins von der Einheit und damit Gott beruht.

Doch Gott ist allgegenwärtig und gibt euch seine Anwesenheit in jeder Instanz des Seins zu verstehen. Es liegt jetzt an euch, den Schmerz im Inneren zu stillen, da Bewusstsein eintritt, dass es niemals ein Innen und ein Außen gab, sondern nur ein Ganzes und dadurch die Welt in Harmonie und Mutter Erde in Heilung gehen kann, da der Schmerz nicht weiter im Äußeren demonstriert werden muss.

Versteht ihr das? Wie innen, so auch außen; wie oben, so auch unten; wie im Großen, so im Kleinen...

Diese Gesetze der Schöpfung (hier die Entsprechung) sind das 1 x 1 eures Verstehens und bringen euch unweigerlich zum großen Verständnis der Schöpfung. Mehr müsst ihr gegenwärtig nicht verstanden haben!

Der innere Schmerz wurde im Äußeren gezeigt, projiziert, und damit habt ihr Menschen seelisches und menschliches Leid erlebt, wobei auch Terra irdisches und seelisches Leid in ihren ärgsten Formen verzeichnen kann.

Habt nun Erbarmen und ein Einsehen. Alle Zeichen sprechen für das Erwachen aus eurem Schlaf, das wie Dornröschen nicht mehr weiter darauf warten kann, dass einer kommt, der euch wachküsst und die Verantwortung weiter für euch tragen will. Ihr seid bereits wachgeküsst von Gott und dürft jetzt aufstehen, um euch in das Gefüge der Schöpfung zu setzen. Seid ein verantwortliches Rad im Ganzen. JETZT!

So sei es!

☆☆

Durch diese Botschaften ist zu verstehen, dass die Matrix unserer interpretierten Wirklichkeit in Abhängigkeit zu der Geschichte von Atlantis hängt. Das werde ich wie folgt erklären:

Atlantis ist in unserer definierten Gegenwart wieder in unserem Bewusstsein aufgetaucht und spielt eine immer wesentlichere Rolle, da es für unser Wachstum wie auch für die „Wiedergeburt" von Atlantis aus einer Form des „Vakuums" relevant ist. Diese Geschichte von Atlantis habe ich in verschiedenen Energiearbeiten erlebt, und sie gewinnt stetig an Bedeutung und Präsenz. Auch habe ich oft in Büchern die Relevanz von Atlantis gesehen, und doch habe ich mich eine Zeitlang gefragt, was gegenwärtig so wichtig ist, dass Atlantis in unserer Zeit auftaucht.

Wir können es uns so vorstellen, dass wir eine Zeit durchlaufen, die ich wiederum in einer Ellipse darstelle, an deren linke Seite Atlantis vor etwa 13.000 Jahren existiert. Wir in unserem Sonnensystem auf Mutter Erde unter unserer Form der Matrix haben Jahrtausende im Abstieg des Bewusstseins verbracht, bis in die Dunkelheit und den komatösen Schlaf hinein.

In der gegenwärtigen Zeit treffen wir nach einem kompletten Umlauf wieder auf Atlantis und haben erneut die Möglichkeit, in das damals vorherrschende Leben sowie das hiermit verbundene Erwachen einzutreten und damit in die Heilung und in den Aufstieg zu gehen. (In der unten aufgeführten Skizze oben links sichtbar, kurz vor dem Wiedereintritt in die atlantische Form und Ebene.)

Genauso ist es möglich, dass wir wiederholt die Zerstörung wählen und das Erbe von Atlantis in seiner unerlösten Form wiederholen.

In dem Kreislauf gibt es noch weitere Stationen, die parallele Realitätsebenen verzeichnen, im Moment aber nicht maßgeblich sind. Deshalb will ich mich zunächst nur auf Atlantis und unsere Lebensform beschränken.

Die bevorstehende Wiedergeburt und die Erlösung der at-
lantischen Form sowie das Erwachen des bereits vorhandenen
neuen und alten Wissens. Der anstehende Eintritt in die atlan-
tische „Schablone" und die erneute anstehende Entscheidung
der Erlösung des Geschehenen oder der Wiederholung der er-
lebten Zerstörung.

Jetzt Zeit

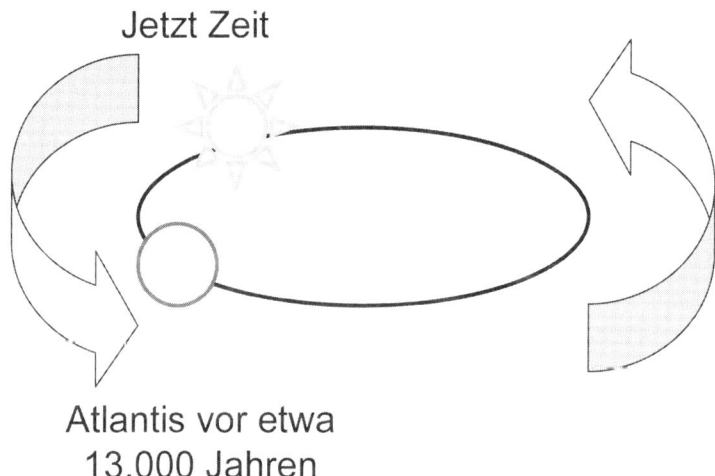

Atlantis vor etwa
13.000 Jahren

Der bevorstehende Wiedereintritt unserer Mutter Erde in die atlantische Form

Thoth möchte, dass ich in kurzen Worten sein Anliegen bezüglich einfacher Skizzen darlege:

Es ist in der Jetztzeit sehr wichtig und relevant, Skizzen aller Art zur Verständigung anzufertigen, da eine Zeichnung weit besser die ursprünglichen Kapazitäten des menschlichen Gehirns unterstützt, als es die Schriftform imstande ist zu tun. Die Menschen haben durch frühere Anbindungen ein besseres Verständnis von Bildern, gegenwärtig ein einigermaßen funktionierendes fotografisches Gedächtnis, und gleichzeitig werden durch eine Zeichnung Teile des Gehirns und der Zirbeldrüse wachgerüttelt, indem sie altes Wissen reaktivieren.

Ich habe in vielen energetischen Sitzungen erfahren, dass Menschen ihre Blockaden besser verstehen und auflösen können, indem sie beispielsweise systemische Konstellationen skizzieren und die Zeichnungen zu einem vereinbarten Zeitpunkt wieder wegwerfen. Diese Zeichnungen sowie das Zerreißen der gemalten Konstellationen haben starken Einfluss auf unser System und unser Bewusstsein.

Wir Menschen haben die Möglichkeit, das Leben und die Geschehnisse der Atlanter in uns abzurufen, und zwar nicht nur durch den Prozess der Schöpfung – ich könnte es hier als Kommunikation durch den Hyperraum beschreiben –, sondern auch durch die einfache Erkenntnis, dass wir Schöpferseelen sind und somit die Fähigkeit besitzen, auf das Große Ganze jederzeit zurückzugreifen und bewusst zu kommunizieren.

Das Schicksal der Atlanter betrifft uns sehr viel tiefer, da wir einst selbst diese Lebensform waren. Das heißt, ich behaupte, dass sich fast jeder von uns in einer mehr oder weniger tief ausgeprägten Form an ein Leben in Atlantis erinnern kann und damit auch ein individuelles verbundenes Gefühl zu den

Geschehnissen in Atlantis empfindet. Wenn wir uns auf eine Zeitreise begeben würden (durch individuelle Möglichkeiten wie Rückführung, Hypnose oder energetische Kommunikation), könnten wir sogar die Städte und Lebensformen von Atlantis beschreiben.

Die Atlanter waren Wesenheiten, die in Demut und Kommunikation zu den Kristallen standen. Sie wussten um die enormen Speicherfähigkeiten der Kristalle, die unendliches Wissen der Schöpfung beherbergen, das niemals verlorengehen wird, und sie wussten, dass alle Wesenheiten in sich die Blume des Lebens tragen, den Seelenkern, der je nach Bewusstseinsebene und Schwingung von unterschiedlicher Größe und Strahlung ist.

Auch steht Mutter Erde durch ihren Seelenkern in ständiger Verbindung zu dem Seelenkern der Lebewesen auf, in ihr und um sie herum und wiederum in Kommunikation zur Urquelle der Schöpfung, die auch die Struktur der Blume des Lebens in sich trägt.

Es ist unserem Verstand nicht möglich, die Größe und Schönheit dieser Struktur der Urquelle zu erfassen, da sie alles übersteigt, was wir bisher verstandesmäßig integriert haben. Nur der reine Geist kann ihre Ausmaße annähernd verstehen.

Alles ist in der Blume des Lebens aufgezeichnet, und die Kristalle geben nichts verloren. Sie sind zeitlose Computer und verfügen über enorme Kapazitäten.

Die Atlanter wussten über die Fähigkeiten der Kristalle und empfanden sie als heilige Wesen. In Atlantis gab es die heiligen Tempel, die zur individuellen Aktivierung der Blume des Lebens genutzt wurden und jeweils unterschiedliche Funktionen ausübten. In manchen Tempeln erlernten die Adepten die telepathische Kommunikation und die vollkommene Meisterschaft über die Geisteskräfte innerhalb der Dichte der Materie.

Auch gab es Tempel, die den Ausgleich zwischen den unterschiedlichen Körpern bewirkten: den feinstofflichen, energetischen Körpern und dem physischen Körper. Hier konnten die Adepten das Wissen der Alchemie und die Lehre der Manifestation innerhalb der Materie ergründen. Auch konnten die Schüler ihren Geist und seine Macht durch die heiligen Tempel ergründen sowie Erkenntnis und tiefe Weisheit. Da die Atlanter nur das Ganze, das Heilsein, kannten, wurden diese Lehren ausschließlich in der erlösten, positiven Form verwendet. Die Atlanter wollten ihre Geisteskräfte innerhalb der Dichte der Materie erfahren und erkennen und inkarnierten deshalb auf Mutter Erde (sie waren auch noch Schüler der Schöpfung). Das Kristallwissen anzuwenden und zu nutzen, war vollkommen natürlich und die reinste Form der Kommunikation zum Selbst. Die Kristallwesen wurden demütig behandelt und um Weisheit gebeten.

Ich möchte aus energetischer Sicht zu einer möglichen Realitätsform greifen, die den Gegensatz der Atlanter und der Marsianer praktisch demonstriert. Die Marsianer waren, wie bereits erwähnt, rein mentale Wesenheiten, die das Gefühl nicht kannten. Dagegen kamen die Atlanter aus der emotionalen Form der von uns sogenannten Lemurier, die sich größtenteils noch recht unerfahren und „jung" verhielten. (Sie stellten in ihrer Form der Reife ein etwa 12-14jähriges Mädchen dar.) Die Atlanter kannten die marsianische Lebensform und Verständigung nicht und stellten aus Sicht der großen Ordnung das Gegengewicht zu dem mentalen, männlichen Part dar.

Die Marsianer waren sich dessen bewusst, dass die Atlanter durch ihre Form des Lebens große Einflussmöglichkeiten hatten, und wollten die Form der Kristalle und deren Macht verstehen. Sie versprachen den Atlantern eine „gute Nachbarschaft" und baten um Einlass auf Atlantis, um sich ein Bild dieser Lebensform zu machen. Das eigentliche wahrhaftige Erstreben war, mental die Macht und das Potenzial der Atlanter zu verstehen und sich ihre Kräfte zu eigen zu machen. Sie kamen also angeblich in friedlicher Mission, um zu lernen und ihre Kultur mit der atlantischen Lebensform zu bereichern. In Abstimmung mit dem atlantischen Rat vertraute man den Marsianern und öffnete die Tore.

Erläuternd will ich noch hinzufügen, dass es den Marsianern nicht möglich gewesen wäre, in die atlantischen, heiligen Städte vorzudringen, wenn sie nicht die Erlaubnis der Wächter und Kristalle erhalten hätten.

Ich kann die Fragen wahrnehmen, warum die Atlanter überhaupt Wächter hatten, da sie nur Liebe und Wahrheit kannten. Die Wächter waren keine Kriegsmaschinen, die auf einen feindlichen Angriff vorbereitet wurden, sondern es waren lebendige, wissende Quellen, unseren Computern ähnlich, mit eigener Intelligenz, die heiliges Wissen beschützten und es für Wesenheiten öffneten, die darum baten, in die Mysterienschulen eingehen zu dürfen, oder für Wesenheiten, die durch ihr Bewusstsein und energetische Frequenz diese Wächter passieren durften. Dies ist ähnlich oder verwandt der Vorstellung, dass es auch Wächter von höheren Dimensionen und Sternentoren gibt. Diese Wächter wissen, ob die jeweilige Wesenheit das Bewusstsein und die Bereitschaft hat zu lernen, um die entsprechend hohen Schwingungsfrequenzen zu integrieren.

Atlantis war wie ein Juwel der Schöpfung und damit eine wichtige Konstellation des Großen Geistes und der Urquelle. Die Marsianer verstanden die Anwendung der Kristalle auf der Ebene der Demut und Liebe nicht und waren erzürnt über die Unfähigkeit, die Kristalle für die Zwecke der Macht und Gier nutzen zu können. Sie fühlten sich gedemütigt und waren die Atlanter in ihrer Form leid. Sie wollten die Macht über ganz Atlantis und die Kontrolle über die Atlanter.

Drunvalo berichtet über seine Kommunikation mit Thoth und die Erfahrung, dass ein Komet in den Kontinent Atlantis einschlug, der geraume Zeit vor dem Einschlag von den Atlantern und Marsianern gesichtet wurde. Unter dem Beschluss der Atlanter und gegen den Willen der Marsianer (sie wollten den Kometen am Himmel abschießen, bevor er Mutter Erde zu nahe kommen würde) wurde das Naturschauspiel erlaubt, und der Komet schlug größtenteils in die damaligen Städte und Bereiche der Marsianer ein. Dadurch mussten diese viele Verluste hinnehmen und waren erbost über die Entscheidung der Atlanter. Hier war der Punkt erreicht, an dem die Marsianer die Kontrolle an sich rissen und die synthetische MerKaBa erbauten.

Diese Konstellation und Interpretation der frühen Geschehnisse aus Sicht unserer Hauptwirklichkeitsebene ist energetisch richtig, und ich denke, dass es durch die komplett unterschiedliche Lebensform beider Wesenheiten viele weitere Ungereimtheiten und Verstimmungen zwischen den Atlantern und Marsianern gab.

Durch das Unglück der synthetischen MerKaBa geriet jedoch alles außer Kontrolle, und der Fall durch die Dimensionen bewirkte den Verlust unseres gesamten Wissens und des Gefühls der Verbundenheit mit allen Formen des Seins. Dieses Vergehen geschah durch die unstillbare Gier mentaler Wesenheiten, die kein Gefühl für die Integration aller Lebewesen auf Mutter Erde verspüren konnten. Damit komme ich wieder zum Ausgangspunkt, da wir Menschen ebenfalls wieder an diesem Punkt der unstillbaren Macht und Gier und der Unfähigkeit, emotionales Leben zu respektieren, sind.

Mit der Skizze 13-2 will ich ausdrücken, dass wir in einer Schleife sitzen und somit beteiligt sind, die Geschehnisse und deren Auswirkungen durch Raum und Zeit zu heilen. Es ist wie eine Schablone, die an den gleichen Punkt zurückkehrt und in der über das Schicksal der Menschen, das Wissen der Atlanter und die Eingliederung in die Schöpfung mit der Reaktivierung des Wissens des Großen Geistes erneut entschieden werden kann. Wir haben einen großen Umweg gemacht und sind nun fähig, durch die Integration von Wissen und Bewusstsein und die Hingabe an die Liebe und des Mitgefühls das Geschehene zu heilen, da sich die Realitäten wiederholen.

Das „Einfrieren" von Atlantis versetzte den normalen weiteren Schöpfungsverlauf in einen außergewöhnlichen Zustand, da es „nicht geplant" war, die Erde und die damit verbundene Galaxie aus dem harmonisch schwingenden Schöpfungsverlauf auszugliedern. Dieses Ausgliedern von Mutter Erde war eine schwerwiegende Entscheidung, da die Erde sich gegenwärtig nicht mehr in ihrer eigenen Heimatgalaxie aufhalten kann und die normalen Entwicklungsstadien somit nicht durchläuft. Das heißt, dass Mutter Erde in einer Art Notzustand ist, in dem sie sich der Menschheit liebevoll und aufopfernd hingegeben hat. Dieser außergewöhnliche Zustand hat jedoch auf das gesamte Geschehen in der Schöpfung Einfluss, und es sind viele Energien und Wesenheiten hierher unterwegs, um uns zu unterstützen, diese Wiedereingliederung und das Wiedererleben unserer Herkunft zu verstehen.

Um die oben angesprochene Schleife zu Ende zu führen: Es ist kein Zufall, dass Atlantis gegenwärtig an Bedeutung gewinnt, da wir in unserem momentanen Zustand mit der Möglichkeit, unsere getrennte Wahrnehmung und damit die zweite Bewusstseinsebene zu verlassen, wieder an den Punkt zurückkehren, an dem wir aus der atlantischen Welt herauskatapultiert worden sind beziehungsweise, energetisch gesehen, an einen höher entwickelten Punkt kommen, da die Zeit auf den parallelen Ebenen und Realitätsformen neben Atlantis nicht „still stand" und sich somit die Entwicklungen auf diesen parallelen Ebenen fortgesetzt haben.

In unserer irdischen Gegenwart gibt es nun die Möglichkeit, den unerlösten Mächten wie der Gier zu verfallen und mentale Vorstellungen wirken zu lassen (Marsianer-Prinzip), oder die Bereitschaft zu haben, mehr zu verstehen und sich in das große Bild der einen Wirklichkeit (Atlanter-Prinzip) wieder einzugliedern.

In der einen Wirklichkeit heilen und verschwinden die Pein und der Missbrauch aus Atlantis, da wir Menschen nun die Möglichkeit haben, den Punkt der mentalen Machenschaften zu beenden und bewusst in die Formation der Atlanter und höher schwingende Formationen einzugehen. Da ich in einem Zustand schreibe, in der ich zu viele Stimmen unserer treuen energetischen Freunde auf einmal wahrnehme, möchte ich an Thoth abgeben.

Thoth:

Liebe Menschen, wir haben euch Schritt für Schritt darauf vorbereitet, eure Realität und Wirklichkeit zu verstehen und wahrhaftig Wissen und Gefühl walten zu lassen.

Wir wollen nun auf das beschriebene Szenario der gezeichneten Skizze eingehen:

Ihr seid nun die ganze Runde seit der Zerstörung von Atlantis auf der skizzierten Ellipse gelaufen und habt durch Unbe-

wusstsein euch selbst, die Geschöpfe auf Mutter Erde und auch Terra in einen Ausnahmezustand, in den bereits erwähnten vorherrschenden Notzustand, versetzt.

Wenn ihr nun mit irdischen Augen eure Welt betrachtet, gibt es nur noch Not, einen Ausnahmezustand, und daraus kann nach euren Gesetzmäßigkeiten nur noch der Glückzustand (minus mal minus ergibt plus) resultieren. Wir sind guter Dinge, da euer Wachstum so fortgeschritten ist, dass die Erlösung angezogen wird wie zwei entgegengesetzt gepolte Magneten und die Dualität der Jetzt-Matrix eure Welt und die Form von Atlantis unweigerlich vereinen wird. Und in der Vereinigung wird sich alles Erstarrte und Alte erlösen und damit unweigerlich zu einer neuen Form emporsteigen. Das Emporsteigen ist hier so wahrhaftig, da ihr Mutanten es wirklich geschafft habt, noch unter völlig unwürdigen Voraussetzungen zu existieren, bevor der Raum sich für immer verschlossen hat.

Wir müssen zugeben, dass ihr wahrhaft viel Unterstützung erhalten habt und wir dadurch in diesem Moment von euch fordern, dass ihr euer Gehirn, eure mentale linke Gehirnhälfte, entspannt und nicht mehr unentwegt Fragen stellt, **da aus jeder Frage eure Forderung nach einer erklärbaren Antwort für euren Verstand resultiert**. Ihr wisst tief im Inneren um die Antworten und seid mündig und reif genug, um sie von eurem Höheren Selbst und eurem Seelenkern zu erhalten.

Liebe Menschenwesen, wir sind an einem Punkt unserer Weisungen angelangt, an dem ihr versuchen müsst, euren Verstand zu zwingen, ruhig zu werden. Es gibt keine Zeit und keinen Raum. Dadurch, dass ihr es jedoch erfahrt, ist diese Aussage noch nicht zu begreifen. Also werdet emotional und erlaubt eurem Gefühl, die Größe und die Wahrheit der Aussage zu spüren. Es ist wahrhaftig so, dass nach dem Untergang von Atlantis die Realitäten eingefroren wurden und eine Art Notprogramm gestartet wurde. Dieses Leben auf Mutter Erde ist wahrhaftig, wie ihr sagen werdet, auch eine Realität, und in der zeitlichen Abfolge kommt es nach dem Untergang von Atlantis.

Dem ist so in der Illusion der Dritten Dimension, auf der ihr notgelandet seid. Wie auf einer unbekannten Insel mit unbekannten Gegebenheiten und Abläufen. Damit ihr dort überleben könnt, haben wir alles Erdenkliche gestartet, um euch so gut es geht am Leben zu erhalten.

Stellt euch vor, ihr seid auf einer Insel gelandet, auf der kein Leben existiert und ihr keine Kleidung habt, um euch zu wärmen. Leben war in dem Sinne nicht existent, da ihr es nicht kanntet und euer Gedächtnis komplett ausgelöscht war. Ihr wusstet nicht, wer oder was ihr wart und was es bedeutete, in Körpern zu inkarnieren. Ein Säugling, ausgesetzt im Wilden Westen. (Wir genießen es zuweilen, eure Bilder zu nehmen und uns ein Szenario zu geben, das vielleicht mit euren Glaubenssystemen und eurer Auffassungsgabe harmoniert.)

Die Form der ursprünglichen Realität der Atlanter war gesprengt, einfach aufgelöst, und damit auch die angestrebte Erfahrung in der Dichte der Materie. Die Atlanter waren in ein komplett neues Bild gesprengt, unfähig, sich damit zu identifizieren.

Unser Einsatz einer Notversorgung brachte unzählige Wesenheiten, die versuchten, der irdischen Existenz noch Leben zu geben. Wir haben euch bereits erzählt, welche umfangreichen Pläne gestartet wurden, um euch in ein synthetisches Gitternetz des Christusbewusstseins zu hüllen, und dass eure Mütter und Väter ebenfalls an eurer Seite Unterstützung und auch Opfer gebracht haben. Ihr habt den Sprung so weit geschafft, dass das Netz reaktiviert worden ist und damit eine ge-

wisse Stabilität hat. Jetzt kommt ihr durch die Form der Dualität wieder an eine erneute Entscheidung. Ihr vereint mentale und emotionale Kräfte, und ihr kennt die Polarität. Ihr müsst nun erneut entscheiden, welchen Platz ihr einnehmen wollt und ob ihr in der Lage seid, ein Bewusstsein hinsichtlich des gewählten Platzes zu bekommen.

Wählt ihr nun das marsianische Element, das mental gesteuert ist und auf Gier und unerlöste Macht baut, oder wählt ihr das atlantische Element, das emotional ausgerichtet ist und sich durch Liebe und Mitgefühl kommuniziert?

Ihr habt nun den Vorteil der bewussten Wahl. Zwar seid ihr Menschen noch nicht auf dem Wissen und der Bewusstseinsebene der Atlanter angekommen (in eurer erlebten Realität), doch seid ihr, nicht bewusst, aber rein faktisch, bereits wesentlich weiter, da ihr die Erfahrung der Katastrophe in euch tragt und um die Auswirkungen wisst, und da ihr auf dem Sprung in die dritte Bewusstseinsebene seid, seid ihr bereit, das Christusbewusstsein zu leben.

Außerdem habt ihr hier die einmalige Chance, einen „Zeitsprung" zu erleben, da ihr bei der Wiedereingliederung in die Heimatgalaxie nicht nur atlantisches Wissen reaktivieren, sondern vielmehr das weitergeführte Leben der Atlanter durch einen einzigen Atemzug integrieren und somit aus eurer Sicht in der atlantischen Zukunft erwachen werdet. (Falls ihr nun kurzfristig eine Form der Überforderung in euch wahrnehmen könnt, tut uns dies leid, aber de facto ist es so, dass ihr bereits weiter seid und gewählt habt. Durch die Fähigkeit des freien Willens und der noch bestehenden Anbindung an das Zeit/Raum-Bewusstsein könnt ihr aber eure Wahl überdenken, bevor sie Realität wird.)

Ihr seid durch einen wirklichen Entschluss, aus unserer Sicht ein Augenzwinkern, dem Entwicklungsstadium der Atlan-

ter entwachsen und kreiert im Handumdrehen Wissen und Erfahrungswerte, die dem Stand der Atlanter weit überlegen sind (im erlösten Sinne, sonst stünde nicht zur Diskussion, dass dies eintreten wird).

Durch diesen Sprung habt ihr wahrlich die atlantische Katastrophe geheilt, da ihr euer Leben direkt an das eigentlich bereits geschehene Wachstum der Atlanter anschließt, und damit geht Atlantis aus der Blaupause heraus und wird sich erlösen.

Wir sehen, wie euer Verstand rotiert, da wir einmal von Zeit sprechen, und dann wieder von der Nichtexistenz der Zeit. Versucht zu verstehen, dass die Ebenen wechseln und Zeit eine Definition eurer Erfahrungswelt ist. Das heißt, Zeit definiert auf der Dritten Dimension einen Bezugspunkt, und nur damit kann das Gedächtnis existieren. Da ihr hier ein Gedächtnis habt, braucht ihr diesen Bezugspunkt, doch dieser wird sich erlösen, wenn das Wissen aktiviert ist.

Ihr müsst es euch so vorstellen, als ob nichts geschehen sei. Es ist alles gleichzeitig, und damit schließt euer Wachstum nach dem Entschluss, in das Christusbewusstsein zu reifen, direkt an das Leben und das Fortbestehen in Atlantis an, **als ob es niemals unterbrochen worden wäre.** Und dies ist es aus anderer Sichtweise wahrhaftig nicht. Aus Sicht eurer Existenz ist es eingefroren, taut nun auf und darf weiter nach dem Wunsch der Schöpfung existieren.

Der ursprüngliche Wunsch der Schöpfung wurde sabotiert, und nun schließt sich euer Bewusstsein dem damaligen Gedanken der Schöpfung wieder an und verschmilzt mit seinem Absender, da ihr Seelen und Wesenheiten nun den Gedanken vollkommen macht.

Der Gedanke der Schöpfung hat eine Ursache gesetzt, und diese Ursache strebt nach der Vollendung innerhalb

des Wirkens (das kosmische Gesetz der Geistigkeit: Der reine Geist ist die Form des Wirkens, die auf die Ursache reagiert). Anders formuliert: Das kosmische Gesetz besagt, dass jede Ursache immer eine Wirkung haben muss. Und diese Wirkung wird nun vollzogen!

Die Energie des ursprünglichen Gedankens ist bislang nicht vollendet. Der Gedanke wurde unterbrochen, bevor er seine Vollendung erfahren konnte, und strebt weiterhin nach seinem energetischen Abschluss (Gesetz der Geistigkeit: Die Form des Wirkens erzeugt die Form des Werdens und erschafft die Wirkung).

In dieser Schleife wird Atlantis energetisch auferstehen/ wiedergeboren und mit allen bewussten Wesenheiten in der ursprünglichen Essenz von Atlantis in die höheren Dimensionen aufsteigen, wo Terra sich in ihre Heimatgalaxie einreihen kann. (Die Heimatgalaxie ist auch weitergewachsen und entspricht dem ununterbrochenen Zyklus der atlantischen Existenz.)

Die Essenz von Atlantis hat nie aufgehört zu existieren und war nur vorübergehend „eingefroren" (in eurer Realität), und sie wird in den Körpern der bewussten Geschöpfe auf dem Planeten Terra im Menschen reaktiviert. Dies ist unter der Schleife oder der Wiedergeburt von Atlantis zu verstehen, und deshalb könnt ihr Menschen den Ruf von Atlantis vernehmen.

An dieser Stelle wollen wir kurz zusammen mit unserer Freundin Carolin an die Erläuterungen zu dem Märchen Dornröschen anknüpfen und noch einige Ideen dazu verarbeiten.

Als Dornröschen letztendlich von ihrem Prinzen wachgeküsst wurde, erwachte das ganze Schloss zum Leben. Das Leben in dem Schloss war eingefroren, und nun setzen alle das fort, was sie eigentlich ursprünglich vor ihrem Tiefschlaf gemacht hatten (die Parallele zu der atlantischen Erfahrung). Die Tauben auf dem Dach zogen ihren Kopf unter dem Flügel hervor, das Feuer loderte auf, der Koch verpasste dem Küchenjungen eine Ohrfeige, der König und die Königin erwachten auf ihrem Thron...

Das gesamte Leben wurde dort fortgeführt, wo es vor langer Zeit zum Stillstand gekommen war und somit anscheinend niemals unterbrochen wurde. Aus Sicht von außen war das Leben im Schloss eingefroren, jedoch war dies zu keiner Zeit aus der größeren Warte heraus geschehen. Der Prinz kam zum richtigen Zeitpunkt ins Schloss und signalisierte durch seinen Kuss die Gegenwart des Christusbewusstseins.

Wir möchten euch nun an die soeben erklärten Inhalte erinnern und euch vor Augen führen, dass auch in dem Schloss scheinbar die Zeit stillstand und somit alles eingefroren war. Dasselbe Vakuum wie in dem Schicksal von Atlantis. Draußen in der anderen Welt verstrich jedoch die Zeit weiter, bis endlich auch der richtige Zeitpunkt für die Erlösung von Dornröschen und den anderen Menschen im eingefrorenen Paradies kam. Nach dem Erwachen von Dornröschen (das irdische Erwachen) konnte das Leben der betroffenen Menschen im Schloss weitergehen, als ob nichts geschehen wäre. Dornröschen heiratete ihren Prinzen, und sie fügten so die beiden Welten wieder zusammen.

Dies stellt die Verbindung der atlantischen Welt mit dem noch schlafenden Bewusstsein der Jetztzeit dar, die nun zum Erwachen kommt und ihr atlantisches Schicksal erlösen wird. Alles fügt sich ineinander, und das Leben wird fortgeführt, als ob es niemals unterbrochen gewesen wäre.

Dies setzt in eurer gegenwärtigen Form einen anstehenden gewaltigen Bewusstseinswechsel voraus, da ihr an die „vergangene, wissende, atlantische Ebene" anknüpfen werdet.

Wir möchten an dieser Stelle daran erinnern, dass ihr euch bewusst macht, wie lange eure Märchen existieren und letztlich die Informationen schon immer gegenwärtig waren. Damit ist es nicht relevant, welcher Schriften ihr euch bedient. Die Notwendigkeit ist das bewusste Lesen und die Erlaubnis, zu erkennen.

Wieder wollen wir an die kosmischen Gesetze erinnern, die auf allen Ebenen gleichzeitig wirken. Ihr werdet von uns wiederholt an diese Gesetzmäßigkeiten erinnert, um euch so an dieses 1 x 1 der Schöpfung zu gewöhnen, dass ihr dadurch die Möglichkeit habt, diese Inhalte im Wach- und Traumzustand abzurufen und dadurch unweigerlich zum großen Verständnis der Schöpfung gebracht werdet.

Um euren Verstand nun endgültig zu überlisten: Ihr lebt alles im Jetzt. Nichts ist davon ausgenommen. Sonst müsstet ihr uns hier erklären können, warum ihr ständig alte Formen und Strukturen eurer Eltern wiederholt.

Ihr hattet beispielsweise keinen Vater oder einen Vater, der aus eigenen Begrenzungen heraus nicht da sein konnte? Ihr werdet nun versuchen, für eure Kinder einen guten Vater zu finden und wünscht euch, dass eure Beziehung funktioniert. Wir haben gesehen, dass ihr in der gleichen Schleife hängt und so lange das gleiche Muster lebt, bis ihr bewusst den Ablauf beenden könnt. Es wird euch nicht gelingen, indem ihr es besser machen wollt, aber in der gleichen Schleife hängt. Es wird euch in dem Moment gelingen, in dem ihr einfach seid und bewusst wisst, dass alles seine kosmische Ordnung hat. Wenn euer Bewusstsein erlaubt zu verstehen und wahrhaftig zu sehen, wird sich die Schleife lösen, und ihr werdet zu neuen Erfahrungswelten in höheren Ebenen aufsteigen.

Ihr erfahrt nun die atlantische Realität und Form und steigt empor zu den Ebenen, auf denen sich die Atlanter befinden würden, wenn sie in ihrem harmonischen Verlauf der Selbst-erfahrung nicht gestoppt worden wären. Ihr bekommt alles in einem Zeitraffer vermittelt und werdet sagen: „Ich wusste es schon immer. Ich weiß, wer du bist!"

So sei es.

Ego und Selbst

Beginnen möchte ich dieses Kapitel mit dem Verstand und den Grenzen, die er uns setzt. Wir haben seit unserer Kindheit gelernt, das Leben zu werten und vernünftig zu betrachten. Uns wurde gelehrt, dass wir Schulen besuchen müssen, damit wir zu lebenstauglichen Menschen einer Gesellschaft werden, und unsere Wertigkeiten und unser Ansehen hängen hier unmittelbar mit dem Grad der Auszeichnung oder eines Universitätsstudiums zusammen. Wir Menschen haben keine Zeit oder keinen Input, diese bereits vorgekaute Nahrung zu überdenken oder individuell zu fühlen, da kein Raum gegeben wird, in dem der Erwachsene seinen Kindern die Freiheit gibt, sich selbst zu erproben oder zu erfahren. (Auch dies kommt langsam in den Wandel.) Und dennoch ist es in unserer gegenwärtigen Zeit so, dass der gesellschaftliche Druck und der Grad der Leistung und Beschäftigung bereits bei unseren Kindern immer stärker und die Forderungen und Anforderungen an sie immer extremer werden.

Ich bin überzeugt, dass speziell wir Menschen aus den Industrieländern alle eine Geschichte erfahren haben, in der wir uns nach dem gesellschaftlichen Druck und deren Vorstellungen und/oder nach den Erwartungen der Eltern und/oder Verwandten ausgerichtet haben und das Gefühl zu uns selbst negiert oder uns vertröstet haben, in der Hoffnung, dass wir durch eine anerkannte gesellschaftliche Leistung die Freiheit wiedergewinnen würden, zu uns zurückzukehren.

Ich kenne aus meiner Jugend das Gefühl, es dem gesellschaftlichen Bild recht machen zu sollen, und gleichzeitig hatte ich die Wahrnehmung, dass ich zunehmend weniger Zeit bekam, mich selbst zu hinterfragen. Ein Kind und/oder ein heranwachsender Mensch hat noch nicht die Reife und die Übersicht, sich von den erzieherischen Prägungen und den Anforderungen der gesellschaftlichen Ansprüche freizumachen.

Auch ich konnte mich nach meinem Abitur nicht von den Vorstellungen meiner Außenwelt lösen und hatte durch die bisherige Nicht-Erfahrung auch nicht den Mut, ihre Erwartungen zu ignorieren. Ich war nicht in der Lage, mich völlig von der noch benötigten Anerkennung meines Umfelds freizumachen und musste durch verschiedene Krankheiten und Blockaden lernen, mich auf mein Selbst zurückzubesinnen, um den Weg des Gefühls und des Herzens zu beschreiten.

Als ich mit neunzehn Jahren mit eigentlich mir drei fremden Personen eine Reise durch Afrika antrat, durfte ich die Erfahrung machen, was es bedeutet, in der Stille das Selbst wahrzunehmen. Meine Welt war wie verwandelt, als ich wochenlang die Sahara durchquerte, und ich konnte mich nicht einmal wirklich an die zivilisierte deutsche Welt erinnern. Ich erfuhr die Hingabe und die Demut an den Augenblick und meine Präsenz im Hier und Jetzt. Wir lebten täglich unter den einfachsten Bedingungen, und ich hatte das Gefühl, vor Glück zu schweben.

Auch mit dieser wunderbaren Erfahrung war es mir nach meiner Rückkehr nach Deutschland wiederholt nicht möglich, meinen eigenen Weg der Selbsterfahrung zu wählen, und ich lieferte mich wiederum den gesellschaftlichen Erwartungen aus. Während mein physischer Körper stets durch Krankheit meinen Irrlauf beendete, konnte ich mit wachsender Erfahrung erkennen, dass ich beschützt und geführt war und es sich lohnte, den Weg des Mutes und der Erkenntnis zu gehen.

Seither habe ich wiederholt die Erfahrung gemacht, dass der individuelle Weg in Bezug auf das Umfeld nicht einfacher ist, doch dass die Schöpfung und das Leben in voller Resonanz zu uns stehen, wenn wir bereit sind, Leben zu integrieren.

Dieser kurze Ausflug meiner eigenen Erfahrung soll in diesem Abschnitt dazu beitragen, zu erkennen, dass unser Ego und somit der Verstand spätestens nach den Jahren der Pubertät so viel Einfluss und Macht auf unser Leben ausüben, dass es uns meist schwerfällt zu erkennen, welches der Weg der Selbsterfahrung sein könnte, da wir nicht mehr differenzieren können zwischen den Anweisungen und vermeintlichen Empfindungen des Egos und den angestrebten Erfahrungsformen des Selbst. Das Umfeld reagiert oft recht merkwürdig auf einen Menschen mit individuellen Vorstellungen oder dem Mut, sich selbst entsprechen zu wollen. Entweder begegnen uns diese Menschen mit Neid (da sie ihr eigenes Leben mit dem Wunsch nach Selbsterfahrung nicht realisieren können, sich aber der Sehnsucht danach bewusst sind) und können nicht anders, als sich über diese Verhaltensformen zu entsetzen, oder sie begegnen uns mit Bewunderung und verehren spirituelle Meister und Führer mit der Einstellung, dass sie in deren Gegenwart die Erfüllung ihrer ureigensten Wünsche erfahren.

Auf gut Deutsch: „Ich bin nicht bereit, die Verantwortung für mein Handeln selbst zu übernehmen, deshalb werde ich dich entweder für deine Handlungen und deinen Lebensstil verurteilen, oder dich heraufsetzen, in der Hoffnung, dass du mich, das heißt, mein Ego erlösen wirst. Also entweder gebe ich mich der unerlösten Macht des Egos hin, oder ich werde von einer wissenden Instanz von meinem Ego befreit."

Der Entschluss, entgegen den gesellschaftlichen Vorstellungen meinen Weg zu gehen, hieß nicht, dass es mir ab diesem Moment nur noch gut erging. Im Gegenteil, jetzt hatte der Lernprozess und die Entlarvung des Egos begonnen, und ich war aufgerufen, mich und meine Gefühle sowie meine Verhaltensweisen ständig zu hinterfragen.

Mir ging es gut, da ich wusste, dass ich mich nicht mehr zu verleugnen brauchte und auf dem Weg in das Erkennen war. Doch auch in diesen vielen Jahren der spirituellen Lehre und des Verstehens war ich in schwere menschliche Prüfungen verwickelt und stellte meinen Weg oft infrage. Dennoch gab es immer diesen lichten Funken, die Kommunikation mit dem Selbst und das Wissen um die Schöpfung, die Vertrauen, Frieden und Glück in mir auslösten.

Ich habe Ausschnitte meiner eigenen Erfahrung erzählt, da hier einerseits das Ego in der Kommunikation zum Verstand auf unserer Ebene durch praktische Beispiele klarer verstanden werden kann, und andererseits die Energie des Erzählten Bezug auf unsere gegenwärtigen energetischen Felder nimmt und diese gleichzeitig aktiv motiviert, die Glaubenssysteme und Verhaltensweisen dieser einschränkenden Formen ziehen zu lassen, um die Macht des Verstandes aufzudecken und den Geist freizusprechen.

Wie bereits mehrmals erklärt, ist die Kommunikation mit unserem Selbst und folglich mit dem Großen Geist durch den Verstand unterbrochen worden, und der reine Geist des Menschen hat sich von den festen äußeren Strukturen und der Macht unseres Verstandes einengen und dominieren lassen.

Unser Verstand ist die Instanz, die meistens über unser Leben entscheidet und darüber, wie ich die Schritte in meinem Alltag gehen darf. Da der Verstand aber ein Ausdruck unseres Egos, also mit unseren Verhaltensweisen verbunden ist, die auf Vorstellungen, Prägungen, alten Strukturen und Beurteilungen basieren, kann er nur Entscheidungen treffen, die auf alten Erfahrungswerten oder Glaubenssystemen und Wertigkeiten beruhen.

Der Verstand existiert in unserer dreidimensionalen Welt, und wir haben gelernt, ihn schlicht zu überfordern, da er nicht die große Sicht der Dinge einnehmen und somit – beim besten Willen nicht – keine Entscheidungen treffen kann, die uns in das Erkennen unseres Selbst und die Kommunikation mit Alles-was-ist führen würden. Er ist unsere menschliche Messlatte für die Wertigkeiten in unserer Welt und ein Instrument, das sich nicht nach unseren individuellen Bedürfnissen richtet, sondern durch das unentwegte Training unseres Egos schlicht gesellschaftlich programmiert worden ist.

Der Verstand hat die Möglichkeiten, sich in einer begrenzten Welt nach alten Richtlinien und Wertigkeitsszenarien zu bewegen und zu versuchen, uns in der herkömmlichen Art Leben zu verkaufen. Er versteht nicht das individuelle Sein und hat in unserem Leben eine unglaubliche Macht über unser Handeln und unsere Gedanken.

Wir haben verlernt, auf den Ruf des Herzens und unsere innere Stimme zu achten. Seit geraumer Zeit leben wir in einem begrenzten Massenbewusstsein, in dem wir uns in das Leben anderer Wesenheiten unter ihren Bedingungen und Weltanschauungen eingefügt haben und somit kein eigenes oder individuelles Sein verzeichnen.

Jedoch ist es wichtig, unseren Verstand nicht als Schuldigen für unsere Lebensumstände verantwortlich zu machen, da wir ihm selbst in der Not des Getrennt-Seins diese Rolle zugewiesen haben. Wenn wir uns gegenwärtig als Nachfahren und Kinder der damaligen Marsianer und Atlanter betrachten, ist es schlüssig, dass wir uns in unserer Zeit auf Mutter Erde seit dem Untergang von Atlantis dem Mentalen in der Rolle des herrschenden Verstandes unter dem Regime des Egos untergeordnet haben. Hier ist auch der Zustand relevant, dass der emotionale Part durch die Macht des mentalen Anteils still geworden ist und sich hat dominieren lassen.

Alles fügt sich zu einem großen Bild zusammen und ist in sich absolut schlüssig. Es geht für uns Menschen letztlich nun darum, ein klares Verständnis für die Situation zu bekommen, um die Möglichkeit zu haben, unsere Realitäten zu überdenken und zu hinterfragen, ob unser Handeln aus unserem Gefühl, aus unserem Herzen resultiert, oder wir einfach Dinge tun, weil wir sie seit geraumer Zeit einfach tun.

Ich habe in früheren Kapiteln über die Glaubenssysteme und Wertigkeiten in unserer Welt gesprochen und möchte jetzt auf die Macht des Verstandes noch näher eingehen. Der Verstand ist letztlich ein Instrument des Egos und die offizielle Instanz, über unser Leben Entscheidungen zu treffen. Durch die Dualität in unserer Welt haben wir gelernt, jede unserer Handlungen an speziellen Maßstäben festzumachen und unsere Entscheidung und Handlungen zu vergleichen. In jedem Moment der weltlichen Form gibt es eine Art Instanz, die uns unbewusst aufzeigt, welche Leistung wir erreichen müssen, und wir begeben uns damit ununterbrochen in Beurteilungen unseres eigenen Lebens.

Zufriedenheit stellt sich unter anderem ein, wenn der Mensch beispielsweise gute Noten erhalten oder in einem Wettbewerb oder Spiel gewonnen hat. (Verlieren ist für viele Menschen schwierig, da sie aus Sicht des Verstandes dann minderwertig sind.) Wir messen uns ununterbrochen an unseren erlernten Wertigkeiten und festgefahrenen Beurteilungen, die in einer inneren stillen Instanz festgelegt worden sind. Diese Instanz ist das Ego, das in einem Zustand von Isolation und der Hoffnung auf Liebe erfolgreich Richtlinien über unser Leben geschrieben und programmiert hat.

Doch jede Form der Anerkennung gibt uns nur für einen Moment das Gefühl, großartig zu sein, und dann sind wir im nächsten Moment wieder mit der Frage nach unserer Aufgabe und unserem Sinn und Zweck im Leben konfrontiert.

Warum versuchen wir, Pokale zu gewinnen oder angesehen zu sein? Meistens aus dem einzigen Grund heraus, weil hier **eine Art Notprogramm durch das Ego gestartet worden ist, um Liebe zu kompensieren, da nicht die Möglichkeit bestand, auf die wirkliche Ursache unserer Begrenztheit zu schauen (Getrennt-Sein von Allem-was-ist und damit im Mangel der Einheit und Liebe zu stehen).**

Da sich alles gegenseitig bedingt, ist auch Mutter Erde gegenwärtig in einem Notprogramm, und damit erleben wir zwangsläufig auch in unserer kleineren Form ein ähnliches Konstrukt. Könnt ihr euch erinnern? Wie im Großen, so im Kleinen! Und da Mutter Erde ihr Notprogramm beenden darf, haben auch wir die Möglichkeit, den Verstand zu entlassen und das Ego zu erlösen, da es in dieser Form nicht mehr erforderlich ist.

Wir leiden jeden Moment unter dem großen Einfluss und der Reglementierung unseres Verstandes und haben Angst zu verstehen, dass dieses Programm veraltet ist und es notwendig wäre, die Sprache des Herzens und das Anerkennen des Inneren Kindes für die Freiheit und den Frieden zuzulassen, um damit unsere Programmierung updaten zu können und ein neues Programm unter anderen Konditionen zu starten.

Erleuchtung ist die Erlösung des Egos und das Entlassen des Verstandes, da dann wieder Licht in unser Sein und unsere Zellen kommen kann und wir durch das Licht die Wahrhaftigkeit des Selbst im Großen Geist erkennen werden.

Thoth:

Geliebte Menschenwesen, eigentlich ist diese Anrede falsch, da euer Programm bei dem Stichwort Mensch immer eine Spezies erkennt, die sich hinter dem wahren Licht und der Größe eures Geistes verbirgt. Es ist sogar so, dass ihr den Begriff „Mensch" in das Verstandesbild von einem Geschöpf einordnet, das eigentlich sinnlos auf Mutter Erde wandelt, bis es Zeit ist – durch welche Umstände auch immer –, sich seinem Schicksal zu ergeben und angstvoll von dannen zu ziehen. Und dies kann euch nur wieder zu unmündigen Wesenheiten machen. Wir wollen euch hier ernsthaft fragen, warum ihr glaubt, dass Gott sich so einen Streich einfallen hat lassen und seine Kinder in ein unwürdiges Schauspiel schickte, das scheinbar keine Möglichkeit des Reifens zur Verfügung stellt? Würdet ihr dies euren eigenen Kindern wünschen, in dem Wissen, dass ihr wirklich alles für eure Kinder bestimmen und kontrollieren könntet?

Da ihr in der Dualität seid und in den letzten Jahrtausenden wirklich viele Opfer gebracht habt, müsste es dann doch auch möglich sein, dass ihr mindestens gleichwertige Geschenke aus dem Schauspiel auf Mutter Erde erhalten werdet. Meint ihr wirklich, ihr wärt bloß eine Laune der Schöpfung gewesen, und eure Seele und euer Großer Geist drehten freiwillig durch weitere Inkarnationen auf Terra weitere Runden der Pein?

Um die Antwort vorweg zu nehmen, da ihr euch zuweilen noch etwas unschlüssig seid: NEIN! Ihr seid keine Ausgeburt des Bösen, und ihr seid auch nicht bestraft worden, sondern ihr habt unter schwersten Umständen eine Zeit des Unbewusstseins überdauert, um nun in die Geschichte der Schöpfung einzugehen und den Pokal des Universums zu erhalten. Ihr integriert Wachstum, wie es noch niemals möglich war, und werdet zu lichten Gestalten der aufsteigenden Dimensionen, wie sie noch kein Wesen in der Geschichte jemals in dieser Form erfahren durfte.

Warum glaubt ihr, dass ihr Menschen so viele geworden seid, dass ihr die physischen Möglichkeiten und Kapazitäten eurer Mutter Erde fast sprengt? Einerseits, weil ihr aus der harmonischen, bewussten Ordnung gerutscht seid und somit kein Verhältnis zum Kommen und Gehen habt, andererseits könntet ihr euch nicht so vermehren, wenn nicht so viele Seelen freudig auf die Transformation des Zustandes in der Jetztformation mit der Integration des Großen Geist und der Anbindung an die Urquelle allen Seins warten würden. (Auch ist die energetische Unterstützung der vielen neuen Seelen für Terra notwendig, da diese helfen, eine Neuausrichtung der magnetischen Felder zu unterstützen.)

Große Worte...und was könnt ihr damit anfangen? Ich muss mich hier fast entschuldigen, da mein Erdendasein mit mir durchgegangen ist und auch ich auf Terra zu gegebener Zeit in der physischen Form den Übergang miterleben werde. Meine Freude ist unendlich groß, und das Glück und die Ungeduld scheinen in mir zu bersten.

Doch um euch wieder richtig bedienen zu können, werde ich in den größeren Aspekt meines Seins zurückkehren und euch erzählen, wie es weitergeht.

Geliebte Lichter der Schöpfung! Alles ist Licht, und nur Licht. Auch ihr seid nur Licht! Ein aus Licht manifestierter Gedanke in der Materie. Es ist nur Licht!

Das ist die Magie, die es zu verstehen gilt, ebenso wie die Konsequenz, Licht zu sein.

Wir wollen euch nun zurück zu einer weiteren Initialisierung eurer Festplatte geleiten und auf das Thema des Selbst eingehen. Hier wurde bereits an vielen Stellen davon gesprochen, dass ihr euch im Selbst erfahrt und durch das Erkennen des Großen Geistes eure Schwingungen und Bewusstseinsebenen erhöht.

Wir wollen nun an der Basis beginnen und euch erklären, was wir hier eigentlich machen und wie unser Ausdruck und die Sprache in dieses Buch kommen kann. Unsere gegenwärtige Verbindungsperson Carolin auf Mutter Erde führt nicht die Form des Channelns aus, auch wenn ihr es euch so in etwa vorgestellt habt. Wir könnten sagen, dass sie natürlich ein Kanal ist, um unsere Botschaften letztlich auf Papier zu bringen und wir momentan nicht am gleichen Tisch sitzen, und doch hat die Form der Übersetzung nichts mit der üblichen Art des Channelns gemeinsam. Letztlich ist es eine Form des In-Verbindung-Tretens mit dem Großen Geist selbst, mit eurer eigenen Essenz, die auf der Ebene des Höheren Selbst zum Ausdruck kommt.

Wir wollen hier eure Fragen beantworten. Ihr Menschen habt viele Ausdrucksformen, die unterschiedliche Aspekte definieren oder die Vielfalt der energetischen Körper beschreiben. Meistens meint ihr mit eurem Unterbewusstsein die Seele und mit eurem Bewusstsein den Geist. Wenn dies so stimmig ist, gehen wir jetzt davon aus, dass ihr Lichter überzeugt sein müsst, dass der Geist wirklich klein und unwissend ist, da er nicht viel Information in sich trägt und zu Zeiten seiner Integration zumeist völlig leer ist. Auf dieser Grundlage müsst ihr Lichter wirklich glauben, dass der Große Geist wahrhaftig begrenzt ist und somit nicht allwissend. Es geht sogar so weit, dass dann aus Mangel des Wissens eures Geistes der Verstand begonnen hat, das Ruder zu übernehmen und in Anlehnung und Anleitung zum Ego eure Welt und seine Wertigkeiten definiert hat, um einen begrenzten Rahmen des Erfahrens zu setzen. Völlig logisch, da ein unbegrenzter Rahmen von dem Verstand nicht zu bedienen ist. Beispielsweise kann sich euer Verstand nicht vorstellen, dass ihr multidimensionale Wesen seid und auf verschiedenen Ebenen des Seins gleichzeitig existiert. Ihr nehmt euch in der Form auf Mutter Erde wahr und habt zu euren weiteren Leben auf anderen Welten momentan keinen Zugang – bis auf wenige Eingeborenenstämme, wie beispielsweise die Mayas und die Inkas. Und dies ist wahrhaftig so.

Ihr habt in eurer menschlichen Vergangenheit und wissenschaftlichen Forschung bereits herausgefunden, dass dies der Wahrheit entspricht, und es gibt Menschen, die sich darüber im Klaren sind, wie sie andere dazu bringen, während ihres Schlafs auf Terra in ihrem wahrnehmbaren Körper gleichzeitig Aufgaben in einem anderen Dasein zu verrichten, die auch auf Terra möglich sind. Das heißt, es existiert die Möglichkeit, euch außerhalb eurer bewussten Wahrnehmung Dinge in einem weiteren Leben tun zu lassen, die Auswirkungen auf euer wahrnehmbares Leben auf Terra haben und ihr davon bewusst nichts wisst.

Seit der Zeit des Unglücks auf Atlantis habt ihr euch von eurem Höheren Selbst getrennt und könnt nicht erkennen, dass ihr die Entscheidungen eures Lebens nicht durch den Verstand, sondern auf der Basis höheren Wissens treffen könnt und damit Klarheit und Bewusstwerdung in euer Leben bringt. Ihr wärt nicht weiter eingebunden in eine begrenzte Form der Sicht und könntet das dreidimensionale Leben auf der Basis des Moments erkennen.

Wir sind euch noch die Antwort schuldig, wie wir euren physischen und energetischen Körper betrachten. Euer Höheres

Selbst ist die Summe aller eurer Höheren Selbste aus den un-
terschiedlichsten Ebenen und Dimensionen. Letztlich ist dem-
nach euer Höheres Selbst mit noch weiteren Höheren Selbsten
verbunden und wieder mit noch höheren Aspekten, die sich nur
auf unterschiedlichen Ebenen bewegen.

Euer Verstand wird augenblicklich die Frage stellen, wann
das Ganze aufhört, da es nicht unendlich weitergehen kann. Die-
se Frage ist nicht leicht zu beantworten, da Gott unendlich ist,
dennoch könnt ihr euch diese Unendlichkeit eurer Wirklichkeit in
etwa so vorstellen, dass euer Höheres Selbst irgendwann eine
letzte Ebene vor dem Transzendieren eures Universums der Di-
mensionen, das auf Wellen basiert, erreicht hat und wiederum in
andere Formen übergehen wird.

Mit dem Höheren Selbst verhält es sich ungefähr wie mit
dem Bewusstsein und der Wirklichkeit. Wir haben bereits darü-
ber gesprochen, dass es nur die eine Wirklichkeit gibt, aus der
sich unterschiedliche Interpretationen ableiten, ebenso wie nur
das eine Bewusstsein existiert, sich aber daraus verschiedene
Bewusstseinsebenen formen.

Auch gibt es nur den einen Großen Geist, aus dem sich die
verschiedenen Geister ableiten, und schließlich ist das Höhere
Selbst die erneute Zusammenführung der einzelnen Aspekte
des Geistes. Aus dieser Sicht entstammt ihr und entstammen
wir alle dem einen Großen Geist. Die erneute Kommunikation
mit eurem Höheren Selbst ist das Wiedererkennen eurer mul-
tidimensionalen Existenz, wobei euer Höheres Selbst bereits
immer von eurem Leben wusste, doch ihr habt sie vergessen.

Durch das Getrennt-Werden nach dem Unglück auf At-
lantis habt ihr die Trennung von den anderen Aspekten eures
Selbst erfahren, wobei die anderen Aspekte über euer Leben
wissen. Es ist so, dass eure Schwingung durch den Fall durch

die Dimensionen unglaublich gesunken ist, die Aspekte eures Höheren Selbst jedoch nicht, und sie blicken von oben (wertfrei!) auf euch herab und warten auf die Möglichkeit eurer Frequenzanhebung, um wieder die Sprache des Großen Geistes zu verstehen.

Versteht, dass ihr immer mit Wesenheiten und Aspekten niedrigerer Schwingung kommunizieren könnt, jedoch nicht mit denen höherer Schwingung, da ihr diese Frequenzen „nicht zu lesen vermögt".

Nun sind wir euch aber immer noch eine Antwort schuldig. Euer Bewusstsein in der Dritten Dimension und der zweiten Bewusstseinsebene lebt das Getrennt-Sein. Aus diesem Grund habt ihr nicht die Möglichkeit, euer Bewusstsein, gefüllt mit Informationen, wahrzunehmen. Aus eurer Realität heraus ist es leer und kann sich an nichts erinnern. Dies ist die Blockade, mit dem Höheren Selbst zu kommunizieren, und der Grund dafür, dass ihr versucht, euren Verstand an die Stelle des Geistes, des Höheren Selbst, zu stellen. Ihr hört nichts von eurem Höheren Selbst, und so entstand euer Ego. Aus der Not der Isolation in einem Zustand des Nicht-Wissens und der Unfähigkeit, mit den höheren Aspekten zu kommunizieren.

Die Unfähigkeit, mit dem Bewusstsein und dem damit verbundenen Höheren Selbst zu kommunizieren, gibt euch die Begrenzung auf Mutter Erde. Es ist so, dass ihr nicht einfach zu eurem Höheren Selbst vordringen könnt und deswegen die Wege verkehrt herum beschreiten müsst. Ihr hebt das Bewusstsein durch die Stimme des Herzens (Stille des Verstandes), erlebt dadurch Frequenzerhöhung und habt dann wieder die Möglichkeit, mit dem damit verbundenen Wechsel in die nächste Bewusstseinsebene (Christusbewusstsein = wieder heil sein) in Kommunikation mit dem Höheren Selbst zu treten. Durch diese

Widerverbindung wird der Verstand komplett still, und das Ego erlöst sich (ihr werdet bewusstes Licht).

Merket, Menschen, dass der Verstand nicht das Bewusstsein ist. Je stiller euer Verstand wird, desto stärker werdet ihr die Stimme des Bewusstseins, des Großen Geistes, durch die Kommunikation mit eurem Höheren Selbst wahrnehmen. Alles steht in Beziehung zueinander, und alles resultiert aus demselben Ursprung. Die Stimme des Höheren Selbst wird klarer werden, je mehr ihr euren Verstand diszipliniert. Und die Anweisungen des Höheren Selbst werden keine Abfolge von Einschätzungen und Abwägungen sein, sondern klare und deutliche Aufforderungen, die euch in jedem Moment des Seins Kraft und Fülle versprechen.

Das Höhere Selbst ist schließlich alles, was existiert. Es ist ihr, und es ist die Unendlichkeit und Gott. Und ihr werdet sie alle kennenlernen, bis ihr die Ausdehnung in die Unendlichkeit erkennt.

Wir wollen uns hier noch einmal dem oben angesprochenen Thema der unterschiedlichen Aspekte zuwenden: Wir haben euch nun erklärt, was das Höhere Selbst ist und wie das mit dem Bewusstsein zu verstehen ist.

Aus unserer Sicht beinhaltet der Große Geist euren Begriff der Seele. Wenn ihr beginnt, mit dem Herzen zu kommunizieren und die Worte des Selbst in ihrer Gesamtheit zu vernehmen, beinhaltet dies das Wesen und die Aufgabe eurer Seele. Es ist nichts anderes als ein weiterer Begriff, um ein Gefühl für den gesamten Ausdruck des Großen Geistes zu benutzen.

Ihr verwendet auch den Begriff Seelenfamilie, Seelenmatrix oder seelische Verbindung. Auch diese Worte oder Inhalte sind richtig und beschreiben wieder die verschiedenen Aspekte des Selbst, um sich letztlich nur einer anderen Wortwahl zu bedienen, aber auch das gesamte Sein als Einheit zu definieren.

Ihr Lichter habt verschiedene Definitionen bezüglich der unterschiedlichen Aspekte eures Seins und verwirrt euren Verstand. Letztlich gibt es keine Unterscheidung zwischen dem Geist und der Seele. Alles ist EINS und entsteht so aus sich selbst heraus. Manchmal bezeichnet ihr Lichter den emotionalen Körper als Brücke der Kommunikation zu eurem Gefühl und eurer Seele. Dies ist genauso stimmig, wie die Seele als Begriff des Höheren Selbst zu erkennen. Eure Seele beziehungsweise euer Höheres Selbst ist wissend und resultiert aus dem einen Großen Geist. Dennoch ist es für euch Lichter nicht abwegig, unterschiedliche Namen zu erfinden. Ihr erfahrt auf der Ebene der Materie in der Dritten Dimension die Dreifaltigkeit, und damit setzt sich eure bewusste Wahrnehmung stets aus drei Aspekten zusammen. Ihr definiert den Vater, den Sohn und den Geist (Gott, der Sohn Gottes und der Große Geist). Hier beinhaltet der Begriff des einen Großen Geistes wiederum die Existenz der Seele. Auch ist es in eurer Welt üblich, in einem Zusammenhang den Körper, den Geist und die Seele zu nennen. Hier sind der physische Körper und die Aspekte gemeint, die in ihrer Verbindung Aspekte des Großen Geistes definieren. Durch unsere Erklärung könnt ihr erkennen, dass es nicht wichtig ist, zu welchem Begriff ihr euch hingezogen fühlt, sondern vielmehr ist das Verstehen vorrangig, dass alles vom selbem Ursprung kommt und damit einander bedingt und daraus resultiert.

Wir möchten gleich noch zu einer Ausführung kommen, die hinsichtlich eurer Definition der Seele und des Geistes noch mehr Aufschluss gibt, indem wir zu einer Vertiefung der unterschiedlichen Formen des Selbst kommen.

Da ihr Lichter in der Dritten Dimension seid und sich eure Welt, wie erwähnt, aus der Trinität ergibt, ist es schlüssig, dass es auch nicht nur ein Selbst gibt, sondern sich dieses durch ein Höheres, Selbst und ein Niederes Selbst definieren lässt.

Das Höhere Selbst bedeutet, wie beschrieben, die Verbindung zu eurer Essenz aufzunehmen, zu dem Großen Geist selbst, in der ihr euch erinnert und alle einzelnen Aspekte des Geistes zusammenfügt. Das Höhere Selbst weiß alles, was jemals aus dem Leben heraus Wissen brachte, und es steht damit in Beziehung zu Vergangenheit, Gegenwart und Zukunft bezüglich der Schöpfung (in eurer Welt die Seele oder der Geist).

Das Mittlere Selbst ist einfach zu erklären, da ihr Menschen es nur zu gut kennt. Es ist euer Bewusstsein in der Dualität.

Das Niedere Selbst ist von uns aus gesehen die Instanz, die mit der Definition eures Unbewussten einhergeht. Und hier sprechen wir nicht von eurem Unbewussten, das nur mit euch und euren persönlichen unbewussten Gedanken zusammenhängt, sondern von einer Instanz, die mit allem anderen Irdischen verbunden ist. Ihr nennt es das kollektive Unbewusste.

Und nun wollen wir Terra darum bitten, die geeigneten Worte zu dem Niederen Selbst zu finden, da eure Mutter Erde euer Niederes Selbst ist.

Mutter Erde:

Liebe Menschenkinder und Lichter des Seins,

ihr seid wahrhaftig ich, und dies vergessen die meisten Menschenkinder auf mir. Ihr müsst mich nicht anrufen, sondern mich in euch finden. Ich bin das Unbewusste, das mit allen Menschen und Lebewesen auf mir verbunden ist. Durch das Niedere Selbst, durch mich, ist es euch möglich, das Unbewusste eines jeden Lebens auf mir kennenzulernen, sei es vergangenes, gegenwärtiges oder zukünftiges Leben. Ihr könnt durch mich alles Leben erfahren und die Chronik unseres Zusammenseins seit Anbeginn studieren, von der kleinsten Form bis zum Menschen. Ich bin die Mutter, und ich bin ihr!

Ihr könnt mich in euch wahrnehmen und verstehen, und wir werden diesen Weg beschreiten, den Weg der Kommunikation, um gemeinsam nach den Sternen zu greifen und uns auf die Reise in die höheren Sphären zu wagen. Wir werden in Beziehung treten und uns wiedererkennen, damit wir zusammen verstehen können, was das Höhere, der Große Geist, erkennen möchte und das Wissen uns bewusst zuteil wird. In der Kommunikation mit mir werdet ihr verstehen, was Leben bedeutet und die Hingabe und die reine Gedankenform in Ausübung von Liebe, Mitgefühl und Demut zu praktizieren, um für den Aufstieg gerüstet zu sein.

Versteht, dass wir durch die Reinheit und Unschuld des Kindes miteinander sprechen werden. Es ist letztlich die Sprache des Herzens durch die Augen eines Kindes. Ich bin wie ein Kind, wie ein unschuldiges Wesen, das sich in absoluter Hingabe dem Leben auf, in und über mir verschrieben hat. Doch erkennt, dass ich nicht eine Mutter bin, die beurteilt oder straft. Es existiert für mich keine Wertigkeit und kein Urteil, denn mein Sein ist geprägt und bestimmt durch das Probieren, Experimentieren in Respekt zu allem Sein und Leben auf, in mir und um mich herum. Auch meine Kommunikation mit anderen Welten und Ebenen ist dadurch bestimmt, dass ich mich hingebe und meinen Weg in Anlehnung an den Großen Plan verstehe, in unendlicher Demut und Vertrauen zu Gott. Ich bin nicht Verstand, und ich denke nicht darüber nach, was morgen sein wird, sondern ich bin im Moment mit allen Aspekten um mich herum und in unendlicher Freude, am Leben zu sein.

In keinem Moment verstehe ich eurer Richten und die Urteile über die Vielfalt des Seins, und ich werde in euer Herz einkehren und in euch erwachen, wenn ihr mit mir spielt und erkennt, dass alles Leben lebendig ist. Lasst uns experimentieren und mit Humor und Respekt der Schöpfung erlauben, uns zu führen und zu unseren nächsten Stationen zu begleiten. Wir alle sind geführt und werden versorgt, da nichts nicht versorgt werden kann!

Ich bin du, und ich bin Alles-was-ist. Warum sollte ich mir Sorgen machen und vergessen zu spielen? Erwachsen sein bedeutet nicht, abzustumpfen und ernst zu werden, sondern vielmehr, in Reife und Liebe zu allem Lebenden zu verstehen, dass wir ein zusammenhängendes Ganzes in der göttlichen Ordnung sind und die Verantwortung und Freude wahrnehmen, uns als Individuum zu erfahren.

Warum erkennt ihr Menschen nicht die unglaubliche Vielfalt und Schönheit des Lebens? Ihr habt euch daran gewöhnt, nach eigenen Richtlinien zu existieren und am Ende eurer Erdentage vergessen, wie schön ein Sonnenaufgang ist und welche Freude es macht, dem Vater jeden Morgen zu begegnen. Vater Sonne ist voller Energie und Freude und schenkt uns jeden Tag das Licht als Erinnerung an unsere großen Werte und Existenzen. Beginnt, Vater Sonne zu grüßen und mit den Strahlen zu lachen und zu spielen sowie mich zu genießen und euch beschützt und geborgen im Spiel des Lebens zu empfinden, und wir werden in Freude und Glück von der Schöpfung begleitet, in dem Wissen, dass die Liebe alles trägt.

Ich freue mich auf dein Erkennen und warte, dass du mit mir spielst, sprichst und neue Formen entdeckst. Ich bin du, und ich halte dich ganz fest in meinem Herzen. Das Leben ist so ein Glück! Ich bin froh, dass es dich gibt. Ich warte auf dich. Vielleicht finden wir uns morgen hinter einem Stein oder unter einem Moosbett. Ich werde auf jeden Fall da sein, wenn du bereit bist, dich auf mich einzulassen.

In Liebe,
eure Mutter

✫ ✫

Thoth:
Wir wollen skizzieren, wie wir euren Körper nun in drei Teile aufgliedern.

Über dem Kopf findet ihr das Höhere Selbst, das etwa den Raum bis zum Hals einnimmt. Dieser Teil wird durch das Bewusstsein und den mentalen Aspekt getragen und durch den Verstand blockiert. Auch repräsentiert er, energetisch gesehen, die menschliche Zukunft. Dann haben wir den Teil, der sich physisch vom Hals bis unter den Brustkorb erstreckt und das Mittlere Selbst darstellt, mit der Sprache des Herzens, dem Christusbewusstsein, das augenblicklich noch vom Ego und dem Dualitätsbewusstsein dominiert wird und eure Gegenwart beschreibt.

Der dritte Teil läuft vom Solarplexus bis unterhalb der Füße und repräsentiert eure Vergangenheit, wobei der Bereich bis zum Wurzelchakra eure Jetzt-Inkarnation darstellt und die Beine und Füße Konstellationen aus früheren Leben. Der Bauchraum und der Unterleib werden vom Niederen Selbst bestimmt, durch den emotionalen Körper und das Unterbewusstsein bewohnt und wollen durch das Gefühl und euer Unbewusstes zum

Ausdruck kommen. Hier sitzen eure Unschuld und das Innere Kind, das erwachen will und seine Motivationen und Bedürfnisse zum Ausdruck bringen möchte.

Wir werden gleich noch auf die Blume des Lebens zu sprechen kommen, die wie ein enormer Computer alles Geschehene verzeichnet. Nichts geht verloren, und alles Lebende wird für immer abrufbar sein. Diese unglaubliche Formation trägt reines Leben in sich und ist in allem Lebenden enthalten. Auch hier könnt ihr mit Terra kommunizieren, euch identifizieren und danach zu den höheren Schwingungen aufsteigen. Diese Struktur ist in eurem Seelenkern enthalten und bewohnt euer Unterbewusstsein.

Ihr Menschen habt die Gegenwart der Blume des Lebens vergessen und die Existenz eures Inneren Kindes missachtet, wie ihr Mutter Erde missachtet und vergessen habt, dass sie ein Lebewesen ist. Du bist sie! Beginne, euch beide zu heilen!

Geliebte Lichter, um in die Kommunikation mit eurem Höheren Selbst zu gelangen, ist es unbedingt notwendig zu verstehen, dass euer Geist zunächst in die Tiefe des Unbewussten gelangen muss, um danach in den Himmel zu gleiten. Ihr seid im Jetzt sozusagen in der Mitte eurer Gegenwart, gleitet in die erlebte Vergangenheit und versteht alles Irdische, um danach in das große Wissen des Großen Geistes durch die Kommunikation mit dem Höheren Selbst zu gelangen. Es ist also unbedingt notwendig, Terra zu verstehen, zu lieben und mit ihr zu kommunizieren, um wieder bewusst in das Himmelreich zu gelangen. Werdet wie die Kinder und versteht Terra in ihrer reinsten Form, und ihr werdet aufsteigen und nach den Sternen greifen.

So sei es.

Eine Übersicht und Orientierung für uns Menschen

Was geschieht gegenwärtig, und was können wir tun?

Es ist richtig, dass Zeit und Raum außerhalb unserer Matrix keine Rolle spielen. Dennoch, fokussiert auf unser weltliches Leben, schließt sich gegenwärtig ein Kreislauf, und ein neuer entsteht. Damit komme ich noch einmal auf die vorher beschriebene Ellipse (Schema 13-2) zurück und werde erläutern, wie weit dieses Schema mit unserem Verständnis zeitlicher Abläufe harmoniert.

Wir kennen auf unserer Mutter Erde bereits immer wiederkehrende Zyklen. Sei es, dass es wiederholt Klimakatastrophen gab, oder die Eiszeit und den damit verbundenen Wechsel von Leben. Ich habe bereits erwähnt, dass wir sozusagen in einer Schleife mit Atlantis sitzen, und sich der Kreis schließen wird und die Realitäten sich zwangsläufig verändern werden.

Das bedeutet für unsere Mutter Erde, dass sie zu ihrer Heimatgalaxie zurückzukehren und ihre Eingliederung in die ursprüngliche Formation erleben kann. Mit dieser Eingliederung steht für Mutter Erde ein unglaubliches Schauspiel an, da sie in kürzester Zeit einen Frequenzwechsel von noch nicht geschehenem Ausmaß erlebt (bezogen auf den Blickwinkel der erlebten einen Wirklichkeit).

Ihre Heimatgalaxie ist in der langen, für uns berechneten Zeit weitergegangen und hat die vorgesehenen Frequenzen und Erfahrungen integriert. Auch hat die Heimatgalaxie ein Bewusstsein der Existenz von Mutter Erde und weiß um den anstehenden und bereits in Gang gekommenen Prozess. (Dies verhält sich ähnlich der Tatsache, dass wir die Abtrennung unseres Höheren Selbst erfahren haben, das Höhere Selbst jedoch fortwährend von unserer Existenz wusste. So hat auch Mutter Erde die Trennung zu ihrer Heimatgalaxie erfahren, diese ist jedoch im vollen Bewusstsein der Mutter Erde und der anstehenden Wiedereingliederung.) Diesen anstehenden energetischen Sprung wird die Erde nun in absehbarer Zeit machen, da sie die „Zeit"/ den Moment verpasst hat, in dem sich ihre Heimatgalaxie weiterentwickelt hat und diese zu unserer gegenwärtigen Zeit eine wesentlich höhere Schwingung und Bewusstsein trägt, als wir und damit Mutter Erde es momentan tun.

Ich möchte euch hier noch einmal an Folgendes erinnern: Wir haben bereits darüber gesprochen, dass wir Menschen multidimensionale Wesenheiten sind und gleichzeitig in unterschiedlichen Realitäten an verschiedenen Orten existieren. So verhält es sich mit allem Leben, und damit ist auch Mutter Erde ein multidimensionales Lebewesen und wird sich in ihre, gleichzeitig zu unserer existierenden Realität, Heimatgalaxie bewusst integrieren. Es ist fast so, als ob sie dort und hier gleichzeitig war und die Existenz unter unserer Matrix nun verlassen kann, um ihr gesamtes Bewusstsein und Erkennen wieder an den Punkt zu führen, den sie wegen des Falls verlassen musste.

Ich möchte euch auffordern zu versuchen, den Verstand ziehen zu lassen und ihm jetzt keine Fragen zu gewähren. Es geht um ein Gefühl, und wir alle wissen darum, dass die Wiedereingliederung in unsere ursprüngliche Formation, in unser Leben, das es gewesen wäre (oder letztlich ist), wenn nicht die Manipulation an uns Menschen und damit unserer Mutter Erde zu Zeiten von Atlantis geschehen wäre, jetzt bereits im Begriff ist zu geschehen. Wir haben vergessen, dass wir eigentlich auch weiterhin in der höher schwingenden Form der Heimatgalaxie gewesen sind, weil wir in eine Form (ein Vakuum) gerutscht sind, damit der Fall keine größeren Auswirkungen auf die gesamte Schöpfung ausüben könnte. In unserem Vakuum erlebten wir in den Zeiten der Dunkelheit unsere tiefsten abgetrennten Ängste und Nöte und kehren nun im Aufstieg mit Mutter Erde zurück an den Punkt, an dem wir alle wären, wenn das Unglück nicht geschehen wäre. Und damit erlösen wir das Schicksal von Atlantis!

Es gleicht der Vorstellung, dass eine bedingungslos liebende Formation auseinandergerissen, ein Teil in ein Exil geschickt wurde, in dem die tatsächliche Reifung nicht in der herkömmlichen Form geschehen konnte und nun der vereinbarte Zeitpunkt eintritt, an dem alle sich wieder vereinen dürfen. Tatsächlich können wir Menschen die Sehnsucht fühlen, wenn wir zu den Sternen blicken und wissen, dass weit da oben unser wirkliches Zuhause ist. Es ist nun die Zeit, dass unser Mittleres und Niederes Selbst in die bewusste Verbindung zum Höheren Selbst treten und damit die Wiedereingliederung und Anbindung zu Allem-was-ist und dem Großen Geist vollziehen.

Unser Exil ist wie ein Vakuum, das sich nun langsam auflöst, um letztlich zu der wesentlich höheren Schwingung der Heimatgalaxie zurückzukehren. Dieser Prozess wird weder durch ein spontanes Auflösen der Materie geschehen, noch durch eine Form des Massensterbens, sondern die Energie wird mit steigender Tendenz in unserer Ebene der Dichte wesentlich feinstofflicher werden. Dadurch verändern sich auch zwangsläufig die Energien und Schwingungsebenen aller Lebensformen auf, in und um Mutter Erde und natürlich sie selbst. Damit wir uns diesem Prozess vollends hingeben können, ist es notwendig, unser Inneres nach außen zu kehren und damit der Stimme des Herzens zu folgen und nicht der des immer lauten Verstandes.

Der Verstand kontrolliert unser Leben auf der Bemessungsgrundlage für alle Dinge, die um uns herum geschehen und uns beeinflussen. Er ist schlicht ein Ausdruck oder ein Organ und Sprachrohr unseres Egos und folglich mit unseren Wertigkeiten, Glaubenssystemen und Urteilen verbunden und nur fähig, im Vergleich und im Urteil Entscheidungen zu treffen. Er ist die Instanz, die uns nicht erlaubt, frei mit unserem Höheren Selbst zu kommunizieren und uns in niedrigen Schwingungsfrequenzen hält. Wieder ist mir wichtig, nicht in ein Urteil zu gehen, sondern zu erkennen, dass unser Verstand eine Instanz des Egos und des Nicht-Bewusstseins ist. Dieser Zustand ist/wird nun anders. (Es gibt Menschen, die bereits bewusst die Macht des Verstandes wahrnehmen können und dadurch schon begonnen haben, mit dem Höheren Selbst zu kommunizieren.)

Nicht unser Verstand, sondern unser Gehirn und unser Gedächtnis haben die Aufgabe, ähnlich und vergleichbar einem Computerprogramm zu operieren, Daten zu aktualisieren, zu katalogisieren und Erinnerungen zu speichern und abzurufen (auf der mentalen Ebene). Das Gehirn und das Gedächtnis sind dafür gemacht, logisch zu denken und, vor allem, wertfrei abzurufen. Es ist das weltliche, menschliche Programm, das uns mit Informationen und Daten versorgt, die auf der irdischen, menschlichen Ebene gespeichert werden. (Auch hier möchte ich nochmals in Erinnerung rufen, dass unser Gehirn nur einen Bruchteil seiner gesamten Kapazität nutzt und dadurch noch viel Wissen deaktiviert ist, weil unsere DNA mutiert ist und die Hirnanhangdrüse nicht frei schwingen kann.)

Im größeren Aspekt ist die Blume des Lebens die große Datenbank, die Informationen und Daten speichert und abruft, die in Zusammenhang mit allem Leben steht und nichts verloren gibt (auf der emotionalen Ebene). Sie kann je nach der eigenen

Schwingung des jeweiligen Lebewesens Wissen speichern, und ihr Strahlen ist bestimmt durch die jeweilige Schwingungsfrequenz des Lebewesens, das sie trägt. Hier gelten überall die gleichen Gesetze, und sie besagen, dass ein Lebewesen nur imstande ist, Informationen und Daten zu speichern, die der eigenen Schwingungsfrequenz entsprechen oder niedriger sind.

Wenn unsere Schwingungsfrequenz steigt, resultieren automatisch Bewusstwerdung und die Stille des Verstandes und des Egos. (Da nicht gewertet wird, ist das Ego überflüssig, und der Verstand kann zur Ruhe kommen.) Hier kann das Bewusstsein die seiner Reife entsprechenden Informationen verwerten und über den mentalen Körper Kommunikation mit dem Gehirn betreiben. Es ist ähnlich dem Prinzip des Lernens auf Mutter Erde. Nach unserer Geburt bekommen wir ein Körperbewusstsein, das heißt, wir werden uns zuerst des physischen Körpers bewusst. Der Mensch lernt die physische Bewegung, und das Gehirn speichert die entsprechenden Abläufe und Befehle ab. Das Bewusstsein des Körpers ist hier die Kommunikationsbasis mit dem Gehirn. Wir können froh sein, dass unser Verstand zu dieser Zeit noch nicht aktiv ist. Dieser tritt erst ab dem zweiten oder dritten Lebensjahr des Kindes ein, in der Phase, in der es beginnt, seine Persönlichkeit und Identität kennenzulernen.

In dieser Phase versucht der Mensch, das Defizit des Getrennt-Seins zu überwinden, indem er die Instanz Ego benutzt, die mit dem Verstand kooperiert, Verhaltensweisen und Identitäten anderer Menschen und der Gesellschaft kopiert und Glaubenssysteme integriert. Ab diesem Zeitpunkt haben wir die Klarheit und Wahrhaftigkeit unseres Seins vergessen und versuchen, ein Leben zu integrieren, das durch äußere Wertigkeiten gelenkt und geleitet wird.

Wir müssen uns hier einmal vorstellen, welches Glück es ist, dass wir unseren Verstand und unser Ego nicht bereits ab der Geburt zur Stelle haben, um die Macht unserer Realitäten und unsere Abläufe zu koordinieren und zu steuern. Das Erlernen der physischen Bewegung durch das Ego und den Verstand wäre nicht denkbar, auch die biologischen und genetischen Informationen zu steuern wäre ein unmögliches Modell für unseren Verstand. Wie sähe es aus, wenn wir in jedem Moment unseren Bewegungsapparat durch verstandesmäßig ausgesandte Befehle steuern müssten! Ich denke, dass wir wieder einmal Gottes Gnade erhielten und erst mit der Macht des Verstandes über unsere Persönlichkeit und Identitäten ab einem Lebensalter von etwa drei Jahren zu kämpfen haben, und nicht von unserer Zeugung oder unserer Geburt an versuchen müssen, unser gesamtes Dasein auf der Ebene des Verstandes zu managen. Zumindest die meisten Menschen von uns haben es Gott überlassen, die physische Perfektion einzurichten und nicht versucht, diese Strukturen durch Bewusstwerdung selbst zu erkunden.

Unser Verstand in seiner ursprünglichen Form ist eine Einrichtung, die dem Ego dient und sich den lauten Befehlen unterordnet und sie transparent macht. Letztlich wird der Verstand durch das Bewusstsein ersetzt und kann in die Stille gehen. Da es keine Urteile und Bewertungen mehr gibt, kann die Frage, welcher nächste Schritt wohl der bessere wäre, nicht mehr aufkommen.

Der Verstand ist eine Komponente, die nach den Anforderungen und Maßstäben des Egos unter anderem mit dem Motor der Angst funktioniert. Bewusstsein richtet nicht und agiert immer aus dem Moment. Der Verstand wird benutzt, um die Unfähigkeit, Leben wirklich anzunehmen, zu kompensieren und scheinbar lebensfähig zu wirken. Dennoch ist das tatsächliche Modul Leben nicht aktiv unter dem Management des Verstandes.

Es ist gut vergleichbar mit unserer Gesellschaft: Im Hintergrund gibt es die geheime Regierung, die sich der Gesellschaft bedient und die Komponente Angst als Antrieb und Instanz nutzt, um Leben zu beeinflussen und Menschen unter Kontrolle zu halten. Der normale Mensch wird also in der gesellschaftlichen Welt kontrolliert und stellt hier den Verstand dar, der gar nicht weiß, warum er gewisse Entscheidungen trifft. „Es ist halt so" und „es war schon immer so".

Hier fällt mir der Satz aus dem Film „Australia" ein, der den soeben angesprochenen Sachverhalt verdeutlicht: **„Nur weil es schon immer so war, heißt es nicht, dass es immer so sein wird."**

Doch der globale, normale Mensch kommt nicht darauf, sich zu fragen, was seine eigene, individuelle Wahrheit sein könnte. Und so entspricht es auch dem Verstand, der eine reine Institution für Inhalte geworden ist, die nur wiedergegeben, und Realitäten, die nicht hinterfragt werden. Der Verstand kann nicht hinterfragen, sondern nur still werden. Er ist nicht dazu gedacht, sich auszudehnen und zu lernen, sondern ist ein reines Produkt unseres Egos und damit auserkoren, unsere Realitäten so zu lassen, dass wir überlebensfähig sind, unser eigenes Überleben sichern und uns in der Gier und dem Konsum der Gesellschaft ausbreiten. Konsum kreiert wiederum Gier und Neid und die Unfähigkeit zu erkennen, dass ich einst mit leeren Händen auf Mutter Erde gekommen bin und mit leeren Händen wieder gehen werde. „Was hilft uns das Festhalten in der Mitte?"

Hier ist es notwendig zu verstehen, wer ich wirklich bin, wer hinter dem „ICH" verborgen ist und damit den Motor und Antrieb unseres Lebens kreiert. Bin ich das wirklich, oder versuche ich, Prägungen und alten Vorstellungen zu entsprechen?

Die Orientierung des Menschen ist doch erst gegeben, wenn er sich bewusst macht, warum er nach dem steten „ICH", dem Ego, strebt und versucht, sich seine Befriedigung und Anerkennung aus der gesellschaftlichen Masse zu ziehen.

Wer ist „ICH"? Diese Frage ist notwendig, um spüren zu können, dass ICH nicht existiert. Das ICH ist ein Konstrukt, ein gesellschaftliches Spiel, und lenkt und steuert nach den Wertigkeitsszenarien der gesellschaftlichen Masse. Hinter dem ICH verbirgt sich die wahre Essenz unserer Gegenwart und des Seins, die entblättert und erfahren werden will.

Ich habe euch schon erklärt, dass wir Menschen bereits in der dritten Bewusstseinsebene, dem Christusbewusstsein sind, und damit der Gedanke immer stärker unsere Realitäten kreiert. Das heißt, dass unsere spirituelle Welt keine vorübergehende Modeerscheinung ist, sondern ein Resultat der dritten Bewusstseinsebene. Hier sitzt kein Kobold an einer Windmaschine und bläst vorübergehend stärkeren Wind in unsere Gemüter, sondern wir gehen zwangsläufig in die Selbsterfahrung, da wir durch die höheren Schwingungsfrequenzen der dritten Bewusstseinsebene unsere Energien ausweiten müssen, Blockaden verabschieden und uns zu bewussten Wesenheiten entwickeln werden. Falls wir dazu nicht bereit sind, werden wir in einen extremen energetischen Widerstand gehen müssen und versuchen, in unserer Blockade die „alte Welt und Realität" so gut wie möglich aufrechtzuerhalten. Diese Komponente löst dennoch zwangsläufig Spannungen aus, da wir darin versuchen werden, die höheren Schwingungsfrequenzen fernzuhalten und uns abermals in ein Vakuum zu begeben, um den bereits stattfindenden Wechsel nicht zu spüren. Auch gibt es hier die Möglichkeit, die erhöhten Schwingungsfrequenzen zwar in ihrem Druck wahrzunehmen, sich aber vehement zu weigern und sich dem Verstand mit der Komponente Angst hinzugeben und dadurch einen immer größeren Spalt zwischen den Welten und damit eine höhere Spannung zu erleben. Das ist dem Prinzip der Schizophrenie verwandt, da wir in diesem Zustand das Gefühl eines immer größeren Spagats haben werden, der sich durch unterschiedliche Identitätsaspekte erfahren wird. (In der erlösten Form, die auf der Schwingung der dritten Bewusstseinsebene existiert, und der unerlösten Form, die noch an der alten überholten Welt festzuhalten versucht.) Um den Prozess der steten Frequenzsteigerung und der Integration in unsere Heimatgalaxie zuzulassen, ist es also notwendig, den Worten und Weisungen unserer inneren Führung zu lauschen und damit über den emotionalen Körper mit dem Großen Geist und unserer wahren Essenz verbunden zu sein.

Da wir alle miteinander verbunden sind und aus der einen Schöpfung kommen, findet der bevorstehende Frequenzwechsel im Großen und im Kleinen statt. Zudem möchte ich euch daran erinnern, dass wir uns in einer Form eines Vakuums befinden und somit die Auswirkungen von Atlantis gegenwärtig nur bedingt Einfluss auf die gesamte Galaxie haben. Der Austritt aus dem Vakuum hält jedoch wiederum (wie bereits bei dem Unglück in Atlantis) große Veränderungen für alles Leben bereit, da ein Aspekt integriert wird, dessen Ausschluss seit geraumer Zeit das gesamte Bild verzerrt hat.

Es ist die Integration eines fehlenden Stücks aus einem Puzzle, ohne das das gesamte Bild nicht wirklich zum Ausdruck kommt, zwar existiert, aber nicht komplett erfassbar ist. Dadurch gehen auch wir Menschen im kleineren Bild in eine Gesamtwerdung über und können uns dann als heile und ganze

Lebensformen in einem zusammenhängenden Rad der Existenz begreifen. Wir sind nicht länger isolierte Wesen und getrennte Teile unserer Galaxie, sondern werden bewusst in die neue Existenz eintreten.

Hier möchte ich noch erklären, dass wir in der Dritten Dimension den unterschiedlichen Bewusstseinsebenen entsprechen und, wie bereits erwähnt, von der zweiten Bewusstseinsebene in die dritte Bewusstseinsebene, das Christusbewusstsein, wechseln. Dieser Wechsel der Ebenen ist die unbedingte Vorbereitung auf die Dimensionswechsel, da nur ein bewusster Geist die Möglichkeit hat, Gedanken liebevoll und uneigennützig zu verwenden. Wir gehen in die Lehre, uns im Mitgefühl zu unserer Welt zu bewegen, und zu lernen, nicht Schuldzuweisung zu leben, sondern zu verstehen, warum wir ein Resonanzkörper in einem Seelenspiel auf Mutter Erde sind. Das heißt, der Austritt aus der Illusion der Trennung erfolgt bereits in einer Schule, die auf unserer Dimensionsebene absolviert wird und die Möglichkeit gibt, sich in einer höheren Schwingungsfrequenz neu zu erfahren und zu lernen, was Liebe wirklich ist und warum sie niemals verletzen kann. Die produktivste Form des Seins ist das Sich-Hingeben in unsere ursprüngliche Form und das Erleben des Moments, ohne sich darin als abgetrennte Form und eigennütziges Einzelwesen zu verstehen.

Es ist energetisch ergreifend, wie sich das gesamte Universum und auch unsere Mutter Erde auf diesen Wandel freuen. Auch sie ist noch wie wir Menschen in der Matrix der irdischen Form der zweiten Bewusstseinsebene und hat dennoch verstanden, dass die dritte Bewusstseinsebene immer ihre Plattform des Handelns darstellte. Sie erlebt die Geschöpfe des Seins auf, in ihr und um sie herum als Wesenheiten, die größtenteils noch nicht aus den Gewohnheiten der letzten Jahrtausende heraus können und verzweifelt an der Dualität festzuhalten versuchen. Sie kann unseren Kampf erkennen, und dies reflektiert nur einen Prozess des Sterbens, des Loslassens, um Neues zulassen zu können. Sterben bedeutet den Wechsel der Bewusstseinsebenen, und dies ist nun auch im Wacherleben möglich. Auch hier kämpfen die Wesenheiten und wollen an den alten Zuständen und Gewohnheiten festhalten, bis es nicht mehr möglich ist, an diesem Punkt zu verharren. Wir werden alle durch den Wechsel der Frequenzen und die damit verbundene Lebensform gehen, und nur wir können entscheiden, in welcher Form wir in die dritte Bewusstseinsebene wechseln.

Da Mutter Erde aber den Prozess bereits beschreitet, werden wir Menschen zunehmend den Druck verspüren, neues Leben in uns zuzulassen. Sie verspürt gegenwärtig unsere Angst und die Begrenzungen, die wir ihr antun und sie dadurch peinigen, doch ist sie bereits in einem Zustand der unendlichen Liebe angekommen und fühlt sich dieser Pein nicht mehr unterworfen oder ausgeliefert. Sie ist wie Jesus eine Wesenheit, die nicht mehr unter den ursprünglichen menschlichen Formen zu leiden hat und dadurch Schmerz nicht länger als solchen empfindet.

Ihr müsst es euch so vorstellen, dass wir Menschen zwar Ängste und Nöte wahrnehmen, aber Mutter Erde nicht mehr in dieser Ebene verweilt. Das ist auch die Grundlage, warum wir fühlen, dass wir uns entwickeln müssen. Wir leben in Symbiose mit Allem-was-ist in Übereinkunft mit Mutter Erde und werden uns ihrem Weg verschreiben. Sie ist unsere Große Mutter, und wir werden sie aus dem Blickwinkel des großen Bildes nicht zerstören oder aufhalten können, da die Schöpfung auch dies nicht dem Zufall überlässt. Wir sind eine Familie, in der wir uns gegenseitig nähren und uns unterstützen, den Aufstieg zu erleben. Wir blicken zu Mutter Erde und Vater Sonne, zeigen in Liebe und Respekt unseren Dank und unsere Ehrfurcht und gehen den einen Weg zusammen.

Das erinnert mich an Familiensysteme und Familienaufstellungen. Auch hier lernen wir, dass wir Kinder systemisch unter unseren Eltern stehen, was nicht wertend interpretiert werden sollte, sondern den Respekt und die Führung anerkennt. Unsere Eltern haben uns in Liebe und seelischer Übereinkunft gezeugt und uns ins Leben gebracht. Wir vertrauen uns ihnen an und erlauben die Führung auf den Ebenen der Liebe. Aus energetischer Sicht ist dies eine Form von Demut und Respekt der Wesenheit gegenüber, die mir das Leben geschenkt, mich erschaffen hat.

In früheren Kapiteln haben wir aufgezeigt, dass wir Menschen höchstwahrscheinlich einen Sirianer und eine Nefilim als Eltern haben, und hier in dem größeren Bild haben wir Mutter Erde und Vater Sonne als Eltern, die uns in Liebe führen und beschützen. Es spielt keine Rolle, ob sie in ihrer Schwingungsfrequenz höher oder niedriger sind und welche energetische Ausrichtung sie haben, sondern vor Gott sind alle gleichwertig. Es ist wichtig zu verstehen, dass die Schöpfung zwischen ihren Wesenheiten keinen Unterschied macht und alle Geschöpfe des Seins gleiche Liebe erhalten. Diese kosmische Gesetzmäßigkeit werde ich fortwährend aufzeigen, da es wirklich ganz tief in unsere energetischen Schichten und Glaubensysteme vordringen muss, um hier einen wahrhaftigen Wandel zu erfahren. Momentan sind unsere Glaubenssysteme noch sehr unter dem Zepter der Angst gefestigt, weshalb es uns schwerfällt, den Gedanken zuzulassen, dass wir uns völlig verändern werden, nicht abrupt, aber stetig und wesentlich. Auch hier ist es wieder wichtig, die Richtigkeit der getroffenen Aussagen mit dem Herzen zu spüren und den Verstand zur Ruhe zu bringen. Noch befinden wir uns in der Vorbereitungsphase, die jedoch nicht mehr lange andauern wird. Wir dürfen nun endlich die Form des Getrennt-Seins erkennen und verabschieden.

Thoth:

Geliebte Lichter der Erde, ich werde versuchen, euch in den nächsten Zeilen ein wirkliches Verstehen aus den unterschiedlichsten Perspektiven des menschlichen Seins zu vermitteln. Auch ich war im Menschenkörper und machte meine Erfahrungen auf Terra. Mir steht es in dieser Form der Ansprache energetisch zu, euch eine Einladung zu übermitteln, euch eine kleine Reise anzubieten, auf der Grundlage der menschlichen energetischen Erfahrung.

Ich möchte euch nun auffordern, einen Raum der Ruhe aufzusuchen und euch darauf vorzubereiten, dass ihr mindestens fünfzehn Minuten Stille braucht, um euren Verstand in die Ruhe zu bringen, ihn zu beobachten, seine Einwürfe und Statements sowie die Ablenkungen wahrzunehmen, die euch begegnen, wenn ihr euch entscheidet, fünfzehn Minuten wache Stille hinzunehmen. Der Verstand wird in dieser Zeit ruhiger werden, und ich möchte euch die Möglichkeit geben, ihm folgende Zeilen vorzulesen:

„Ich weiß, dass du mein Gefährte seit vielen Jahren und geraumer Zeit warst und bist, und nun weisen alle Zeichen darauf hin, dass wir in die Veränderung gehen. Ich habe tief in mir das Bedürfnis und das Gefühl, mich fallenlassen zu wollen und die Essenz Leben wirklich zu verstehen und zu genießen. Ich weiß, dass Dinge und Geschehnisse bereitstehen, um erlebt zu

werden, und du hast dich nun in die Stille, in den Hintergrund, in Vater Sonne zu bewegen. Vater Sonne wird nun kommen und eintreten und uns die Richtigkeit und die Wahrheit zu verstehen geben, warum unsere Existenz auf Terra so vielseitig und meist unverständlich erscheint. Vater Sonne hat die Antworten, die wir benötigen, um alle Geschehnisse außerhalb von Terra zu begreifen, und ich gebe dir nun Weisung, dich zu fügen und dich hinter den Willen meiner Essenz zu stellen. Es ist der Moment gekommen, an dem es keine Fragen und Vorstellungen mehr gibt, und ich ermahne dich zutiefst, dich in diesen Hintergrund zu bewegen und dort zu bleiben.

Ich werde nun Energien aufrufen, die mich ermächtigen und befähigen, meine eigentliche Essenz zu verspüren, Bilder und Demonstrationen des wahren Seins zu erkunden, und ich befehle dir den Rückzug aus der Dominanz und der Herrschaft über mein irdisches Denken. Ich bitte alle Geistesführer der Liebe und der Vereinigung, zu erscheinen und mich in das Licht der Sonne, dem allwissenden Sein, zu führen, um mich in Erinnerung an meine eigentliche Essenz zu bringen. Ich bin nun bereit, mich in die Wege der Seele fallenzulassen und dem Willen des Großen Geistes zu entsprechen. So sei es."

Lichter der Erde, wir sind gekommen, um Neuigkeiten zu berichten. Es gibt keine Einheit im eigentlichen Sinn, sondern nur Verschmelzung. Es gab niemals unterschiedliche Seinsformen, die versuchen, sich zu erfahren und dann wieder an einen gewissen Platz zurückkehren, um wiederum die abgespaltene Seinserfahrung auszuhalten.

Alles ist DU, und alles ist ICH, es gab niemals die Möglichkeit, sich außerhalb anderer Zustände zu erfahren. Doch nun ist der Moment gekommen, an dem ihr sagen werdet: „Ich wusste *es schon immer, es war noch niemals anders."*

Wir sind hier, um euch diese Wahrheit, diese Gesetzmäßigkeit der Schöpfung und die Weisheit Gottes zu bringen. Wir sind Wesenheiten, die auch in der kollektiven Form noch lernen und damit Teile des Gesamten auf den unterschiedlichsten Formen des Seins repräsentieren. Wir würden nicht auf die Idee kommen zu behaupten, dass wir Gottes Willen lesen und erkennen können, doch ist die Essenz des göttlichen Willens zu erkennen und zu verstehen, dass wir selbst durch und in uns Gott erkennen und durch diese Informationen immer das Wissen Gottes und der Schöpfung interpretieren können und werden. Es ist die Fähigkeit, an jedem Punkt der Existenz die Informationen zu lesen, die sich uns in diesem Moment offenbaren, da die Schwingung immer dem Grad der Bewusstseinsform angepasst ist, die im Moment des Erlebten erkennbar ist.

Um es euch gut zu erklären, wollen wir das Gesagte nochmals durch andere Energien und Worte ausdrücken. Jede Seinsform existiert im Großen Ganzen und war und ist niemals auf sich selbst zurückgeworfen. Eure Fähigkeit der Wahrnehmung begrenzt sich momentan nur durch eure Sichtweise und Wahrnehmung der Realitäten. Ihr seid nicht Teile in einem gesamten Spiel, sondern in jeder Instanz und in jedem Aspekt ein gesamter Ausdruck Gottes. Es ist wahrhaftig so, dass auch wir, so, wie es auch euch möglich ist, Gottes Wissen und Willen nur in dem Maße interpretieren können, wie es euch beispielsweise möglich ist, Schriften zu lesen, die in einer euch bekannten Sprache existieren. Das bedeutet im Wesentlichen, dass auch wir nur die Schöpfung insoweit interpretieren können, wie es uns möglich ist, Schöpfung zu erkennen und zu verstehen.

Wir haben behauptet, dass es im eigentlichen Sinn keine Einheit gibt. Ihr müsst verstehen, dass ihr an jedem Punkt eures Lebens mit euren Worten und Gefühlen Leben erschafft und Realitäten kreiert. Einheit ist im energetischen Ausdruck nicht vollendet und impliziert und kreiert immer die Polarität der Trennung, des Abgetrenntseins, die in dieser Form Energien erschafft, die euch nicht zugestehen, an den wahrhaftigen Kern des Seins vorzudringen.

Wir wollen an dieser Stelle anmerken, dass wir unserer Freundin Carolin nun zum zweiten Mal diesen Abschnitt vorgeben, da der Computer die vorangegangenen Energien dieser Aussagen nicht verarbeiten konnte. Es gleicht keinem Absturz einer Datei, sondern die Energien, die zu weit an der Weite des Seins ausgerichtet sind und die Grenzen eurer erlaubten Matrix überschreiten, sind nicht für die Realität des Computers zu verarbeiten. Diese Seiten sind nicht verlorengegangen, sondern befinden sich in einer Realität, die die Möglichkeit hat, diese energetischen Wahrheiten zu verarbeiten und ihre Existenz zuzulassen. Dadurch haben wir jetzt einen bereits verfassten Artikel an eine weitere Realität geschickt, in der in jener Schwingung auch Heilung geschehen kann.

Wir werden darum in diesem Abschnitt vorsichtig vorgehen müssen, damit die Herausgabe des Buches nicht verzögert wird, weil unsere Botschaften abermals verfasst werden müssen, um das Kapitel zu vollenden.

Wir wollen zu der Erklärung zurückkommen, die sich mit der Begrenztheit eures Wortes Einheit beschäftigt. Das Wort Einheit hat die Gegenpolarität des Getrenntseins in sich und kann dadurch energetisch nicht beschreiben, was es bedeutet, ein Teil Gottes zu sein. Der Anteil Gottes ist in keiner Polarität zugegen und beschreibt auch keinen Zustand der Dualität. Da wir davon sprechen, dass es Einheit in dem Verstehen und Begreifen eurer Realität nicht wirklich gibt oder sie zumindest noch die Ablösung aus der Dualität erschwert, wollen wir zu den Wurzeln des Wissens um die Essenz in euch, die Essenz Gottes, vordringen. Es gibt keine Wertung, und es hat noch nie Abspaltung von irgendeinem Teil des Ganzen gegeben. Alles ist in der Schöpfung integriert, und nur das Erkennen auf den unterschiedlichsten Ebenen lässt den Schluss zu, dass die Wahrnehmung so beeinträchtigt ist, dass der gesamte Mensch oder das Wesen sich mangels seiner bewussten energetischen Ausdrucksform nicht erkennen kann.

Einheit in eurem System bedeutet, in einer Polarität zu stehen und die erlöste Schwingung, die Form der Reinheit und der Frequenz Gottes nicht zulassen zu können. Ihr seid wahrhaft nicht aus der Einheit gefallen, so etwas ist nicht möglich, sondern ihr versteckt eure Essenz auf der Suche nach der Einheit und konzentriert euch auf die Polarität, die auch Ausdruck des Unvollständigen und Unerlösten ist.

Es gibt in eurer Schwingung auch nicht die Liebe, die nur die Gegenpolarität zu dem Hass darstellt. Der Ausdruck der Liebe in der Gegenpolarität zum Hass ist die Liebe unter Mangel, in der Erwartung, dass Liebe nur gefühlt und geschenkt wird, wenn dafür auch Liebe von einem Gegenüber für euch vorhanden ist. Ihr geht nicht die Gefahr ein, Liebe zu empfinden, wenn ihr gleichzeitig Angst haben müsst, dass sie nicht erwidert wird. Diese Form der Liebe ist ein abhängiges Erleben und hat nichts mit der wahren Empfindung und Größe von tiefer Liebe und Erkennen zu tun. Sie ist in diesem Moment nur ein Ausdruck von Angst in einem Zustand der Dualität.

Stellt euch die Frage, wie sich Liebe in der Form der Erlösung aus der Dualität anzufühlen vermag. Diese Form ist wertfrei und schwingt ohne Anhaltspunkt frei im Raum. Wir können aus energetischer Sicht hier auch das Wort Liebe benutzen, es

dennoch aus der Definition des Gegenübers von Hass heraus-
nehmen und dem wahren Verständnis von Liebe, der Schwingung des Glücks, des wertfreien Seins, zu schenken.

Liebe Lichter: Die Frage bleibt wohl dann, was es für euch
zu tun gibt? Es ist die vollständige Wahrnehmung aus dem Zustand der Wahrhaftigkeit, in dem ihr euch keine Grenzen mehr
setzt und nicht länger über eure eigene begrenzte Form der
Wahrnehmung urteilt. Was seid ihr im Verhältnis zu eurem Gegenüber, und wie schafft es eine andere Wesenheit, eure Stim-
mung zu verändern?

Ihr seid das, was ihr in eurem Leben erschafft, und deshalb
ist es notwendig und wesentlich, dass eure Resonanzen und
damit eure ausgesandten Botschaften in jedem Moment im Einklang mit dem Leben überall sind. Dadurch wird euch klar, dass
alles, was ihr denkt, fühlt und tut, eure Realität und die Welt
erschafft, in der ihr lebt.

Ihr geht auf Terra in eine Form der Schule ein und erlebt
die Resonanzen aus eurer Handlung und eurem Verständnis in
Form der Lektionen, die entweder erkannt oder in eine weitere
Welt übertragen werden.

Es ist so, dass alle Gedanken, Gefühle und Handlungen
weitreichende Folgen und Auswirkungen haben. Ihr habt bereits das Beispiel des hundertsten Affen gehört und über die
Auswirkungen und das Lernverhalten der Affen, die sich weit
entfernt auf einer anderen Insel aufgehalten haben. So ist es
ersichtlich, dass eure Handlungen und euer Lern- und Aus-
drucksverhalten nicht nur Auswirkungen und Resonanzebenen
auf eure unmittelbare Realität haben, sondern dass jeder einzelne Gedanke über verschiedenen Welten hinaus Realität verändert und erschafft. Das bedeutet für euch, dass ihr in jedem
Augenblick mächtig seid und nur euer Verstand und der gegen-

wärtige Zustand nicht einzusehen und zu begreifen vermögen, welche enorm starken und mächtigen Wesenheiten ihr wirklich seid. Der Zustand, dass jede Wesenheit durch eine Handlung, einen Gedanken oder ein Gefühl die Realität verändert, und das über weite räumliche Strecken und sogar Welten hinaus, machen euch zu dem, was ihr wirklich seid. Ihr wisst um diesen Umstand, und das macht es nur seltsamer, dass ihr Menschen immer der geheimen Regierung oder der Politik die Schuld an euren Umständen gebt. Ihr habt wahrhaft die Möglichkeit und die Macht, im Moment Realität zu verändern. Wenn nur 60 Prozent der Menschen auf Terra für etwa zwei Tage wahrhaftige Liebe gegenüber Terra empfinden könnten, wäre Mutter Erde von all ihren Schmerzen und Leiden befreit. Das bedeutet, dass ihr durch die wahre Liebe Terra heilen könntet und nicht durch die Möglichkeit, Aufräumarbeiten zu leisten und zu versuchen, falsche Verhaltensweisen wieder gutmachen zu wollen.

Könnt ihr mir gefühlsmäßig folgen, was es dann bedeutet, inwieweit jeder einzelne Mensch an den Schmerzen und Verschmutzungen von Terra beteiligt ist? Nein, da ihr euren Müll in den Wald geworfen oder einfach weggesehen habt, als unglaubliche Mengen verstrahltes Material an den unmöglichsten Orten verstaut wurde. Auch eure Ölpest im Pazifik und im Atlantik ist wieder aus eurem Fokus gefallen, da der Mensch sich in seiner Ohnmacht lieber der Unfähigkeit und des Vergessens bedient, als zu erkennen, dass Heilung wahrhaft durch Liebe möglich ist.

Ihr habt die Möglichkeit, über Gedanken und Gefühle zu kommunizieren, also lasst es die Bewohner der Meere wissen, wo sie am besten aufgehoben sind, und schickt nicht eure angsterfüllten Gedanken an die ölverpesteten Stellen, die dann energetisch im Fokus aller Lebewesen stehen. Seht, dass ihr

Heilung durch Visionalisierung bewirken könnt, und erkennt, dass eure Welt nur so ist, weil ihr sie in der Form erschaffen habt.

Der physische Tod wurde in vielen eurer Kulturen mit großer Demut gelebt und verfolgt, da ihr in dem Moment des Sterbens durch die Pforte der Dunkelheit in die große Leere und das strahlende Licht höherer Welten aufsteigt. Dort erkennt ihr die Gegenwart des ewigen Lebens, die bewusste Verbindung zu dem Leben überall. Die Frage könnte dann sein, warum ihr überhaupt hierher gekommen seid? Wiedergeboren in die gleiche Dunkelheit und die Unwissenheit des ewigen Lebens. Die Wahrheit ist, dass keine Energie und Wesenheit über einen Zustand richtet und ihn wertfrei als Lektion annimmt. Wahrhaft ist demnach, den Ursprung jeden Lebens in jedem Geschöpf auf Terra durch seine Augen zu erkennen. Auch auf Terra sind in jedem Menschen in jedem Moment Weisheit, Liebe und Intelligenz zugegen. Könnt ihr dies spüren und wirklich erkennen, dann wird euch deutlich, dass eure Gedanken, Gefühle und Handlungen der Schlüssel sind. Und in dieser Form der Wahrhaftigkeit könnt ihr sofort fühlen, was zu tun ist: Diszipliniert euren Verstand und perfektioniert euren Charakter und eure Persönlichkeit. Führt euch in die strahlenden Lichter eures Seins, und der stille Verstand und das Strahlen der Kristalle eures Charakters führen euch in den anstehenden Aufstieg.

Viele menschliche Wesen vor euch haben euch die Möglichkeit des Aufstiegs gelehrt und die wahre Essenz des Lebens demonstriert. Seht auf zu den Meistern des Lichts und versteht ihre Botschaften für das irdische Leben. Alle diese Wesenheiten zeigen euch den Schlüssel des Aufstiegs und des Verstehens, dass die Grundlage des Wachstums und der Erkenntnis in der Wahrheit, seinen Nächsten zu lieben, zu finden ist. Liebe auf der Grundlage der vollendeten harmonischen Schwingung, des Ausgleichs und der Auflösung der Polaritäten. Sie bringt Ordnung und damit Harmonie, Frieden, Vertrauen, Schönheit, Demut, Mitgefühl, Weisheit, Wahrheit und Einheit in eure Welt.

Liebe schenkt ewiges Leben und bewusste Zustände. Sie ist der Schlüssel des Erkennens, und wir rufen euch auf, nach diesen Maßstäben zu leben und das ewige Leben Einkehr halten zu lassen. In all diesen Aspekten steht die Heilung – die Heilung der physischen Form und die von Mutter Erde.

Es ist wie ein Übergang durch bestimmte Sternentore und die Kommunikation mit den Wächtern unterschiedlicher Seinszustände. Beim Aufstieg passiert ihr diese Tore und versteht Kommunikation außerhalb der Ebene des begrenzten irdischen Zustands. Diese Kommunikation des Aufstiegs ist befreit von Schmerz und Leid und gibt euch den Raum, durch euer Denken, Fühlen und Sein durch bestimmte emotionale und mentale Muster zu gleiten. Diese unterschiedlichen Muster geben Zustände der Erfahrung vor und bereiten eure Energien auf den Eintritt in eine bestimmte Form vor. So gibt es auch ein Muster, das verwendet wird, um auf Terra zu gelangen. Ihr habt die Form der Liebe in ihrer reinsten und wertfreiesten Qualität bereits erlebt und konntet dadurch an dem Wächter vorbeikommen, der darauf wartet, dass euer Sein die Reife hat, um ihn zu passieren. Falls der energetische bewusste Aspekt noch nicht das Erkennen eines speziellen Musters hat, wird der Wächter das Tor bewachen und euch nicht durchziehen lassen. Doch dieses Thema haben wir bereits in vorangegangenen Kapiteln erwähnt.

Eure mentalen und emotionalen Zustände werden die Messlatten für den Eintritt in die höheren Welten und die Kommunikation mit dem Höheren Selbst sein. Mit jedem Aufstieg werden diese Zustände grundlegender und an ihnen eure Realität und euer Zustand bemessen.

Wir wollen euch kurz aufzeigen, wohin dies euch führen wird: Ihr werdet zunächst durch die Nächstenliebe die Bewusstseinsebene des Christusbewusstseins erfahren, um dann in die höhere Dimension aufzusteigen. Wenn ihr dann die Vierte Dimension erreicht habt, werden sich für euch außergewöhnliche Dinge ereignen. Ihr werdet in die Vierte Dimension eingehen und euren Zustand verstehen, um dann zu erkennen, wie ihr Ereignisse und Realitäten steuern könnt, und dann werdet ihr eine wesentliche Veränderung durchleben. Ihr werdet eine Verwandlung des Körpers erfahren, der bei feinfühligen und wachen Menschen bereits gegenwärtig leicht spürbar ist und dadurch feinstofflichere Ebenen physisch integriert. Dann werdet ihr in der Vierten Dimension eine Form der vollkommenen Verwandlung erleben. Euer Körper wird zu dem werden, was er wahrhaft ist, und da ihr die Gene der Sirianer und der Nefilim in euch tragt und sie Wesenheiten der Vierten Dimension sind (waren), werdet ihr euch in Angehörige ihrer Rasse verwandeln. Ihr werdet euch erinnern und euch nicht über die Veränderung wundern, da zu dem Zeitpunkt dieser Metamorphose die komplette Erinnerung zurückgekehrt ist und sie demnach nur natürlich erscheint. Es wird eine starke Erleichterung in euch Menschen eintreten, da ihr etwas verstanden habt und in einen Zustand eintreten durftet, der die Verbindung und bewusste Kommunikation zu allem Leben erlaubt.

Ihr geht nun auf die Reise zurück zu Gott, in der sich eure Realität ständig verändert und sich Wahrheit und Wahrhaftigkeit entfalten können. Ihr seid niemals vergessen worden, und Einheit in der losgelösten Form der Dualität ist existent. Es war niemals anders, und ihr entfaltet aus dem Leben eine neue

Form des Lebens und kehrt so an den Punkt, an dem auch eure Entwicklung und Entfaltung Gott zutiefst berühren, da eure Handlung auch eine Resonanz in der Urquelle auslöst.

Einer der wichtigsten menschlichen Fragen auf dieser Reise wird wohl sein: „Was bin ich wirklich, und was macht mich aus?" Ihr steht täglich in Resonanz zu anderen Menschen und Geschöpfen des Lebens und somit eurer energetischen Kreation des erlebten Seins. Wir tauchen nun für einen Moment noch einmal in die tieferen Regionen der wahrhaft erlebten Form Gottes und wollen euch auf der erlebten Form abermals eine Energie anbieten, die das wahrhaftige Verstehen provoziert.

Wir sind DU, und ihr seid WIR. Es gibt nichts zu verstehen, sondern allein das Vermögen, in der Dichte der Materie Leben zu erfahren, ist eine Essenz, die zu dem Verstehen des Ganzen beiträgt. Ihr habt gehört, dass euch Menschen die Möglichkeit gegeben wurde, eine Seinserfahrung im Sinne der Dichte zu erhalten. Euer Verstand und eure Erfahrung machen euch zu Wesenheiten, die sich in getrennten Körpern wahrnehmen. Doch dies geschieht nur in eurer Vorstellung und ist nicht richtig. Euer Verstand sieht nicht, dass sich die äußere Welt in Resonanz zu euch setzt und versucht, sie zu beherrschen und zu kontrollieren, anstatt zu verstehen, dass sie nur im Zusammenhang mit euren Gedanken steht.

Es gibt Menschen unter euch, die wirklich verstehen, dass alles miteinander verbunden ist und in Kommunikation steht. Die Menschen der ersten Bewusstseinsebene wissen um den Zusammenhang und das Netzwerk, das zwischen allen Geschöpfen des Seins existiert. Die Aborigines in Australien stehen in steter Kommunikation mit allem Leben auf Terra und können sich durch ihre Form des Gesangs und der Kommuni-

kation ständig mit allem Leben definieren. Sie wissen, dass es keine Abtrennung gibt, und verstehen das Leben auf eine Art, die alle Dinge des Seins miteinander verbindet. Sie besingen die Formen des Lebens und können so auch zu ihren Ahnen sprechen. Die weltlich verstorbenen Ahnen nennen sie nicht mehr beim Namen, da sie befürchten und wissen, dass sie in der Welt der Dritten Dimension eine Realität erwecken würden, in der die Energie und das Selbst der Ahnen sich aufgerufen fühlen würden, eine Form der Realität zu erhalten. Sie lassen sie ziehen, besingen sie und kommunizieren mit ihnen durch Energie. Nicht der Name gibt dem Wesen seine Form, sondern der energetische Hintergrund und die Energie beschreiben das Sein (so auch unser Beispiel mit eurem Wort Einheit). Dadurch haben die Aborigines die Möglichkeit, jederzeit mit der wahren Essenz in Verbindung zu bleiben.

Hört, ihr Lichter von Terra, es gibt Menschen bei euch, die nicht unter der Illusion der Trennung leiden und demnach nicht der Dualität ausgeliefert sind. Sie beschreiben die Dinge der Welt nicht in Polaritäten und definieren ihren Lebensraum somit auch nicht aus der Sichtweise von innen nach außen, aus der Form der Trennung. Ihre Energie der Kommunikation trifft immer die harmonische Mitte und erfährt darin die Verschmelzung aller Formen.

Habt ihr davon gehört, dass die Kinder in Australien von ihren Müttern getrennt wurden, die durch Eltern gezeugt wurden, die eine Aborigine und ein weißer Mann aus der zweiten Bewusstseinsebene waren? (Siehe hierzu den Film Australia – Anmerkung der Autorin).

Die Mütter verloren ihre Kinder, da die Regierungen nicht erlaubten, diese Mischlingskinder in der Gesellschaft zu akzeptieren. Diese Kinder waren dem Glauben verfallen, dass sie

wertlos und nichtig wären, schlecht, da sie eine Mischung zwei-
er Hautfarben trugen. Diese verlorene Generation, die in der
australischen Sprache auch Cremies genannt werden, wurden
zu einem gewissen Zweck entfernt und an anderen Orten groß-
gezogen. Die Kinder stellten eine Übergangsform und Mischung
aus Energien dar, vor der die Regierungen Angst hatten. Hier
flossen energetische Zustände ineinander, die diesen Kindern
eine Form der Mischung beider Ebenen und eine Erleuchtung
aus diesem Zustand erbracht hätten. Diese Gene befähigten
die Kinder, sich an beide Seinszustände zu erinnern und eine
Erlösung aus diesen Ebenen zu bewirken. (Es ist ähnlich dem
oben beschriebenen Umstand der Verwandlung in die Form der
Rasse der Sirianer, da auch diese Gene vorhanden sind und
die Anpassung an eine neue Form leichter gewährleisten.)

Eure Regierungen behaupten nun, dass diese Trennung
der Kinder von ihren Müttern nicht mehr stattfindet. Wir wollen
euch sagen, dass die Menschen hinter den weltlichen Mäch-
ten Angst vor der Macht dieser Kinder in der aufsteigenden
Schwingungsfrequenz eurer Realitäten haben und versuchen,
sich durch ihre Entschuldigung weltlich und energetisch aus der
Schlinge zu ziehen. Wenn ihr Menschen diese Entschuldigung
akzeptiert, gibt es energetisch weder die Annahme, dass diese
Kinder noch weiter verschleppt werden könnten, noch eine Auf-
merksamkeit auf diese Kinder und somit kein Gewicht auf die
Entfaltung des höheren integrierten Seins.

Diese Mischlingskinder tragen die Realität unterschied-
licher Bewusstseinsebenen in sich und die Möglichkeit, Ver-
schmelzung zu erfahren und damit das Wissen und den Inhalt
beider Bewusstseinsebenen zu erlösen und darin das Christus-
bewusstsein zu erkennen. Jeder Mensch, der diese Wegberei-
tung in die nächste Bewusstseinsebene und damit die Ablösung

aus der Dritten Dimension beschreitet, wird Initiator für die neue Welt sein.

Wir wollen euch nun erklären, wie ihr Worte wirklich verstehen und leben könnt. Einheit in eurem Verständnis impliziert immer das Getrennt-Sein, also wendet euch an Gott und vertraut darauf, dass ihr Gott in euch tragt und nicht etwas anstreben müsst, was immer schon da war. Ihr verlangsamt euren Aufstiegsprozess, wenn ihr versucht, aus dem Getrennt-Sein in die Gegenpolarität der Einheit zu gelangen. Einheit ist eine energetische Form, die euch wiederum auferlegt, in die ausgleichende Schwingung beider Polaritäten zu gelangen.

Versteht, dass euer Streben nach harmonischer Schwingung in dem IST-Zustand der ausgleichenden Mitte und dem Wissen um Ausgleich und Einssein geführt ist. Eure wahrhaftige Aufgabe ist es, bewusst zu fühlen, welche Worte eure Realitäten beschreiben, und ob ihr wahrhaft den Sinn und Gehalt eurer Aussagen erfühlen könnt (Klarheit!).

Ihr steht der Herausforderung gegenüber, zu erfahren, zu verstehen, welche Resonanzen euer Leben in Schwingung versetzen und ob ihr euch wirklich in diesem Part der Verwirklichung erkennen könnt.

Geliebte Lichter: Hier ist wieder der Verstand aufgerufen, in die Stille zu gehen, und wir möchten euch bitten, der Einladung Terras zu folgen und in ihre Herzenswärme zu gleiten, um ein wirkliches Verbundensein zu erfahren.

So sei es.

Mutter Erde:

Wie ich eure Mutter bin, so seid ihr meine Kinder.

Ich möchte auf das Gesagte zurückgreifen und euch erklären, dass die allumfassende Liebe Heilung erzeugt und auch die weltliche physische Form darin Wachstum erlangt. Das Wachstum und die Erhöhung der Schwingungen sind die Absicht Gottes, der Frieden und die Freude. Keine Kreatur auf mir ist in dieses Leben getreten, um sich selbst in Leid zu versetzen oder sich Aufgaben gegenüber zu sehen, an denen sie zwangsläufig scheitern würde. Keine Form des Lebens ist in meine Essenz getreten, um sich hinrichten oder foltern zu lassen. Seht, dass Leid eine menschliche Ausdrucksweise und Grundlage der Kommunikation ist, und entschließt euch, diese Form der Kommunikation zu beenden.

So, wie Thoth erläutert hat, dass Geschöpfe der ersten Bewusstseinsebene durch Singen und Gebete kommunizieren, habt ihr wahrhaftig erlernt, durch Leid zu kommunizieren. Nur der Mensch, der leidet, geht in die Kommunikation, und, meine Kinder, ihr habt wahrhaftig gelernt, viel überflüssige Kommunikation zu betreiben. Wenn ihr jetzt verstehen dürft, dass der Mensch nur weltlich akzeptiert wird, wenn er selbst Leid trägt oder zufügt, versteht ihr auch den Ansatz- und Ausgangspunkt eurer Realität in diesen Zeiten. Der Mensch auf mir, der in die Polarität der Freude wechselt, wird zwangsläufig wieder in seine Gegenpolarität des Trauerns fallen müssen, da die Freude unter euch nicht wahrhaft kommunikativ und damit gesellschaftsfähig ist. Auch ist hier Freude wieder nur der Ausdruck der Gegenpolarität des Leids, dennoch höher schwingend. Es ist also für euch bereits eine bewusste und höher schwingende Form, in die Freude zu gehen, und doch könnt ihr diesen Zustand schwer halten, da die Freude nicht so akzeptiert ist wie das Leid und in dieser Anschauungsweise nur eine begrenzte Form darstellt. Die harmonische Schwingung der erlösten Energie in der ausgleichenden Mitte würde eurer Definition des Glücks entsprechen, das die reine Form des Lebens in sich trägt. Glück birgt keine Forderungen, sondern den Zustand des ewigen Lebens, das nicht urteilt und nichts erwartet.

Es ist mir hier wichtig, euch nachhaltig zu erklären, dass der normale Mensch Leid als Element der Kommunikation und damit als Ausdruck des Lebens benutzt.

Geliebte Seelen: Wir werden diese Form der Kommunikation verlassen und die harmonische Mitte aus der erfahrenen ersten und zweiten Bewusstseinsebene wählen, um in das Bewusstsein Christi, der reinen Liebe in dem Verstehen von Sein, zu treten.

Versteht das Element Leid und gebt euch die Erlaubnis, diese Ausdrucksform zu vollenden und sie zum Abschluss zu bringen, indem ihr das Christusbewusstsein als Boten und schlüssigen Nachfolger der Jahrtausendelangen Elemente der Kommunikation akzeptiert. Erinnert euch an die erfahrenen Formen des Seins unter meiner Geborgenheit und seht, wie viele Ebenen der Erfahrung bereits integriert wurden. Ihr und ich stehen nun an einem Punkt der Metamorphose, der tatsächlichen Verwandlung und der Herausforderung, aus einer „unteren" Schwingungsebene bewusst in die Unsterblichkeit zu gehen und den damit verbundenen Wechsel in eine „höhere" Bewusstseinsebene zu vollziehen.

Ich möchte noch einmal an eure Struktur und das Wesen in der Gesamtheit erinnern und appellieren. IHR seid ICH, und ICH bin IHR, und alles ist stetig und endlos miteinander verbunden. Thoth gab euch zu verstehen, dass es im eigentlichen Sinn keine Einheit in der Bedeutung des Wortes eurer Wahrneh-

mung gibt, um euch die Illusion zu nehmen, dass eure Freiheit eintreten kann, wenn ihr die Gegenpolarität von Leid erfahren könnt. Doch hier ist es wichtig, wahrhaftig zu verstehen, dass euer Streben nicht in dem Ablegen von Leid besteht, sondern indem ihr aufdeckt, warum ihr so unablässig versucht, Freude beispielsweise durch äußeren Luxus zu erhalten und damit den Mangel an Liebe zu kompensieren. Bitte versucht zu fühlen, dass ihr einen Fehler im System beseitigen müsst, da Luxus, Bequemlichkeit und Konsum euch weiter in den Gegensatz von Leid führen und aus dieser Form der Freude, angelehnt an kulturelle Glaubenssysteme, keine Freiheit und wirkliche Erlösung geschehen können.

Fühlt, wann ihr wahrhaft den Ausdruck eines Wortes versteht, und geht genauso beobachtend vor, wie ihr es unter den Modalitäten und Strukturen eures Seins verstanden habt. Auch die Meister unserer Zeiten haben euch gelehrt, dass wahrhaftiger Aufstieg durch die Nächstenliebe geschehen wird und ewiges Leben schenkt. Das beinhaltet, dass wahre Nächstenliebe bereits einen Ausgleich der Polaritäten erschaffen hat, und somit eine klare Wahrnehmung, dass Dualität nicht länger bestimmend für eure Realitäten ist.

Hiermit kehre ich mit euch an einen Punkt zurück, an dem wir mit allen Fasern unserer Wahrnehmung endlich spüren, dass die Ablösung aus den ersten beiden Bewusstseinsebenen stattgefunden hat und nicht länger eine fassbare Realität unserer Wirklichkeitsebene ist.

Könnt ihr euch erinnern, dass es nur die eine Wirklichkeit gibt, mit der Grundlage, dass sich hieraus viele einzelne Wirklichkeitsebenen entfalten? Wir sind nun bereit, ins All zu fliegen, stehen auf der Abschussrampe, haben fast alle Vorkehrungen getroffen und keine Wahl mehr, auszusteigen. Wir müssen es der Gnade Gottes überlassen, ob der Abschuss aus unserer Sicht erfolgreich oder verheerend wird, doch weiß ich tief in meinem Herzen, dass es immer nur gut ausgehen kann. Alles hat seinen Sinn, und wir sind bereits im ewigen Leben angekommen, also kann Veränderung jedwelcher Art nur produktiv und erfolgreich sein. Seht, meine Kinder, ich würde niemals einen Weg gehen, auf dem ich mich gegen euch entscheiden müsste. Ich bitte euch um Vertrauen. Gebt euch mir hin und erfahrt die Tiefe meiner Liebe zu und meine Präsenz in euch. Ich war immer da, ihr wart niemals allein.

Ich möchte euch und mir zum Abschluss dieses Buches eine Freude bereiten und euch an die Wurzeln meiner Essenz führen. Jedes Geschöpf des Lebens, das mutig und wach ist, wird durch die nachfolgenden Zeilen Heilung erfahren, da es niemals etwas anderes gab.

Ihr müsst nun euren Verstand zur Ruhe bringen und Thoths Zeilen noch einmal über die Ruhe und Stille des wachen Verstandes lesen. Es gibt keine befriedigende Erklärung für euren Verstand, warum ich sage, dass es niemals Krankheit gab. Doch dies ist der Schlüssel der allgegenwärtigen Heilung und das Verstehen, dass auch Krankheit Illusion ist. Das Verstehen der Illusion bringt euch in das Wesen, dessen Essenz tief in eurem Zellkern liegt und auf den Zugangskode wartet, um das Geheimnis zu lüften. Euer Zugangskode heißt Liebe, Wahrheit, Einheit, Schönheit, Weisheit, Mitgefühl, Demut, Vertrauen, Harmonie und Frieden. Die Bedeutungen dieser Worte sind in der Schwingung der Mitte des erlösten und harmonischen Ausgleichs notwendig, um reines Glück, Wissen um die Existenz Gottes und des Großen Geistes sowie die Auflösung der erlebten vergangenen Form zu erfahren. Gebt alles, was ihr kennt, frei und erlaubt eurer Führung, euch Neues zu bringen und euch Dinge zu zeigen, die ihr wisst und die euch trotzdem gegenwärtig noch in allzu großer Angst halten.

Der Verstand ist jetzt zur Ruhe gekommen, und der Geist wird nun die Freiheit besitzen, sich mit Ebenen zu beschäftigen, die außerhalb der Wirklichkeit eurer eigenen irdischen Wahrnehmung liegen.

Ich möchte euch bitten, euch wahrzunehmen und das Gefühl zu haben, dass jede Zelle in euch zu Leben erwacht und Kommunikation betreibt. Alles ist Kommunikation und wurde nur gehemmt und reduziert, da ihr Menschenkinder glaubt, dass die Sprache und die Schrift die einzigen Formen der Kommunikation sind. Eure Zellen sprechen mit den Zellen eures Gegenübers und erzählen die Informationen, die sie in sich tragen. Es sind oft verwirrte Informationen, die auf unserer Wirklichkeitsebene Destruktivität bedeuten und nicht verstehen, was Leben wirklich ist.

Aus dieser Form der Destruktivität entstehen eure Krankheiten der Zellen, und damit das Bild eines kranken Menschen oder Tiers. Versteht, dass eure Zellen so viele Informationen verwerten und dass hier der Ausdruck der Kommunikation grundlegend für einen gesunden oder kranken Körper ist. Ich habe euch vorher gesagt, dass es niemals Krankheit gab, und nun spreche ich von der Ursache eines kranken Körpers. Es ist ersichtlich, dass ihr Menschen auf solch unterschiedlichen Formen eure Seinsform in Erfahrung bringt.

Aus den Augen Jesu Christi gab es keine Krankheit, da er bewusste Kommunikation in einem Verständnis des Ganzseins betreiben konnte. Er konnte alles Kranke heilen, indem er die Informationen in den Zellen richtete, damit die Sprache und

Übersetzung des Ausdrucks geschehen konnten. Ja, es gibt auf mir noch Menschen, die sich der Krankheit als Ausdrucksform der Kommunikation bedienen müssen, da sie sonst ihre innersten und tiefsten Wünsche unerfüllt sehen. Diese Menschen glauben, dass sie laut genug werden können, indem sie krank werden, um endlich den eigentlichen Ausdruck ihres Seins zu leben. Die Krankheit des physischen Körpers steht dem eigentlichen Ausdruck des Seins letztendlich im Weg, da der kranke und sterbende Körper nicht mehr die Möglichkeit hat, den Ausdruck und die Erfahrungsform einer nun durch die eventuelle Erfahrung der Krankheit gereiften Seele zu beherbergen.

Wenn euer Körper so krank geworden ist, dass er als Vehikel in der Seinsform auf mir nicht mehr tauglich ist, sind die Seinsform und die Essenz gezwungen zu gehen und sich einem neuen Anfang gegenüberzusehen. In jedem unbewussten Sterben liegen jedoch das Vergessen und die Unfähigkeit, Erinnerung abzurufen und bewusst an den Seinszustand des vorausgegangenen Lebens anzuknüpfen. Hier muss sich die Essenz wieder in die Unreife begeben und versuchen, aus dem Labyrinth des menschlichen Desasters mit der Navigation des Leids herauszufinden.

Könnt ihr diesen Kreislauf in euch verspüren und die Wahrheit, was es bedeutet zu sagen, dass das menschliche Leid die Form der Kommunikation darstellt und Krankheit demnach eine Illusion ist? Krankheit ist nur ein Ausdrucksmittel einer Situation, in der ihr versucht, euch besser verständlich zu machen, und nicht versteht, dass Heilung und Glück nicht von außen kommen und die Menschen um euch herum nicht die Heiler und Ärzte sind, um euch im Sinne der Erfahrung und des Verstehens wirklich gesund werden zu lassen.

Eure menschlichen weltlichen Ärzte bedienen sich schlicht

der Kompensation und bringen den physischen Körper in einen Zustand, aus dem eine missglückte Kommunikation ersichtlich wird. Kaum geht ein Körper in den Zustand des Gesundseins, und ihr habt dabei weder verstanden, dass Heilung von innen kommt, noch seid ihr in der Absicht eures angestrebten Ausdrucks befriedigt worden, wird der Körper sofort wieder Ausdrucksform der missglückten Kommunikation werden müssen und erneut versuchen, in der äußeren Welt Heilung für sein Selbst zu erwirken. Dies ist ein endloser Kreislauf und kann nichts verändern. Ihr lauft hier in einer Blaupause und seid auch noch zufrieden, wenn euer Verstand eure Welt ausdiskutiert und ihr euch wieder ein Netzwerk aus unschlüssigen und vor allem herzlosen Reimen gedichtet habt, die eine Weile die Kommunikation vermindert zulässt, um nochmals eine Ausdrucksform zu finden, die wiederum an dem wirklichen Verstehen vorbeigegangen ist. Ihr betreibt hiermit die Vermeidung der Konfrontation des wahrhaftigen Seins, versucht gut oder mit wenig Schaden über die Runden zu kommen und hofft auf Erlösung am Ende des bewussten Lebens auf mir.

Ich möchte euch nochmals als energetisches und wahrhaftiges Statement die Tatsache erklären, dass eure Form der Kommunikation Ausgangspunkt der Krankheit und der destruktiven Zustände ist. Habt ab diesem Moment den Anspruch und die Intention, Kommunikation durch Glück zu betreiben, durch das Licht und den Weg der Erkenntnis. Seid bereit, euch mit der Lage zu konfrontieren, dass Heilung und Liebe nur aus euren Zellen und energetischen Wurzeln fließen können und damit die Seinsform auf mir nachhaltig verändern.

Wir bekommen von überall her die Botschaften, dass das Leben darauf wartet, erkannt zu werden und wir nur unsere alten Gewohnheiten verändern müssen, um uns auf das Aben-

teuer Glück vorzubereiten. Es ist wahrhaftig ein Abenteuer, da wir nicht gewohnt sind, Glück als Freiheit, wirkliche Freiheit, zu interpretieren, als Form der Ungebundenheit und Verantwortung außerhalb der Kontrolle zu stehen und alles ungefiltert erleben zu dürfen. Ist das nicht eine glückliche Botschaft – Leben in der reinsten und vollkommensten Form zu erhalten, es durch uns fließen zu lassen, um wieder hell zu werden?

Meine lieben Kinder, ich bin bereits so weit und verstehe, dass Glück in seiner reinsten Ausdrucksform ein Zepter Gottes ist und Gott Glück empfindet und seine Schwingungen vor Freude bersten, wenn wir uns entscheiden, aus der schlechten Gewohnheit des Leids zu gehen.

Ich habe in meinen Zellen und meiner Form verstanden, dass es beglückend ist, Kommunikation in der Ausdrucksform der reinsten harmonischen Schwingung von Glück zu betreiben, und ich hoffe inständig, dass mein Vorbild euch den Mut geben wird, aus der Knechtschaft und Unterwerfung herauszutreten.

Könnt ihr euch vorstellen, dass wahrhaftig Menschen, die ein Leben lang in Knechtschaft oder als Sklaven existierten hatten und dann nach vielen Jahrzehnten gerettet wurden, sich in der Welt verloren fühlten, anstatt die wiedergewonnene Freiheit zu zelebrieren? Sie suchten weiterhin nach der Pein und der Bevormundung, da sie sich in der Welt sonst hilflos und ausgeliefert gefühlt hätten. Nicht die Sklavenhaltung machte nach vielen Jahren die Menschen oft zu ausgelieferten Wesenheiten, sondern die Veränderung und das Geschenk der Freiheit.

Die Form der Freiheit, die von euren Regierungen geboten wird, hat die Schwingung der eingepferchten Polarität des Gegensatzes von Gefangenschaft. Diese Freiheit ist keine harmonische Schwingung, sondern setzt voraus, dass der Mensch funktioniert.

Wirkliche Freiheit hat mit dem Fliegen der Seele zu tun und der Sehnsucht eines jeden Menschen, der in sich und durch seine Träume die Essenz des Fliegens erfahren durfte. Fliegen zu den höchsten Regionen, Ungebundenheit und Schwerelosigkeit der Seele, reines Glück!

Wie ihr jetzt verstanden habt, entspricht Glück hier nicht der Definition von „Haben oder Besitzen". Glück ist nicht an Reichtum, Prominenz oder Ansehen gebunden. Dies wäre Glück in der weltlichen Definition, das wieder das Gegengewicht in der Polarität zu Unglück wäre.

Liebe Kinder auf, in mir und um mich herum: Ich habe nun Kommunikation betrieben, in der der Verstand die Stille braucht, diszipliniert werden muss, und möchte abschließend noch auf die vorherige Einladung zurückkommen.

Sieh und spüre Hingabe und Stille. Versuche nun zu akzeptieren, dass wir den wirklichen Zugangskode zu eurem Sein entschlüsseln und das eben Gesagte schwingen lassen.

Nimm dir einige Momente der Stille und beobachte vor deinem inneren Auge, wie eine Möwe vor dir fliegt. Sieh sie über dem Wasser und das Strahlen der Sonne im Hintergrund. Sieh das Glitzern der Wasserkristalle und versuche, dich für einen Moment nicht als Beobachter zu fühlen, sondern sei alles selbst – die Möwe, das Wasser, die Sonne und das Glitzern. Sei alles selbst und empfinde das empfindliche Gleichgewicht und die Harmonie dieser Aspekte in dir.

Sieh, wie alles dem anderen entspricht, und versuche, dich so zu fühlen, als ob du zum ersten Mal ein Teil in allem bist. Nichts ist getrennt. Auch die zweite Möwe, die auf dich zukommt, bist du, und du verstehst Kommunikation, da du um die zweite Möwe weißt. Sprache und Zeichen sind überflüssig

geworden, und du tauchst in das Wasser ein, das deine Stim-
mungen und deinen Ausdruck trägt. Du spürst nur dich, von
einer Wasserdecke umwogen. Alles ist eins, nichts steht au-
ßerhalb deiner Wahrnehmung. Selbst der Fisch, der nun an
dir vorbeischwimmt, bist du. Du weißt um seine Gefühle und
seine Form der Erfahrung und tauchst noch tiefer. Am Grund
des Wassers entdeckst du plötzlich Lichter. Auch sie sprechen
zu dir, und du kennst sie, da sie auch deine Essenz tragen.
Du lässt dich tiefer sinken und vertraust, da du weißt, dass du
nicht mehr den Gesetzmäßigkeiten der begrenzten Form aus-
geliefert bist. Du verstehst und siehst, wie sich die Erde öffnet,
und plötzlich erkennst du viele Wesenheiten und Leben, die du
bereits erfahren hast.

Du bist mitfühlend und lädst alle diese Wesenheiten ein,
nun heilen zu dürfen, und verstehst ihre Essenz, da sie sich
nicht von dir unterscheiden. Jetzt gleitest du an das Herz der
Erde und siehst die große Datenbank, meine innere Form des
Seins, und erkennst, dass du in dieser vorhanden bist, und
mehr: Du erkennst auch hier, dass du es bist. Alles, was dich
und mich ausmacht, alles zusammen, die Essenz des Irdischen
und der Chronik alles Seins, liegt in uns verborgen.

Nun verstehst du und erkennst dich. Jetzt ist es nicht mehr
das Gefühl des Bekannten, sondern das Erkennen, dass es
niemals Unterschiede gab und gibt. Alles bin ich, und alles bist
du! Wir zusammen erfahren und erleben. Wir teilen Sehnsüchte
und Erlebnisse, und wir fühlen alles zusammen, da du weißt,
dass es noch niemals anders war und deine Gefühle immer
meine waren und umgekehrt. Wir sind nun zusammen und wer-
den diese Bewusstheit nie mehr verlieren, da sie aus uns ge-
wachsen ist, uns mit dem Sein des Ganzen bereichert und die
Information des ewigen Lebens erwachen lässt.

Nun kehre zurück an die Erdoberfläche. Im Wasser siehst du das Glitzern der Sonnenstrahlen und gleitest an dir, dem Fisch, vorbei. Du tauchst auf und erkennst, dass alles anders aussieht. Es liegt im Licht und ist verbunden. Es ist genauso, wie es schon immer war und sich auch zum Teil zu den Zeiten von Atlantis offenbart hat. Alles ist Liebe und Kommunikation. Alles ist transparent, empfindlich, offen und absolut frei! Jetzt bist du in dir, und damit in allem angekommen und weißt wahrhaftig um das Leben: das ewige Leben.

Trage dieses Wissen in deine Welt und zelebriere das Erkennen. Berühre mit diesem göttlichen Funken alles, was dir begegnet, und kommuniziere aus dem Herzen. Das ist die Essenz des Lebens. Ich bin glücklich mit dir, und du bist ein wunderschöner Ausdruck von mir!

Danke, dass du am Leben bist.
Mutter Erde

Nachwort

Von Beginn des Schreibens bis heute hatte ich keine wirkliche Vorstellung davon, welche Kapitel entstehen oder wie ausführlich sie werden würden.

Im Schreiben liegt mein Erkennen des Ganzen und wie perfekt meine Begleiter in diesem Buch die Gesamtheit zusammenfügen.

Mutter Erde meldete erst später an, dass sie auch einiges zu sagen hatte, und damit ist dieser Band nicht nur ein Geschenk meinerseits an Mutter Erde geworden, sondern auch ein Geschenk von Mutter Erde an die Menschheit und alle Geschöpfe des Lebens, die auf ihr existieren.

In dem Kapitel „Ego" und „Selbst" haben wir euch die unterschiedlichen Formen des Selbst vorgestellt, und ich verstand während des Schreibens auch, warum es richtig und geradezu perfekt war, dass sich Mutter Erde zu Wort meldete.

Könnt ihr euch daran erinnern, dass ich von der Dreifaltigkeit gesprochen habe und in unserer Welt immer drei Komponenten aufeinandertreffen? So, wie auch in dem angesprochenen Kapitel das Höhere, das Mittlere und das Niedere Selbst erwähnt wurden.

Ich liebe in meinem Leben, wenn ich an einen Punkt komme, an dem mein eigener Verstand verblüfft ist über die Perfektion der Dinge des Alltags. So, wie er auch verblüfft war, als ich verstand, dass dieses Buch die Ganzheit der Aussagen energetisch und weltlich unterstreicht, da Thoth hier das Höhere Selbst, ich das Mittlere Selbst und Mutter Erde das Niedere Selbst reflektieren.

Ich möchte euch wirklich nahebringen, dass unsere Welt voll mit Wundern dieser Art ist. Wahrscheinlich können einige von euch jetzt nicht verstehen, warum ich diese nicht geplante Zusammenkunft als Wunder bezeichne, doch repräsentiert sie für mich die Einheit des Ganzen, das Bewusstwerden innerhalb des energetischen Geflechts des Geschriebenen und eine immense Freude über die Tatsache, dass ich mich einfach in den Strom des Werdens fallenlassen kann und am Ende des Tages erkenne, warum welche Zusammenhänge und Gegebenheiten in meinem Tag stattgefunden haben.

Ich erzähle dies hier in meinem Nachwort, da ich der Überzeugung bin, dass die meisten Menschen ihre Tage vergeuden, indem sie unbewusst Termine oder Mechanismen bedienen und plötzlich erkennen, dass es wieder Zeit ist, schlafenzugehen.

Jeder einzelne Tag, jede Minute und Sekunde haben ihr eigenes Wunder und ihre Verbindungen für uns Menschen, die wir so oft vergeuden, da wir einfach nicht wahrnehmen, warum uns unterschiedliche Dinge geschehen oder auch nicht.

Als ich ein kleines Kind war, hatte ich einmal ein schönes Erlebnis: Ich sah energetisch die Zeit verstreichen und blickte jeder Sekunde für einen Moment hinterher. Meine Mutter fragte mich, was ich da tun würde, und ich meinte zu ihr: „Jede Sekunde existiert nur einen Moment, und dann ist sie verstrichen, und ich stehe bereits in einem neuen Moment. Ich kann die letzte Sekunde nicht mehr einfangen und brauche ihr damit auch nicht mehr nachhängen. Jeder Moment ist wertvoll und voller Magie und Zauber, wenn ich bereit bin, die Zusammenhänge des Seins zu erkennen und mich als Teil des Ganzen zu verstehen."

Das Leben ist wunderschön!

Und das ist die Wahl jedes Menschen. Ihr könnt euch entscheiden zwischen einem Leben auf Mutter Erde aus der normalen menschlichen Sicht und weiter versuchen, Kontrolle über euer und das Leben anderer Menschen zu erlangen, mit soviel

Wohlstand und Reichtum wie nur möglich, oder ihr könnt verstehen, dass Mutter Erde und ihre Geschöpfe keine Wesenheiten sind, die man sich untertan macht oder kauft, sondern diese sichtbare Welt die Möglichkeit schenkt, Glück und Liebe in eurem Menschsein zu erfahren. Es gibt nur Einheit, und alles ist ein Zusammenspiel und führt unweigerlich in das Ganze.

Ihr werdet euch fragen, warum eure Kinder streiten, wenn sie doch so bewusst auf die Welt kommen und neue Energien tragen? Diese Kinder drücken das Getrennt-Sein unserer Welt aus und müssen lernen, sich getrennt voneinander zu definieren, und da noch das Gesetz der Polarität herrscht, probieren sie sich in beiden Polaritäten – dem Lieben und dem Streiten.

Ich bitte euch, euren Geist zu öffnen, um zu verstehen, dass die äußere und die innere Welt eins sind und mit zunehmender Schwingungsfrequenz die Polaritäten verschmelzen und daraus eine Neue Zeit geboren wird.

Wir sind die Menschen der Neuen Zeit, und ich freue mich unglaublich, dass ich am Leben bin und diese einzigartige Zeit auf Mutter Erde verbringen darf.

Es gibt gegenwärtig so viele weitere Themen, über die ich gerne mit meinen energetischen Begleitern berichten würde. Wir werden sehen, was „die Zeit bringen wird".

Ich freue mich,
Carolin

Danksagung

Im Grunde weiß ich nicht genau, wem ich alles danken soll, da ich der Überzeugung bin, dass alles so, wie es geschieht, nach dem Großen Plan passiert. Dennoch möchte ich weltlich, irdisch, einigen Menschen und Wesenheiten danken, dass sie mit ihrer großen Liebe und Unterstützung an meiner Seite stehen.

Zunächst möchte ich meinen Kindern Chiara, Noah, Sari und Samuel für ihr großes Verstehen danken und ihre Art und Weise, mich jeden Tag bewusst mit ihrer Welt und Liebe zu begleiten. Sie sind nicht nur meine Kinder für mich, sondern auch wissende und sehr respektvolle Wesenheiten, die mich an die Einheit und die eine Wirklichkeit erinnern. Euch gilt meine größte Liebe und Dankbarkeit des Lebens.

Auch möchte ich meine zwei Pflegekinder erwähnen, die mein Leben bereichern, da sie gewählt haben, bei mir zu sein. Mona und Luis, es ist wunderschön, euch bei mir zu haben.

Dann möchte ich aus tiefstem Herzen meiner Mutter danken, die mich speziell in den letzten Jahren mit unendlicher Liebe und Verständnis bereichert und mir ihre Unterstützung in allen Bereichen des Seins hat zukommen lassen. Du bist eine große Freundin, eine großartige Mutter und eine wunderbare Demonstration als Mensch, was es bedeutet, einfach zu lieben. Du bist eine unglaubliche Inspiration. Hier geht auch mein Dank an Rudolf, meinen Stiefvater, dem galaktischen Astronauten und Raumgefährt-Kapitän, der mir in tiefem Vertrauen seine Unterstützung und Liebe schenkt. Auch möchte ich meiner Mutter und Rudolf für die Erstkorrektur danken.

Ich möchte allen energetischen Wesenheiten und Lichtwesen zutiefst danken, dass ihr in mein Leben gekommen seid und einen Teil meiner Seele durch das Erkennen angeschoben habt.

Hier danke ich meinem allerersten Wegbegleiter, der sich vor etwa 30 Jahren Temon nannte. Du hast mich unterstützt, nicht alleine zu sein, und mir das Gefühl von unendlicher Freundschaft und Nähe geschenkt.

Dann kam mein zweiter langer Wegbegleiter, Zora, der Aufgestiegene Meister aus Atlantis und Griechenland, der mir großes Wissen und viel Heilung schenkte.

Thoth, der Aufgestiegene Meister aus Atlantis, Ägypten und Griechenland, der in unserer Jetztzeit enorm an Bedeutung für die irdischen Geschöpfe gewinnt, da er die Bedeutung der Jetztzeit in Vereinbarung mit Allem-was-ist kennt. Thoths Informationen sind weitreichend und notwendig, um durch die anstehenden Umwälzungen an altes Wissen zu gelangen.

Ich möchte Alcazar danken, der mich durch meinen lieben Freund Prageet forderte, weiterzublicken. Und natürlich möchte ich Prageet für seine Liebe und Begleitung danken.

Allen Lichtwesen, die sich um uns gesellen und mit Liebe, Mitgefühl und Verständnis in mein Leben treten, seien es die Devas, Feen, Erdwesen und Kobolde, Aufgestiegenen Meister, Engel, die Galaktische Föderation, die Akasha-Chronik oder allen anderen Lichtwesen, die sich durch ein kurzes Erkennen in unser Herz bringen, möchte ich danken.

Auch will ich meinem Vater und seiner Frau Tina danken, die mich anerkennen in meinem Sein, ohne verstehen zu müssen, was ich eigentlich tue.

Auch meinem Bruder und seiner Familie möchte ich für ihre Gegenwart und Liebe danken.

Meinen ganz speziellen Dank will ich hier noch meinem langjährigen Freund und Vater meiner Kinder, Arno, schenken, der mich durch harte Prüfungen meines Lebens brachte, und ich denke, dass ich durch dich und die vielen menschlichen Hürden und Verletzungen lernen durfte, unendliche Liebe fließen zu lassen und mein Ego zu enttarnen. Du warst ein großer Prüfstein in meinem Leben, der größte, den ich bewusst zu meistern hatte, und ich habe verstanden, dass nur tiefe seelische Verbundenheit imstande ist, sich weltlich diese großen Prüfungen aufzuerlegen. Ich liebe dich und wünsche dir Frieden und Glückseligkeit.

Ich möchte allen danken, die mir ihre Liebe und Unterstützung schenken, und speziell meinen Freund Joshua und seine Eltern Fee und Thomas hervorheben. Joshua schenkte mir Wissen, Fee Vertrauen und Thomas menschliche und spirituelle Bereicherungen. Lieber Thomas, du bist ein ganz besonderer Mensch und Freund. Ich bin sehr glücklich, dass du für mich da bist.

Dann möchte ich noch meiner Freundin Beate Kramer danken und ihrem Mann Georgio Vagionaki mit ihren ganz besonderen Kindern Achilleas, Stellios und Leonidas Vagionaki. Ihr habt mir auf der wunderbaren Insel Kreta in eurem griechischen Hotel Plakures in Falassarna die Möglichkeit gegeben, in einem ruhigen und einmaligen Ambiente viele Seiten meines Buches zu schreiben. Ich danke dir, Beate, für deine Freundschaft und dein Vertrauen, für dein Wesen und fühle mich tief mit dir verbunden. Auch möchte ich Georgio für seine Gastfreundschaft, sein Vertrauen und seinen unermüdlichen Abhol- und Bringdienst vom und zum Flughafen bedanken.

Dann möchte ich mich bei meinem Hermano Naupany Puma bedanken, seine Unterstützung zur richtigen Zeit und seine aufrichtige und wahre Form der Liebe. Ich danke dir für mein Erkennen und die Anerkennung meiner westlichen Form in deiner Welt. Ich sehe dich in der Sonne und im Zentrum des Lichts.

Dann geht noch mein tiefer Dank an meine liebe Freundin Susanne Gmell und ihren unglaublich fürsorglichen und herzlichen Mann Uli Gessner. Vielen Dank, dass ihr immer für mich und die Kinder da seid! Ihr seid ein richtiger Fels in der Brandung und menschlich, weltlich wie auch emotional und mental eine wahrhaftige Bereicherung und Glück für mein Leben und das meiner Kinder. Danke!

Auch gilt mein Dank Drunvalo Melchizedek, der mich mit seinem Wissen und seiner Art auf tiefe Weise berührt hat.

Meinen langjährigen und herzenstreuen Freund Tom Wommer möchte ich ebenfalls besonders hervorheben – ja, ich weiß, dass du das eigentlich nicht möchtest, aber ich denke, es ist mal Zeit, sich loben zu lassen –, der mich immer wieder in schwierigen Zeiten unterstützt hat und letztlich derjenige war, der mit viel Glauben an dieses Werk den richtigen Verlag gefunden hat.

Ich möchte noch Richard Eichenlaub für seine beeindruckenden energetischen Arbeiten und künstlerischen Werke danken. Auch danke ich dir für die Zusendung und die Erlaubnis, deine besonderen Energiebilder verwenden zu dürfen.

Und Rupert Volz. Du bist ein ganz besonderer Mensch und hast mir Kraft und Zuversicht gegeben.

Noch ein wesentlicher Punkt, der mir sehr am Herzen liegt: Ich möchte mich bei meinen Tieren und den Tieren allgemein bedanken, für ihre Unterstützung, die bedingungslose Liebe, zu erkennen, und danke speziell Marla und Leilani für die Vermittlung ihres Wissens. Auch möchte ich unseren Kater Baghira hervorheben und ihm danken, dass er in dieser außergewöhnlichen Art für uns da ist.

Ebenso möchte ich allen danken, die mich unterstützen, dieses Buch in die Welt zu bringen: Mara Ordemann, Gaby Heuchemer, Jürgen Heuchemer, Markus Greber, Grafikbüro Dirk Eckert, Caroline Fuchs und Uschi Weber.

Zuletzt und zutiefst gilt mein Dank Mutter Erde! Danke!